2017
中国文化产业年度报告

范周 主编　齐骥 执行主编

CHINA
CULTURAL INDUSTRIES
ANNUAL REPORT

知识产权出版社
全国百佳图书出版单位

图书在版编目(CIP)数据

2017中国文化产业年度报告 / 范周主编. —北京：知识产权出版社, 2017.4
ISBN 978-7-5130-4860-6

Ⅰ. ①2… Ⅱ. ①范… Ⅲ. ①文化产业 – 研究报告 – 中国 – 2017 Ⅳ. ①G124

中国版本图书馆CIP数据核字(2017)第071892号

内容提要

本书以国家统计局对文化及相关产业分类中的主要行业为聚焦重点，对过去一年该行业的发展概况、发展特征、存在的问题、新常态下发展趋势的研判等进行了系统分析。以期站在行业发展的立面，但更立足全球文化经济一体化和我国建设社会主义文化强国的时代背景，立足经济发展亟待寻找新动力和产业发展亟待突破天花板的现实境况，以丰富的数据、翔实的案例、理论和实践结合的分析研判，为文化产业学术理论的建设和学科基础的重构，提供富有开拓和价值的研究成果。

责任编辑：李石华

2017中国文化产业年度报告
2017 ZHONGGUO WENHUA CHANYE NIANDU BAOGAO

范周 主编　齐骥 执行主编

出版发行	知识产权出版社有限责任公司	网　　址	http://www.ipph.cn
电　话	010-82004826		http://www.laichushu.com
社　址	北京市海淀区西外太平庄55号	邮　编	100081
责编电话	010-82000860转8072	责编邮箱	303220466@qq.com
发行电话	010-82000860转8101/8029	发行传真	010-82000893/82003279
印　刷	北京中献拓方科技发展有限公司	经　销	各大网上书店、新华书店及相关专业书店
开　本	787mm×1092mm　1/16	印　张	21
版　次	2017年4月第1版	印　次	2017年4月第1次印刷
字　数	350千字	定　价	55.00元

ISBN 978-7-5130-4860-6

出版权专有　侵权必究
如有印装质量问题，本社负责调换。

前　言

作为战略性新兴产业，文化产业近年来的发展优势和成长态势越来越凸显出经济新常态下推动传统产业转型和促进经济结构升级的重要价值。从经济发展动力的转换规律和再造思路上看，文化产业以要素创新驱动业态创新、以产业转型拉动消费升级、以文化之力推动实现文化正义的动力转换和生成模式，既对新兴动能成长起到"加速器"的作用，又扮演了新旧动能转换"稳定器"的角色，对经济领域重塑新动力体系具有特殊启发意义。

回顾过去，2016年我国文化产业继续保持高于国民经济增速的成长速度创新发展，从《"十三五"国家战略性新兴产业发展规划》对数字创意产业进行了"顶层设计"，对文化与科技融合做出更给力的注解，到旅游、文化、体育、健康、养老被列入五大"幸福产业"，对文化产业在拉动消费增长、促进消费升级、拉动内需方面提出更加务实的要求。从《关于推动文化文物单位文化创意产品开发的若干意见》发布，文化资源转化进入科学发展轨道，到中国电影、广西广电网络、新华网等8家文化企业在资本市场上市，现代文化市场建设迈入新阶段。过去的一年，文化产业在驱动经济发展、加速产业升级、有效更新城市等方面，发挥了重要作用。

2017年我国文化产业继续立足于"十三五"定位，立足于国民经济支柱性产业发展方向，立足于国家推进供给侧结构性改革的整体发展战略，在实践探索中不断创新突破。一方面，"互联网+"继续深入融入文化和生活的全领域，VR、直播、网剧、弹幕等新业态继续保持"迅雷不及掩耳之势"快速冲击文化消费市场，成为年轻人的消费新时尚，并不断创新文化产业业态布局。动漫游戏、网络文学、网络音乐、网络视频等数字创意产品已越来越成为群众文化消费的主要内容。另一方面，"文化+"更加直接的融入到国民经济更广泛的领域，并通过供给侧结构性改革优化产业结构、组织结构和消费结构，放大了文化产业的格局和境界。从创意农业到特色小镇，从文化节庆到城市品牌，从故事挖掘到创意策划，从产品的种类到品质，都体现出文化的内涵和精神的温度。在很多地区，文化旅游成为发展新引擎，特色文化产业成长为新的支柱性产业。走出"吹拉弹唱"的"小文化"，融入国民经济的"大文化"，看不见、摸不着的"软实力"，正成为拉动一方经济的"硬实力"。

在文化产业继往开来，科学发展的同时，不得不提的是，近十年来，文化产业学术界深入研究了当前文化产业发展面临的问题、存在的困境、积累的经验，通过理论研究总结文化产业发展中的成败得失，归纳文化产业市场建设中的经验亮点，提炼适应未来文化产业发展的商业模式和发展路径，需要把文化产业的基础研究和应用研究有机结合起来，以应用研究促进基础研究，以基础研究带动应用研究，加强文化产业研究成果的转化和创意成果的孵化，通过知识转移平台、创新孵化平台、文化发展平台等搭建文化产业理论研究与现实生产之间的桥梁，使文化产业理论体系的建设在具有国际视野、中国特色的基础上，基本形成了文化产业的学术框架，构建了文化产业的理论基础。

但由于"文化产业"的概念是舶来品，对文化产业的概念认知、学科建设和学术构架的历史并不长，因此，文化产业研究者的学科背景相对于传统学科而言更为多元化，这对于文化产业理论体系的整体构建而言是一把"双刃剑"。同时，由于文化产业作为新兴业态，其业态快速更迭和产业交互创新等现实状况，使得文化产业行业相关统计和系统研究难以匹配产业发展的速度，文化产业各行业的年度情况、发展问题和发展特征缺少系统的研究和总结，更难以以研判性的学术理论引导实践创新。

在这一境况下，我们组织编撰了《2017中国文化产业年度报告》，报告以国家统计局对文化及相关产业的相关分类中的行业发展为聚焦重点，对过去一年该行业的发展概况、发展特征、存在的问题、新常态下发展趋势的研判等进行了系统分析，以期站在行业发展的立面，但更立足全球文化经济一体化和我国建设社会主义文化强国的时代背景，立足经济发展亟待寻找新动力和产业发展亟待突破天花板的现实境况，以丰富的数据、翔实的案例、理论和实践结合的分析研判，为文化产业学术理论的建设和学科基础的重构，提供有意义的研究成果。

总体上而言，《2017中国文化产业年度报告》面对当前全球文化产业发展的时代环境和国家推动文化大发展大繁荣的历史机遇,如何科学地回答建设社会主义文化强国进程中,文化产业应当扮演什么样的角色,文化产业各行业应当秉持怎样的发展理念,各领域的融合创新应当采取怎样的演进逻辑,进行了全面阐释,更对当前文化产业发展所面临的一系列战略理论提出前瞻性的理论思考。这样一件有意义的理论开拓和学术探索工作,我们更希望作为一个长期工程坚持下去,通过每年一度的总结分析、问题研究、趋势研判,为文化产业提供有理有据的智力支持,使文化产业在推动产业融合、加速产城融合、优化区域发展布局、参与全球文化经济角力及实现社会包容性发展等方面提供参考借鉴,为文化产业促进形成新的动力体系,不断实验新路径、创造新模式、衍生新业态,提供示范路径。

2017年4月

目 录

第一章 2016年中国文化产业发展概况 ·· 1
 一、2016年中国文化产业发展的整体概况 ·· 1
 二、2016年中国文化产业的行业发展概况 ·· 4
 三、2016年中国文化产业发展的特点分析 ·· 9
 四、2016年中国文化产业发展的突出问题 ······································ 16
 五、2017年中国文化产业的发展趋势 ·· 21

第二章 中国文化产业新业态与新趋势 ·· 25
 一、2016年文化产业新业态发展概况 ·· 25
 二、2016年文化产业新业态发展亮点 ·· 31
 三、2017年文化产业新业态发展趋势 ·· 50

第三章 中国新闻出版发行服务研究报告 ·· 55
 一、新闻出版发行业的整体概况 ·· 55
 二、新闻出版发行细分行业的主要特征 ·· 59
 三、新闻出版发行业的政策亮点 ·· 70
 四、未来新闻出版发行业的发展趋势研判 ······································ 73

第四章 中国广播电影电视服务研究报告 ·· 77
 一、广播产业研究报告 ·· 77
 二、电影产业研究报告 ·· 84
 三、电视产业研究报告 ·· 91

第五章 中国文化艺术服务研究报告 ·· 103
 一、文化艺术服务发展背景 ·· 103
 二、文化艺术服务发展现状 ·· 109

I

三、文化艺术服务发展趋势研判 … 118

第六章　中国文化信息传输服务业发展报告 … 122
一、文化信息传输服务业年度发展概况 … 122
二、文化信息传输服务业发展动因分析 … 129
三、文化信息传输服务业存在问题 … 134
四、文化信息传输服务业发展趋势 … 140

第七章　中国文化创意和设计服务研究报告 … 144
一、文化创意和设计服务融合发展的现状 … 145
二、文化创意和设计服务业发展的特点 … 155
三、文化创意和设计服务业发展的趋势 … 160

第八章　中国文化休闲娱乐服务研究报告 … 166
一、文化休闲娱乐服务行业现状分析 … 166
二、文化休闲娱乐服务行业存在的问题 … 175
三、文化休闲娱乐服务行业的发展趋势 … 180

第九章　中国工艺美术行业研究报告 … 185
一、工艺美术行业发展现状 … 185
二、工艺美术行业的发展机遇 … 189
三、工艺美术行业的多重矛盾 … 193
四、工艺美术行业发展的对策建议 … 196
五、工艺美术品生产的创新趋势 … 199

第十章　中国文化衍生品研究报告 … 202
一、文化衍生品开发的背景与现状 … 202
二、文化衍生品开发的主要特点 … 209
三、文化衍生品开发存在的问题 … 212
四、文化衍生品开发趋势 … 216

第十一章　中国文化产业政策研究报告 … 221

第十二章　中国文化产业园区研究报告 … 239
一、文化产业园区发展环境 … 239
二、文化产业园区发展趋势和特点 … 242

三、文化产业园区面临的挑战 …………………………………………248
　　四、文化产业园区未来发展趋势 ………………………………………251
第十三章　中国文化贸易研究报告 …………………………………………254
　　一、文化贸易的整体情况 ………………………………………………255
　　二、文化贸易的主要特征 ………………………………………………262
　　三、文化贸易发展的主要问题 …………………………………………268
　　四、中国文化贸易未来发展的创新路径 ………………………………273
第十四章　中国文化产业投融资研究报告 …………………………………277
　　一、文化产业投融资概况 ………………………………………………277
　　二、文化产业投融资主要方式分析 ……………………………………279
　　三、文化产业投融资特点与趋势 ………………………………………297
第十五章　中国文化产业人才教育研究报告 ………………………………302
　　一、文化产业国民经济分类与大学专业的契合度分析 ………………302
　　二、文化产业人才培养机制存在的问题 ………………………………312
　　三、对文化产业人才教育的几点建议 …………………………………314
后　记 …………………………………………………………………………321

III

第一章 2016年中国文化产业发展概况

在"十一五""十二五"时期的快速发展期之后,中国文化产业呈现出向纵深发展的趋势,进入到"十三五"转型升级、结构性调整的重要时期。2016年是"十三五"规划的开局之年,也是供给侧结构性改革的深化之年。在宏观经济下行、压力加大的背景下,中国文化产业初具规模,回首2016年中国文化产业的发展,转型升级步伐加速、融合发展势头猛烈、新兴业态的发展势如破竹。"文化+"与相关产业的携手联姻,提升了经济发展质量,促进了经济转型升级,使文化产业的内容生产有了文化自信的支撑和引领。

一、2016年中国文化产业发展的整体概况

2016年,中国文化产业的发展保持了传统产业门类的发展规模,发展态势较好,与此同时,许多新兴领域尤其是数字文化产业领域的发展势如破竹,其产量、产值在整个文化产业的结构中所占比例越来越大,影响越来越广。

从产值等相关情况来看,文化产业增速有所放缓,进入理性调整期。近年来,文化产业逐步成为国民经济增长的重要亮点,文化产业的增速远高于GDP的平均增速,平均增长率超过20%。但是伴随着改革发展进入深水区,文化产业也逐渐回归理性。从2014年起,文化产业增速逐渐放缓,与GDP的增速一起呈现逐渐收敛的趋势。2014年GDP增速7.4%,文化产业增速为12.1%;2015年GDP增速6.9%,文化产业增速为11%。据统计,2016年全国规模以上文化及相关产业企业实现营业收入

80314亿元，比上年同期增长7.5%❶，文化企业的规模化、集约化水平进一步提升。而2016年GDP平均增速6.7%，说明文化产业增速与GDP增速差值逐渐缩小，其规模增速趋缓，文化产业步入了理性调整期。

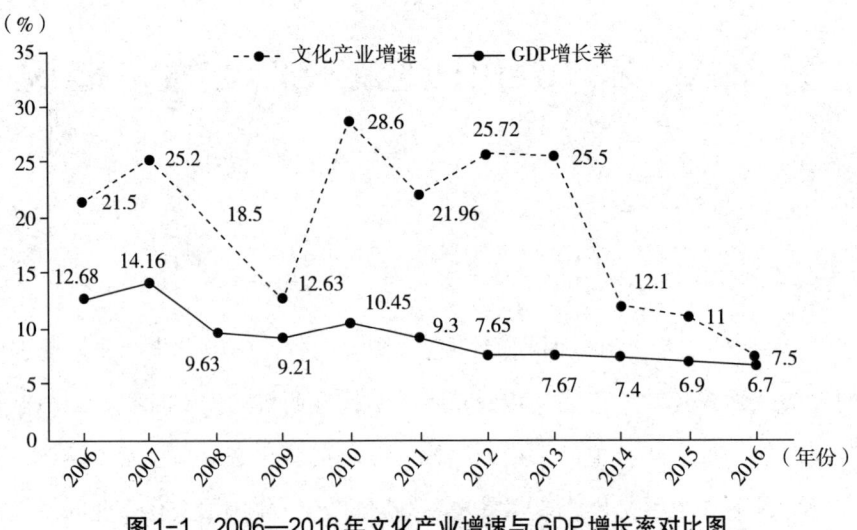

图1-1　2006—2016年文化产业增速与GDP增长率对比图

从行业发展的相关情况来看，结构调整步伐加快，新兴业态发展迅猛。互联网时代的到来颠覆和重构了文化产业的内容和形式，仅依靠传统发展模式生存的传统文化产业已然不能适应转型升级的新要求，其增加值逐渐降低。据国家统计局对全国规模以上文化及相关产业、企业营业收入情况的统计数据显示，2016年低于平均增速7.5%的基本上是传统的文化产业类型，如文化专业设备和辅助生产、工艺美术品的生产等，而增长最低的文化专用设备的生产行业增速为3.2%。相反，新兴业态则呈现出前所未有的发展活力，增速惊人。随着"互联网+传统行业"的发展模式在各领域持续发酵，文化产业新业态层出不穷，各行业间交互和融合更加深入。文化产业新业态的新趋势、新技术和新特点在2016年尤为突出。

第一，移动互联网为文化产业新业态发展构建良好的支撑环境。第二，文化产业新业态正成长为推动经济结构转型的新生力量。2016年，以"互联网+"为主要形式的文化信息传输服务业营业收入5752亿元，增长30.3%。❷动漫游戏、网络文学、网络音乐、网络视频等已经成为新的消费增长点，其中网络表演（直播）市场

---

❶ 数据来源：国家统计局。
❷ 数据来源：国家统计局。

营收达到200亿元，同比增长超过200%；VR潜在用户规模达到2.86亿，规模约占全国总人口的1/5。两位数的逆势高增长充分显现出数字文化产业的活力和前景。到2020年，我国将形成文化引领、技术先进、链条完整的数字创意产业发展格局，相关行业产值规模达到8万亿元。第三，文化产业新业态为文化产业结构优化注入活力。第四，文化产业新业态呈现分享化、平台化、融合化发展。从发展方式看，其一，分享经济模式创新文化产业新业态的发展方式。预计未来5年我国分享经济增长年均速度将在40%左右，到2020年市场规模或将占我国GDP的10%以上。其二，文化产业新业态呈现平台化发展。其三，文化产业新业态呈现融合化发展，尤其是与移动多媒体平台的融合发展。

表1-1 2016年全国规模以上营业收入情况

文化及相关产业企业	绝对额（亿元）	比上年增长（%）
总计	80314	7.5
新闻出版发行服务	3061	5.0
广播电影电视服务	1496	5.1
文化艺术服务	312	22.8
文化信息传输服务	5752	30.3
文化创意和设计服务	9854	8.6
文化休闲娱乐服务	1242	19.3
工艺美术品的生产	15045	3.2
文化产品生产的辅助生产	8926	5.4
文化用品的生产	30219	7.0
文化专用设备的生产	4407	2.7

注：1.表中速度均为未扣除价格因素的名义增速。
2.表中部分数据因四舍五入的原因，存在总计与分项合计不等的情况。

2016年，传统文化产业发展进入转型调整攻坚期，现代技术和新型消费密切相关的文化产业行业面临创新发展新机遇，"十三五"开局之年，"面向新方位的结构性深调"成为中国文化产业发展的年度关键词。总体而言，虽然2016年中国文化产业规模增速放缓，但整体文化产业发展依然积极、健康、成果颇丰。

二、2016年中国文化产业的行业发展概况

（一）新闻出版行业发展概况

2016年是"十三五"的开局之年，也是推进供给侧结构性改革的攻坚之年。正当各大经济领域都在深化"三去一降一补"改革时，我国新闻出版发行业也在压力与机遇面前逐渐进入了新常态，产业发展出现结构性调整，行业格局呈现资源性整合，传统传媒正在转型阵痛中走向优化升级，新兴业态也在政策和技术的双重引领下走向规范发展。

第一，传统媒体整体衰落。报刊行业出现大面积亏损，全国各大都市报年发行量、阅读量均一路下跌，2015年零售发行相比去年同期下降幅度高达50.8%。第二，移动阅读成为主流。2016年移动阅读市场规模有望在2015年101亿元的基础上达到135亿元，成年国民手机阅读接触率也有望在2015年60%的基础上实现更大的突破。阅读方式的改变深刻地影响了阅读内容的生产。第三，媒体加速融合发展。近年来，国内不少大型新闻传媒集团积极应对挑战，整合跨界资源，探索全媒体融合道路。第四，技术改变传播方式。网络直播在2016年实现爆发式增长，并带来网红经济和粉丝经济等新业态。2016上半年网络直播市场营收82.6亿元，同比增长209.3%，用户规模已迅速达到3.2亿，占网民总体的45.8%。第五，图书销售额增幅趋缓，库存居高不下。2016年全国图书零售市场总规模为701亿元，同比增长12.3%，比2015年12.8%的增幅略微下降。其中渠道销量差异明显，传统实体书店首次出现2.33%的负增长，而网上书店则继续保持30%左右的增幅，总码洋首次超过实体书店。第六，数字出版发展势头继续看好。2015年国内数字出版产业整体收入规模为4403.85亿元，比2014年增长30%，数字出版产业收入在新闻出版产业收入的总比由2014年的17.1%提升至20.5%。

（二）广播电影电视服务业发展概况

在"互联网+"与多媒介融合发展的社会背景下，2016年的中国移动电台市场突破16亿，这是广播产业"UGC+PGC"的转型发展模式所带来的成功，结合技术

创新、资源整合、云端共享等，中国的广播产业焕发出前所未有的繁荣。但与此同时，广播节目的内容细化、制作与类型等还亟待创新。

2016年，中国电影银幕总数达到41179块，位居全球第一，生产的各类电影数量也稳步增加到944部，但是全国的电影票房收入及观影人次两者增长速度都相较2015年明显放缓。我国电影产业热度的确是依旧不减，市场仍有巨大潜力，只是面对观众的选择愈加趋于理性的今天，影片需要通过提高质量以增加自身竞争力，扩大国内市场，打开国际市场。

网络在线视频的市场在2016年可谓方兴未艾，众多视频播放平台依靠优质自制的网综网剧或购买知名IP等吸引用户，网络视频用户达6.83亿人，相比2015年（6.25亿人）增长0.58亿人，增幅达9.3%，同年第2季度中国网络视频广告市场规模已经达到91.1亿元人民币，环比增长36.1%，同比增长51.6%。新媒体的春天使得传统电视媒体面临寒冬。同质节目泛滥、节目质量低下、电视台体制障碍等问题使观众大量流失。因此，传统电视媒体也开始以合作创新谋出路，台网联动、科技体验等都在实践发展中探寻出新道路。

（三）文化艺术服务业发展概况

根据《文化及相关产业分类（2012）》分类方法，文化艺术服务市场分为文艺创作与表演服务、图书馆与档案馆服务、文化遗产保护服务、群众文化服务、文化研究和社团服务、文化艺术培训服务和其他文化艺术服务7个类别。

文化艺术服务的发展虽然在文化及相关产业中占据较小的份额，但其对社会的影响和文化的传播却是占有极其重要的地位。因行业内主要服务以提供社会公共服务为主，从2016年的文化服务业营收状况来看，营业收入仅达312亿元，但比2015年同比增长22.8%，增长率远高于文化及相关产业、企业营业收入，平均增长率7.5%，由此可以看出，我国文化艺术服务产业处于一个高速发展起步期，其所具有的产业性发展空间也非常巨大。在国家和文化部一系列相关政策的指导下，2016年文化艺术服务各项工作稳步推进，艺术创作生产和艺术表演成果累累，艺术扶持政策更加完善；现代公共文化服务体系建设深入推进，公共文化服务水平进一步提高；文物保护和利用成效显著，非物质文化遗产保护传承体系正在形成，文物和其他产业融合进一步深化；群众文化生活进一步丰富，文化艺术培训市场取得新进展。2017年必将延续这种发展态势，将公共文化服务和文化服务产业化发展深度结合，完善供给侧结构性改革，为公众提供更好的文化艺术服务。"产业化""无墙化""PPP模式""深度融合""适度开放""人才培养"都将是本年度关注的重点问题。

（四）文化信息传输服务业发展概况

文化信息传输服务业作为一个起步较晚、发展较快、渗透领域广的战略性新型产业，已经在文化产业结构调整、提质增效、创新发展上占据重要位置。截至2015年底，文化信息传输服务业实现增加值2858亿元，增速为16.3%，占文化产业的比重为10.5%。在文化产业十大行业中，增长速度位列第二，仅次于文化休闲娱乐服务业，文化信息传输服务业从业人员为88.2万人，增长12.8%。2016年上半年，以"互联网+"为主要形式的文化信息传输服务业营业收入为2502亿元，增长29.7%，位居全国规模以上文化及相关产业10个营收增长行业的第一位。互联网信息服务已经逐渐成为文化信息传输服务内容的主战场，2015年，互联网内容提供商营收规模接近3000亿元，较2014年度增长35.1%，2016年营收规模接近4000亿元；2015年，包括IP版权交易规模和授权衍生周边在内的广义产值突破4200亿元，较2014年度增长42.5%，2016年产值突破5600亿元。文化信息依托互联网、移动互联网、广播电视传输网络等基础骨干网络的建设，构筑了宽带、融合、泛在的新一代文化信息基础设施和现代传播体系，实现了公共文化信息、文化休闲娱乐信息、个人定制化信息的全面传输，融入社会生产生活，深刻改变着文化产业的内部格局、行业利益的重组和文化安全的重新建构。

（五）文化创意和设计服务业发展概况

根据《文化及相关产业分类（2012）》分类方法，文化创意和设计服务市场分为广告服务、文化软件服务、建筑设计服务、专业设计服务4个种类。2016年，我国广告业进入了一个空前活跃时期，无论是广告公司的数量、从业人数，还是广告营业额，都呈现迅速增长的态势。2016年，我国软件服务进入创新爆发期，并不断在行业洗牌中进行换血，市场主导性越来越强，并呈现出文化软件和广告服务相互促进的发展特征。2016年，我国建筑设计服务在与行业市场继续保持黏度和依赖性的同时，开始以文化创新和设计思维开拓高附加值市场，并与文化领域尤其是公共文化服务融合更加紧密。值得注意的是，随着公共文化服务体系的日趋完善，公共建筑领域的设计服务不断优化行业发展，提高设计水准，并与公共文化领域融合更加紧密。2016年，我国专业设计服务领域的"专业性"更强，行业集中度在资本市场的作用下进一步提升，互联网思维为专业设计服务领域的深刻变革提供了催化剂。更多的业内企业运用并购杠杆来寻求规模的迅速扩张，融合背景下，专业设计服务机构为实现规模效益，开始尝试进行横向并购扩张，探索通过跨领域收购助力多元化发展。同时，2016年文化创意和设计服务业融合发展特征也十分突出。一是新兴业态对文化创意与设计服务同相关产业所融合的领域、融合的深度起到关键作用；二是文化创意和设计服务与相关产业融合发展成为我国文化产业供给侧结构性改革的重要力量。

（六）文化休闲娱乐服务业发展概况

文化休闲娱乐服务业作为文化产业的重要组成部分，是一个国家生产力水平高低的标志之一，是衡量社会文明的尺度，是人类精神文明和物质文明的结晶，在满足人民群众精神文化需求，扩大和引导文化消费，带动就业，促进经济发展等方面具有重要作用。

根据《文化及相关产业分类（2012）》分类方法，文化娱乐休闲服务业主要包含景区游览服务、娱乐休闲服务、摄影扩印服务3个部分。在我国经济总量和人均GDP不断攀升的时期，文化休闲娱乐服务产业在国民经济中所占比重也在逐年增加，种种迹象表明这是一个极具活力和优良发展前景的产业。2015年，文化休闲娱乐服务业实现增长2044亿元，增速达19.4%，占文化产业的比重为7.5%，比2014年提高0.5个百分点。2016年上半年，文化休闲娱乐服务业作为文化及相关产业领域实现两位数增长的5个行业之一，营业收入达496亿元，增长17.8%，呈现良好发展态势。

（七）工艺美术品发展概况

2016年在经济新常态的背景下，承载着中华民族传统文化的工艺美术行业一改前几年快速增长的态势，各项经济指标呈现增长放缓的状态，与2015年相比，工艺美术品行业发展有所复苏。据国家统计局相关资料统计，2016年1—11月，全国工艺美术行业规模以上工业企业共5290家，其中亏损企业435家。工艺美术行业规模以上工业累计主营业务收入9731.5亿元，与2015年同比增长2.62%；实现利润528.6亿元，同比增长7.14%；亏损企业累计亏损额12.4亿元，与2015年同比上升1.14%。据海关相关资料统计，2016年1—11月，全国工艺美术行业主要商品海关出口总额287.9亿美元，同比下降了76.3亿美元，下降了20.95%；进口额43.96亿美元，同比下降了6.95亿美元，比2015年同期下降13.65%。工艺美术行业发展的特点表现为：第一，行业增速放缓。第二，国家政策助力工艺美术品行业发展。第三，特有资源和区域特色为行业发展提供强有力的保障。第四，传承与创新融合促使工艺美术品行业活力焕发。

（八）文化及相关产品生产概况

随着中国文化产业的不断发展，文化衍生品开发在近年迎来发展高潮。2015—2016年，国内文博业、影视业、动漫游戏业等都纷纷以IP为核心，开发各类衍生产品。文化衍生品开发既有着人们消费升级的需求，也符合文化产业自身的发展规律。

第一，文化衍生品开发进入快车道。近年来，中国文化衍生品市场呈现爆发式增长态势。据美国授权业评估，中国正版授权衍生品市场以每年15%的全球最快速度增长，而同期的美国和日本已经是3%~5%的饱和状态。第二，文博衍生品"活化"特征明显。博物馆文创产品将博物馆拥有的历史元素和现代设计结合，一方面力求把握传统文化脉络，另一方面注重探索现代表达方式，实现游客"博物馆文化带回家"的愿望。第三，动漫元素成为衍生品媒介。纵观中国电影市场，衍生产品卖得较好的一般都是具有动漫基础的作品，超级英雄电影一类的大片《变形金刚》《美国队长》《蜘蛛侠》等，或者动画电影《疯狂动物城》《大鱼海棠》等。第四，衍生品开发更加重视与现代科技的结合。现代科技在不断改变文化产业业态和发展模式的同时，也越来越多地被应用于文化衍生品的开发和营销。从2015年起，故宫博物院除了加强英文网站建设外，还重点推进"数字故宫"建设，自主研发并上线了《胤禛美人图》《紫禁城祥瑞》《皇帝的一天》《韩熙载夜宴图》《每日故宫》和《故宫陶瓷馆》6款App应用，通过数字技术，以立体、多元、全方位的信息化手段推进故宫衍生品的展示和销售。

三、2016年中国文化产业发展的特点分析

(一) 政策规范，文化立法重磅出击

"十三五"规划的开局之年，我国先后在文化立法、体制改革、公共文化等多个领域相继推出了一系列具有重要意义的政策和法规性文件，在文化立法领域取得了重要突破。同时，在推动文化产业成为国民经济支柱性产业、促进文化产业供给侧的优化和整合方面也取得了突破性进展。

从监管制度来看，文化立法重磅出击。2016年11月7日，全国人大常委会第二十四次会议表决通过《中华人民共和国电影产业促进法》。《中华人民共和国电影产业促进法》成为我国文化产业领域的第一部专门法律，填补了我国文化立法领域的空白，在我国文化产业发展史上留下浓墨重彩的一笔。这部法律的施行将结束电影产业仅靠政策规制的历史，并开启电影产业法治化监管，特别是以法律促进为基础、法律促进和政策促进共同作用的新历程。12月25日，全国人大常委会第二十五次会议表决通过《中华人民共和国公共文化服务保障法》。公共文化服务保障法关于鼓励和支持社会力量参与公共文化服务的一系列法律规定，对于培育未来的文化生产者和文化消费者、为文化产业发展提供基础设施和市场空间等，都具有极其重要的作用。文化法律的制定和文化法规的集中修改，既顺应了文化产业发展的需要，更是"放管服"在文化产业行政法规方面的具体落实。文化法律的制定和文化法规的集中修改，为推动文化产业成为国民经济支柱性产业奠定了坚实的法律基础。[1]

从优惠政策来看，扶持力度逐渐增强。我国部分地区为支持文化产业繁荣发展，推出了一系列文化产业税收优惠政策。湖南省为打造湖南的"文化航母"和"媒体旗舰"，为新兴文化产业推出"营改增"结构性减免政策红利。制定了《图书批发、零售纳税人申请抵退2013年已缴增值税操作指引》。2016年8月，山东淄博市临淄区出台《临淄区扶持影视文化产业发展规定》，建立绿色通道服务影视文化产业发展，为影视企业在注册、变更、扶持兑现等方面提供全方位、一条龙的优质服务。

---

[1] 贾旭东.2016文化盘点系列——文化产业[EB/OL].(2016-12-31)[2017-1-11].http://wenyi.gmw.cn/2016-12/31/content_23382685.htm.

从简政放权来看，工作效率大幅提高。2016年，国务院发布有关简政放权法规和文件共28件。随着"放管服"改革向纵深推进，文化产业也因此释放出不少红利。2月，国务院印发《关于第二批取消152项中央指定地方实施行政审批事项的决定》和《关于第二批清理规范192项国务院部门行政审批中介服务事项的决定》，取消152项行政审批和192项行政审批中介服务。1月、6月和12月，国务院分3批下发文件，共取消了222项职业资格许可和认定事项，其中演艺、美术和摄影等多项涉及文化艺术。还有多部"过时"的政策法规被修改和废止，多项行政性税费项目被取消。不仅如此，大力推行"互联网+政务服务"，使信息透明，协同共享，企业和群众的办事效率也大大提高。

（二）重构完善，文化产业市场体系构建

从文化要素市场来看，文化产业市场体系初具规模。2016年，我国文化市场建设情况稳中有升。文化开放水平不断提高，各类文化市场主体迅速发展，新兴文化业态大量涌现，文化市场正处于前所未有的繁荣时期。同时，各部门也对文化市场加强监管不松懈。首先，从行业来看，对旅游、演出、印刷和娱乐场所经营等文化领域出台专门管理条例，特别是针对时下火热的娱乐及网络直播行业，要求其明确经营主体，明晰经营范围。其次，从主体来看，制定综合监管责任清单，加强文化部门、公安部门、工商部门和交通运输部门等各部门执法协作，落实主体责任，增强监管实效。最后，从效果来看，进一步惩治和打击违法犯罪行为，加强执法与司法相衔接，这一举措更好地规范了文化市场的发展。

2016年11月22日，财政部新设立"文化司"，将原来财政部教科文司的"文化处"与"中央文化企业国有资产管理办公室"职能进行合并，将文化行政、产业、事业纳入一体，统一管理宣传、文化、体育、旅游等相关部门的预算和相关财政资金、资产管理工作。2016年，中央财政安排208.62亿元支持构建现代公共文化服务体系，同年，财政部下达44.2亿元文化产业发展专项资金，中央财政安排11.53亿元资金支持中央文化企业发展。此次财政部专门设立文化司，有利于深入研究文化建设的特点和规律，使财政对文化的投入更科学、更精准，更能起到"四两拨千斤"的撬动作用，调动起全民的文化创造活力。

从文化产品来看，文化旅游催热文化消费。从2016年发布的"中国文化消费指

数"来看，文化产业的消费环境、消费意愿、消费能力以及满意度均呈上升趋势，其中文化消费环境指数上升速度最快，2013—2016年复合增长率为7.7%，说明这3年我国文化消费环境有了明显的改善，文化消费氛围良好。而随着文化产品种类的日益丰富以及质量的稳步提升，居民个性化、多样化的文化需求将得到有效的满足，文化消费窗口将被进一步打开，迎来快速发展。在十大文化产品、服务的消费支出水平方面，由高到低的顺序依次是文化旅游、文化娱乐活动、电影、工艺美术品和收藏品、网络文化活动、出版、游戏、文艺演出、广播电视、动漫。文化旅游表现抢眼，独占鳌头。而与2015年相比，文化娱乐活动、工艺美术品和收藏品排名有一定幅度上升，出版则有所下降。

从服务要素来看，投融资服务体系日渐完善。2016年，文化产业与金融环境的发展相关性正逐步加强。部分银行、信托、保险机构开始针对文化金融产品进行开发。2015年全年文化企业并购166起，除23起未透露并购金额，并购规模近1500亿元，同比增长50%。截至2016年11月，全国共有1192家文化企业挂牌新三板。[1]总体上，文化金融的发展越来越深入。对于文化金融的融合发展，相关单位机构给予其高度重视。2014年3月17日，文化部、中国人民银行、财政部联合印发了《关于深入推进文化金融合作的意见》，为文化金融体制机制、符合文化产业发展需求特点的金融产品与服务提供了发展意见。

2016年，文化产业的众筹呈现爆发式增长，其次是IP金融以及以区块链为标志的文化金融科技。文化与金融的关联度正日益提升，金融资本助推文化产业的发展与转型。

（三）动因更迭，科技助力改写产业形态

2016年，文化与科技的融合日益紧密和深化。根据"中国省市文化产业发展指数（2016）"，二级指标科研环境指数得分为70.79，与2015年相比继续提高，科研投入和技术应用都迈上了更高台阶。国家文化科技创新工程不断推进，对文化领域共性关键技术研究、传统文化产业的优化和升级、新兴文化产业的培育和发展起到了重要作用。

---

[1] 天信投资新三板.2016中国文化消费指数发布，这些文化股有望迎来发展良机[EB/OL].(2016-10-31)[2017-1-17].https://xueqiu.com/3834958640/76873539.

第一，科技迅猛发展，催生文化产业新业态。被称为"VR元年""直播元年"的2016年，文化与科技的融合达到了新高度，并助推文化产业新业态的裂变。2016年被称为"VR元年"，VR技术不断领跑文化与科技新融合新业态，尤其是在文化创意产业领域，不断在各地举办的图书展、教装展、游戏展、创新创业展、手机游戏、电视节目中出现；VR技术、VR产品及VR产业的发展无不受到各类投资者、学者及媒体人的关注。VR在多领域发展空间巨大。2016年4月，淘宝推出全新购物方式"Buy+"；7月，在ChinaJoy（中国国际数码互动娱乐展览会）新设立的Esmart智能硬件展览会中，70%参展企业为VR企业；12月，首个VR产业发展促进联盟"成都VR产业发展促进联盟"成立。随着VR技术应用日趋成熟，未来会产生一个包括实物再现、内容娱乐、设计创意、知识信息、学习教育等在内的文化产业矩阵。

网络直播成为2016年最为火爆的新兴产业之一。其打破传统产业PGC生产模式，以UGC为主导，打造了参与性强、实时互动、全民直播的开放性社交平台。直播行业迅速崛起，成为互联网经济的重要组成部分。据中国互联网络信息中心发布的报告，截至2016年上半年，网络直播用户规模达到3.25亿，占网民总体的45.8%。据市场分析，刚刚兴起的网络直播在2016年市场规模已达150亿元人民币，预计到2020年将达600亿元。网络直播的盛行衍生出"网红经济"这一新业态。《2016年中国电商红人大数据报告》预计2016年网红产业产值接近580亿元人民币，其中的直播产值就高达100亿元。"直播+"也逐渐成为比"互联网+"更具活力的新兴业态。"直播+旅游""直播+教育""直播+艺术"等新兴融合发展模式，为文化产业新业态注入新鲜血液。网络直播加速了媒介的迭代创新，提高了文化产业规模化、集约化、专业化的水平，推动了新文化业态的融合、演绎与更迭，为国民经济发展提供了新的动能。

人工智能成为未来科技与文化融合的风向标。2015年，全球人工智能市场规模达到1683.9亿元，我国人工智能市场规模达到203.9亿元人民币，预计2018年全球人工智能市场将逼近2700亿元。文化产业如何与科技进行深度融合，通过创新引领、技术驱动带动产业之间的协同发展，势必将成为未来一个巨大的经济增长点。[1]未来，类似于"贤二"机器僧的AI产品将越来越普及。

---

[1] 范周.文化产业发展的六个新态势[J].中国国情力,2016(12).

第二，新业态发展倒逼传统业态转型升级。科学技术演进及其催生的文化产业新业态，网络直播、新媒体、自媒体、网络综艺、网络大电影等一系列新事物的诞生推动促进文化产业外延不断拓展，且倒逼传统产业步入转型升级之路，以传统出版业、电视综艺表现最为突出。传统出版业在电子书、新媒体、自媒体等媒体大融合的挑战下，开始寻求向数字化转化的新出路，传统媒体成为转型升级的"领头羊"，"央视新闻""新华社"等媒体纷纷涉水新媒体领域；2016年，网络综艺呈"井喷"之势，类型多元化、富有创意的节目形式使同质化问题严重的电视综艺节目受到极大冲击，电视节目主持人也纷纷加盟网络综艺，因此，湖南卫视率先推出"芒果TV"互联网视频平台实行芒果独播策略，现已实现全平台日均活跃用户超过3600万，日点击量峰值突破1.37亿；移动端以每月10%、日均新增30.3万人的增速，累计下载量达到2.1亿次。

（四）跨界互动，行业融合发展趋势明显

第一，"文化＋"，跨界整合与融合创新。"文化＋"是文化创意元素向经济社会各领域的渗透和植入。在创新驱动下，文化产业为传统产业注入新活力，拓展新空间，培育新经济增长点，"文化+旅游""文化+金融""文化+农业""文化+康养""文化+体育""文化+制造""文化+智慧城市""文化+特色小镇""文化+人工智能"等"文化＋"横向拓展、纵向延伸，不断促进文化创意和设计服务与相关产业的融合创新，不断向一、二、三产业和上、中、下游全产业链覆盖延展，通过资源整合和跨界竞合，突破行业壁垒，创造产业空间，推动文化产业的繁荣发展，也将开拓一片片新蓝海。❶

第二，"互联网＋"思维下，跨要素整合激发跨界融合新动力。跨要素融合是文化产业的"对内融合"，就是以文化、科技、信息、创意、资本、市场、人才、品牌等为代表的产业要素，通过集聚创新形成的融合发展模式。以"文化+科技""文化+金融""文化+创意"等为代表的融合模式，已经在产业层面得到广泛应用。"文化+科技"在2016年成为文化产业发展进程中的新常态，如故宫文创产品"每日故宫"手机应用、AR及VR技术在会展业与大型演艺产业的深度融合为文化产业带来更广阔的发展空间。"文化+金融"在2016年利用互联网金融模式开辟了新型融资

---

❶ 范周.文化产业发展的六个新态势[J].中国国情力，2016(12).

渠道，文化众筹等新型投融资渠道使金融创新极大地刺激文化消费。"文化+创意"，"创意为王""内容为王"成为2016年文化产业界的关键词，不论是新兴的网络直播还是新媒体行业都开始进行内容沉淀，以故宫博物院为引领的博物馆业"旧瓶装新酒"，将创意融入传统文化利用新型科学技术进行传播。"文化+创意"以文化为资源，以创意为手段，以产业为目的，发展文化创意产业，同时实现与其他产业的深度融合。

第三，异业合作，跨行业整合开拓新蓝海。跨行业融合是文化产业的"对外跨界"，通过行业间的功能互补和链条延伸，文化内容和创意设计向三次产业渗透，行业之间共生相辅，"隔行如隔山"的行业壁垒逐步消解。当前，"文化+旅游""文化+特色小镇"等多种业态融合模式不断涌现。"文化+旅游"，上海迪士尼开业运营、旅游IP元年开启新发展、史上最严A级景区整治潮、旅游企业加速境外布局……2016年旅游业在供给侧不断深化结构性改革。旅游热也带动了资本的蜂拥而至，行业整合在升级，企业混改在继续。"文化+特色小镇"，2016年12月13日，国家发改委联合国家开发银行、中国光大银行、中国企业联合会、中国企业家协会、中国城镇化促进会共同出台了《关于实施"千企千镇工程"推进美丽特色小（城）镇建设的通知》（以下简称《通知》），这为推进城镇化建设提供了最新的动力支持，也是继11月份发布的《关于加快美丽特色小（城）镇建设的指导意见》以来又一推动特色小城镇建设发展的重磅政策。《通知》中进一步明确了企业与小城镇联结的发展的着力点在于从特色优势出发，充分挖掘人文资源、自然资源等，打造特色主导产业。同时，在产业结构上，将产业重点放在文化、旅游休闲、高新技术等领域，在高效建设特色小镇过程中也推动了企业更好的发展。

（五）协调发展，推进产业结构不断优化

从政策导向来看，供给侧结构性改革推动实现资源优化配置。2016年6月8日，财政部联合文化部等二十部委印发了《关于组织开展第三批政府和社会资本合作示范项目申报筛选工作的通知》，文化部门首次作为PPP（公私合作模式）项目的工作推动部门出现在国家PPP战略实施的文件中。鼓励社会力量、社会资本投入文化领域，有助于打破公共文化与文化产业之间的界限，提高文化产品和服务的有效供给，避免政府部门文化资金来源单一以及不同程度存在的使用方式落后、效率不高的问题。在我国经济进入新常态、面临一系列新的突出矛盾和主要问题的环境

下，文化产业的发展不可避免地面临着结构型失衡。"供需错位"成为文化产业发展中最突出的问题之一。因此，以供给侧结构性改革为突破，从文化产品和服务生产、供给端入手，调整文化产业供给结构，实现文化产业合理化和高度化发展，为真正启动内需，打造文化经济发展新动力提供了有效路径。

从发展环境来看，科技创新推动产业结构高级化发展。2016年，国家统计局发布了2015年中国创新指数测算结果，2015年中国创新指数为171.5，比2014年增长8.4%，增幅为10年来最高。4个创新分领域21个指标中，有19个指标呈现增长态势，其中6个指标增速达到两位数以上，表明经济发展进入新常态情况下，我国在推进动能转换、结构转型和经济提质增效方面取得了切实进展，创新驱动发展战略和"大众创业、万众创新"政策实施效果明显。2016年12月，数字创意产业与新一代信息技术、高端制造、生物、绿色低碳等产业一起，被纳入《"十三五"国家战略性新兴产业发展规划》中，计划到2020年，数字创意产业等相关行业的产值规模达到10万亿元级。《"十三五"国家战略性新兴产业发展规划》对数字创意产业进行了"顶层设计"，2017年必然在"创新数字文化创意技术和装备""丰富数字文化创意内容和形式""提升创新设计水平""推进相关产业融合发展"4个方面推进整体布局、明确发展路径。数字创意产业纳入战略性新兴产业发展规划是国家规划层面引领和促进文化产业发展的一个重要突破，标志着文化产业在国民经济中的重要地位进一步凸显和提高。

（六）态势强劲，国际影响力日益增强

第一，文化交流与合作全面深入推进。2016年，中央出台多项政策鼓励和支持对外文化交流。《中国对阿拉伯国家政策文件》是我国政府制定的首份对阿拉伯国家政策文件。《国务院关于支持沿边重点地区开发开放若干政策措施的意见》对沿边地区文化交流内容、文化传播方式和文化开放领域等作出一系列政策规定。《文化部"一带一路"文化发展行动计划（2016—2020年）》的颁布也为加强与"一带一路"沿线国家和地区的文明互鉴与民心相通，切实推动文化交流与文明传播，增强中华文化传播力和影响力提供了新时期的发展思路。

第二，交流机制日趋完善，品牌活动影响力骤增。文化交流机制化合作向纵深发展，我国积极履行国际公约责任，先后完成7个列入急需保护名录项目履约报告并向教科文组织提交；建立专项工作机制并撰写《非遗公约》政府履约报告和《文化多样性公约》政府履约报告等。2016年，23国文化部长或代表受邀出席丝绸之路文化部长圆桌会议并通过了《敦煌宣言》，标志着"一带一路"文化交流与合作机制化建设迈上了新台阶。"丝绸之路国际剧院联盟"已包含30余家国外主流剧院、文化机构、知名演出团体以及国内近30家主流剧院和演艺机构；"丝绸之路国际艺术节联盟"包括了上海国际艺术节、匈牙利布达佩斯之春艺术节等16个国家的20个艺术节。我国对外交流合作机制化水平正不断提高。

第三，搭建海外中国文化交流平台助力对外文化交流。用国际化语汇讲述中国故事、传播中国文化、展示中国形象，海外中国文化中心为对外文化交流搭建了新的窗口和平台，成为对外文化工作实现科学发展的新抓手。党和国家领导人高度重视海外中国文化中心建设，多次为文化中心揭牌、奠基，见证政府文件签署、视察文化中心。

2016年，贝尔格莱德中国文化中心、莫斯科中国文化中心分部——中共六大会址常设展览馆、斯德哥尔摩中国文化中心、雅典中国文化中心、金边中国文化中心、海牙中国文化中心、明斯克中国文化中心正式揭牌，海外中国文化中心总数达到30个。随着数量的不断增加，海外中国文化中心全球网络初步形成，其中在"一带一路"沿线国家设立的文化中心数量已达11个。此外，我国还与拉脱维亚、摩洛哥、以色列等11个国家签署了设立文化中心的政府间文件。据统计，已有34个省（区、市）参与海外中国文化中心部省年度对口合作计划。合作推出的各项活动既丰富了中心活动的内容与形式，也为地方文化走出去提供了平台。一系列经过统筹策划的高水准活动在各海外中国文化中心联动开展，如"庆祝建党95周年"和"纪念文学巨匠汤显祖和莎士比亚"活动等。❶

四、2016年中国文化产业发展的突出问题

2016年是"十三五"的开局之年，也是中国文化产业的攻坚年。回眸过去近20年的发展历程，文化产业虽然呈现出较好的发展态势，但不容忽视的是，随着文化产业发展的逐年增速，制约其发展的瓶颈性问题在2016年愈加突出。

---

❶ 叶飞, 陈璐. 2016, 绘就中外文化交流合作的壮美画. [EB/OL]. (2016-12-29)[2017-1-17]. http://news.xinhuanet.com/culture/2016-12/29/c_1120209255.htm.

（一）原创力与竞争力仍显不足

"内容为王"始终是文化产业发展不变的核心。尽管互联网时代的到来加速了文化产业变革，数字创意产业成为下一轮新的经济增长点和产业风口，但内容在文化产业发展中的核心地位依然不可撼动。文化产业发展的结果好坏与否，评价标准不是技术和资本问题，很大程度上内容起到了决定性作用。内容创新对中国文化产业是最大的挑战。

第一，内容与技术的重点失衡。毋庸置疑，技术的发展让文化产业焕发新的活力，呈现出欣欣向荣之势。然而不应忽略的是，技术是文化产业内容生产过程中的助推手段，但绝不能本末倒置，让内容沦为技术的附庸。以电影产业为例，2016年电影产业的增速为2.1%，相较于2015年48.45%的增速而言呈现出断崖式下滑。纵观2016年中国电影，其中不乏技术绚丽的影片，但只空有华丽外衣而内容空洞，无法在呼唤文艺精品的当下立足。

第二，盗版与侵权现象泛滥。版权问题一直是文化产业发展的突出问题之一。随着网络文化产业的兴起，盗版侵权现象也逐渐蔓延到新兴的文化产业领域。以网络文学为例，2016年网络文学每天更新的字数为1.5亿字，相当于一个大中型出版社一年出书的总字数。随着IP概念的提出，网络文学从原有的单一付费阅读模式变成全产业的开发。网络IP的火爆，使得网文作者为求IP肆意侵权。IP开发商责任意识淡薄，对IP来源出处不管不顾，由此网文侵权现象泛滥成灾。维权周期长、法律规范尚未健全，盗版侵权现象蔓延滋长，使得中国文化产业的原创力与竞争力都显乏力。

（二）政策针对性、科学性有待提高

2016年，中国文化产业政策体系取得了较多突破与创新，《中华人民共和国电影产业促进法》《中华人民共和国公共文化服务保障法》的相继出台使文化产业发展有了更为坚强的保障。但不容忽视的是，文化产业政策体系仍存在一系列问题阻碍文化产业的健康发展。第一，文化产业政策的针对性有待提升。重点突出、适用性较强的文化产业政策是产业健康发展的土壤，然而伴随着互联网技术发展的日新月异，文化产业的跨界融合特点愈加凸显，加大了政策制定的针对性难度。根植于互联网沃土的新兴文化产业领域的政策规范存在盲点，文化领域供给侧结构性改革的专项政策尚属空白，提高文化产业政策的针对性、使政策真正具有适用性是完善文化产业政策的必然。第二，文化产业政策的科学性有待提高。科学的文化产业政策体系是指导文化产业发展的指南，然而，目前我国文化产业政策体系仍属于系统性较差的完善阶段，具有指导意义的文化产业领域母法性质的法典仍欠缺，法律的系统性和层次性还有待进一步完善。

（三）文化产业统计标准有待完善

标准化是提高文化产品和服务质量、实现市场良性秩序与经济效益最大化的技术基础与重要保障，是科学评估文化产业发展现状、进行产业规划指导的重要依据与前提条件。在现行的国家经济管理体制中，统计标准唯有保持高度一致，才有助于评估、反映产业发展的真实状况，才有助于推动产业发展。

第一，国家与地方层面统计标准不一。我国目前除了由国家统计局颁布的《文化及相关产业分类（2012）》以外，有些省市还沿用自己对外发布的统计标准。这些统计标准所得出的数据往往与国家统计局的统计标准存在差异。而有时能够做到把这些数字加以区别，进行分析、比较、传播，有时这些数据在传播中仍处于模糊状态。这直接导致了在许多研究报告和对外宣传中出现了双重标准下不同内涵的数据的比较，为我们对文化产业发展状况的认知及文化产业的国际传播带来了巨大的矛盾和困惑。第二，行业标准亟待规范。文化产业作为一门综合性的交叉学科，融合了经济、文化、技术等多方面因素，这使得文化产业行业定量标准制定的难度加大、行业发展无序状态严重。尤其是互联网环境催生出的新兴文化产业业态，跨界融合、技术革新特征显著，而现有的文化产业统计标准无法涵盖所有的文化产业门类。如何全面、系统、科学地进行文化产业产业统计，是摆在文化产业发展面前的一道难题。

（四）文化产业体制机制亟待变革

2016年11月，财政部新设立"文化司"，是文化体制改革的又一个里程碑。把原来财政部教科文司的"文化处"与"中央文化企业国有资产管理办公室"职能进行合并，形成"大文化司"，既体现了对文化的重视，又顺应文化改革发展的新形势，从体制机制上提高文化治理能力、激发文化创造活力。然而随着体制改革向纵深发展，制约和阻碍文化产业发展的体制机制问题愈加突出。

第一，资源分散，多头管理现象突出。文化产业中的许多资源掌握在不同的部门手中，管钱、管物、管人在许多部门中高度分散，诸多工作的协调与统一困难重重。而遇到问题需要解决时，不同部门又各自为政。与此同时，许多文化产业的管理空白地带频现，使得真正该管的部分无人负责，对资源性要素的管理常常政出多门。

第二，体制不顺，中央与地方管理模式不一。由于文化体制机制的管理不顺，中央层面的文化产业管理部门与各省市的文化产业管理部门出现了极其不统一的管理模式，在此过程中常出现基层的一个部门要对应省和中央的若干个部门的现象。基层的文化体制改革已经基本到位、大委办局的制度已经形成，而在中央和省的层面虽有一些改动，但仅仅是阶段性调整，仍然不能适应中国文化产业发展的大文化管理体制。

第三，监管滞后，现有监管制度与新兴业态发展脱节。互联网技术的日新月异，推动传统文化产业转型升级同时也催生出了基于技术创新的新兴业态。成长于互联网土壤的文化产业新兴业态的整体发展、互联互通特征显著，而现有的文化产业监管体制明显滞后与缺失：从监管手段上看仍偏重于平面化的传统监管，依托云计算、大数据等技术的现代化、立体化监管体制建立仍需时日，从监管方式来看偏重于事前监管，贯通于产业发展各环节的事前、事中、事后监管的全面监管制度建立迫在眉睫。

（五）文化产业人才队伍建设仍需改革

人才是文化产业发展的核心要素。随着文化产业的蓬勃发展，文化产业类专业也逐渐成为考生们追逐的热点。根据中国文化产业年鉴的统计，仅全国211大学开设的文化产业及相关专业（含本硕博各层次）就多达3200个。从数量上来看，文化产业及相关专业已经达到相当规模，文化产业毕业生逐年递增，但业界真正需要的文化产业专业人才依然欠缺。一方面是人才培养数量的快速增长，另一方面却是综合性适用人才的持续短缺。现有的文化产业人才培养体制已经远远不能适应业界对人才的多元要求。因此，文化产业人才培养机制需要"全面深化改革"。

从学科建设方面来看，专业定位模糊、课程设置混乱，培养体系尚待完善。长期以来，由于文化产业学科建设尚处于不断的探索和实践之中，缺乏规范的学科建制，直接导致了文化产业的人才培养"产销不对路"。一方面，多数高校文化产业的学科设置依附于传统的管理学、艺术学、历史学等强势学科之下，课程设置随意性很强，师资队伍专业性欠缺，对于专业人才培养目标的设定较为模糊。另一方面，由于文化产业作为一门交叉性、综合性较强的学科，统编教材及经典教材较为稀缺，具有较高社会认可度的课程体系尚未科学建立，各高校课程体系差异性较大，文化产业学科的话语体系亟待建设。文化产业专业上升为一级学科，既是文化产业人才培养规范化的内在需求，也是产业发展的必然。

从人才培养方面来看，跨学科的综合性人才稀缺，实践与理论二度失衡。据国家统计局数据显示，截至2015年底，我国文化产业法人单位共吸纳就业人员2041万人，占全社会就业人员的比重为2.6%，比2014年提高0.1个百分点。2016年这一数字仍在持续增长。尽管文化产业的从业人员逐年增多，但文化产业及相关专业的毕业生的就业困境依然存在。2016年高校毕业生达765万人，比2015年增加16万人，其中文化产业专业毕业生数量可观。目前高校培养的从事文化生产领域的人才数量虽多，但文化产业人才在毕业后往往难以找到真正对口的文化企业。一方面是由于人才培养过程中缺乏企业、社会的实践经验，业界真正需要的跨学科实战型、复合型人才稀缺，另一方面是由于在各种人才竞争当中还缺乏保护性措施，缺乏真正意义上能够推动人才快速成长的空间，因此，在这方面还要出台相关的政策支持人才的发展，从体制机制上对文化人才培养进行深化改革。

（六）文化产业供给侧结构性改革迫在眉睫

在我国经济进入新常态、面临一系列新的突出矛盾和主要问题的环境下，文化产业的发展不可避免的面临着结构性失衡的问题，"供需错位"成为文化产业发展结构性失衡的典型表现，2016年文化产业的供需矛盾则更加突出。从产品结构看，低端同质化文化产品存在过剩，中高端个性化产品相对匮乏；从产业结构看，传统类文化产业比重较大，新兴文化业还需培育；从区域结构看，东中西差距较大，发展不平衡、不协调矛盾突出；从要素投入结构看，偏重物力、人力，制度、科技、管理等创新要素重视不足。[1]这些结构性问题很大程度制约了我国文化的繁荣发展，新时期亟需加大对文化供给侧研究，推动供给侧结构性改革，着力增加优质文化产品和服务供给，推动文化产业结构优化升级，培育新型文化业态，进而增强供给结构对需求变化的适应性和灵活性，满足人民日益增长的精神文化需求。

---

[1] 范周,周洁.正确理解文化领域供给侧结构性改革[J].东岳论丛,2016(10).

以电影产业为例,据历史数据显示,中国电影市场的年票房从2002年不足10亿元到2010年突破百亿大关用了8年时间;此后又将电影票房迅速推至2015年的逾440亿元的高位。2016年的票房增长情况呈现"前高后缓",457.12亿元的票房成绩引人思考。2016年电影票房增速放缓的原因很多,其中之一是电影的质量和水平仍不能满足广大观众日益增长的需求。同样,国内图书出版码洋库存量高达62%的图书出版业过剩现象更需要引起我们的关注。因此,"十三五"期间,要以供给侧结构性改革为突破,从文化产品和服务生产、供给端入手,调整文化产业供给结构,实现文化产业合理化和高度化发展,进而真正启动内需,打造文化经济发展的新动力。

历经近20年的发展,文化产业实现了从单枪匹马到跨界融合的转型更迭。如今,文化产业迎来了发展的黄金时期,然而在一系列繁荣数据的背后,体制、人才等瓶颈性问题却更为突出。唯有从根源上解决阻碍文化分产业发展的瓶颈性问题,才能在"十三五"时期转型升级,实现跨越式发展,才能使文化产业真正成为国民经济支柱性产业。

五、2017年中国文化产业的发展趋势

2017年,着力构建文化产业体系,不断提高文化产品和服务供给的质量和效能,依然是文化产业发展的关键。随着文化产业转型升级的步伐加速,科技助力、融合发展等趋势将进一步凸显,规范化、国际化水平进一步提升,引领文化产业在新一轮发展中大放异彩。

(一)规范化进程加速,文化立法更进一步

经历了百花齐放的探索时期,文化产业逐步成长壮大,朝着国民经济支柱性产业的目标奋力迈进,在此过程中亟需规范化引领发展新格局,促进产业健康发展。2017年中国文化产业的规范化、法治化进程将进一步加速。

政策体系规范化。《中华人民共和国电影产业促进法》《中华人民共和国公共文化服务保障法》的重磅发布吹响了文化产业的法治号角,2017年文化产业的文化法治化进程将进一步加快。2017年,文化厅局长会议部署了文化工作重点任务,其中之一是全力做好各项基础工作,为文化建设提供有力保障。着力完善政策法规体

系、推动《文化产业促进法》的制定成为了文化产业发展的重要保障。此外，2017年将进一步完善文化各领域政策及相关配套政策，进一步完善知识产权保护政策，产业升级、区域布局、市场主体建设、文化消费、社会参与、对外贸易6大方面有望成为政策规范的重点领域，未来，具有专业性、指向性的文化政策将进一步出台。

统计标准规范化。完善的文化产业统计指标有利于及时检测文化产业发展情况，是文化产业健康发展的基石。中国现行的文化产业统计标准为2012年发布实行的《文化及相关产业分类》标准。其中，多数基于技术创新和互联网变革的新兴文化产业业态因其归属争议颇多、各地标准不一，均未在统计范围之列，这一问题成为了产业统计的盲点。随着文化产业发展进入产业调整时期，2017年中国文化产业统计标准的补充修订完善势在必行，网络直播、数字创意产业等新兴文化产业业态将成为统计标准的重点调整目标。

学科建设规范化。作为具有活力的朝阳产业，文化产业的学科建设伴随着文化产业的发展在不断的探索与实践中逐步完善，但在人才培养、学科建制等方面仍处于相对较为混乱的局面。随着文化产业上升到国家战略高度，未来文化产业的学科建设将在稳中求变，不断探索创新，抓住机遇，为文化产业专业的一级学科创建奋力出击，建立起一套科学、规范、完整的文化产业学科体系及人才培养体系。

（二）水火交融，文化产业投融资冷热并存

2017年，文化厅局长会议部署的文化工作重点任务中提到要切实发挥各类财政专项资金、产业基金的引导促进作用，继续深化文化金融合作，推广政府与社会资本合作模式，引导社会资本进入文化产业。2017年中国文化产业投融资在释放活力的同时又理性降温，可谓水火交融。

热潮持续，资本流动活跃。2016年1月12日，万达集团宣布以不超过35亿美元现金（约230亿元人民币）收购美国传奇影业公司，这成为当时中国企业在海外最大的一桩文化并购。由此可见，2015年掀起的文化产业并购热潮在经历了2016年的活跃发展后，2017年中国文化产业的并购热有望持续，行业资源将更多地向万达、东方明珠、光线、华谊等文化上市企业集聚。阿里、百度、腾讯的"BAT"资本将向文化产业持续渗透，形成一批产业链长、产业布局深，具有寡头特征的文化企业。此

外，国际资本流动仍将活跃，更多的中国文化企业以资本为纽带开展国际合作。

私募股权投资基金降温，带来行业洗牌。文化产业的私募股权投资基金经过持续多年的火热，将于2017年降温，一大批私募机构将因为投资绩效的问题离开市场，整个行业将进行洗牌。

文化资产证券化的现象将进一步扩散。在明星资产证券化之后，以IP为代表的文化作品、文化项目，以及以编剧为主的产业链上游从业者也步入资产证券化的进程。

（三）深度跨界融合，产业结构不断优化

毋庸置疑，融合发展是2016年中国文化产业的显著特征，2017年，中国文化产业发展的融合趋势将进一步凸显并进入深度融合阶段。"互联网+""文化+"为文化产业的发展插上了腾飞的翅膀，多元因素的共同作用使文化产业的发展欣欣向荣。

融合创新引领产业发展新格局，文化产业与相关产业跨界联姻、深度融合，将由浅层次的技术借鉴、生产合作、媒介交叉转向深层次的融合发展。2017年文化产业的融合将是多元融合、深度融合，以跨行业为特征的横向融合与以跨要素为特征的纵向融合共同发力，推动文化产业结构变革，其中，文化产业与传统产业的融合是大势所趋。通过强化文化、创意的引领作用，将不断促进消费和实体经济回暖，推动产业结构不断优化。

2017年，融合发展要打破行政分割，努力形成文化产业和相关产业融合的开放促进体系，有计划、有针对性地实施"文化+"工程，加速文化产业与金融、旅游、教育、体育、信息、建筑、农业、服装、餐饮以及其他服务业乃至相关的制造业等融合，从而衍生新业态，拉长产业链，促进相关产业创新发展。[1]融合发展既要保持文化本性，又要释放文化活力。

（四）智能科技引领，新兴业态不断涌现

2017年，文化与科技深度融合趋势更加突出。以VR、AR技术、虚拟增强技

---

[1] 范周.2017年文化产业发展趋势[EB/OL].(2017-1-1)[2017-1-11].http://http://mp.weixin.qq.com/s?__biz=MzAxNTEwMjcwMQ==&mid=2650981294&idx=2&sn=434e5a4411b26479b6213ae984ad5027&chksm=807f442cb708cd3a745413c2952f219f4935f37b6964a0bdf48c600798254591f932b6a22726&mpshare=1&scene=1&srcid=0101l7nHQOri38YwodrpZx95#rd.

术、人工智能为代表的尖端科技发展不断为文化产业产业注入活力，促使文化产业进入转型升级新阶段。2017年，国家"科技创新—2030重大项目"将人工智能列入其中。根据艾瑞咨询预计，2020年全球人工智能市场规模将达到1190亿元，年复合增速约19.7%；同期中国人工智能市场规模将达91亿元，年复合增速超50%。要深刻把握文化产业面临的新机遇、新要求，以科学技术为纽带，为传统文化产业注入活力，进一步提升文化产业发展的质量和效益。

随着文化与科技融合不断深度融合，新兴业态发展势如破竹、态势强劲。未来基于技术革新的新兴业态不断涌现将成为产业常态。《"十三五"国家战略性新兴产业发展规划》将数字创意产业整理列为国家战略新兴产业，提出以数字技术和先进理念推动文化创意与创新设计等产业加快发展，促进文化科技深度融合、相关产业相互渗透。动漫、游戏、在线教育、创意设计、VR领域等数字创意产业的核心领域将成为下一个风口。文化与科技的交互融合将是推动2017年文化产业发展转型升级进入新阶段的有力法宝。

（五）重量更重质，对外文化贸易走心入脑

随着我国综合国力的不断提升，文化软实力也逐步增强，国际影响力日渐扩大。加强与国际组织的合作，提升我国在国际文化事务中的话语权，是文化产业发展的必然要求。同时伴随着中华传统文化的国际影响力日益扩大，对外文化贸易在重量的同时更重质，将为讲好中国故事注入源源不断的活力。

多元文化交流渠道将进一步形成。随着政府间文化交流、社会和民间文化交流、文化贸易的不断推进，2017年对外文化贸易将伴随着多元平台的建设呈现出百花齐放的态势。此外，新渠道、新平台的建设将大力推动中国文化网等网络和新媒体传播平台建设，提升对外传播能力。在此过程中，要贯彻落实《国务院关于加快发展对外文化贸易的意见》，不断探索发展对外文化贸易的新模式。

中华传统文化的国际影响力将进一步增强。随着官方及民间等各种渠道的文化贸易往来，文化贸易将逐步加大出口力度，将传统文化、中国精神的中国故事进一步传播。"欢乐春节""汉学家翻译家"等品牌活动建设在2017年将持续发挥影响力，通过着力打造一批具有世界影响力的文化交流项目，不断提升质量和效益，提高中华传统文化的国际影响力。

第二章　中国文化产业新业态与新趋势

党的十八大以来，以习近平总书记为核心的党中央作出了经济发展进入新常态的科学判断，经济的"新常态"意味着经济发展的新速度、新方式、新结构与新动力。在经济发展的"新常态"背景下，主动适应经济发展节奏，以供给侧结构性改革为主线，深入实施创新驱动发展战略，以创新发展新经济培育新动能，加快新旧发展动能接续转换，推动经济平稳健康发展。以"互联网+"为代表的新经济蓬勃发展，推动通信、社交、金融、制造等诸多行业呈现出一系列新业态、新亮点，为新常态下经济增长动能的转换提供了有力支撑，同时也凸显了现阶段发展新业态的重要意义。新业态既是转变经济发展方式的突破口，又是推动产业迈向中高端的强大动力。

在我国经济进入新常态的大背景下，新产品、新业态正大量涌现，融合发展渐成趋势，继续深化改革也成为各方共识。近年来，文化产业与科技、金融等领域融合发展，顺应了新常态的发展趋势。文化产业新业态作为文化创意与科技创新融合发展的产物，具有高知识含量、低资源消耗、高附加值以及对传统产业的改造提升等特性，正逐步成长为经济增长的新亮点。2016年文化产业新业态发展以技术为支撑，与科技深度渗透，以互联网新思维为导向，跨界融合继续深化，业态创新不断涌现。文化产业新业态呈现分享化、平台化、融合化发展特征，已成为推动经济结构转型的新生力量，为产业结构注入活力。

一、2016年文化产业新业态发展概况

文化产业新业态作为与传统文化产业相对的概念，主要是指在新技术的推动

下、以新思维为导向、新消费需求显现或被挖掘等方面综合作用下形成的新产品、新服务、新商业模式、新组织管理模式等全新的文化产业产业形态。

近年来，我国在加大结构调整、转型升级力度的同时，大力培育新经济，新产业、新业态、新产品不断涌现并越来越活跃，新旧动能加速转换，经济新动能正在加速孕育与积聚，对经济增长的支撑作用逐步增强。国家"十三五"规划首次将"数字创意产业"纳入其中，而作为数字创意产业重要组成部分的网络文化产业将获得重大政策利好。随着"互联网+传统行业"的发展模式在各领域持续发酵，文化产业新业态层出不穷，各行业间交互和融合更加深入。文化产业新业态的新技术、新特点和新趋势在2016年尤为突出。

（一）移动互联网为文化产业新业态发展构建良好支撑环境

从基础环境看，移动互联网思维及其应用的广泛普及是文化产业新业态酿生的基础环境。《中国移动互联网发展报告（2016）》[1]指出，2015年中国移动互联网实现稳健发展，中国移动互联网用户规模、智能手机出货量、移动互联网融资由高速增长转为中速增长。我国移动互联网用户规模增长峰值在2007—2009年，增长幅度均超过100%，最高为196%，2010年增长近30%，2011—2013年增长在20%上下，可算中速增长。2014、2015年维持11%左右增长，用户性别结构已逐渐接近人口比；智能手机销量出现饱和，出货量增长由2014年的19%降为2015年的2.5%（IDC）；移动互联网融资案例增长由56%降为17.11%，融资金额增长由220%降为69.44%。在全球移动应用市场，2013年移动应用使用增长103%，2014年增长76%，2015年已降为58%。移动宽带的高增长期也已经过去，特别是Wi-Fi网络的用户接入率已高达91.8%，增长空间有限。

移动互联网不仅广泛应用于生活方面，同时也正在向生产领域、社会领域应用逐步拓展。在工业4.0网络化和智能化的时代，以移动互联网、云计算、大数据、物联网等为技术基础，不断整合、开发新的生产模式和商业模式。以机器人、3D打印、智能家居、可穿戴设备、智能汽车为代表的新兴产业和新兴业态蓬勃发展，正推动生产制造向着数字化、网络化、智能化方向发展。

---

[1] 中国移动互联网发展报告(2016). 北京：社会科学文献出版社，2016.

（二）新技术成为文化产业新业态发展新动力

从发展动力看，新技术的不断创新与演进及其在各产业中的广泛运用，推动了不同行业之间的融合，促进了传统产业的升级，成为推动新兴业态快速成长与发展的新动力。特别是以云计算、大数据、物联网、移动互联网为代表的新一代信息技术正在向传统产业加速渗透融合，个性化定制、服务型制造成为生产方式变革新趋势，融合创新、系统创新、迭代创新、大众创新等正在成为产业转型升级新动力。2016年10月12日工信部正式印发的《信息化和工业化融合发展规划（2016—2020）》❶（下称《规划》），提出到2020年实现业务收入突破8万亿元，相对"十二五"末4.3万亿元的业务收入再翻番。《规划》显示，"十二五"期间，软件和信息技术服务业收入从2010年的1.3万亿元增长至2015年的4.3万亿元，年均增速高达27%；云计算、大数据、移动互联网等新兴业态快速兴起和发展。

一方面，信息技术和制造业中研发设计与营销服务等生产性服务环节的融合发展，不仅极大地提高了这些环节的效率水平，提升了其在产业链中的地位和附加值，也导致了生产服务环节和加工制造环节的分离。新的产业分工快速推进，新的服务模式不断涌现，引发了大量的新业态及新商业模式。另一方面，信息技术自身的发展与制造业的融合互动，强化了产业链不同环节之间以及不同产业链之间的互动关系，企业之间的关系网络也在互联网技术支持下发生变化，而这种变化同样催生了新业态。此外，大数据的深度挖掘与产业开发，已成为推动业态创新的知识模式，生产率的进一步提升、商业模式的创新，都有赖于对数据的利用能力。云计算作为大数据基础设施，随着技术及其应用的兴起，计算资源正变得成本极低、随处可得，数据正挣脱原有的束缚，加速流动和分享，从而推动新业态创新发展。

（三）文化产业新业态呈现分享化、平台化、融合化发展

从发展方式看，其一，分享经济模式创新文化产业新业态的发展方式。分享经济，是不特定的市场主体在网络技术的支撑下，将一种使用不充分的经济资源挖掘

---

❶ 工业和信息化部. 信息化和工业化融合发展规划(2016-2020)[EB/OL]. (2016-11-03)[2017-01-08]. http://www.miit.gov.cn/n1146285/n1146352/n3054355/n3057656/n5340632/c5337965/content.html.

利用，实现增益价值的经济模式。[1]它将闲置、零散、沉默的资源有效组织起来，进行优化配置，既降低了成本，又满足社会需求，让多方获利。特别是计算机与移动互联网让资源利用、分享途径、收益分配变得异常清晰与便捷。根据国家信息中心分享经济研究中心和中国互联网协会分享经济工作委员会联合发布的《中国分享经济发展报告2017》[2]，2016年中国分享经济市场规模约为3.45万亿元，比上年增长103%；分享经济融资规模约1710亿元，同比增长130%；分享经济的提供服务者人数约6000万人；参与分享经济活动的人数超过6亿人。预计未来几年分享经济仍将保持年均40%左右的高速增长，到2020年分享经济交易规模占GDP比重将达到10%以上，到2025年占比将攀升到20%左右。随着分享经济规模的不断扩大，资源共享、信息开放进一步加深，大幅度提高闲置或利用不充分的资源与服务的利用效率，不仅对传统的垄断、独占、超额利润带来了巨大冲击，同时也极大程度地激发创新活力、盘活社会资源、拓宽网络经济潜力，促进一大批新型业态的蓬勃发展。

其二，文化产业新业态呈现平台化发展。文化产业新业态的平台化发展，是对文化产业业态的"空间重塑"。随着行业信息化水平越来越高，文化产业发展不再局限于有限的空间，而是以合作共赢为目的，通过企业发展平台化，开展多领域、跨平台的融合创新，实现多产业的跨界融合，促使产业的新业态不断涌现。从线上内容的选取创作，到实体产品的生产，再到销售、应用，文化产业链的上下游正在与移动互联网融合，涌现一批文化创意平台，既促进了文化产业内容与渠道的有效整合，也促使了文化创意与实体经济、与金融资本相结合，实现全产业链价值的延伸与增值。数字内容、新媒体、网络文化和信息资源的开发利用成为文化创意平台的主要功能，很多分散的社会资源和个人资源被有效调动起来，实现了价值变现。从单一平台到多平台网络化发展，依托产业链、价值链等构建多平台的网络化协同发展，最终实现物理信息系统的建立，社会生产依托平台向着不断优化资源配置的方向发展。

其三，文化产业新业态呈现融合化发展。正是各业态跨要素、跨产业、跨领域的融合互动，衍生出了一批新兴业态。文化产业新业态也正是凭借其深入融合创意与创新资源的优势，有效推动着文化产业与相关产业的发展升级。一方面，以"文

---

[1] 张明之.分享经济引领经济发展方式创新.新华日报多媒体数字报[EB/OL].(2016-01-26)[2017-01-08]. http://xh.xhby.net/mp2/html/2016-01/26/content_1368787.htm.

[2] 国家信息中心分享经济研究中心.中国互联网协会分享经济工作委员会.中国分享经济发展报告2017[EB/OL].(2017-03-06)[2017-04-08]. http://www.sic.gov.cn/News/79/7747.htm.

化+科技""文化+金融""文化+创意"等为代表的跨要素融合模式,已经在产业层面得到广泛应用。"文化+科技",主要是促使高新技术成果向文化领域转化应用,加强传统文化产业技术改造,培育新兴文化业态,强化文化对信息产业的内容支撑和创意提升。"文化+金融",重在打造文化投融资平台,引导各类社会资本投资文化领域;利用互联网金融模式开辟新型融资渠道,创新文化消费金融产品,发挥金融创新对文化消费的刺激作用。"文化+创意",更多的是以文化为资源,以创意为手段,以产业为目的,发展文化创意产业,同时实现与其他产业的深度融合。另一方面,"文化+制造业""文化+旅游""文化+农业"等多种跨行业融合模式不断涌现。通过改造提升传统产业的研发创作、生产制造与传播消费等各环节,为旅游、商贸、农业等相关产业开辟出全新的产业发展模式。文化产业跨行业的融合发展不是几个产业的简单叠加,而是不同产业或同一产业内不同行业间的相互渗透、相互融合,进而衍生新型产业形态。这些新型文化业态具有很强的引领牵动功能,对带动文化产业发展相对滞后地区,以及发挥文化产业在国民经济结构的重要支柱性作用具有积极意义。此外,媒介融合也成为了文化产业新业态的新增长点。近年来,互联网技术不断升级,驱动媒介融合呈加速发展态势,掀起了信息、电信、文化、娱乐、传媒、出版、金融等产业跨界融合的浪潮,不同形态的传媒机构迅速打破媒介形态藩篱组成信息生产和运营联盟,通过相互渗透与补偿、相互连接与适应,形成新的文化产业增长点。

(四)文化产业新业态正成长为推动经济结构转型的新生力量

从业态看,推动经济结构转型升级的新业态力量已成为新经济的重要组成部分。2016年7月29日,国家统计局公布规模以上文化及相关产业生产经营季度报告,2016年上半年,以"互联网+"为主要形式的文化信息传输服务业营业收入为2502亿元、增长29.7%。❶

据文化部文化市场司行业数据监测点统计❷,2016年上半年,我国网络文化市场整体营收达1017.2亿元。其中,网络游戏市场营收838.9亿元,占比79.7%;网络音乐市场营收25.4亿元;网络表演(直播)市场营收82.6亿元;网络动漫市场营收

---

❶ 张翼.上半年"互联网+"类文化信息传输服务业收入2502亿元[N].光明日报,2016-08-02.
❷ 今年上半年我国网络文化市场营收破千亿元[EB/OL].(2016-08-10)[2017-01-05].http://www.gov.cn/xinwen/2016-08/10/content_5098730.htm.

70.3亿元。同时，网络文化行业保持较高增长速度，网络游戏市场同比增长24.1%，网络音乐市场同比增长43.5%，网络动漫市场同比增长77.1%，网络表演（直播）市场实现井喷式发展，同比增长209.3%。

网络直播方面，2016年上半年，我国网络表演（直播）用户规模继续扩大，其中演艺秀场用户达到2.5亿人，游戏直播用户达到2亿人，泛娱乐用户达到1.5亿人。当前境内各类网络直播平台已达200余家，一些大型网络直播平台注册用户过亿、月活跃用户超千万，网络直播也成为各种资本竞逐的对象。以明星、"网红"为中心的直播事件热度快速提升，多个明星直播同时在线人数逾千万。2016年，"电商+直播"占中国网红产业总收入86.45%，预估网红产业规模在2018年将超过1000亿元人民币。与此同时，直播平台开始拓展专业内容的制作和运营，逐渐与游戏、综艺娱乐、旅游等内容提供商开展合作。

网络游戏方面，2016年上半年，移动游戏、电脑客户端网络游戏、网页游戏市场的销售收入分别为359.3亿元、344.5亿元、135.1亿元，同比分别增长43.2%、11.5%和9.4%。通过依靠端游手游化、移动电竞驱动，2016年上半年，移动游戏市场份额超越电脑客户端游戏跃居细分市场首位，达到43.8%；电脑客户端游戏借助影游联动、虚拟现实等技术，重新激发老玩家热情，市场份额占40.3%；网页游戏由"以量取胜"转为"以质取胜"，推出多款精品，市场份额占15.9%。整体而言，网络游戏市场进入成熟发展阶段，影游联动、端游手游化、移动电竞、游戏直播、虚拟现实技术等新因素助推行业持续增长。

网络音乐方面，我国网络音乐市场2016年上半年营收规模相当于2015年全年总营收的74.1%。行业的快速增长主要得益于各大音乐平台积极采取整合版权和艺人资源、优化粉丝互动渠道、扩大衍生品销售等经营策略。

2016年，电视台自有App数量增多，TOP30中创办率为67%，各家电视台App在10大安卓App市场的平均下载量超过了4285万次，其中湖南电视台安卓App的下载总量超过5亿次，中央电视台安卓App的下载总量超过1.6亿次。[1]在互联网和新媒体的强势冲击下，传统媒体的移动转型进入深水区。官方微博、微信成为"标配"，移动新闻客户端也呈现多点开花局面。

---

[1] 人民网研究院. 2016中国媒体融合传播指数报告[EB/OL]. (2016-12-20)[2017-01-05]. http://media.people.com.cn/n1/2016/1220/c192370-28964256.html.

（五）文化产业新业态为产业结构注入活力

从结构看，一方面从整体产业结构上看，一批新兴产业快速成长对国民经济增长的贡献与日俱增。新兴产业增加值占GDP比重稳步提升。以战略性新兴产业为例，27个重点行业增加值占GDP比重由2010年的4%提高到2015年的约8%[1]，正在成为引领产业迈向中高端、助力经济中高速增长的重要力量。另一方面，从文化产业内部结构来看，根据国家统计局对全国规模以上文化及相关产业4.8万家企业调查所发布的最新数据[2]，2016年上半年，以"互联网+"为主要形式的文化信息传输服务业营业收入为2502亿元、增长29.7%，文化艺术服务业125亿元、增长19.8%，文化休闲娱乐服务业496亿元、增长17.8%，广播电视电影服务业712亿元、增长16.4%，文化创意和设计服务业4341亿元、增长11.1%。

随着文化产业及相关领域的供给侧结构性改革力度不断加大，文化市场主体创新创业活力不断激发，骨干文化企业得以做优、做强、做大，新型文化业态得以培育，我国文化产业将继续保持快速增长势头。

二、2016年文化产业新业态发展亮点

在跨界融合发展理念的引领下，2016年文化产业新业态不仅能为区域产业发展带来新机遇，也能为经济发展创造新的消费增长点。科技与文化结合所产生的二次元经济、移动电竞、VR/AR+文化、网络直播、网红经济等新兴文化业态，催生了新的消费群体，带动了新的消费热点，推动文化产业发展迈上了新台阶。

（一）VR/AR技术推动文化产业新业态不断创新

文化与科技的跨界融合已成为文化产业发展的必经之路，不仅促使传统产业优化升级，而且还催生了新的文化业态。VR/AR技术在今年尤为火热。VR即虚拟现实，能够通过技术创造出一个封闭的虚拟空间；而AR则是增强现实，通过电脑技术将虚拟信息应用到真实的世界。只要用户戴上VR设备，进行位置移动，电脑就

---

[1] 王昌林,姜江.推进"四新经济"加快成长.经济日报多媒体数字报刊[EB/OL].(2016-07-30)[2017-01-05]. http://paper.ce.cn/jjrb/html/2016-07/30/content_307530.htm.

[2] 张翼.上半年"互联网+"类文化信息传输服务业收入2502亿元[N].光明日报,2016-08-02.

可以通过运算，将精确的三维世界视频传回产生临场感，令用户及时、无限制地观察该空间内的事物，如身临其境一般。目前，VR行业的产业链格局包括硬件、系统、平台、开发工具及应用等许多方面。

1. VR[1]/AR[2]技术与文化产业密切融合发展

据艾瑞咨询发布的《2016上半年中国虚拟现实行业研究报告》[3]显示，预计2016年中国虚拟现实行业市场规模将达到56.6亿元，2020年市场规模预计将达到556.3亿元（见图2-1）。2016年被业界认为是虚拟现实行业真正的元年，环境、产业链初具雏形。

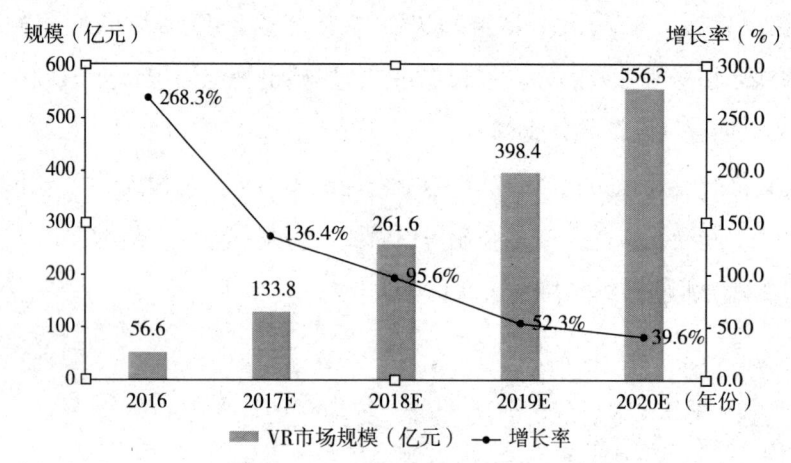

图2-1　2016—2020年中国虚拟现实行业市场规模及预测

注：E表示预测值，全书图中一致，不再做说明。

目前VR/AR与文化产业各子行业密切融合发展，如VR+购物、VR+旅游、VR+游戏、VR+影视、VR+主题公园、AR+旅游等融合发展给传统行业注入了新的生机。预计在未来几年，虚拟现实技术市场包括游戏、硬件、电影和主题公园、购物等细分领域仍会飞速发展。

---

[1] 虚拟现实(Virtual Reality)，简称VR，也被译为虚拟实境，指利用计算机技术模拟产生一个为用户提供视觉、听觉、触觉等感官模拟的三度空间虚拟世界，用户借助特殊的输入/输出设备，与虚拟世界进行自然的交互。这种虚拟现实技术，集成了计算机图形、计算机仿真、人工智能、感应、显示及网络并行处理等技术的最新发展成果，是高技术的模拟系统。

[2] 增强现实(Augmented Reality)，简称AR技术，一种实时计算摄影机影像位置及角度，并辅以相应图像的技术。这种技术可以通过全息投影，在镜片的显示屏幕中将虚拟世界与现实世界叠加，操作者可以通过设备互动。

[3] 艾瑞咨询.2016年中国虚拟现实(VR)行业报告[EB/OL].(2016-06-21)[2017-01-10].http://www.iimedia.cn/42746.html.

VR购物打破了物理限制，让商家把一整个店铺带到消费者眼前，成为继电商和移动互联网之后的新一代购物方式。但目前阶段，VR购物仍然只是一种吸引眼球的营销手段，是一种行业的探索性实验。例如阿里实验室所推出的"造物神计划"，目标是联合商家建立世界上最大的3D商品库，改善用户购物体验，让商家能够像设计网页一样轻松地搭建自己的VR商店，推动数千万商家顺利转型进入虚拟时代。

VR旅游是借助VR头戴式显示器，将景色以3D交互视频的形式、360度全景式呈现在用户眼前。用户可以借助虚拟现实来实现预览、规划、演示的目的，更轻松制定行程和计划，同时，可以探索一些无法企及的目的地。全新的虚拟现实旅游体验模式，将改变人们的旅游方式，颠覆人们对旅游的认知，成为未来旅行、观光、文化导览的一种重要发展方向。2016年5月，中国首个以历史文化为主题，以VR、AR为主要表现形式的"中国历史文化沉浸穿越之旅——穿越三国"主题公园一期项目在安徽合肥正式对公众开放。该VR主题公园将是中国第一个集历史、文化、教育、旅游、动漫、科技为一体的体验式、互动式主题乐园。公园用绚烂的方式解读了三国历史中的7个故事，并且逐渐发现其新的特色，让受众拥有一个不同寻常的体验。

VR电影对视听语言和叙述方式的改变堪称一场革命性的再创造。传统影院电影是在二维平面上呈现影像，而VR电影由于360度视点的存在，能用影像构建一个三维空间。VR电影更像是一个电影的游戏化，观众可以选择不同的视角，以一个"局内人"的身份完全沉浸并参与到故事中，去体验感知不同的故事进展与结局。2016年，威锐影业作为本届戛纳电影节上唯一一家中国VR影视机构，完成了VR电影《全侦探》的国际发布。威锐影业今年4月份使用SLIPNIR系统拍摄制作了VR影片《全侦探》。《全侦探》通过VR全景拍摄形式，讲诉了神探王队与年轻侦探小李意外介入一起发生在VR开发者身上的谋杀案并展开层层调查的故事。作为世界首部VR侦探电影，《全侦探》在VR影视的表现形式、交互手段、视觉结构等方面做出了积极的探索。影片选取了两种视角（即人物视角和区域视角）进行空间叙事，减轻了观众的视觉负担，提高了叙事层次和空间逻辑。

此外，中国经济的发展，使得国民可支配收入增多，内容消费规模不断扩大、消费需求不断增长，同时也促进了VR电影消费需求的旺盛。据《中国VR用户行为研究报告》[1]显示，在我国15~39岁的人群中，VR潜在用户规模已经达2.86亿，规

---

[1] 暴风魔镜，国家广告研究院，知萌咨询.2016年中国VR用户行为研究报告[EB/OL].(2016-10-10)[2017-01-10]. http://b2b.toocle.com/detail--6362685.html.

模约占全国总人口的1/5。在过去一年接触过或体验过VR的浅度用户达1700万人。购买过VR设备的达96万人，其中有83.2%的用户对VR电影有需求。

2. 政策和技术是主要推动力

第一，"双创"为VR/AR的发展营造了良好氛围。"大众创业、万众创新"正在文化产业领域激发空前的创新、创业浪潮，这同时也为VR/AR行业的发展营造了一个良好的氛围。2016年国家文化部公示了第二批重点实验室，12家实验室中有2家做沉浸式交互技术。2016年4月10日，国家文化产业创新实验区首家VR孵化器正式启动，这是一家专注于VR、AR领域创新与创业的专业孵化器。

第二，国民消费转型，推动VR/AR消费。中国居民收入保持较快增长，物价保持稳定，居民购买力提升，享受型消费占比提高。85后消费者伴随着互联网发展成长起来，娱乐消费能力较强，对VR相关的娱乐行业付费意愿较强；加之，VR行业宣传越来越广泛，市场热度提升，消费者对VR设备的认知程度越来越高，促进了VR消费。

第三，技术发展助推产品创新。科技的发展促使人们对VR/AR技术的研究更加火热。受制于处理器芯片、图像处理技术、显示系统及传感技术，三维立体内容分辨率和刷新率低，成像延迟现象较为严重，尤其是加入动作捕捉进行交互时，延迟导致沉浸感不强，甚至产生晕动症，人无法真正感受进入虚拟世界。但是随着芯片技术的不断进步，GPU+CPU组合开始出现，显示屏降低延迟技术的不断提高，以及视觉、声觉和触觉的快速反馈技术在不断出现并在VR中得到应用，使得现在的VR已经基本适用普通大众，并能够为其取得较好的全方位交互体验。

（二）"互联网+"思维引领文化产业新业态蓬勃发展

互联网与文化的融合，在文化的产业转化过程中所发挥的作用，能够引领社会资本的渗透与文化产业意识的觉醒，有助于提升文化创造力和文化产品的内容创意，推进相关产业的跨界融合，释放产业价值，实现文化产业转型升级。"互联网+"对于文化产业的意义不仅限于将传统产业的内容搬到互联网平台上，更多的作用在于将从业者的思维引入互联网世界，以进行相关的生产经营管理决策，对企业研发、生产、经营、管理等环节进行全方位的改造，推动相关产业形态融合，从而酿生了网红经济、网络直播、移动电竞等文化产业新业态。

1. 网红经济：网络红人创造新媒体经济奇迹

互联网平台为文化产品的价值创造提供了新的可能性，而"粉丝"效应则成为企业创造品牌价值的推动力。据易观智库预测[1]，2016年中国网红产业规模将达到528亿元人民币，远超2016年中国电影457亿元人民币的票房收入，有人断言，"红人比电影明星更值钱"。预估2018年将超过1000亿元人民币。2015—2018年复合增长率为59.4%（见图2-2）。

图2-2 2016—2018年中国网红产业规模预测

数据说明：中国网红产业规模是指中国大陆地区网络红人依靠自身影响力和知名度获得的收入总和，变现方式包括但不限于电商、直播、广告、电竞代言及签约、影视演艺、IP品牌化等。数据来自行业公开数据、专家访谈、企业深访并根据易观估算模型得出。

"电商+直播"是目前及未来几年中国网红产业变现的主要来源。2016年，"电商+直播"将占中国网红产业总收入的86.4%，可见网红产业的发展潜力巨大（见图2-3）。

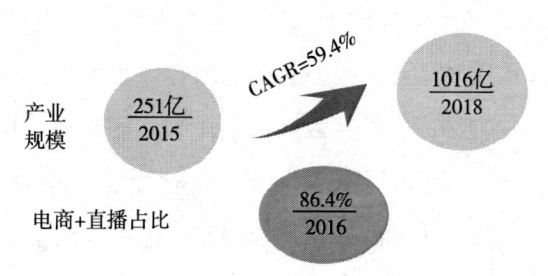

图2-3 2016—2018年电商+直播占网红产业收入比例预测

网红已成为眼球经济、粉丝经济、社群经济的一个入口。根据网红所处的垂直

---

[1] 易观智库. 中国网红产业专题研究报告 2016[EB/OL]. (2016-09-01)[2017-01-10]. http://mt.sohu.com/20160901/n467218325.shtml.

领域、输出内容的形式以及变现模式的不同,大致分为电商网红、内容网红、名人网红3类。以网红为核心环节,经由上游的流量聚集和下游的流量变现,上下游参与方通过提供服务获取收益,构建众星捧月般的网红生态体系(见图2-4)。

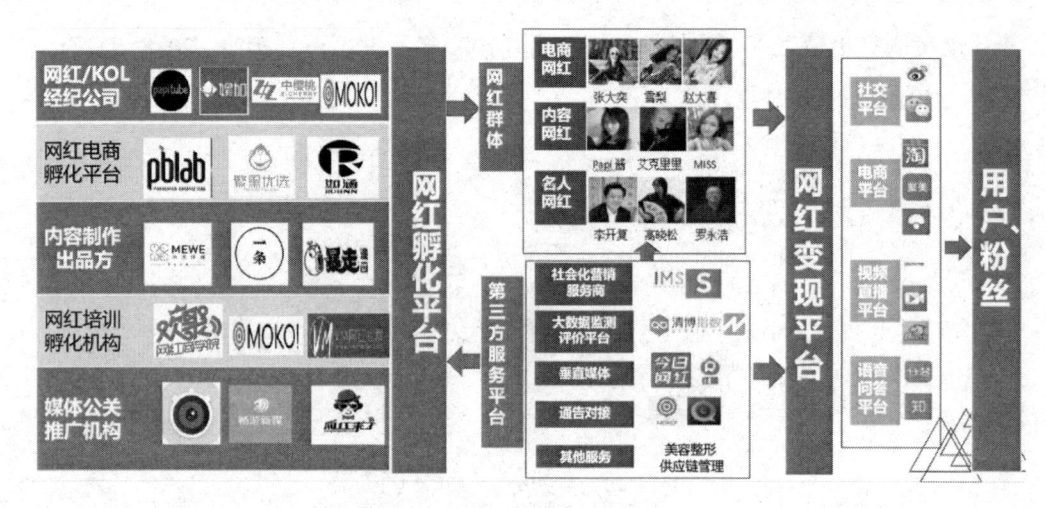

图2-4 网红产业生态圈版图

通过走红各类社交平台而拥有了大量粉丝的网红,一方面和实体供应链提供商结合,另一方面联手电商平台,获得巨大经济收益,而这一切都离不开网红经济的助推作用。网红经济产业链也由此形成,其中包括了上游网络社交平台、中游网红孵化和下游网红变现渠道。

网红产业的蓬勃发展并非仅靠一己之力,而是多方聚力助推捧"红"。其一,80、90后作为主力消费人群,消费倾向于个性化和满足心理需求。泛娱乐产业使娱乐思维不断重塑人们的生活方式。网红作为产出主体,提供内容呈现多样化的特点,为不同层次和需求的用户带来多样化的内容体验。网红传播的过程也更加游戏化、实时化和大众化,形成一种从圈层到大众的传播风暴。其二,除了综合性社交平台,还涌现了美拍、秒拍等大量垂直平台,社交媒介环境越来越朝需求、兴趣、爱好等方向细分和延伸,为网红的出现及裂变式传播提供了土壤。同时,网红因其聚集流量及变现能力逐渐被资本市场关注,网红个人以及网红经纪公司等先后获得投资,资本的涌入进一步推动网红市场的火热态势。其三,宽带提速、3G、4G等网络传输技术的发展,使流媒体传输及加载越来越流畅。智能设备的高普及率使得直播不受空间限制。云技术的发展降低了直播行业的技术门槛,使得企业可借助第三方的云平台及云服务来实现，促生了大量移动直播平台涌现。

然而，纵观整个互联网文化生态，文化产品总体数量和被大众所充分消费的、制作精良、富有文化内涵的产品数量之间，明显存在总量过剩与结构性短缺并存的文化供给侧结构性失衡问题。在网红的发展态势越演越烈的当下，网红产业演变为日益重要的经济角色的同时，他们所创造的文化产品和服务还必须不断提高文化供给质量，改善文化消费需求，才能"释放新需求，创造新供给"。网红及其幕后的运营团队，从某种意义上来说，是一个文化产品和服务生产的微型供给端，也是整体文化供给端的重要组成部分。从目前的粉丝规模和网红产业规模来看，具有不可小觑的文化供给能力。因此网红产业更需要以内容为核心竞争力，杜绝低俗供给，减少低端供给，淘汰过剩供给，嫁接实体经济，延长文化产业的价值链，提高文化附加值、提升文化领域供给水平，实现文化价值和实用价值的有机统一。❶

2. 网络直播：娱乐+社交+商业的共舞

网络直播的快速发展使得2016年成为网络直播的元年。在短短不到一年的时间里，斗鱼、映客、花椒、熊猫TV、虎牙等上百家直播平台呈现井喷式发展，网络主播平台主播人数近80万，网络直播的市场规模接近百亿元。在日新月异的互联网时代，网络直播也许将成为下一个风口。

第一，直播井喷，成"百播争鸣"之势。网络直播在2016年发展迅猛，在市场规模、用户、平台、主播等方面呈现破竹之势，成就"中国网络直播元年"现象。2016上半年我国网络文化市场整体营收达1017.2亿元。其中网络表演（直播）市场营收82.6亿元，实现井喷式发展，同比增长209.3%。

用户方面，根据CNNIC报告显示，截至2016年6月，中国网民规模达7.1亿，其中网络直播用户规模达到3.25亿，占网民总体的45.8%，2016年第一季度移动应用直播端下载总量就超过2亿次。

在直播平台方面，根据艾瑞数据❷，2015年底，我国在线直播平台数量接近200家，而在2016上半年，直播平台已经超过300家，且数量还在快速增长。网络直播平台主播人数近80万，大型直播平台每日高峰时段同时进行直播的房间已超过3000

---

❶ 蔡晓璐. 三问"网红经济"[J]. 艺术评论, 2016(7).
❷ 艾瑞咨询. 2016上半年中国在线直播市场研究报告[EB/OL]. (2016-09-29)[2017-01-10]. http://www.199it.com/archives/522231.html.

个,有些直播平台的月活跃用户数达到1亿以上。预计2016年底,在线直播用户数将达到3.12亿人(见图2-5)。

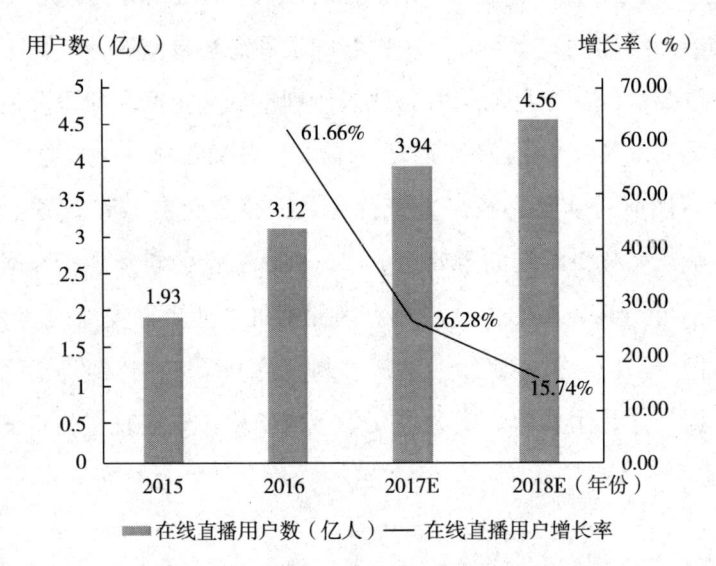

图2-5 2015—2018年中国在线直播市场用户规模

在网络直播行业高歌猛进的同时,网络直播也呈现出泛娱乐化、低俗化、同质化等问题。不少网络主播以大尺度表演搏人眼球,打"擦边球",在直播内容里插播低俗虚假广告,利用低俗内容吸引用户,扰乱网络秩序,污染网络健康的生态环境。同时,网络直播内容也较为单一,同质化严重,电竞游戏解说、直播唱歌聊天以及受众通过弹幕与主播互动成为目前直播平台上的主要内容,内容差异性小。

第二,多方力量成就网络直播。网络直播在2016年得以实现井喷式发展,技术支撑、生活方式变化、资金注入3个方面是重要原因。

其一,移动直播技术日趋成熟。随着移动互联网进入4G时代,网速大幅度提升,流量成本不断下降以及Wi-Fi网络的逐渐普及,让移动场景下的视频直播成为可能。同时,直播设备的完善,如摄像头像素的提高,还有录屏技术的发展,一起推动了网络直播急遽发展。

其二,人们生活娱乐方式与习惯的变化。互联网的"碎片化"与移动终端的快速便捷逐渐改变了人们的媒介使用习惯,大众倾向使用手机阅读或观看视频。直播视频正具有娱乐碎片化的特性,"人人皆可参与"的草根理念更满足大众自我表现的需求和对名利双收的向往。从需求心理来看，由于人们生活节奏加快，生活压力增大，人际之间疏离感增强，而通过网络直播可以引起成千上万人的关注，极大地满足了人们内心渴望被人关注的心理需求，这也是网络直播爆发式增长的重要原因。

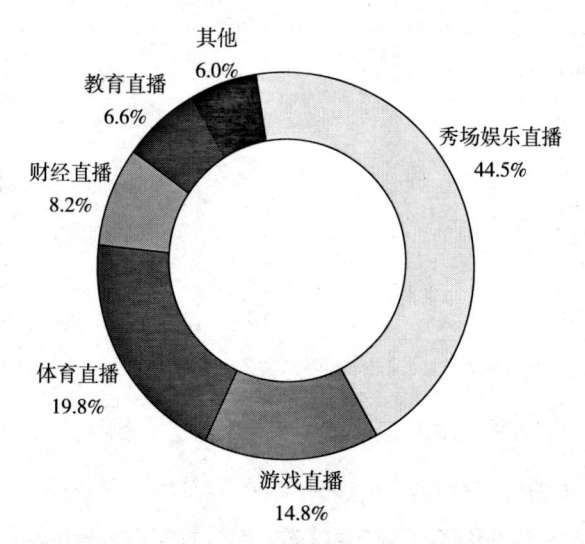

图2-6　2016年直播用户观看直播内容类型分布

其三，资本与网络巨头的支持。资本市场看准网络直播庞大的潜在市场，纷纷迅猛注资。BAT网络巨头公司和VC机构积极投资直播平台，腾讯4亿投资斗鱼，映客获得昆仑万维等机构的8000万投资，资本市场的热捧让网络直播行业热钱涌动，对网络直播的发展起到巨大的推动作用。2016年3月15日，斗鱼TV宣布获得腾讯领投的B轮超1亿美金融资，同时，A轮投资人红杉资本以及南山资本都将继续投资。8月15日，斗鱼直播完成C轮15亿人民币融资，由凤凰资本与腾讯领投，2016年斗鱼累计融资金额超过20亿人民币。在雄厚的资金支持下，斗鱼有了更强的实力丰富其内容资源及营销渠道。

3. 移动电竞撬动游戏产业新格局

近年来，电竞行业发展迅猛，而移动电竞更是成为了电竞行业中的一只潜力股。2015年中国移动电竞玩家规模已超过1亿；移动电竞市场规模则约562亿，增速再创新高[1]。2016年上半年，中国游戏市场实际销售收入达到787.5亿元人民币，

---

[1] 艾瑞咨询. 2016年中国移动游戏行业研究报告[EB/OL]. (2016-06-23)[2017-01-10]. http://www.199it.com/archives/486601.html.

同比增长30.1%。其中，移动游戏依然保持了高速增长（见图2-7），达到374.8亿元人民币，同比增长79.1%，占中国电竞总收入的36%。移动游戏用户数量达到4.05亿人，同比增长10.7%[1]。

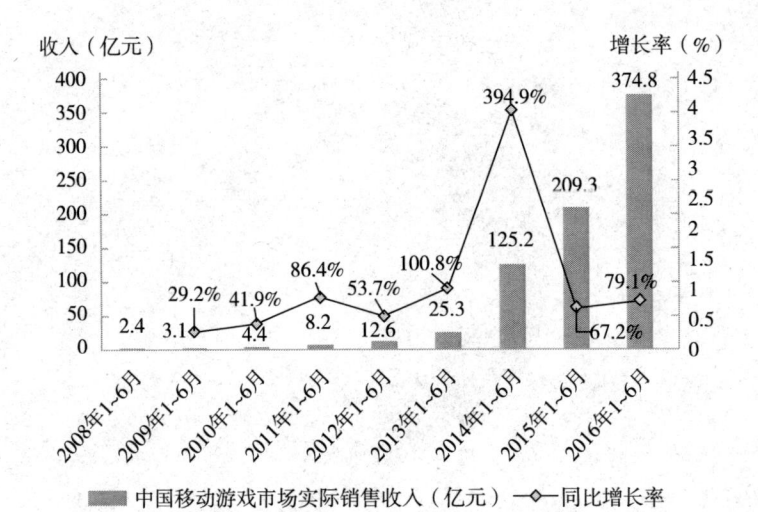

图2-7 2016年1~6月中国移动游戏市场实际销售收入及增长率

此外，以《全民枪战》《乱斗西游》为代表的移动电竞产品数量也快速增长、产品类型不断丰富，以满足玩家多样化需求。无论是从市场规模、玩家规模还是产品的数量和种类来看，移动电竞行业都呈现出爆发式增长的态势。

表2-1 2016年移动电竞游戏产品Top10

游戏产品名称	百度搜索指数	排名
王者荣耀	134963288	1
开心消消乐	40252246	2
炉石传说	39501304	3
穿越火线	34016567	4
诛仙	32716079	5
部落冲突	27948700	6
欢乐斗地主	27152493	7
梦幻西游	25310143	8

---

[1] 中国音数协游戏工委(GPC)，伽马数据(CNG中新游戏研究)，国际数据公司(IDC). 2016年1-6月中国游戏产业报告[EB/OL]. (2016-07-31)[2017-01-12]. http://www.cgigc.com.cn/gamedata/4175.html.

续表

游戏产品名称	百度搜索指数	排名
阴阳师	18034156	9
贪吃蛇大作战	11728878	10

据不完全统计，2015年来移动电竞大小赛事近百场，万人级别赛事超过10场。包括WCA（世界电子竞技大赛）、CMEG（全国移动电竞大赛）在内的各类移动电竞赛事规模不断扩大、参赛队伍不断增多、奖金持续上涨，赛事组织、赛程设置以及直播宣传水准等也持续上升。移动电竞赛事不仅是手游宣传与推广的平台，也是整个移动电竞产业链中内容生产环节的核心，它的常态化和专业化不仅能更好地聚拢人气、提升用户粘性，还能带动上下游环节的发展。其中，世界电子竞技大赛（World Cyber Arena，WCA）创立于2014年，是一项全球性的电子竞技赛事，该项赛事由银川市政府与银川圣地国际游戏投资有限公司共同运营。WCA2015的一大亮点是首次将MOBA手游列为了正式比赛项目，充分说明了整个电竞行业对手游电竞化的认可。2016年第二季度，WCA还与传统体育产业进行了跨界合作，致力于构造"泛娱乐+大体育"的电竞生态，与国际电子竞技联盟IeSF和乐视体育合作，建立全产业的电竞专业培训体系和品牌传播渠道。

网络直播的飓风同样波及到了移动电竞领域。移动电竞的直播平台正在形成一个日趋完整的体系，包括在线直播平台、电视直播平台、电竞垂直媒体等。直播平台的快速发展伴随着电竞主播的职业化——电竞主播身价倍增，正在成为越来越热门的职业。移动电竞与直播平台的结合既体现了玩家对于观看电竞赛事的浓厚兴趣，也符合新媒体时代下"全民直播"的发展趋势。

随着移动电竞行业的发展，一个由手游内容提供商、电竞赛事运营商、直播平台、电竞俱乐部及联盟、电竞选手、电竞主播等构成的中国移动电竞产业生态已初步形成[1]（见图2-8）。从内容提供（游戏产品）、内容生产（赛事运营）到节目制作、展示播出的产业链越来越完整。各主体间互动性的不断增强和产业链的不断延伸，正在推动移动电竞行业发展壮大和日趋成熟。

---

[1] 易观智库. 中国移动电子竞技产业专题研究报 2016[EB/OL]. (2016-01-28)[2017-01-10]. http://www.analysys.cn/view/report/detail.html?columnId=8&articleId=16512.

图2-8　中国移动电竞产业生态

技术进步、资本关注与政策支持，成为移动电竞行业迅猛发展主要原因及动力。首先，技术进步作为基础条件。我们的社会正在进入"移动化"时代，游戏行业也不例外——越来越多的玩家从端游电竞流失，而转向集竞技性、低门槛、灵活度和时间碎片化特性于一身的移动电竞。移动互联网和移动智能设备的不断发展不仅为移动电竞的出现提供了契机，也将为该行业的发展提供长期的技术支撑。在"移动电竞+直播"的发展模式下，视频直播技术的进步也成为了推动行业发展的重要条件。

其次，资本关注注入强大动力。行业的快速扩张总是伴随着资本的持续涌入。王思聪在2015年9月投资近1亿元入股移动电竞巨头——英雄互娱，随后该公司牵头成立了中国移动电竞联盟，吸引了360、百度、小米、UC和硬核联盟（包含华为、OPPO、vivo、酷派、金立、联想）加入。到了2016年6月16日，英雄互娱宣布成立英雄体育，随后英雄体育在不到2个月的时间内完成6.4亿元天使轮融资。不少业内人士认为，移动电竞将成为资本市场的下一个风口。

最后，政策支持提供充分保障。国家体育总局将电子竞技列为国家第99项正式体育项目，并于2013年组建电竞国家队。2016年，国家发改委在《促进消费带动转型升级行动方案》中第27条明确提出："开展电子竞技游戏游艺赛事活动"。国家对于电竞产业的重视与支持无疑将为移动电竞的发展提供最为充分和坚实的保障。

(三) 优质IP+泛娱乐跨界融合构建文化产业新业态内容生态

纵观网络文学、动漫、游戏、电影、综艺和电视剧等内容产业，在开发优质IP的大道上阔步向前，取得了可喜的成绩。2016年，文化产业各领域优质IP逐渐浮出水面，随之呈现了爆发之势。同时，基于互联网及移动互联网，聚合行业力量所共同孵化的精品动漫IP，通过泛娱乐内容形态的共生，构建了具备大众影响力的二次元文化消费形态，并让它成为游戏、影视、文学和各种周边衍生品，最终形成了大众的泛娱乐流行文化。优质IP与二次元经济的泛娱乐化跨界融合，共建了文化产业新业态的内容生态。

1.优质IP跨界开发

如果说2015年是IP时代的元年，那么2016年就是IP的井喷之年，去年的星星之火，如今已是燎原之势。原创文学IP继续受追捧，游戏IP、军事IP、影视IP、卡通形象IP等新形式已经蔓延，影响了产业链条上众多环节。

首先，各类IP继续激荡"霸屏"浪潮。从类别上来说，网络文学IP剧继续排队上场厮杀，不管是《太子妃升职记》《欢乐颂》，还是《幻城》《九州天空城》《诛仙·青云志》等，网络文学IP改编剧已形成霸屏之势，其中《微微一笑很倾城》成为2016年"书漫视影游"五维联动的超级IP。《微微一笑很倾城》被改编成电视剧、电影、网游以及漫画。电视剧在江苏卫视和东方卫视首播，优酷同步全网独播，收视率双平台破亿，优酷平台累计播放150亿次，并发布电视剧原声带。电影由杨颖、井柏然领衔出演，最终斩获票房2.75亿元。漫画在漫漫App、掌阅漫画、布卡漫画、漫画岛、动漫之家、大角虫和可米酷等漫画App同步连载。网游于2016年6月16日开始公测，亦取得不俗的成绩。2016年国内票房排名靠前的有不少是IP电影。

表2-2 2016年优质高票房IP电影（不完全统计）

片名	上映日期（中国）	票房（万元）	IP来源
《魔兽》	2016-6-8	147195.3	游戏IP
《美国队长3：英雄内战》	2016-5-6	124617.0	漫画IP
《西游记之孙悟空三打白骨精》	2016-2-8	120079.1	文学IP
《盗墓笔记》	2016-8-5	100425.6	网络文学IP
《功夫熊猫3》	2016-1-29	100178.3	动画IP

续表

片名	上映日期（中国）	票房（万元）	IP来源
《从你的全世界路过》	2016-9-29	81406.8	网络文学IP
《使徒行者》	2016-8-11	60619.0	电视剧IP
《大鱼海棠》	2016-7-8	56510.6	动画IP
《愤怒的小鸟》	2016-5-20	51382.8	手游IP

优质动漫IP做足品牌建设与授权功课。调查数据显示，漫画与游戏受众重合度高达80%，基于这样一个用户喜好，众多优质动漫IP依据其市场基础、文化价值以及成熟的艺术设计被深度挖掘，开发成为网游、手游。一个动漫IP的深度开发和品牌建设绝不止步于游戏，因此，更多的动漫IP被延伸至画册、会展、服饰、邮票、美妆、3C产品、零食品等大类，做足品牌建设与授权功课，绝不浪费IP开发的任意一种可能。

游戏IP种类繁多，路数也不尽相同。想要在众多游戏IP中改编出众口皆碑的影视作品，并再度延伸产业链开发，并不是一件简单的事情。今年，在粉丝心目中多年沉淀的重量级游戏作品，被创作成为优质的影视大片。这些游戏IP历经大浪淘沙般的筛选，积攒一定人气，并且具备完整的世界观、呆萌的主角设定等适合影视开发的先天优势。依托发行20余年在全球范围内积攒的巨大玩家人气，暴雪娱乐公司开发的游戏系列《魔兽争霸》，改编并发行了电影《魔兽》，于2016年6月8日以2D、3D、IMAX3D、中国巨幕在中国大陆上映，并于2016年6月10日在美国上映。首日票房高达2.82亿元，最终以14亿票房收官大陆市场，全球票房累计4.32亿美元。并实现影游联动两部曲，实现游戏注册付费用户激增，同比增长50%。

其次，IP产业链火爆开发源动力。优质IP集聚，为IP开发提供源动力。纵观网络文学、动漫、游戏、电影、综艺和电视剧等内容产业，在开发优质IP的大道上阔步向前，取得了可喜的成绩。文化产业各领域优质IP逐渐浮出水面，2016年呈现了爆发之势，这一强劲的势头为IP开发提供强劲的源动力。

大数据成为IP挖掘的智能参考。各大互联网公司、影视机构、电视台在IP红海市场上争夺已久，来自各机构的数据分析支持也成为这些"巨头"公司抢占优质IP的重要依据。大数据不仅可以帮助投资者找到潜力IP、为IP估值、绘画IP的用户图像，还可以帮助IP作者提供适宜的授权方信息，给双方牵桥搭线。大数据的话语权毋庸置疑成为大型企业购买IP的重要依据。

创意营销实现粉丝经济效益最大化。优质IP在跨界传播之前，就已经拥有大批量受众，在这群受众之中，不少还是IP的忠实粉丝，保证了粉丝黏性，一定程度上证明此IP具备长期开发价值。创意营销在召回粉丝完成对衍生品的引流上贡献巨大。优质IP的宣发团队不断推出"情感牌""青春牌""怀旧牌"等营销模式，联动体育IP、艺人IP等不同维度，使得粉丝快速产生情感上的共鸣，大大提高了好感度与接受度。在粉丝之间群体效应的带动下，企业售卖的不是单品，而是成功地将优质IP打包成套装出售给消费者。

2. 二次元经济：开启动漫黄金新十年

随着中国互联网用户对二次元文化的接受度提升，中国活跃二次元内容消费者将保持稳定增长。预计2016年，中国互联网活跃二次元内容消费者规模将达到568万人，此外，边缘活跃二次元内容消费者规模将达到8028万人[1]，消费内容主要包括动画、漫画、游戏和小说等。2016年，国产动漫乘着"二次元经济"的强劲势头，迎来第二个"十年"黄金发展期。同时，二次元经济还将带动游戏、小说、影视等产业的发展。

2015年，中国动漫产业总产值已达千亿元，在此基础上，中国动漫产业总产值在2016年有望实现30%的增长[2]。奥飞娱乐、华强方特等动漫巨头不断寻求企业发展新路径，扩大产业布局至电影、科技、主题乐园、文化衍生品等方向，在发展民族动漫文化产业、助力中国文化产业"走出去"过程中发挥了积极引导作用。中国互联网巨头也不甘落后，BAT先后布局动漫产业。腾讯、百度竞先成立动漫子业，阿里更有涉猎衍生品领域的野心。可见，动漫产业链布局战硝烟四起。

表2-3　2016动漫企业Top10

动漫企业名称	百度搜索指数	排名
海岸线动画工作室	118718	1
北京若森数字科技有限公司	108162	2

---

[1] 易观智库.二次元产业专题研究报告2015–2016[EB/OL].(2016-05-09)[2017-01-15]. http://www.analysys.cn/view/report/detail.html?columnId=8&articleId=18684.

[2] CBNData.2016年中国原创动漫大数据报告[EB/OL].(2016-10-03)[2017-01-10]. http://www.199it.com/archives/522664.html.

续表

动漫企业名称	百度搜索指数	排名
奥飞娱乐股份有限公司	77349	3
苏州米粒影视文化传播有限公司	49899	4
咪咕动漫有限公司	34410	5
湖南宏梦卡通传播有限公司	32796	6
广东咏声动漫股份有限公司	30915	7
北京四月星空网络技术有限公司	29390	8
上海河马动画设计股份有限公司	29192	9
浙江中南卡通股份有限公司	20697	10

90后、00后在二次元文化影响成长起来，伴随着这批人群成为社会主流，消费能力逐渐提升，动漫产业迎来变现转折点。伴随着这个契机，面对长期以来国产动画低龄化现象，近年来，《大圣归来》《秦时明月》《画江湖之不良人》《大鱼海棠》等超高关注度动画电影强势反弹，引领全龄化热潮。

动漫产业飞速发展的原因主要来自于以下3方面：首先，随着新媒体渠道的变革，腾讯动漫、有妖气、布卡等网络漫画平台兴起，国漫输出能力得到极大的增强。根据文化部监测统计数据，2016年上半年，我国网络动漫市场规模达到70.3亿元，同比增长77.1%❶。互联网上众多网站和App，利用论坛、视频、平台网站等各种方式实现跨媒介、多渠道、立体的传播，极大地丰富和促进了更多受众对动漫形象的认知。过去电视动画片节目库累计数量增加和动画频道拓展空间有限的矛盾得到本质解决，渠道变革下压抑的用户需求开始爆发。

其次，国家政策的扶持与社会资金的发展紧密结合，成功、有效地助力中国原创动漫高速发展，为动漫产业发展提供了极为有利的外部环境。2016年8月1日，财政部、海关总署和国家税务总局联合发布《关于动漫企业进口动漫开发生产用品税收政策的通知》❷（以下简称《通知》）。《通知》指出，在"十三五"期间，经国务院有关部门认定的动漫企业自主开发、生产动漫直接产品，确需进口的商品可

---

❶ 周志军.今年上半年我国网络文化市场营收破千亿元.中国文化报[N].中国文化报,2016-08-10.

❷ 财政部、海关总署和国家税务总局.关于动漫企业进口动漫开发生产用品税收政策的通知[EB/OL].(2016-08-01)[2017-01-12]http://www.chinatax.gov.cn/n810341/n810755/c2237753/content.html.

享受免征进口关税及进口环节增值税的政策。

最后，2016年动漫产业的资本进入也很活跃，其中内容领域最为抢手。除BAT等互联网、影视巨头公司强势进驻动漫产业，带来大批资本外，截至2016年7月5日，新三板挂牌动漫企业数量已达45家，股权融资成为众多动漫企业选择的融资方式[1]。2016年4月之前已有14笔来自开发企业的投资[2]，超越投资机构，积极布局上游内容创作。此外，众筹为更多独立动漫作者带来福音，他们可以通过众筹平台为自己的原创道路吸纳资金。

（四）移动互联网思维重构融媒体新生态

互联网思维，尤其是移动互联网思维，引入了开放、共享、互联互通的理念，通过精准投放、精准推送、定制化、碎片化、粉丝经济、颠覆性思维、免费和第三方传播等方式，构建起一个以用户数据为核心，以技术演技为基础，以多元化产品为路径，以多终端为平台的融合媒体新生态。

1.媒体融合创新愈发玩转"多屏互动"

2016年，媒体融合创新继续推进，取得了不少新进展。在2016年中国传媒年会上，根据项目的创新性、成效性、影响力和推广价值4个指标评选出"中国广电媒体融合创新案例20佳"（见表2-4）。

表2-4 中国广电媒体融合创新案例20佳[3]

序号	领域	案例名称	单位
1		国美湘江音乐节	湖南广播电视台广播传媒中心
2		"众筹广播"——《风云再汇》	广东广播电视台珠江经济台
3	广播	阿基米德FM	上海东方广播电台
4		"微啵云"跨媒体交互平台	江苏人民广播电台
5		"畅驾"App	佛山广播电台

---

[1] 动漫产业新三板挂牌企业数量激增 资本化趋势加速[EB/OL].(2016-07-08)[2017-01-10]http://news.xinhuanet.com/fortune/2016-07/08/c_1119189723.htm.

[2] CBNData.2016年中国原创动漫大数据报告[EB/OL].(2016-10-03)[2017-01-10].http://www.199it.com/archives/522664.html.

[3] 魏玉山.2014-2016中国媒体融合报告[EB/OL].(2016-08-18)[2017-01-11].http://www.chuban.cc/rdjj/11cmnh/ztbg/201608/t20160824_175277.html.

续表

序号	领域	案例名称	单位
6	广播	FM89杭州之声新媒体产品"民情热线"	杭州文化广播电视集团
7		"阳光重庆"	重庆广播电视集团
8		"高敏会客厅"	内蒙古广播电视台
9	电视	"央视新闻"客户端	中央电视台央视网
10		"北京时间"新闻视频直播平台	北京电视台
11		"触电"全媒体项目	广东广播电视台
12		看看新闻Knews	上海广播电视台
13		长江云移动政务新媒体平台	湖北广播电视台
14		大象融媒"新闻岛"	河南大象融媒体集团有限公司
15		"看度"系列媒体融合产品集群	成都市广播电视台
16		TV摇摇乐	安徽广播电视台公共频道
17		河北广电IPTV集成播控平台	河北广播电视台
18		"约FAN"全媒体全时互动直播平台	河南电视台都市频道
19		云端第一书记产业园	广西电视台
20		长兴县域全媒体平台	长兴传媒集团

在2016年媒体融合发展中，愈发凸显多屏互动的特征，在TV屏、PC端与移动端之间，有了越来越多的应用连接，从摇一摇电视、微博微信与电视全面互动、移动客户端发力、视频网站战略调整等，都有了许多新的进展。

上海广播电视台融媒体中心出品的"看看新闻Knews"自2016年6月7日正式上线，实现在屏类介质上的全面覆盖。在传统电视机大屏端，"看看新闻Knews"在东方卫视各档新闻栏目中呈现。在OTT/IPTV的互联网电视大屏端，"看看新闻Knews"呈现为一条24小时持续更新的视频新闻直播流"Knews24"；在手机端和PAD端，"看看新闻Knews"App不仅有碎片化的视频内容呈现，还可供用户实时收看或回看点播"Knews24"精彩直播内容；在网页PC端，"看看新闻Knews"除了以上形态之外，还拥有图文报道和图文动态直播。

2. 推拉之间：成就媒体融合的"强心剂"

政府"看得见的手"是促进媒体融合发展的直接推动力。2014年8月18日，习近平总书记对推动媒体融合发展发表重要讲话以来，2016年国家战略和政策继续铿锵有力。2月19日，习近平总书记视察三大主流媒体，对媒体融合做出新的指示，提出要尽快推动传统媒体与新媒体从相加到相融，进一步提升主流媒体在新的舆论格局当中的传播力、影响力、引导力与公信力。3月1日，国务院三网融合工作协调小组办公室发布《关于在全国范围全面推进三网融合工作深入开展的通知》。7月2日，国家新闻出版广电总局发布《关于进一步加快广播电视媒体与新兴媒体融合发展的意见》，提出力争两年内，媒体融合在局部区域取得突破性进展，真正融为一体，合而为一，尽快从相加迈向相融。

市场"看不见的手"是促进媒体融合发展的直接拉动力。随着移动互联技术的推进，多终端之间的壁垒已经被打破，受众的媒介消费方式正在发生根本性改变，"移动化+碎片化+多样化+分散化"是非常明显的消费特征。根据CNNIC数据，截至2016年6月，我国互联网普及率为51.7%，手机网民规模达6.56亿[1]，移动状态的各种网络应用成为用户的基本需求。因此，找准在移动互联时代的定位，做好多屏布局，把握碎片化的消费场景，将为融媒体发展助跑。

3. 四轮驱动：助跑媒体深度融合

其一，强化互联网思维。随着移动互联网的到来，大屏被诸多小屏抢走了使用时间和广告收益，广电媒体已经真切体会到寒意，市场倒逼广电不得不与互联网进行深度融合。互联网思维成为媒体融合发展的思想指导。

其二，加强互联网技术研发。每一次的技术革新都必将带来生产方式和生活方式的诸多改变，互联网也不例外，落后就会被淘汰。在广电媒体与互联网深度融合的阶段，技术仍然是关键点。互联网技术重视交互关系的培养，广电技术重视传输质量和播出安全，两者兼顾是电视突围的出路。

其三，提高资本运营能力。为了打造全媒体生态平台，媒体组织通过制定上市计划，在市场化改革上步步为营，通过证券市场的资本运营来深化"互联网+"背景下的融媒发展战略。不断探索媒介融合背景下的新型业务。通过上市，可以更广泛地吸纳社会资金，引入市场化机制，能在一定程度上倒逼内部传统机制变革，积极进行转型变革。

其四，采用市场化用人机制。对于广电行业来说，正面临着最大的人才危机，

---

[1] 中国互联网络信息中心（CNNIC）.第38次中国互联网络发展状况统计报告[EB/OL].(2016-08-03)[2017-01-05]. http://www.cac.gov.cn/2016-08/03/c_1119326372.htm.

行业精英频频跳槽，带走的不仅是资源与创意，更带走了某种为事业执着追求的理念。广电媒体需要比较与互联网媒体的用人机制差异，采用更加灵活的市场化用人机制。

三、2017年文化产业新业态发展趋势

（一）全媒体生态：媒体融合发展的未来

随着互联网技术的日新月异，传统媒体已经被市场推到了十字路口，在媒体融合的大背景下，传统媒体需要继续在转型中寻机会，在创新中求价值。在未来的全媒体生态版图中，传统媒体必须跟上新入口的变化速度，以新思维构建媒体融合的新生态。

以新思维为全媒体生态系统的建构作指向性引导。其一，引入开放、共享与用户至上的互联网思维，解放思想，共享资源，以用户体验为核心；其二，引入移动互联网思维，即精准投放、精准推送、定制化、碎片化、粉丝经济、颠覆性思维、免费和第三方传播等新形式，发展用户中心、产品与服务导向，内容、渠道、平台、经营、管理一体化，移动化、社交化、视频化等新产品与新服务。

以技术子系统、用户子系统、产品与服务子系统以及融合媒体体制与机制子系统构成全媒体生态系统。其一，技术子系统是构建全媒体生态系统的基础。在传输方面，由传统媒体的单向式传输向全媒体的宽带与双向传输转变；在数据方面，由传统媒体的抽样调查的小数据判断向基于大数据、云计算以及智能技术的精准把握转变；在终端上，由传统媒体的单一、单向、固定化向全媒体的多屏化、移动化、社交化、场景化与智能化转变。未来将建立起基于大数据、云平台、多渠道传播、多平台分发的技术体系，支撑起全媒体生态化发展格局。其二，用户子系统和产品与服务子系统是全媒体生态系统的重要支撑。全媒体生态系统内，用户是既消费内容与服务又再生产内容与服务的"生产消费者"。在运用大数据将生产消费者全面数据化的基础上，构建用户系统，挖掘出每个用户的兴趣与需求并描绘出用户画像，融合媒体再基于此针对每个用户进行精准传播。一方面创建自己的用户社群，另一方面精心维护用户社群，然后对用户社群的延伸价值进行深度开发。产品与服

务子系统，如"两微一端"等融合媒体的产品与服务类型、形态等随着互联网产业的进化而不断演进。其三，全媒体生态系统是革命性的"颠覆式创新"，是媒体生态系统的再造和组织结构重构，因此未来要通过体制与机制的顶层设计来保障前3个子系统的正常运转，实现整个融合媒体生态系统的广泛经济与社会双重效益。

（二）从IT到DT：大数据挖掘不断深化，激活业态创新生产力

大数据深度挖掘与产业开发，通过数据用途的扩展创造新价值，将成为驱动业态发展的新要素。未来要围绕大数据领域进一步做大、做强大数据链，加快提升大数据开发、应用以及云服务能力，进一步提升信息化水平，推动信息化与工业化深度融合。继续从量的角度增加数据投入，从质的角度深挖数据富矿获得新知识模式，使得生产率升获得了新空间，跨界创新融合源源不断。以集中控制为标志的IT（信息技术）逐渐被以激活生产力为目的的DT（数据技术）取代。

大数据服务将作为新业态支撑力量，为业态创新升级提供解决方案。在不同行业大数据聚合发展、大数据与其他行业融合发展趋势下，互联网金融、数据服务、数据处理分析、数据影视、数据探矿、数据化学、数据材料、数据制药等新业态不断涌现。围绕数据采集、网络连接和调度管理等重点环节，突破通信协议、数据接口、数据分析等关键技术，提升云平台系统解决方案供给能力。创新云服务内容与模式，推动工业设计模型、数字化模具、产品和装备维护知识库等制造资源集聚、开放和共享，鼓励培育基于工业云的新型生产组织模式。提升相关产业大数据资源的采集获取和分析利用能力，充分发掘数据资源支撑创新的潜力，带动技术研发体系创新、管理方式变革、商业模式创新和产业价值链体系重构，推动跨领域、跨行业的数据融合和协同创新，促进战略性新兴产业发展、服务业创新发展和信息消费扩大，探索形成协同发展的新业态、新模式，培育新的经济增长点。

大数据的创新应用，促进传统产业升级转型。其一，在工业大数据应用方面，利用大数据推动信息化和工业化深度融合，推动大数据在研发设计、生产制造、经营管理、市场营销、售后服务等产业链各环节的应用，研发面向不同行业、不同环节的大数据分析应用平台，选择典型企业、重点行业、重点地区开展工业企业大数据应用项目试点，积极推动制造业网络化和智能化。其二，在服务业大数据应用方面，利用大数据支持品牌建立、产品定位、精准营销、认证认可、质量诚信提升和

定制服务等，研发面向服务业的大数据解决方案，扩大服务范围，增强服务能力，提升服务质量，鼓励创新商业模式、服务内容和服务形式。

（三）网络化生产新模式，引领生产方式持续变革

网络化生产趋势，是以个性化定制和就地生产为主导的生产方式变革。这种生产方式变革的核心是信息技术与制造技术深度融合所出现的新方向。

其一，新型的基于信息化网络的平台经济运营模式，不再仅仅是信息流通的渠道，它深刻改变了许多传统行业的发展形态，打破了企业壁垒，极大地降低了产业链合作的外部成本，创造了全新的产业合作模式。

其二，基于信息化平台的构建和超越时空的网络化互联、互通能力，商业基础设施和基础服务能力都能实现最大规模和最深程度的共融、共享。从生产工具、生产空间到最终产品等全流程的共享复用已经越来越普遍。在生产运营上，它体现为越来越多精细化的中小服务性企业出现，或者是大企业内部出现更多独立运作的个性化团队，以适应快速变化的市场需求。

其三，基于信息技术革命的信息技术与制造业的融合，主要是信息技术与产业链两端，也就是研发设计和营销服务环节的融合，而新产业变革背景下的数字化制造将形成新一代信息技术在加工制造环节的应用，这种深度融合将导致产业分工方式的重大变化，使产业形态和模式创新形成新的发展趋势。

（四）制造业与服务业协同发展，新业态管理模式现新潮流

制造业与服务业继续保持协同发展趋势。一方面，制造业企业将展开服务链条延伸，从主要提供产品制造向提供产品和服务转变。增加服务环节投入，发展个性化定制服务、全生命周期管理、网络精准营销和在线支持服务等。通过业务流程再造，面向行业提供社会化、专业化服务。在产品附加值构成中，制造加工环节占比将越来越低，而研发、设计、物流等服务占比越来越高。另一方面，生产性服务业快速发展，特别是面向制造业的提供信息应用系统的方案设计、开发、综合集成能力等服务，实现与制造业企业的无缝对接，创新业务协作流程和价值创造模式。从生产性服务业的增长反映出金融、物流、研发等服务部门，以制造业为主要市场，为制造业服务不断增加。同时，服务企业产业链逐步向制造业延伸。在价值链上处于主导地位的服务企业，凭借其技术、管理、销售渠道等优势，通过贴牌生产、连

锁经营等方式嵌入制造企业共同为消费者提供服务。制造业与服务业的互为协同发展模式，使得产业价值链重构为一条既包含制造业价值链增值环节，又包含服务业价值链增值环节的融合型产业价值链，将具有更广阔的利润空间和增长潜力，在产业层次上表现出明显的结构升级效应。

在新业态发展过程中所产生的生产要素之间的共享与快速流通，生产制造环节的一体化融合，将促使现代企业的管理模式逐渐转型为大众协作的创新管理模式。互联网大众协作管理实际上就是众多非正规组织的网络用户积极参与到企业的创新过程中，并形成一定的协作关系，这一形式是企业管理创新中的最新尝试，也将成为未来企业管理的新潮流。推动制造资源与互联网平台全面对接，实现研发设计、生产制造和物流配送等能力的在线发布、协同和交易，提升中小企业精准、柔性、高效的供给能力。整合线上线下交易资源，打造制造、商贸、物流、金融等高效协同的生产流通一体化新生态。创新企业管理理念，最终降低企业运营成本。

（五）新业态智能化演进，行业间深度融合

随着工业4.0概念的日渐清晰及《中国制造2025规划》的推进，产业经济都将朝着智能工厂、机械联网和个性化打包式的"智能化"生产服务方向发展，其基础是企业和用户数据，并通过专业化分析程序实时满足客户个性化需求。

智能化生产的核心是工业流程的实时联网，使人们可以以批量生产的产品价格购买到私人定制产品。"智能工厂"为客户提供"智能服务"，使制造型企业与互联网互通互联。未来随着"互联网+"概念不断拓展与深化，移动互联网、大数据、云计算以及物联网等发展要素也将结合起来，促进资源优化配置与经济可持续发展。未来制造业、服务业以及IT和互联网行业的界限将慢慢消失，随之形成超越行业的新业态"智能化"融合发展趋势。

（六）要素比例重构：政策保障、技术变革、资本跟进

互联网文化创意革命与互联网金融革命汇融，网络文化市场发展突飞猛进。"互联网金融+文化产业"将成为新的关注点。文化领域内融资模式和制度的改革逐渐铺开，建立与当前资本发展相适应的体制机制，为金融有力支持文化产业发展提供可靠保障。

政府不断消除行政壁垒为社会资本的进入营造良好环境，投融资信息服务机构和平台按照新的模式鼓励和促进文化产业投融资发展，切实为金融持续有力支持文化产业发展提供体制机制保障的同时，努力为社会资本投资文化产业营造良好的舆论氛围。不仅有像《电影产业促进法》等相应法规的出台，而且也有社会机构以及政府基金、扶持计划相继推出，更重要的是体育产业、游戏产业等经过积淀都赢来了重要发展机遇期，再加上文化体制改革所释放出来的效应逐渐彰显，未来的发展空间值得期待。像广电领域，正在媒介融合战略上在做很多项目，这会带动资本和技术的进入。

在技术上，除了直播、VR之外，像大数据、人工智能、云计算等对行业的未来发展正在产生重要影响。从某种意义上说，技术的变革不仅意味着对人工的替代，也意味着资本的必须跟进。它们之间将会构建一种新的、比较理想的生产要素比例，进而在一定程度上改变生产方式，这一发展趋势在未来也将越趋明显。

（七）创意为王：版权保护为核心文化创意保驾护航

版权保护是文化产业生存和发展的关键，不论是文化产品原创能力的提升，还是文化产业链的打造，版权都是最初的源头，是文化产业发展的强有力的保护伞。在我国文化产业发展中，版权保护水平有了明显的提高，行业格局也朝着更加规范化、秩序化的方向发展。

在未来，我国版权立法保护体系会进一步完善，将会涉及文化产业的各个领域；行政保护力度持续增强，同时也会加大对盗版、抄袭等行为的打击力度，版权纠纷案件数量随之减少；除此之外，企业、创作者版权保护意识不断提高，公众将会形成版权付费的新的消费习惯。在政府、社会、企业各方的努力之下，将会迎来版权为王的时代，版权保护的环境将进一步改善，版权市场的发展渠道也将更加规范，版权市场会重焕光彩。

第三章　中国新闻出版发行服务研究报告

2016年是"十三五"的开局之年，也是推进供给侧结构性改革的攻坚之年。正当各大经济领域都在深化"三去一降一补"改革时，我国新闻出版发行业也在压力与机遇面前逐渐进入了新常态，产业发展出现结构性调整，行业格局呈现资源性整合，传统传媒正在转型阵痛中走向优化升级，新兴业态也在政策和技术的双重引领下走向规范发展。

一、新闻出版发行业的整体概况

（一）传统媒体整体衰落

近年来，在互联网和数字技术浪潮的席卷下，各行各业已经全面进入迭代周期，新闻出版发行业也已自发或被动地进入数字化转型，传统媒体整体式微，新媒体与数字出版持续兴盛，人们对媒体的依赖已经从原来的读书看报、广播电视愈加转向网络。据调查，中国移动互联网用户平均每天接触媒体时间为5.8小时，其中收听电台、阅读报刊和看电视所花时间总和不到30%，而使用手机和电脑的时间则超过70%（见图3-1）。

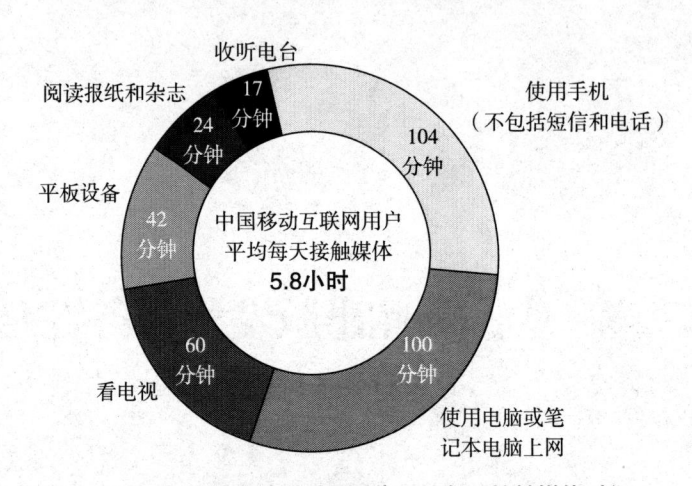

图3-1 2015年中国移动互联网用户平均每天接触媒体时间

在媒体行业内，广播收听群体已经极度萎缩，单向度的、有限选择的、只靠听觉的传播模式基本已经不能满足人们获取信息的需求，服务驾车一族的车载广播近乎成为一枝独秀的广播功能。

报刊行业出现大面积亏损，全国各大都市报年发行量、阅读量均一路下跌，2015年零售发行相比去年同期下降幅度高达50.8%。据不完全统计，2016年有13家报刊宣布停刊，其中不乏《东方早报》《京华时报》此类老牌大报，一大批知名报刊媒体人纷纷从传统媒体集团中离职，其中有大部分转战新媒体行业。

电视媒体同样在走下坡路，收视群体进一步向老年人集中。对于新闻报道和重大事件节目，央视因其权威性和资源优势仍能保持较高影响力，但也同样面临着受众流失、广告流失、人才流失三大日益严峻的发展困境。CTR市场研究数据显示，2016年上半年中国传统媒介广告市场一片萎靡，仅电台维持2.9%的增幅，电视、报纸、杂志、传统户外、交通类视频均直线下降，其中报纸降幅达41.4%，传统广告整体刊例花费同比下降6.2%（见图3-2、图3-3）。

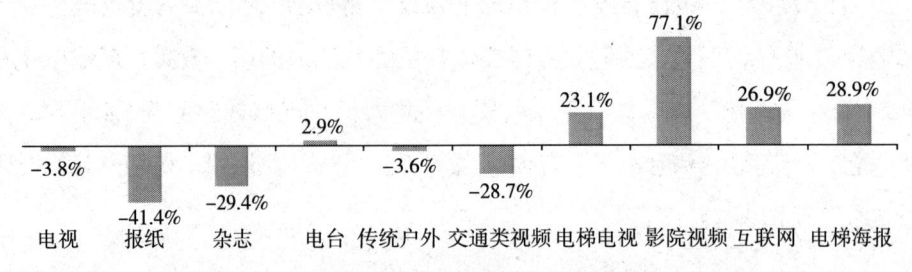

图3-2 2016年上半年各媒介广告刊例花费同比变化

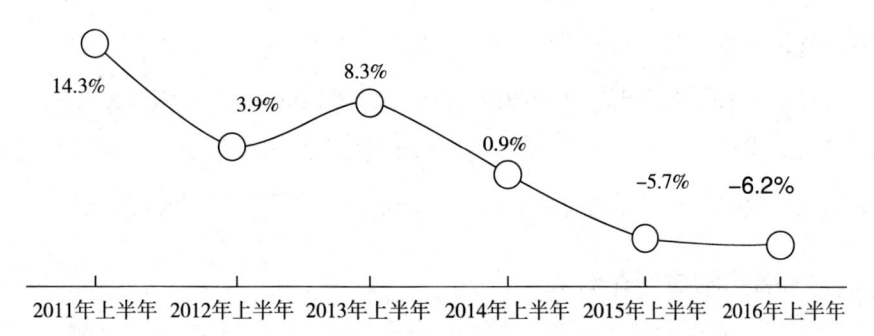

图3-3　2016年上半年传统广告刊例花费同比降幅

(二) 移动阅读成为主流

近两年,移动互联网技术的快速发展使得移动智能终端成为可以实时获取多元信息资源并满足生活娱乐社交需求的综合性服务载体,它对新闻业影响深远,已经彻底改变了人们获取信息资讯的途径和习惯。伴随中国互联网技术而首先崛起、开启网络新闻资讯行业先声的门户网站也受到移动互联网带来的巨大冲击,移动端已经成为当前用户获取新闻最主要的渠道,由此也带来了新闻客户端行业愈发激烈的竞争,广告投放、明星代言、用户导流等手段成为这片红海中的突围途径。

根据最新的中国互联网络发展统计报告,截至2016年6月,我国网民规模已达到7.10亿,其中手机网民规模达6.56亿,只通过手机上网的网民达1.73亿,占整体网民规模的24.5%。[1]另外,根据腾讯公布的调查数据,2016年微信日活用户已达7.68亿,长期依赖传统媒体途径获取信息的老年人成为今年迅速增长的微信用户群体;在超过1000万个微信公众号中,1/4以上是泛媒体类公众号,超过七成的用户将获取资讯作为关注公众号的第一需求,社交网络由此成为第二大新闻渠道。[2]

数字出版的迅猛发展和移动终端的普及使用,使得数字阅读特别是移动阅读开始成为主流方式。据统计,截至2016年11月底,我国手机网民用户已近10.2亿,2016

---

[1] 中国互联网络信息中心(CNNIC).2016年第38次中国互联网络发展状况统计报告[EB/OL].(2016-8-5)[2017-01-20].http://mt.sohu.com/20160805/n462678473.shtml.

[2] 企鹅智酷.2016年微信影响力报告[EB/OL].(2016-11-01)[2017-01-20]https://sanwen8.cn/p/154WHco.html;企鹅智酷.2016年微信数据报告[EB/OL].(2016-10-31)[2017-01-20]https://sanwen8.cn/p/22340TT.html;很快.2016上半年微信公众号数据盘点[EB/OL].(2016-07-08)[2017-01-20]http://www.csdn.net/article/a/2016-07-08/15825510.

年移动阅读市场规模有望在2015年101亿元的基础上达到135亿元[1],成年国民手机阅读接触率也有望在2015年60%的基础上实现更大的突破。[2]阅读方式的改变深刻地影响了阅读内容的生产,用户碎片化阅读习惯的养成导致网络报导和文章写作普遍走向标题党、泛娱乐、轻量式,深刻性、严谨性、理论性缺失的问题愈加突出。

(三)媒体加速融合发展

新形势下,党和国家高度重视新闻传媒业发展,将媒体融合上升为国家战略。自2014年中央出台《关于推动传统媒体和新兴媒体融合发展的指导意见》后,相关部门陆续制定一系列政策文件。2016年,习近平总书记先后在党的新闻舆论工作座谈会、网络安全和信息化工作座谈会等系列会议上提出要推动媒体融合发展,主动借助新媒体传播优势,着力打造新型主流媒体,为媒体融合的未来发展指明了方向。

在传统媒体转型融合发展过程中,"两微一端"(微博、微信、客户端)成为纸媒集团迈向新媒体的第一步。"两微一端"布局一方面为传统纸媒保留甚至增加了不少粉丝,扩大了报刊的受众规模,在移动互联网领域开辟了新的舆论场;另一方面,由于存在内容同质化、经费受限制、营收增量低等问题,传统媒体所运营的新媒体也大量处于发展瓶颈期,传统媒体与新兴媒体"两张皮"的状态并未得到有效破解。

在崩解与坚守中,在严峻的生存形势下,近年来,国内不少大型新闻传媒集团积极应对挑战,整合跨界资源,探索全媒体融合道路。以人民日报社、新华社等为代表的中央级媒体,以苏州日报报业集团、广州日报社、浙江日报报业集团、南京报业集团等为代表的地方大型传媒集团率先打造"中央厨房"模式全媒体平台,大力整合现有资源,打通集团内部传统媒体与新兴媒体之间的壁垒,创新媒体融合报道流程机制,实行一体化运作,推动媒体融合逐步从"你中有我、我中有你"向"你就是我、我就是你"过渡。

(四)技术改变传播方式

进入移动互联与数字媒体时代,新闻的生产和传播已经不再局限于专业机构和人群,新闻的接收方式和途径也不再是单向的、被动的、平面的。新兴技术不断延

---

[1] 中商产业研究院. 2016年中国移动阅读行业现状及2017年市场发展预测[EB/OL]. (2016-12-13)[2017-01-20]http://www.askci.com/news/hlw/20161213/16232782622.shtml.

[2] 中国新闻出版研究院. 第十三次全国国民阅读调查成果[EB/OL]. (2016-04-20)[2017-01-20]http://www.bisenet.com/article/201604/158316.htm.

伸媒介触角，科技红利不断拓展想象空间，自媒体、网络直播、VR虚拟现实、全息投影、无人机拍摄等新一代智能媒介开始广泛应用于新闻领域，对新闻业态发展产生了变革性的影响。

从2009年微博出现后，经过几年的发展，自媒体已经从野蛮化生长逐渐过渡到市场化竞争、差异化互补，目前已大致形成涵盖资讯门户、音频媒体、视频媒体、社交媒体、电商平台等在内的自媒体生态格局。2016年，自媒体行业继续受到资本市场的强势关注，全年共发生69起融资事件，其中获得超千万融资金额的项目有33个，个别垂直领域的自媒体创业项目动辄可达上亿估值。❶同时，2016年也已全面进入自媒体公众号时代，微信公众账号接近2300万，公众号开始从个体化操作逐渐转向公司化运营，从粗放式发展过渡到细分化经营。

网络直播在2016年实现爆发式增长，并带来网红经济和粉丝经济等新业态。文化部文化产业司行业数据监测点统计显示，2016上半年网络直播市场营收82.6亿元，同比增长209.3%，用户规模已迅速达到3.2亿，占网民总体的45.8%。❷与此同时，从秀场直播、游戏直播兴起的网络直播也开始从场景走向户外，使全民直播成为潮流。不过，网络直播在使现场新闻变得触手可及的同时，也带来了行业的乱象丛生和伦理风险。作为新闻传播媒介的一种，网络直播的蓬勃发展显示出它便捷、灵活和快速的特性，但如何保证新闻报道的真实性、独特性和专业化，还有待在未来发展中进一步规范和深化。

二、新闻出版发行细分行业的主要特征

（一）新闻行业：新技术催生新业态

2016年，新闻行业继续朝着创新驱动方向发展，科学技术的更新迭代不断倒逼新闻业转型升级，不断适应社会发展新态势、满足用户新需求。在"不变则亡"的压力下，传统媒体将"跨界"和"整合"作为破解体制机制障碍的着力点，积极谋

---

❶ Talking Data移动数据研究中心& We Media. 2016年度自媒体行业发展报告[EB/OL]. (2016-12-05)[2017-01-20]. http://mt.sohu.com/20161215/n475997356.shtml.

❷ 周志军. 2016年上半年网络直播市场营收82.6亿,增幅超200%,泡沫化还是真繁荣?[EB/OL](2016-09-12)[2017-01-18]. http://sanwen.net/a/hryfjoo.html.

求发展新出路；新兴媒体则以"创新"和"特色"作为强化市场竞争力的落脚点，在大浪淘沙中寻求异军突起。

1. 打造多领域全媒体平台

由于移动互联网带来的广泛影响力和满足用户的多元化需求，越来越多的传统传媒集团转向"中央厨房"业务模式，整合现有媒体资源和技术资源，改变传统媒体集团成员参与和分工形式，通过"内容+技术"创新，通过大数据和共享资源，不断推动媒体融合向纵深发展，这是现阶段新闻传媒业突破桎梏、转型升级的发展方向，在强有力的技术支撑下，实现新闻大团队的融合态发展。

在这一创新发展中，人民日报社走在最前。经过近两年的探索和实践，目前"中央厨房"运作模式已相对成熟，形成一套比较完善的内容生产、协作、分发业务流程，整个集团可以资源共享、协同作业，实现重大报道"一体策划、一次采集、多种生成、多元传播、全天滚动、全球覆盖"，满足不同新闻媒体求快、求全、求深、求远的产品需求。2016年"两会"期间，引爆微信朋友圈的《傅莹邀请您加入群聊》HTML5（简称H5）互动式新闻产品、与总理报告同时推出的《政府工作报告十大新词解读》图文报道、场景化温情呈现民生变化的《看！有人把"十三五"画下来了》H5互动新闻等一系列创新型、多样化、可视化融媒体产品均出自人民日报全媒体平台，引发国内外广泛关注。同时，"中央厨房"还开展全国跨媒体新闻报道合作，为社外和海外各类媒体终端免费提供大型活动新闻产品，实现新兴媒体与传统媒体、线上与线下、母媒与子媒、国内与国外等多重联动，为内容推送扩展渠道，形成全方位、立体化传播矩阵。

跨界合作是打造全媒体矩阵、构建复合业态新体系的另一种发展模式。武汉长江全媒体将新闻舆论和媒体产业、金融相互融合，大力发挥社交网络平台和互联网金融等新兴业态的支撑作用，构建新媒体产业生态金融系统；南方财经全媒体集团横向延伸传媒产业链，着力打造媒体、数据、交易三大核心业务，在做大做强财经主流舆论阵地的同时，积极拓展国内报价、指数、中介、服务等市场，切入产业指数领域，并通过控股、参股等方式打造理财资产交易中心和文化金融交易平台，探索媒介融合发展新模式。在技术支撑下，跨界合作将促使优势资源进一步发挥乘数效应，推动新闻传媒业发生日新月异的变化。

2. 既要现场感也要专业化

爆炸性生长出来的200多家网络直播平台成为2016年新的投资风口，眼见为实的真实性需求与亲临现场的时效性需求是直播新闻产生的原动力，网络直播的流行为现场新闻带来发展契机。

但网络直播新闻对新闻的属性有较高限制和要求。2016年，尝试比较成功、引起较多关注的直播新闻主要是那些可预期、可策划的新闻事件，而这些直播新闻也大多由专业机构制作。据统计，2016年5—6月期间，央视新闻在央视新闻客户端和今日头条平台共进行了25场直播，到达用户超过1亿，在线观看人数近300万，获得网友点赞超过2000万，其中最受瞩目的是"维和英雄灵柩归国"，覆盖644万人次；"湟鱼洄游季央视记者当网络主播直播鱼鸟大战"和"高考来了学生们正在前往考场"也分别获得278万、103万人次收看。❶对于突发类新闻事件，虽然现有的直播平台为大众提供了便捷的新闻生产入口，但这对现场新闻记者本身的素质要求极高。由于行业敏感性、新闻把控力、报道专业性等能力不足，因此也很难成为草根创作的主流。可以想见，网络直播新闻的UGC模式（用户创造内容）因为缺乏专业度和维持生产内容的团队而无法保证作品质量，PGC模式（专业创造内容）才是未来直播平台下的发展大趋势。

3. 满足个性化多元化需求

2016年，无论是转型的传统媒体还是近两年才出现的新媒体公司，新闻客户端的经营和运作都日趋成熟完善，那些具备较高用户粘性的客户端往往具有较为清晰的用户群体画像，较为明显的自身特色使它们能够满足个性化、多元化的用户需求。

面对海量资讯，依靠数据挖掘技术定制化地推送符合用户兴趣的新闻成为不少新闻客户端的设计理念。2016年用户数量最高的新闻客户端当属今日头条，截至2016年10月，这个创建仅仅4年的新媒体已拥有超过6亿激活用户数，日活跃用户数超过6600万，单用户日均使用时长超过76分钟，有近40万个个人和组织开设头条号。相比今日头条通过浏览阅读历史为用户推荐个性化新闻的"算法"技术，通过用户搜索作为线索、全球首创"兴趣引擎"推荐技术的一点资讯获得了2.9亿用户量，日活跃用户数4800万，总订阅频道数超过300万，10个月累计产生42.33亿次频道订阅行为，是目前移动资讯市场中合作伙伴最多、合作层次最丰富的内容聚

---

❶ 罗赞.新闻直播：在线直播的下一个热点？[J].中国记者,2016(9).

合平台，也是唯一一家可以实现基于任意关键词进行个性化频道订阅的客户端产品。

目前活跃在市场上的定制化新闻客户端还有澎湃新闻、封面传媒、畅读、并读新闻、无界新闻、南方+、九派新闻等，它们将新闻阅读从获取资讯转向深度阅读，借助数据技术和机器人分析进行智能推荐和精准服务，帮助用户更好地发现、表达、甄别、获取和管理对自己真正有价值的内容，能够满足不同用户的多元化兴趣，通过私人定制实现价值阅读的媒体升级。

（二）报刊行业：传统纸媒进入寒冬

"纸媒将死"的预言已经喧嚣多年，2016年传统报业的发展现状又看似进一步坐实了这一论调。根据国家新闻出版广电总局近几年公布的《新闻出版产业分析报告》，全国报纸营业收入下行压力势不可挡，从2013年的776.7亿元下降至2015年的626.2亿元，利润更是从87.7亿元下降至35.8亿元，下跌幅度达56%。走纸质发行路线的传统报刊业现在已经完全进入寒冬，如何向新媒体转型发展、如何寻找新的盈利模式、如何维持报纸原有的影响力和公信力，成为当前摆在全国乃至全世界传统报业集团面前的重大决策性问题。

1. 广告额断崖式下跌

最能反映报业经营情况的广告营收额增幅在近5年来一路下滑，到2015年更是出现"断崖式下跌"，从2011年到2015年累计降幅高达55%，2016年上半年报纸广告费同比下降41.4%，广告资源量同比下降40%（见表3-1）。[1]

表3-1　近5年中国报业广告额增长情况（2011—2015年）

年份	2011	2012	2013	2014	2015
广告额增幅（%）	11.2	-7.3	-8.1	-18.3	-35.4

2015年广告刊登额排名前20的报纸，其广告量全部处于大幅度下降状态，平均跌幅超过三成。所有报纸广告门类均开启了降幅"加速器"，其中，饮料广告以54.1%的下降速度位列第一，药品广告降幅48.9%紧随其后，交通（汽车）和房地

---

[1] 陈国权. 中国报业2016发展报告[EB/OL]. (2016-12-28)[2017-01-20]. http://chuansong.me/n/1402883052543.

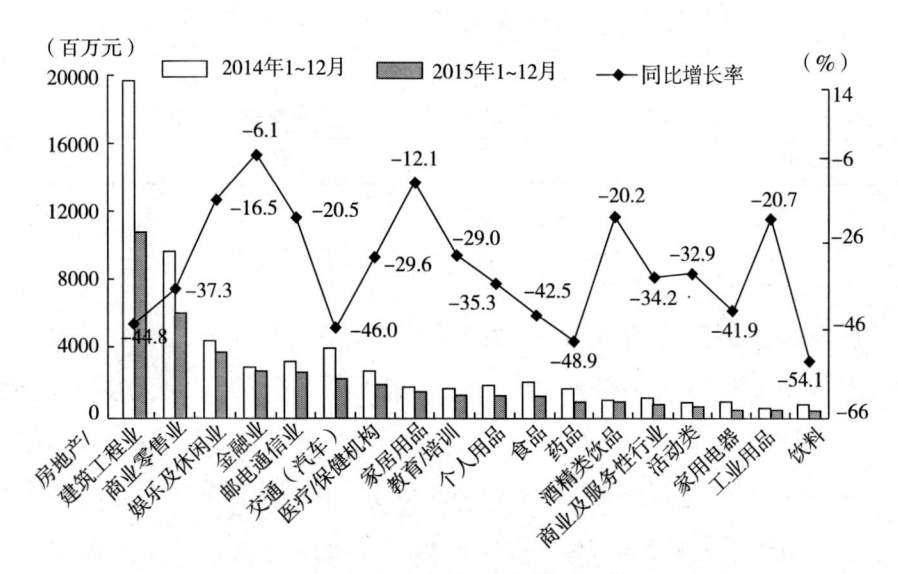

产/建筑工程业分别以46.0%、44.8%位列负增长率第三、四名（见图3-4）。❶

图3-4　2015年1~12月报纸主要行业广告增长情况

在行业整体衰落的趋势下，调查显示，2016年上半年，出版传媒上市公司中，只有报业公司的营业收入出现负增长，且降幅已达12.01%，净利润增长率更是达到惊人的-35.05%。❷传统报刊业务大面积萎缩，各项指标均全面下滑，个别公司出现资不抵债，甚至面临退市风险。行业性的寒冬让报刊业陷入史无前例的困境之中。

2.印发量持续性萎缩

传统报业的低迷带来的是相关联行业市场和指标的同步萎缩。根据国家新闻出版广电总局统计数据，2015年，全国出版图书、期刊、报纸总印量为2467.03亿印张，折合用纸量570.75万吨，较2014年降低12.21%。中国报业协会报告显示，由于发行量下降、广告版面减少和刊期缩小，全国报纸年度总印刷量已连续4年呈下降趋势，2015年新闻纸用量较2014年降低15.74%（见表3-2）。❸2016年上半年，国内新闻纸行业颓势依旧，有80%的报社用纸量比去年同期降低，新闻纸面临着产能过剩、价格下滑、成本上涨、纸业利润下降的问题，国内各大厂家纷纷采取转产、

---

❶ 姚林.中国报业经营在广告"断崖式"下降中的转型[A].崔保国.中国传媒产业发展报告（2016）[C].北京：社会科学文献出版社，2016.

❷ 国家新闻出版广电总局发展规划司.出版传媒上市公司2016上半年经营情况分析报告[EB/OL].(2016-11-03)[2017-01-20].http://news.xinhuanet.com/zgjx/2016-11/03/c_135802007.htm.

❸ 中国报业印刷协会工作委员会.2015年全国报纸印刷量调查统计[J].印刷工业，2016(4).

限产措施应对需求下降。❶

表3-2 近4年全国报纸零售发行情况（2012—2015年）

年份	2012	2013	2014	2015
发行量（份）	6103.16	5190.63	3609.19	1930.9
降幅（%）	—	15.0	30.5	46.5

3."两微一端"深度拓展

传统报刊的新媒体转型大多从"两微一端"开始，目前超过九成的传统媒体已经完成这一基础性布局。调查显示，截至2015年8月，经认证的媒体类微博为26259个，其中传统媒体微博17323个，报纸为3571个，约占21%，杂志类为3359个，约占19%。❷但受新兴互联网传媒公司冲击，传统媒体的用户使用率并不高，根据统计，2015年全国主流媒体客户端有231个，但下载量达10万级的客户端只有15个，达万级的是38个，而千级以下的客户端是167个❸，九成用户每日仅打开一款新闻客户端❹。如何深度拓展"两微一端"的浅层转型，成为传统媒体集团当前面对的战略性发展问题。

传统纸媒集团或在原有团队基础上组建新媒体集团，或与互联网公司联手打造融媒体，目的都是为了进一步探索新形势下的变革出路。目前传统主流媒体客户端已形成"东澎湃"（上海：澎湃新闻）、"西封面"（成都：封面传媒）、"南并读"（广州：并读新闻）、"北无界"（北京：无界新闻）、"中九派"（武汉：九派新闻）的区域化布局。上海报业集团重磅推出新媒体产品澎湃新闻客户端，并将停刊的《东方早报》人员整体并入，大力发挥传统媒体的采编优势和新闻采访权，主打原创时政新闻和思想分析的深度报道，提供全面、深度、多视角的专业内容生产，持续追踪、独立分析和完整还原新闻事件；四川日报集团联手阿里巴巴集团打造封面传媒，将服务对象重点锁定"8090后"网络原住民，以内容正能量、语言年轻态、

---

❶ 中国报业协会.2016年上半年全国新闻纸销售持续下降[EB/OL].(2016-07-27)[2017-01-20].http://news.pack.cn/news-324325.html.

❷ 唐绪军."互联网+"：中国新媒体发展新契机[C]//中国新媒体发展报告(2016).北京：社会科学文献出版社,2016.

❸ 清博大数据新媒体指数团队.中国传统媒体新闻客户端发展报告[J].青年记者,2016(2).

❹ Trustdata.2015年1月至10月中国移动互联网新闻客户端发展分析报告[EB/OL].(2016-12-16)[2017-01-20].http://www.askci.com/news/chanye/2015/12/16/10717jf72.shtml.

风格个性化为主要特征，通过有思想、有温度、有品质的原创内容提升对年轻群体的舆论引导力，通过数据挖掘、机器学习、兴趣算法等技术提供"因人而异"的推荐新闻，同时，依托大数据、人工智能和虚拟现实等前沿技术，打造跨媒体、电商、文娱的生态平台。媒体在"两微一端"上做业务分拆，细分粉丝，矩阵互推，形成多层次的用户覆盖力。

（三）纸质图书：稳步发展喜中堪忧

1. 零售市场继续增长，销售额增幅趋缓

在图书出版发行行业，全国市场规模整体仍保持增长态势，但在增长速度上，传统业态一路走低、新兴业态一路看涨。从每年出版产业营业收入上看，传统图书出版仍是主力军，但带动效应逐渐疲弱，产业整体营收增幅从2011年的17.7%下降至2015年的8.5%，同期数字出版产业占比从9.5%上升至20.5%，产值年均增长34%（见表3-3）。

表3-3　近5年来中国出版产业营业收入情况（2011—2015年）

年份	2011	2012	2013	2014	2015
每年出版产业营业收入（亿元）	14568.6	16635.3	18246.4	19967.1	21655.9
出版产业营收增幅（%）	17.7	14.2	9.7	9.4	8.5
每年数字出版产业营业收入（亿元）	1377.9	1935.5	2540.4	3387.7	4403.9
数字出版营收增幅（%）	31	40.5	31.3	33.4	30.0
数字出版营收占比（%）	9.5	11.6	13.9	17.0	20.5

从销售渠道上看，开卷最新统计数据显示，2016年全国图书零售市场总规模为701亿元，同比增长12.3%，比2015年12.8%的增幅略微下降。其中渠道销量差异明显，传统实体书店首次出现2.33%的负增长，而网上书店则继续保持30%左右的增幅，总码洋首次超过实体书店，网店增长的主要推动力来自于第三方平台，第三方图书业务同比增速能达60%左右。[1]

---

[1] 北京开卷公司. 2016年度国内外图书零售市场报告[EB/OL]. (2017-01-12)[2017-01-20]. http://www.twoeggz.com/news/3148902.html.

2. 全民阅读持续深入，书香中国成风尚

2016年是国家倡导和开展全民阅读活动十周年。2014年起，"全民阅读"连续两年被写入政府工作报告，2015年李克强总理首次提出"建设书香社会"，进一步将全民阅读提升到国家战略新高度。2016年底，国家新闻出版广电总局印发《全民阅读"十三五"时期发展规划》，为深入推动全民阅读工作常态化、规范化，共同建设书香社会明确了未来五年的时间表和任务图。

在国家"十三五"规划中，全民阅读被列入国家八大文化重大工程之一，下含包括"书香中国"系列活动、社区阅读中心、数字农家书屋、公共数字阅读终端、儿童阅读书包发放计划、市民阅读发放计划、盲文出版工程、支持实体书店发展等在内的八大子工程。作为一项利国利民的公益事业，推动全民阅读是构建公共文化服务体系的重要组成部分，创新阅读形式、打造阅读推广品牌活动、借助数字化技术实现全民阅读工程的优化升级是培育书香社会良好氛围的重要手段。

全民阅读在移动阅读的技术保障和习惯培育下日渐升温。掌阅大数据研究院2016年度报告显示，当前数字阅读已成主流，其中68%的数字阅读用户为25岁以下青少年，大学读者人均年读书量为18本，年消费金额72元，而工作10年的读者人均年读书量为16本，年消费金额达到145元。[1]另外，"用耳朵阅读"的移动有声阅读正在成为新的阅读风尚，有声读物以其便捷性、多元化和适合碎片式阅读场景的优势而受到越来越多读者的青睐。

3. 图书库存居高不下，存销比积重难返

在数据面前必须看到的是，纸质图书出版市场的表面繁荣并不能掩盖其内部严重的结构性问题。靠丰富图书品种来带动图书销售，已经成为多年来出版界的发展模式，但从近几年发展情况看，图书品种增加迅猛，却收效甚微。2011—2015年，5年来图书品种增加10.7万种，增幅达30%，而销量只增加1.64亿册，增幅仅有2.5%。出书品种数量越多，并不能同比例拉动增长，反而带来越来越大的滞销风险，过量生产和有限销售势必不断推高库存增量。

目前图书市场的库存问题已经相当严峻。2011—2015年，全国新华书店系统、出版社自办发行单位纯销售额从653.59亿元增至781.42亿元，增幅19.6%；但年末

---

[1] 掌阅大数据研究院. 掌阅2016年度数字阅读报告[EB/OL]. (2017-01-04)[2017-01-20]. http://money.163.com/17/0104/12/C9UEOSBN002580S6.html.

库存码洋则从804.05亿元增至1082.44亿元，增幅34.6%，两者早成倒挂之势，5年下来库存增量（11.97亿册）是销售增量（1.64亿册）的7倍之多。账面存销比是1.39∶1，在实际统计中若进一步扣除基本不会产生库存的200亿元中小学课本销售额，2015年图书存销比将高达1.86∶1，这意味着每实现1元的销售额需要以近2元的库存额为代价，高占比的无效库存如滚雪球般积重难返。

表3-4 近5年反映我国图书产能的一些重要数据（2011—2015年）

年份	每年出版图书 种数（万种）	增幅（%）	每年纯销售额 销量（亿册/张/份/盒）	金额（亿元）	每年库存量 数量（亿册/张/份/盒）	金额（亿元）
2011	36.9	12.53	65.78	653.59	55.86	804.05
2012	41.4	12.04	68.32	712.58	56.00	841.88
2013	44.4	7.35	68.08	735.63	65.19	964.40
2014	44.8	0.09	69.86	777.99	66.39	1010.11
2015	47.6	6.1	67.42	781.42	67.83	1082.44

（四）数字出版：发展势头继续看好

数字出版涵盖内容宽泛，产品形态丰富多样，从技术角度讲，只要使用二进制技术手段对出版的整个环节进行操作，都属于数字出版范畴，其内容包括电子图书、数字报纸、数字期刊、网络原创文学、网络教育出版物、网络地图、数字音乐、网络动漫、网络游戏、数据库出版物、手机出版物等。2016年，中国数字出版行业欣欣向荣，各个门类均呈现出新的发展特征。受文章篇幅所限，此处仅对产业整体发展情况及部分有年度新特色的代表性行业进行重点分析。

1. 整体行业保持高速稳步上升

2015年国内数字出版产业整体收入规模为4403.85亿元，比2014年增长30%，数字出版产业收入在新闻出版产业收入的总比由2014年的17.1%提升至20.5%。数字出版内在结构比例依然差距甚远，互联网广告、移动出版、网络游戏分别以2093.7亿元、1055.9亿元、888.8亿元占据前3位，在线教育以180亿元的巨大落差位居第四，包括在线音乐、电子书、网络动漫、互联网期刊、博客、数字报纸在内

的其余行业收入总和仅有185.45亿元,与在线教育规模相当。❶

在数字出版各行业中,电子图书产品规模从2013年的100万种增至2015年的170万种,增长率为70%,其中超星电子图书超过120万种,当当电子图书种类也超过40万,海量电子图书平台逐步形成;互联网原创作品产品规模从2014年的201万种增至2015年的256万种,这与网络原创作品平台自律机制的不断形成,以及政府引导与内容规范管理,以及IP价值得到进一步重视密切相关。

进入"十三五"时期,国家对数字出版产业的发展前景更加重视,《数字出版"十三五"发展规划》和《数字出版及科技专项规划》等文件的相继出台,为数字出版产业营造日臻完善的生态环境,以更加有力的政策保障推动数字出版业的繁荣发展。

2. 网文IP改编影剧分化明显

随着网络文学的持续升温,2016年中国网络文学市场规模有望在2015年70亿元的基础上进一步攀升,达到90亿元;用户规模有望在2015年3.5亿的基础上提升至4.5亿,渗透率达64.3%。❷目前中国网络文学市场呈现一家独大的局面,由腾讯文学和盛大文学整合成立的阅文集团通过兼并收购,将95.24%的网络文学作家囊入旗下。2016年,阅文集团向旗下签约作家发放稿酬近10亿元,过百作家年收入超百万。互联网巨头对网络文学市场的垄断式布局,在给作家带来更多收益的同时,也推动网络文学IP资源进一步向影视、手游、动漫等泛娱乐产业链方向深度开发。

2015年被称为"IP元年",由网络文学IP改编的电影、电视剧和网络剧层出不穷,并且大多获得了极高的票房和点击量。相比2015年从无到有的爆发性增长,2016年IP影视剧依然保持增长态势,但增幅明显减缓,特别是IP电影显著降温,这一年仍按照以往思路炒作IP概念、依靠当红明星、依赖读者情怀的粗放式改编制作普遍口碑不佳,部分甚至折戟沉沙。相比之下,2016年网络剧质量得到大幅提升,其中流量在20亿以上的5部网络剧《老九门》《太子妃升职记》《最好的我们》《余罪》《重生之名流巨星》全部改编自网络文学,网络剧市场进入强者越强的头部精

---

❶ 中国新闻出版研究院. 2015-2016中国数字出版产业年度报告[EB/OL]. (2016-07-21)[2017-01-20]. http://reader.gmw.cn/2016-07/21/content_21057763.htm.

❷ 速途研究院. 2015年网络文学市场年度综合报告[EB/OL]. (2016-02-18)[2017-10-20]. http://www.sootoo.com/content/661067.shtml

品竞争时代，优质IP必须经过专业改编、精致打磨、高额投入才有获得成功的希望。在某种程度上，网络文学IP改编影剧的分化也反映出一个令人欣喜的事实，那就是观众审美水准和观影品味正在日渐提升，资本市场开始回归理性轨道，IP市场开始朝着品质化、精益化、正常化的方向发展。

3. 在线教育开启未来教育变革

信息技术已经成为第四次工业革命的核心技术，在此浪潮下，中国教育也面临着数字变革，以教育信息化带动教育现代化，以数字教育出版和在线教育推动教育形态改革。

2016年，数字教育出版发展势头强劲。传统教育出版社在各行各业转型升级、融合发展的趋势下进一步探索数字教材、数字教辅、在线教育平台的发展路径，以人民教育出版社、高等教育出版社、江苏凤凰出版社等为代表的龙头教育出版机构率先在基础教育、高等教育、职业教育、在线培训等领域进行有益尝试并取得阶段性成效。与此同时，互联网巨头和新兴互联网教育企业也在2016年加速数字教育布局，例如阿里巴巴在淘宝客户端推动淘宝教育，成为中国最大的在线教育平台，整体业务保持120%的增长，体量突破数十亿；腾讯借助QQ和微信发展智慧校园，通过连接腾讯旗下多平台产品，用校园场景化呈现方式将学生、家长、老师、学校4类角色进行有效连接，实现学校与移动互联网的深度融合，使学校的独立个体连接成智慧的网络；涵盖从小学到高中阶段的"K12教育"是目前在线教育的融资热点，也是新兴互联网教育企业竞争激烈的场域，以题库模式、在线课程模式和家教模式为主的在线教育方式获得越来越多的用户认同[1]。

在线教育带来最大的优势是解决教育资源不均衡的问题。在线教育后台用户数据显示，大部分学生来自二、三、四线城市，其比例远高于一线城市。新浪教育《2016年度在线教育用户白皮书》结合问卷和新浪微博数据中心进行大数据分析，进一步证实不同城市用户对于在线教育存在关注偏好差异性：一线城市用户对幼儿教育和外语学习的关注度远高于其他类别，二三线城市对各类教育关注度基本趋同，而四线城市则明显关注中小学教育。在线教育行业的逐渐成熟有望在改变教育获取方式、降低受教育成本的同时，实现优质教育资源的共建共享。

---

[1] 张皓月. 融资额"跳水"，在线教育转入持久战[N]. 新京报，2016-09-16.

三、新闻出版发行业的政策亮点

（一）国家标准出台规范数字产业发展

在过去几年内，数字出版产业实现突飞猛进的发展，在科技革命的推动与倒逼下，目前已面临着从数量型增长向质量型增长、从规模化扩张向融合型升级的转型要求。为了更好地促进数字出版产业标准化、规范化发展，有效推动新闻出版产业数字化转型升级，在国际标准化组织（ISO）通过《国际标准关联标识符（ISLI）》的一年后，2016年8月29日，国家质检总局、国家标准委正式批准发布并于同日起开始实施《中国标准关联标识符（ISLI）》。

《中国标准关联标识符（ISLI）》的核心功能是通过对实体之间关联关系的标识进行跨种类资源管理，推动信息文献领域标识符标准体系升级，目的在于解决数字时代特别是互联网环境下的信息内容资源管理难题，实现资源有效管控和价值增值。

内容资源管理关乎整个数字产业的发展根基。ISLI的实施，将有助于中国新闻出版产业打通传统形态与数字形态出版产品之间的隔膜，使传统出版企业摆脱"存量内容资源无法再利用"的困境，实现不同内容产品跨呈现方式、跨传播渠道、跨载体形态的无障碍传播。根据《新闻出版业"十三五"时期科技发展规划》，未来5年将是中国从新闻出版大国向新闻出版强国迈进的关键5年，出版业的信息属性将在科技的推动下发挥越来越重要的作用，以ISLI为核心构建全新的科技支撑体系，最终实现"资源编码化、生产数字化、运营数据化、服务知识化"[1]，这是互联网时代下新闻出版业发展的目标方向。在这一新技术环境下，新闻出版业的数字内容产品将开辟出极大的发展空间，针对多元群体的产品设计、跨介质跨场景的产品开发、融合不同产业整合特色资源的产品应用，必将迎来巨大的创意蓝海。

（二）11部委联手支持实体书店发展

2016年年中，中宣部、国家新闻出版广电总局、国家发改委、教育部、财政

---

[1] 冯宏声.新闻出版业"十三五"时期的科技工作思考[J].科技与出版，2016(6).

部、住建部、商务部、文化部、中国人民银行、国家税务总局、国家工商总局等11部门联合印发《关于支持实体书店发展的指导意见》，从完善规划和土地政策、加强财税和金融扶持、简化行政审批等方面对实体书店做大品牌、创新管理、特色经营和转型发展给予了明确而且有力的支持。在推动全民阅读的社会氛围下，强有力的政策有望使实体书店迎来复兴的春天。

目前实体书店主要有以下几类：一是以大书城为代表的复合式书城，图书种类丰富，凸显融合业态；二是以中小型书店为代表的特色书店，用户群体细分，强调精准服务；三是书店品牌的异地分店，重点关注城市文化，探索特色发展之路；四是出版社自营书店，打通上下游渠道，形成经营闭环，降低成本扩大发展空间。当前乃至未来相当长时期内，或小而美，或大而全，融合多种文化功能的现代化体验式书店将会成为主流。如何在市场竞争中凸显自身特色，探索差异化道路；如何在数字移动阅读与网络购书渠道的双重压力下创新经营管理方式，保证书店盈利空间；如何在跨界融合多业态发展中继续为读者提供宁静而专注的阅读氛围；如何使政策扶持更多地发挥激励引导作用，避免形成长期补贴资助依赖……这些问题事关实体书店的长远发展，也许是在当前的政策红利下更需要认真思考的问题。

（三）制版分离试点理顺财税经营流程

十八届三中全会发布《中共中央关于全面深化改革若干重大问题的决定》，明确提出"在坚持出版权、播出权特许经营前提下，允许制作和出版、制作和播出分开"。2016年，国家新闻出版广电总局将江苏、北京、湖北等地设为"制版分离"改革试点，各地试点工作实施方案陆续出台，"制版分离"改革试点正式启动。

在此之前，只有作为法定出版单位的出版社有权向印刷厂开具图书委印单，只有出版社可以向印刷厂支付图书印刷费，没有委印单的出版物即属非法出版物。在此规定下，数量众多的民营图书公司必须与出版社频繁对接，极大地增加了双方工作量。另一方面，转移支付在使账面利润降低的同时，由于印刷费不能计入成本，民营书企的财税违规风险也相当巨大。

因此，2016年"制版分离"试点改革，对于破解当前图书出版发行业普遍存在的体制机制难题，将起到尤为重要的作用。"制版分离"改革，是将"编""印"过程中的部分环节纳入民营书企的业务链条，以规章形式使其合法化，重新理顺民营书企、印刷厂和出版社之间既紧密又扭曲的关系，改变过去图书出版印刷中不合理的财务流程，解决印刷费可以纳入生产成本并进行税收抵扣的问题。这一改革能大大减少国有企业和民营企业的对接成本和烦琐的转移支付程序，提高企业经营效率，释放企业活力，有效调动民营书企的主动性和积极性，推动财税业务阳光化，同时也有利于政府完善行业统计，提升管理和施政水平。

（四）规范新兴业态管理网络出版直播

国内数字出版市场在经历过一段时期的自由成长后，一方面取得了极大的繁荣和极高的增长，另一方面整个数字阅读市场在准入、运营和版权管理上也存在着不少混乱和无序。2016年，国家相关主管部门先后颁布多个文件，分别从数字出版前、中、后3个环节进行约束和规范。❶

首先是前置审批。2月份国家新闻出版广电总局及工业和信息化部联合发布了《网络出版服务管理规定》，要求所有从事数字阅读的企业都必须取得《网络出版服务许可证》，旨在通过统一网上和网下的出版服务市场准入和管理标准，强化网络出版物的内容监管，提高网络出版物的整体质量、升级网络文化建设。其次是运营管理。5月份国家新闻出版广电总局发布《关于移动游戏出版服务管理的通知》、6月份国家网信办发布《移动互联网应用程序信息服务管理规定》，对手机游戏、移动互联网应用程序等数字出版在内容管理和侵权行为上提出更高的要求。再次是版权管理。11月国家版权局发布《关于加强网络文学作品版权管理的通知》，明确要求各个网络平台加强对网络文学作品侵权行为的管理，并建立网络文学作品版权"黑白名单制度"，此举将能有效打击盗版侵权行为，减少版权所有者的巨大损失，从而有效规范市场环境，推动数字出版产业良性发展。

2016年火爆而失范的直播行业同样引起政府的高度重视。11月，国家网信办发布《互联网直播服务管理规定》，强化互联网直播新闻信息服务3大管理制度，对直播平台和直播发布者明确提出资质和内容要求，明确直播平台4大主体责任，用网络直播实名制保障信息安全和管理可控，同时创建网络直播信用治理3大模式，通过明晰的管理条例、具备可操作性的管理手段、引导和治理相结合的管理思路，合理规范行业秩序，确保新兴业态健康发展。

---

❶ 李星星.2016年数字出版：新概念、新标准、新市场[N].出版商务周报,2016-12-14.

四、未来新闻出版发行业的发展趋势研判

（一）传统领域进一步被挤压，跨界融合愈发成为主流

随着互联网技术的快速发展和数字媒体的推陈出新，特别是在2015年国家出台"互联网+"行动计划后，互联网深度影响经济发展和社会民生，为传统产业带来了一场转型升级的革命，包括新闻出版发行业在内的各行各业都发生了颠覆性变化，广播、电视、报纸、杂志乃至PC端门户网站等传统媒体行业的生存空间和发展版图还会进一步被挤压。传统媒体的市场规模在慢慢缩小，但并不意味着最终势必消亡。当发展空间收缩至一定程度时，传统媒体必须重新做好角色定位，重新凸显其不可替代的核心竞争优势，通过深度挖掘、深度拓展，从垂直领域做精、做专、做强、做好，适当借力外部新兴技术，提供优质产品和精准服务，倒逼传统媒体在新形势下重新焕发活力。

2016年，创新驱动、跨界融合是年度关键词。新闻传媒加速内外部整合，打造全媒体矩阵，以合纵连横强化竞争优势，以资源合并抵抗技术迭代风险；出版发行公司开启跨界合作之路，通过收购、增资、兼并等手段加强IP产业链布局，使出版发行与影视传媒、文化旅游、在线教育、智慧城市、公共文化服务、数字创意产业、金融投资等行业连成一体，推动产业跨越式前进。在未来的相当长时间内，"互联网+"与"文化+"仍然是诸多产业跨界融合的核心思维，许多行业形态也将在交叉互渗中发生新的变化。这既要求新兴业态必须不断优化现有产业结构、创新企业管理模式，同时也要求政府主管部门需要在新形势下对政策制度、体制机制、统计指标等管理内容上做出相应而且及时的调适变革。

（二）新技术将改变媒介形态，优质内容生产依然为王

科技创新永无止境。近几年，数字信息技术发展进入腾飞阶段，在搅动一波又一波投资热潮的同时，也让各行各业的发展陷入眼花缭乱、前景迷茫的境地。2016年，数据挖掘、网络直播、无人机航拍、机器人新闻、VR虚拟现实等新兴前沿科技已经在新闻出版发行领域中得到应用，部分尝试引发行业的惊叹甚至震荡。层出

不穷的AR增强现实、MR混合现实、全息投影技术、可穿戴式设备、AI人工智能等一系列新兴科技还将陆续推出，使媒介形态持续发生颠覆性变化，并将继续影响和改变人类社会。

在创业浪潮下，应声而至的风险投资既活跃了市场环境，在某种程度上也误导了行业发展方向和核心价值判断。2016年，数百个网络直播平台一夜之间充斥市场，又迅速成为过眼云烟，堪称惨烈的同质化竞争，加上涉黄造假、违规违纪所遭受的严厉打击查处，使得大部分直播平台成为昙花一现的速朽公司；VR刚刚被业界宣称是"投资风口"，一转眼大量VR公司欠薪裁员倒闭的消息又不绝于耳、频频传来；2015年几部所谓IP电影获得较高票房，立即引发一大批影视娱乐公司以亿万千万级别的天价非理性争相抢购囤积"超级IP"，不到一年，IP电影的惨淡票房再次宣告残酷的事实……包括新闻出版在内的文化创意产业，主体应是内容和文化，一切新兴技术都是作为更好的辅助手段出现，不应本末倒置地取代优质内容生产。当技术成熟时，品质才是核心。未来，当智能媒体时代来临时，借助科技手段为用户提供更具价值的产品、生产更高品质的内容、捍卫更为纯粹的文明，才是新闻媒体与出版发行业的职责所在。

（三）数据挖掘技术前景广阔，"互联网+"平台成新媒介

随着云时代的到来，大数据成为颠覆性重构各行各业的"幕后黑手"。大数据技术的战略意义不在于掌握庞大的数据信息，而在于对这些含有意义的数据进行专业化处理。在新闻传媒行业的发展中，数据挖掘技术已经得到相当程度的应用，例如基于大数据抓取、挖掘、统计、分析和可视化呈现的数据新闻，以及基于用户网络动态行为和个人信息而进行个性化推荐的新闻资讯搜索推荐引擎等。大数据大量（Volume）、高速（Velocity）、多样（Variety）、低价值密度（Value）和真实性（Veracity）的"5V"特点，使其能够精准复刻出人类的行为轨迹，清晰勾勒出社会变化形态和用户群体画像，它将在一定程度上继续改变传统新闻的生产流程，并使数据新闻具有描述、判断、预测和信息定制等多项新的功能[1]。

大数据是各类"互联网+"应用平台的核心技术之一，包括社交媒体、公共服务平台、商业消费应用等在内的各种应用平台能够对用户数据进行二次利用，形成

---

[1] 陈力丹，等.大数据与新闻报道[J].新闻记者，2015(2).

可信度高、价值性强的舆情监测和数据分析报告，进而对行业走势和社会发展做出前瞻性预判。目前，新媒体已经显示出前所未有的跨界融合发展态势，未来各类自带用户流量的"互联网+"服务应用平台也势必成为媒介新形态，通过对用户数据的有效管理和合理使用，既为新闻生产提供数据支撑，同时也为新闻传播提供良好的分发和交互平台。

（四）图书行业需产业一体化，定制按需出版成为趋势

造成当前图书高库存问题的体制性原因之一是出版活动的非市场化，出版与发行相脱节，发行与市场相脱节，各环节之间依赖经验式的市场竞争来维系。只有打破产业链上下游信息不对等状态，打破供需两端壁垒，进一步建立顺畅高效透明、能够适应现代市场竞争的传播体系和经营管理机制，才能推动出版内容和行业数据的跨平台互通共享，实现出版内容、技术应用、平台终端、人才队伍的合作融通。

未来，按需出版与定制出版将成为图书出版趋势，前者适合印数有限的断版书、绝版书和短版书，后者则适合印数更少、甚至一本起印的个性化图书。即需即印的操作方式既省去传统出版过程中的征订、制版等中间环节，也能有效缓解出版社长期囤积的高库存压力。但实现按需出版良性发展必须以具备坚实的数字印刷技术特别是按需印刷生产技术为保障，同时还需以实现图书行业产业一体化为前提。唯有深化改革，加快转型，推动出版业上下游有效联动和产业一体化、标准化发展，推动地区之间的协作和合作，推动传统出版和数字出版在内容、渠道、平台、经营、管理等方面深度融合，积极促进出版与科技、信息、金融等的跨界融合，对出版的内容资源、生产方式、传播渠道、盈利模式等进行全方位、立体式、深层次开发利用，才能真正实现出版活动的按需印刷、有序生产。

（五）必须加快数字版权保护，高度重视网络生态安全

相比传统出版行业，数字出版具有海量存储、搜索便捷、传输快速、成本低廉、环保低碳等特点，已经成为新闻出版业的战略性新兴产业和出版业发展的主要方向。但与此同时，由于数字版权作品的复制、传播变得更为简单，导致盗版和分发成本大幅降低，因此作品盗版成为损害版权人权益、阻碍行业发展的重大因素。艾瑞咨询发布的《2015年中国网络文学版权保护白皮书》显示，2014年全年，盗版

至少使PC端付费阅读收入蒙受43.2亿元的损失，使移动端付费阅读收入蒙受34.5亿元的损失，二者合计达到77.7亿元，而盗版对网络文学行业带来的直接损失远高于此。如果加上文化创意产业损失的21.8亿元衍生产品产值，网络文学盗版在一年之内就能给整个行业带来至少百亿元的损失。

数字出版盗版问题并非中国独有，即便在版权保护较为成熟的欧美国家也同样面临着类似的问题。据国际唱片业协会（IFPI）估算，2004—2015年，欧洲市场因盗版而损失的零售销量预计总计2400亿欧元。即使在欧洲经济文化发展最为领先的德国，每年仍约有60%的非授权电子书被非法下载。[1]

加强数字版权保护，打击网络盗版侵权，一方面要继续加大立法和执法力度，构成更加健全的数字版权法规体系，建立和强化数字版权执法机制，切实保障著作权人合法权益；另一方面也要加快标准制定和技术创新，鼓励各数字出版参与企业加大技术保护措施的研发应用，采用加密等技术进行安全保护，保障数字出版物在互联网上的有序销售传播。

与此同时，随着大数据、云计算、物联网、移动互联网等新一代网络科技的推广和普及，网络生态安全也将成为关系国计民生的关键领域。中国的互联网治理成就显著，但网络谣言和淫秽色情等不良信息、网络欺诈、侵犯个人信息和隐私、黑客攻击、网络恐怖主义等越来越多的网络滥用行为不断出现，其危害已发展到严重影响我国政治、经济、军事和文化安全的程度，同时也对个人权益造成了前所未有的威胁。高度重视网络安全问题，充分发挥政府、行业组织、互联网企业、网络社群、网民个人等各主体作用，合理应对各种新型挑战，全面构建我国移动互联网生态安全体系势在必行。

---

[1] 数字版权行业报告[EB/OL]. (2016-03-09)[2017-01-20]. http://www.199it.com/archives/445963.html?weixin_user_id=42o6ETQjnJ1BX4r_q40EiuUaM51ahE.

第四章　中国广播电影电视服务研究报告

一、广播产业研究报告

(一) 广播行业年度发展概况

1.发展形势

(1) 广播行业现状

基于2016年1~5月的数据以及同期对比,广播电台媒体广告花费同比增加3%,涨幅微弱。❶作为年广告收入百亿级的行业,广播电台广告在传统媒体普遍下降的大环境下保持着平稳的状态并有增长回暖的趋势。借助媒体融合、活动营销等多种手段,广播广告经营仍然具有增长潜力。

从频率投放偏好来看,交通、音乐、综合类频率并驾齐驱,包括新闻,成为拉动广告投放的主要频率。交通频率依然保有绝对的投放优势,综合类频率的投放比重增加。相对于2015年综合类频率的份额有所增长,交通和音乐类频率略有下降(见图4-1)。

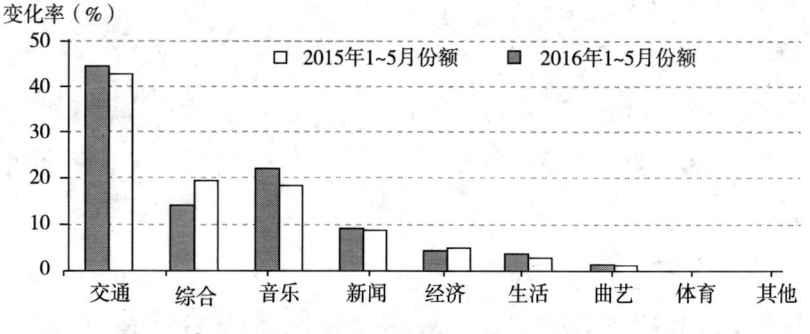

图4-1❷　不同类型广播电台频率的花费份额变化

---

❶ 数据来源:CTR媒介智讯,http://www.ctrchina.cn/insight.asp?Classid=7.
❷ 数据来源:CTR媒介智讯,http://www.ctrchina.cn/insight.asp?Classid=7.

(2) 广播行业三网融合新格局

2016年,国务院三网融合工作协调小组办公室1号文明确要求在全国范围全面推进三网融合工作深入开展。工信部已向歌华有线、天威视讯等广电网络运营商发放了增值电信业务相关牌照,国家新闻出版广电总局也向中国电信、中国联通和中国移动发放了除广播电台电视台形态以外的互联网音视频节目服务和IPTV传输服务等许可。三网融合和双向进入的政策背景下,为确保经电信运营商网络所传输视听节目内容的安全性,广电机构内部形成了专门负责上述视听节目播控和经营性业务运营的广电新媒体行业。

(3) 广播行业新业态

网络广播电视台是以宽带互联网、移动通信网等信息网络为节目传播载体的电台、电视台,是新形态的广播电视播出机构,依托现有电台及电视台形态的视听节目和互联网的海量内容资源,通过互联网向移动端和电脑端用户提供视听节目和图文资讯信息的新媒体平台。网络广播电视台的内容主要来源于所属广播电视台,包括直播频率频道、节目栏目的点播等,日趋成为各地广电机构的又一权威新媒体传播平台。[1]

2.广播业发展的机遇

(1) 收听渠道多样化

广播电台可以将内容以数字广播文件的形式放在互联网上,大大提高了收听广播的自主性和选择性。步入融媒体时代,媒体机构纷纷探索媒体融合业务,开始积极展开新型制播体系建设,撑起了"广电云+互联网"的全新产业生态圈。

(2) 网络化经营

传统广播电台积极与"互联网+"相结合,推动广播媒体产业依靠移动互联网平台拓展区域外的音频广播市场,利用音频资源网拓展音频资源在线交易市场,利用云计算和大数据推进优质广播节目生产和广播产业精准营销,从而提高广播业的市场竞争力。

(3) 政策推动

中央及各级政府为深化文化体制改革、推进媒体融合发展、构建现代公共文化

---

[1]《2016中国全球广播行业发展概况与分析与市场前景分析[EB/OL].(2016-11-9)[2017-2-25].http://www.chyxx.com/industry/201611/465524.html.

服务体系、推进三网融合、促进信息消费扩大内需、实施宽带中国战略、实施"互联网+"行动计划、加快高速宽带网络建设推进网络提速降费等，出台了一系列重要文件。目前，政府媒介产业政策开放的势头仍然未减，电台广播和其他媒介一样正面临前所未有的机遇。

3.行业发展的挑战

（1）广播节目内容单一，缺少吸引力

目前有大量的网络直播平台以及独立的App都在做广播类业务，尽管这些内容相比传统广播制作精良的节目还显粗糙，但不可否认的是，这些节目确实受到许多年轻听众的喜爱。因此广播需要提炼出互联网时代广播和听众精准的嫁接点，要通过优质的内容和新颖的形式来吸引和巩固听众。

（2）盈利模式缺乏，融合成效低于预期

目前，很多广播媒体与移动新媒体的融合只关注技术嫁接，并没有实现真正的内部融合。由于没有积极推动更深层次的产业融合，盈利模式缺失，因此没有带来预期的实质性利益回报，反而更增加了媒体运作的压力。❶

（3）移动互联趋势下，广播App难以快速吸纳受众资源

和广播有关的App可以分为广播电台自主开发App、网络电台App、即时通讯工具App、音乐类App 4大类。这些App数以万计，究竟是进驻现有的成功平台，还是以自己为主体创建平台，是广播媒体在移动互联道路上必须思考的重要问题。

（4）UGC对广播媒体的冲击

伴随着新媒体技术对信息传播方式的改变，UGC（用户生产内容）在新媒体领域所占的比例越来越大，尤其是移动音频客户端在功能上不断改进，使用户可以随时随地、方便快捷地将自己制作的内容上传。

（二）广播行业年度发展新特点

1.广告投放精确性高、价格便宜

《2016年广告主营销趋势调查》数据显示，每一类媒体都有各自的特点，广告主对每一类媒介的认可程度也都不一样。大多数广告主认为，电台媒体在传统媒体

---

❶ 安康.移动互联网环境下广播的发展前景[J].青年记者(上旬),2015(1).

中是精确性较好，也是投放价格较便宜的媒体。

2.广播电台与App融合发展

伴随着移动互联网的迅速发展，App日趋成为人们接收信息的重要平台，手机网民数量的爆炸式增长，使得各类App层出不穷，不乏传统广播电台的身影。各级广播电台顺应移动互联网时代的发展潮流，积极布局移动互联网领域，或自主开发移动终端应用，或积极融入其他App平台。目前和广播有关的App可以分为广播电台自主开发的各类App、网络电台App、即时通讯工具App、音乐类App等几类。

3.大数据采集、分析、应用能力欠缺

随着网络以及各种终端之间的融合，受众在媒体使用过程中会产生海量的信息数据，这些大数据包括受众的行为记录、兴趣喜好等各种资料。通过对"浏览行为+移动终端信息"数据的分析，媒体可以更加准确地判断用户属性，甚至可以通过与用户直接"一对一"地沟通，更加深入地了解用户的个性化需求。但目前对数据的深度开发还有待提升。

4.广播投放环境变化

广播是一个以自然时间线性传播的媒体，从2016年1—5月广播电台商业广告刊例花费及时长的时段同比变化来看，平时平峰时段的广告增长潜力加大。早高峰时段，广告花费增长6.3%，平峰时段增长7.4%，晚高峰时段增长8.8%（见图4-2）。

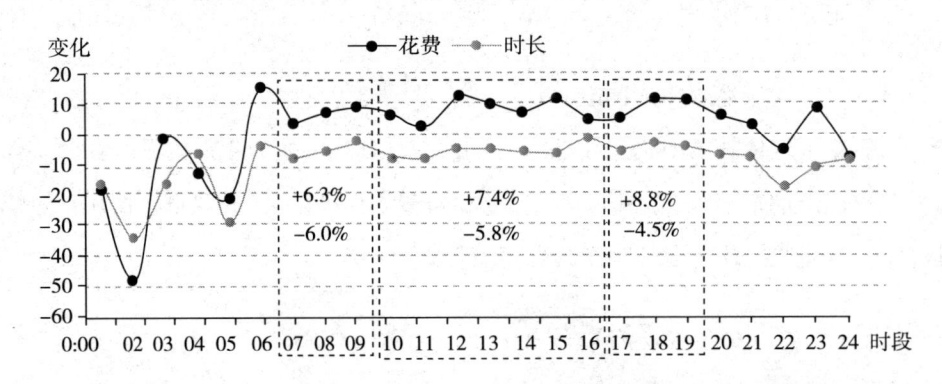

图4-2[1] 2016年1~5月广播电台商业广告刊例花费及时长的时段同比变化

5.用户消费行为改变

用户获取信息越来越多地依赖移动设备，手机、平板电脑等已经成为用户生活

---

[1] 数据来源：CTR媒介智讯 同比增长按照前一年基,http://www.ctrchina.cn/insight.asp?Classid=7.

的重要组成部分。用户收听广播节目的方式也不再局限于收音机,通过数字电视/机顶盒、电脑以及移动终端等新媒体方式收听广播的用户越来越多。移动应用市场上涌现出众多集成音频内容的客户端,蜻蜓FM、喜马拉雅电台、窄播、考拉FM等集成音频内容的移动应用迅速获得了用户的青睐。

(三)专题研究

1.移动互联网音频平台发展迅速

(1)用户规模庞大

在"互联网+"催生的网络社会背景下和多媒介融合发展语境的驱动下,广播业呈现出新的发展态势。新兴的互联网音频平台对传统广播产生巨大冲击,正在逐步抢占传统广播的市场份额。2016年,中国互联网移动电台用户规模约为2.3亿人。❶互联网移动电台的移动化和音频化迎合了用户的大量碎片化时间要求,丰富的声音内容吸引了大量用户(见图4-3)。

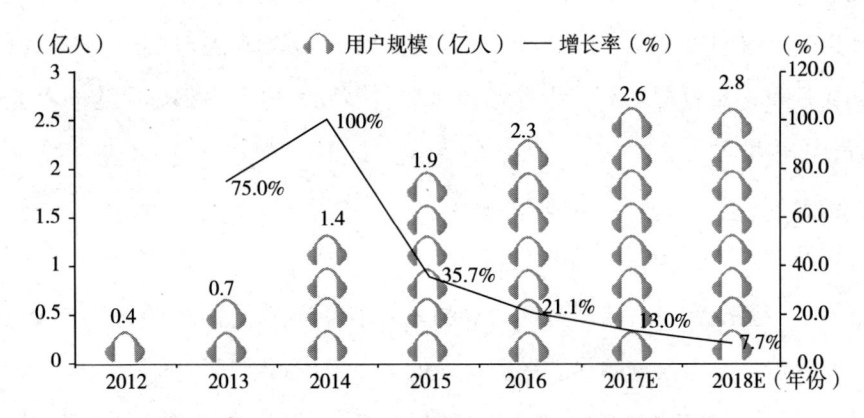

图4-3❷ 2012—2018年中国移动电台用户规模及预测

(2)市场规模持续增涨

根据数据显示,移动电台市场规模自2014年、2015年呈现出井喷式增长后,预计在2016年突破16亿(见图4-4)。

---

❶ 艾瑞咨询.《2016中国互联网创新趋势报告 上篇:年度数据[EB/OL].(2016-04-18)[2017-02-25].http://finance.qq.com/a/20160418/028772.htm.

❷ 数据来源:艾媒咨询,http://www.iimedia.cn/41731.html.

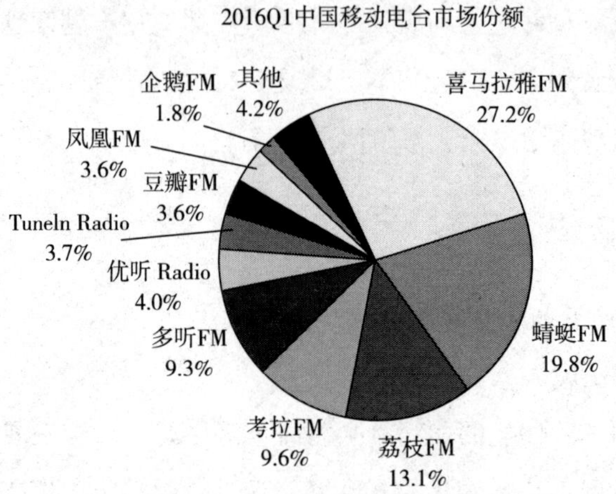

2016Q1中国移动电台市场份额

企鹅FM 1.8%
其他 4.2%
喜马拉雅FM 27.2%
凤凰FM 3.6%
豆瓣FM 3.6%
TuneIn Radio 3.7%
优听 Radio 4.0%
多听FM 9.3%
考拉FM 9.6%
荔枝FM 13.1%
蜻蜓FM 19.8%

图4-4① 2016年Q1中国移动电台市场份额

（3）UGC+PGC的发展模式

以喜马拉雅FM为例，该App实现了声音云平台的构建，一定程度上改变了广播单向传输的方式，实现了双向性输出。此外，它还实现了UGC（用户原创内容）+PGC（专业生产内容）的发展模式。这样不但可以满足接收者日益多元的内容需求，还使得信息资源的制造者和传播者变得多元，每个人都可以建立个人电台，成为信息的输出者。

2.传统广播电台的数字化转型思考

（1）"两微一端"的新媒体转型模式

目前，广播电台把广播网和移动端的App作为新媒体的发展平台。其中，广播网的主要功能是作为信息的集散平台存在的，主要发布节目的图文、视频信息，以及主播的宣传推广信息。随着移动互联网发展，大量广播电台都开始以"两微一端"（微信、微博、客户端）的方式进行推广。

（2）市场竞争中处于劣势地位

传统广播电台开发或建立的移动端App在市场化的竞争中处于劣势地位，所占的市场份额较低。因此，传统广播电台在数字化转型过程中应该做到扬长避短，结合自身优势进行差异化竞争，不应一味地迎合市场进行盲目竞争而失去自己的优势阵地。结合当下传统收听渠道的听众特点，稳定传统收听市场。

---

① 数据来源：速途网，http://www.sootoo.com/content/666810.shtml。

(3) 应对车载第四屏的机遇挑战

针对移动互联网时代的新变化，传统广播电台应该积极应对车载第四屏的发展所带来的挑战。数据显示，车载收音机的收听规模不仅位居高位而且仍在不断上升❶。传统广播电台在寻求新媒体平台发展的同时，应该注重对传统车载收听渠道进行技术更新和内容优化，打造适应车载用户收听习惯的车载应用，稳定车载收听市场。

(4) 创新节目生产方式

加强与网络内容供应商的合作，打破传统的广播内容生产模式，实现一平台生产，多平台分享与细分。同时，积极推进全媒体节目生产，将收听效果良好的品牌节目打造成视频节目，强化视觉化效果。

(四) 发展趋势及未来发展的创新路径

1. 未来发展趋势

(1) 发展趋势技术先行，强化技术研发能力

第一，云平台的搭建与资源整合。在全媒体发展环境下，运用云计算技术、元数据等高新技术，形成成熟的数字化工作流程，这是媒体融合发展的重要趋势。借鉴国外传统媒体的发展经验，以英国BBC为例，广播电台的技术创新主要体现在云计算技术、元数据技术以及媒体下载播放器的研发。❷通过创新技术的应用来引领媒体的融合发展。国内目前已经由中央人民广播电台完成了中国广播云平台的搭建，并在2016年的"两会"和"里约奥运会"期间投入使用，并且实现了云平台的资源共享。

第二，可视化节目技术探索。目前，广播节目的可视化已经成为国内新兴的探索领域，可视化广播是在听觉基础上增加了视觉信息的传播渠道。这样的新兴发展领域也同样需要技术作为支持。所以，坚持技术先行是未来实现媒体融合和业务创新的重要保障。

(2) 产品革新，视觉化与体验化的发展方向

第一，音频与视频节目定制。音频、视频定制产品是通过媒体将节目原始数据制作成适合在不同移动终端接收的内容，用户可以根据个人喜好进行定制。

第二，可视化的全媒体节目。广播的视觉化发展方向是时代发展趋势在广播领

---

❶ 速途研究院. 2016Q2移动电台市场报告[EB/OL]. (2016-09-30)[2017-02-25]. http://www.sootoo.com/content/666810.shtml.

❷ 李静. 全媒体环境下的广播发展之道[J]. 中国广播电视学刊, 2012(1).

域的重要体现。用户将不仅仅满足于听觉上的体验，更需要试听上的代入式体验。随着VR等技术的普及应用，可视化的发展方向是势在必行的。另外，广播的体验化发展方向也是顺应时代和市场竞争要求的。随着广播日益分众化的窄播定位，用户体验以及用户黏度将是实现产品定制的数据搜集基础。

2.创新路径

（1）节目内容为本，进行改革创新

广播电台发展和竞争的真正核心是优质的节目内容。在媒介融合的背景下，新媒体的传播平台对传统的广播电台造成巨大冲击和挑战。对于传统广播电台来说，其竞争的核心应是以内容为本的。

（2）聚合营销共赢，跨界合作发展

广播电台可以通过聚合营销和大胆跨界合作实现发展与共赢。广播电台可以向外积极寻求跨界合作，如电商、互联网等行业，体现广播电台公告服务功能的同时，注入持续发展的活力。

（3）机制优化改革，深化频率改版

进一步明晰广播的产业化属性，在明确其公共服务的重要属性的同时，增强其规模经济、范围经济效应。同时要实现频率间的资源共享和优化配置、深化频率改版。针对频率的潜在听众群体，向专业化方向发展延伸。

二、电影产业研究报告

（一）电影行业年度发展概况

1.发展形势

（1）行业现状

第一，票房收入总体增速放缓。2016年全国电影总票房为457.12亿元，同比增长3.73%。相比于2015年48.7%的增长率，增速明显放缓。

第二，观影人次超过2015年，增速下降。

截至2016年12月25日，中国电影观影人次达城市院线观影人次为13.72亿，同比增长8.89%。观影人次与2015年51.08%的增速相比，大幅下降（见图4-5）。

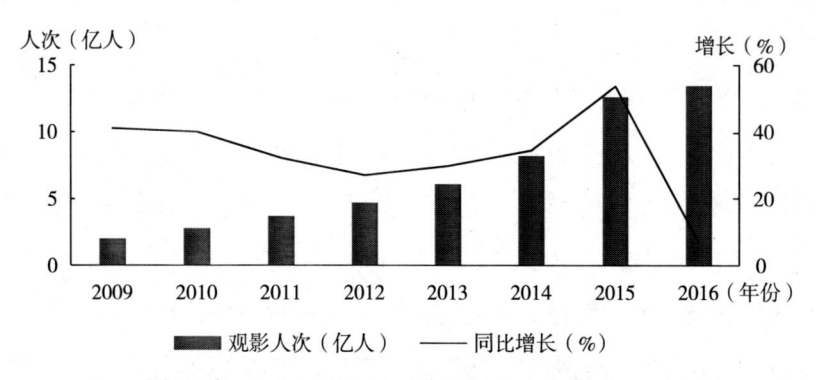

图 4-5❶ 2009—2016年中国观影人次走势图

第三，影片数量稳步增加。2016年，我国共生产电影故事片772部、动画电影49部、科教电影67部、纪录电影32部、特种电影24部，总计944部；故事影片数量和影片总数量分别比2015年增长12.54%和6.31%。全年票房过亿元影片84部，其中国产电影43部。

第四，中国电影银幕总数超美成全球第一。全国新增影院1612家，新增银幕9552块。目前中国银幕总数已达41179块，成为世界上电影银幕最多的国家。❷

（2）发展环境

十七大以来，我国针对文化产业出台了大量的相关政策，将电影产业提升到国家战略产业的高度加以重视和扶持。

2016年11月7日，《中华人民共和国电影产业促进法》在全国人大常委会第二十四次会议表决通过，并自2017年3月1日起施行。《电影产业促进法》将长期以来中国电影产业改革发展的成熟经验上升为法律制度，为未来电影产业持续健康繁荣发展提供了有力的法制保障，对电影产业的长远发展具有里程碑意义。

2016年文化产业发展迅速，泛娱乐产业褪去泡沫，渐趋理性。经过2015年泛娱乐的极速发展，2016年，行业对泛娱乐有了更进一步的思考和探索。各细分行业间的边界逐渐模糊，行业间的合作与渗透不断加深，生态链逐渐发展成熟。对电影产业的发展将产生促进作用。

---

❶ 数据来源：新华网，《2016年中国电影票房457亿元 观影人次超过13亿》，http://news.xinhuanet.com/video/2016-12/31/c_1120227058.htm.

❷ 数据来源：新华网，《2016年中国电影票房457亿元 观影人次超过13亿》，http://news.xinhuanet.com/video/2016-12/31/c_1120227058.htm.

2.机遇与挑战

（1）机遇

第一，技术助力电影发展。随着科技的不断进步，新技术渗透到电影全产业链当中，对电影产业的转型升级带来巨大的影响。传统影业在技术、理念、运行方式上不断更新嬗递，尤其是借鉴、应用互联网、新媒体以及数字化技术和平台，一步步将电影产业推向前进。与此同时，互联网企业也纷纷进军电影行业，充分发挥其观念和渠道优势，在对传统影业形成巨大冲击的过程中，更为整个产业的发展提供了新的动力和路径，对电影产业转型升级产生了革命性的影响。

第二，跨界资本涌入，民间资本活跃。资本作为中国电影发展的最主要推手之一，近几年来，国内资本大量涌入电影市场，持续推动中国电影的飞速发展。而民间资本在电影行业的活跃，也是促进中国电影市场活力迸发的新力量。

第三，市场潜力巨大，消费需求旺盛。随着居民收入的不断增长，电影消费需求被激活。"互联网+电影"带来的新的电影消费方式能够在一定程度上大大地满足人类日益增长的精神文化需求。电影消费成为一种社交、生活方式，进一步被大众接受。

（2）挑战

第一，与发达国家的差距依旧明显。中国电影在工业规模、技术、市场规范、从业者素养、内容生产的多样性、成熟度等，与形成类似好莱坞的电影文化生产、传播、辐射中心还存在差距。

第二，电影产业风险突出。从电影的开发、融资、制作、宣发、公映、分账各个环节，无一不存在着风险，包括政策审查、资金财务、延期超支、票房、履约延期等。目前我国电影信贷风险保障体系不健全，市场风险依旧突出。

第三，国际竞争力不足，海外市场拓展脚步缓慢。我国国内电影市场票房成绩较好，但是许多高票房的国产影片在国外却无人问津。尽管近年来中国电影海外销售营收成增长态势，但由于文化、题材和质量等问题的限制，在国际上产生影响力的影片数量较少，海外市场的开拓较为缓慢，相对于欧美市场竞争力不足。

（二）2016年中国电影行业年度发展特点

1.创作"小年"，国产现象级大片匮乏

2016年票房排行榜前十中国产片占5部，其中仅春节档的《美人鱼》票房超30

亿，剩余4部票房刚过10亿，缺少现象级大片。

2.影片质量提升，多元类型发展

就内容而言，2016年的中国电影市场上仍然出现了一些类型多元、评价较高、票房理想的作品。如《七月与安生》情感细腻、叙事独特，在青春电影中显得清新可人；《火锅英雄》《追凶者也》《唐人街探案》在警匪片中风格独具；《湄公河行动》在主旋律与商业化的融合方面具有示范性；国产动画《大鱼海棠》尽管在叙事和画风方面引发争议，但精良的制作与本土化的努力令人印象深刻；《我们诞生在中国》则进一步推动了院线纪录片的口碑与声誉。

3.年轻主流人群需求占主导

近年来，80、90后人群逐渐成为电影消费的主体新一代消费群体，不仅是买票去电影院观看，还在网络等社交媒体上抒发对电影的喜好与批判。电影人在进行电影的创作、宣发等一系列环节中，逐渐以这一群体的需求为主导，从题材、演员的选择，到叙事、表现的方式，以及宣传、售票的形式，全方位考虑年轻主流群体的需求。

4.观众渐趋理性，票房和品质走向正相关

2016年电影市场票房增速放缓现象背后，体现的一个重要事实是观众选择影片的日趋理性。2016年"票补"开始退潮，失去票补的观众在面临高票价时，选择更加理性。

5.互联网引领电影产业链变革升级

2016年，互联网进一步推动为电影产业产业链变革升级，互联网改变传统思维，开启用户时代，以用户为中心进行电影创作生产到营销发行。在线票务平台已成为电影票务销售的主流方式，在线预售电影票已经成为电影票房的重要保证，票务平台的点评也成为影响观众选择的重要因素；网络大电影投资及制作成本上升，内容质量有所上升，填补了院线电影市场空白；互联网影业全线崛起，优化了传统电影产业链资源。

（三）专题研究

1.网络大电影

网络大电影是指时常超过60分钟，制作水准精良，具备完整电影的结构与容量,并且符合国家相关政策法规,以移动和互联网发行为主的影片。

(1) 网大发展典型模式

第一,中小内容提供商持续发力,华谊兄弟等大型公司介入网大,竞争加剧。

网络大电影自2014年兴起以来,由于其资金、设备、人员门槛低以及制作周期短等条件,已经成为青年导演、编剧等创作人员的孵化器。截至2016年6月,网络大电影出品公司已达到843家,是院线电影出品公司数量的2.1倍。[1]对于网络大电影内容提供商来说,行业和资金壁垒都较低,大部分都是中小型内容提供商,投资在100万的网络大电影已经算是比较大的制作规模。目前,华谊兄弟等大型制作公司开始介入网络大电影市场,资金投入要求增长,网络大电影的发展模式开始回归内容竞争本质。

第二,蹭IP热度博点击率。

网络大电影制作方式最典型的就是"搭便车""蹭IP"。年初的《美人鱼》取得了巨大的成功,爱奇艺上立即出现了《美人鱼汤》《我的美人鱼》等蹭IP的网络大电影。又比如冯小刚导演的作品《我不是潘金莲》还没上映,就已经有了《我是潘金莲》《潘金莲复仇记》《潘金莲就是我》等一系列的"潘金莲"作品,以此来模糊受众的认知,提高点击率。

第三,网大门槛开始提升,制作成本不断提高。

自2016年12月19日起,网络大电影、网剧、网综等几乎所用网生内容将一律实行备案登记制,都需填写重点网络原创节目信息登记表,实行备案登记制度,由播出平台统一盖章报送省局备案。这样的政策一定程度上避免了很大一部分成本低、制作粗糙,通过片面渲染社会阴暗面来赚取点击率的劣质网络大电影。同时,随着大型公司的介入,平台的逐步完善,网络大电影的制作成本不断提高,成本在50万以下的网络大电影占比迅速下降,遭到淘汰。

(2) 网大面临的主要问题及挑战

第一,行业自律缺失,作品粗俗劣质触及底线。

网络大电影的内容建设一直是人们关注的问题。很多网络大电影靠打"擦边球"和满足受众的猎奇心理博得眼球,编剧、导演等行业把关人的责任缺失,为了赢利无视行业道德。

---

[1] 数据来源:艺恩数据,http://www.entgroup.com.cn/research/bg.aspx。

第二，质量参差不齐，同质化严重。

网络大电影由于其平台宽松和低成本的特点，有更多的创作自由，并且网络中的定位更加准确，有特有的细分市场，是许多年轻电影人施展才华的舞台。只要内容优质，故事有创意，就能吸引一部分观众。然而，大部分编剧导演并没有利用网络的优势，制作精品网络大电影，而是盲目追求利益，导致作品质量参差不齐，大量题材扎堆在神怪、玄幻、穿越等领域。

2.完片保险

完片保险是一种针对电影行业的保险业务，靠收取保费而获取利润。担保一部电影能够按照预定时限及预算拍摄完成，并送交发行商，否则后果由完片保险公司承担。

(1) "中国化"的完片担保模式[1]

第一，和力辰光模式：完片担保+服务。和力辰光的商业模式是公司搭建一个服务平台，提供IP增值服务，进而让所有项目参与方都能实现赢利。从性质上看，和力辰光的完片担保更像带有制作监理性质的完片服务，从影片投资制作到宣传营销，把完片担保里的融资、保险结合在一起，自身形成一条完整的产业链。其完成的担保作品有王家卫监制的《摆渡人》，徐静蕾导演的《迷途杀机》等。

第二，国华文创模式：融资担保+完片担保。国华文创是一家全面致力于文化产业投融资担保的政策性国有融资担保机构，完片担保同时配套"融资担保"。结合融资担保推出完片担保，更容易得到银行的认可，对制片方也更有吸引力。然而，其风险担保范围不包括制片方的投入，一旦影片面临流产风险，国华文创会要求制片方承担自己的相应工作责任，因此制片方投入的自由资金他们不会进行赔付，会赔付的是该影片向其他机构融资的资金部分。

第三，盛万影视模式：融资担保+完片服务。盛万影视从2013年底开始研究完片担保，旗下已组建了专门的完片担保子公司。其完片担保的主要特征是风控前置，即盛万投资所谓的"事前管理"，在主创团队的考核、剧本质量、制片方提供的预算明细等素材基础上，对其做能否顺利完片的风险评估。前期工作会预留较长时间跟主创团队做充分磨合，甚至在完片担保前介入剧本的创作。

---

[1] 方瑾.七分钟带你了解六种"中国特色"完片担保[EB/OL]. (2015-11-29)[2016-12-25]. http://www.anyv.net/index.php/article-72918.

（2）完片保险面临的主要问题

第一，中国电影制作产业链中，导演、制片人处于核心主导地位，有很强的话语权，如果通过完片保证人的方式进行监管，不一定能真正达到进度质量监理和财务风险控制的效果。

第二，目前中国大部分的影视行业协会不具备制片人工会的产业秩序调整权力，当项目超支时，想替换制片人和导演时，工会协会等组织不一定可以及时提供支持和帮助。

第三，与欧美完片保险制度不同，中国的电影项目按发行行业的行规，不太可能提供发行预售合同，除了几家大的制作公司和名导演可能提前获得一些发行承诺之外，大部分的发行公司不会对电影项目提前买断式发行预购。因此电影项目的发行风险不能提前部分转移到发行公司去，同时，没有发行预售合同，完片公司也不可能提供完片担保，因此对于中小制片公司或独立制片人来说，电影项目融资依然存在困难。

（四）发展趋势

1.行业热度不减，更多资本进入电影行业

在资本的催生下，影视公司可以获得更多资金支持以提高整个行业的制作水平，提高国产电影竞争力。

2.互联网+电影深度融合，在线票务占领高地

互联网与电影的融合体现在全产业链，在线票务的表现尤其抢眼。据统计，微票儿和格瓦拉目前已经能覆盖全国1/3的票房，再加上猫眼、淘宝电影、百度糯米等，保守估计，在线购票已经可以占到60%-70%的票房。今后，在线选座的占比还会继续上升，但是由于存量有限，上升速度会逐渐放缓。

3.中国商业大片国际化步伐加快

国内多家电影公司发布了全球合作计划，万达、华谊兄弟、博纳影业、乐视影业等在推进自己的国际化战略方面都有较大的举措。未来，中国电影业在海外并购、国际合作、技术、资源、人才交流等领域将会加快步伐。

4.法律保障产业健康发展

随着《电影产业促进法》的出台，电影市场秩序会更加规范，影片质量有望逐步提高，电影产业会进一步健康繁荣发展。

三、电视产业研究报告

（一）电视行业发展概况

1.发展现状

（1）电视媒体广告大盘走低，网络在线视频方兴未艾

第一，电视媒体广告大盘走低。新媒体的飞速发展为电视媒体带来了极大的冲击，电视媒体广告收入持续低迷。截至2016年前三季度，中国电视媒体广告刊例收入同比下降3.1%，广告时长同比减少3.2%（见图4-6）。❶但在严峻的市场环境下，仍有精英频道及省级地面频道呈现出逆势上扬的态势，反映出电视媒体的生机与活力。

第二，网络在线视频方兴未艾。网络平台则随"互联网+"潮流迅猛发展，仅2016年第2季度中国网络视频广告市场规模已经达到91.1亿元人民币，环比增长36.1%，同比增长51.6%。而其中广告主营销费在不断向移动端转移，其广告市场规模达48.6亿元人民币，在整体视频广告市场中的占比达53.4%，比上一季度增长2.6个百分点，与2015年2季度相比增长了4.5个百分点。❷

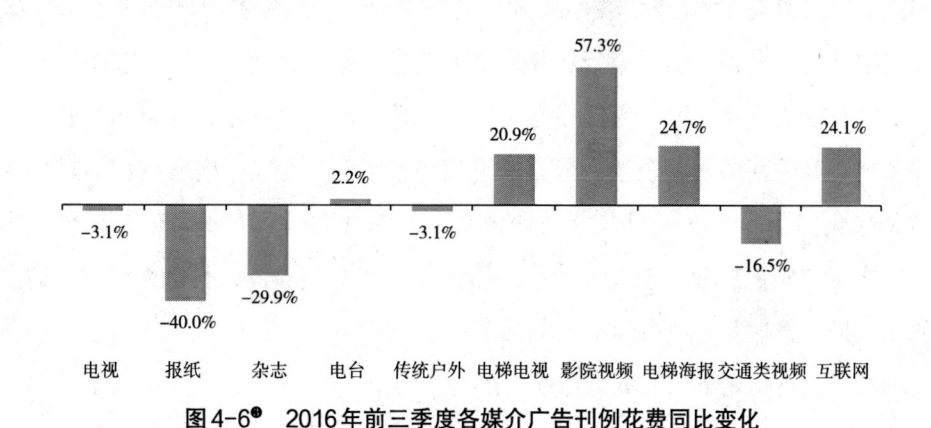

图4-6❸ 2016年前三季度各媒介广告刊例花费同比变化

（2）网络平台持续发热，电视台转型升级

第一，网络平台持续发热。2016年，互联网普及率已经达到51.7%，我国网络

---

❶ 数据来源：CTR媒介研究，http://www.ctrchina.cn/insight.asp?Classid=7.
❷ 数据来源：CTR媒介研究，http://www.ctrchina.cn/insight.asp?Classid=7.
❸ 数据来源：CTR媒介研究，http://www.ctrchina.cn/insight.asp?Classid=7.

视频行业也实现了长足发展。数据显示，我国网络视频用户达6.83亿人，相比2015年（6.25亿人）增长0.58亿人，增幅达9.3%。而相对于PC、PAD等终端而言，手机移动端占比达到76.2%，相较2015年（61.9%）提升14.3个百分点，手机已经成为网络视频观看的主要渠道（见图4-7）。❶

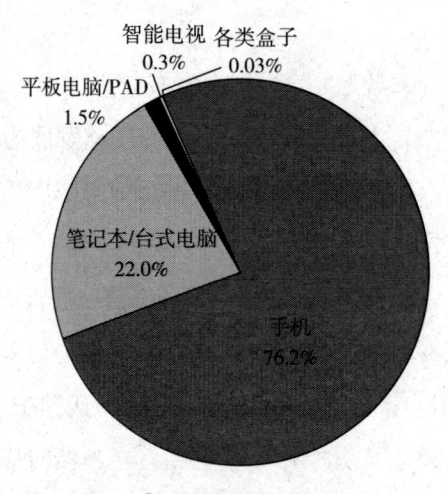

图4-7❷　网络平台对比

第二，电视台转型升级。互联网与新媒体的发展冲击了电视媒体固有的渠道与内容优势，新旧媒体融合发展是传统电视媒体得以生存与发展的必然。

央视凭借自身强大的内容版权优势，紧抓媒体融合的趋势，实现电视、PC、移动App以及社交平台多屏多媒体终端触达与互动。湖南卫视紧抓黄金内容资源、挖掘优质IP、开辟新的发展领域，依靠芒果独播，实现"产品+内容+终端+应用"的立体芒果生态圈。浙江卫视在"编导分离"的基础上，致力于原创节目模式的开发。东方卫视则依靠独立制作人改革，用季播综艺专题前传，脱口秀节目打通全周式的综艺模式，使其迅速占领中国电视市场。

（3）激烈竞争之下，马太效应越发凸显

第一，3大省级卫视。在电视台竞争转向内容领域的同时，湖南、浙江与上海东方从中脱颖而出，收视率卓越，占据省级卫视中第一梯队（见图4-8）。

---

❶ 数据来源：CMMR，http://www.cmmrmedia.com/cmmrgd/.
❷ 数据来源：CMMR，http://www.cmmrmedia.com/cmmrgd/.

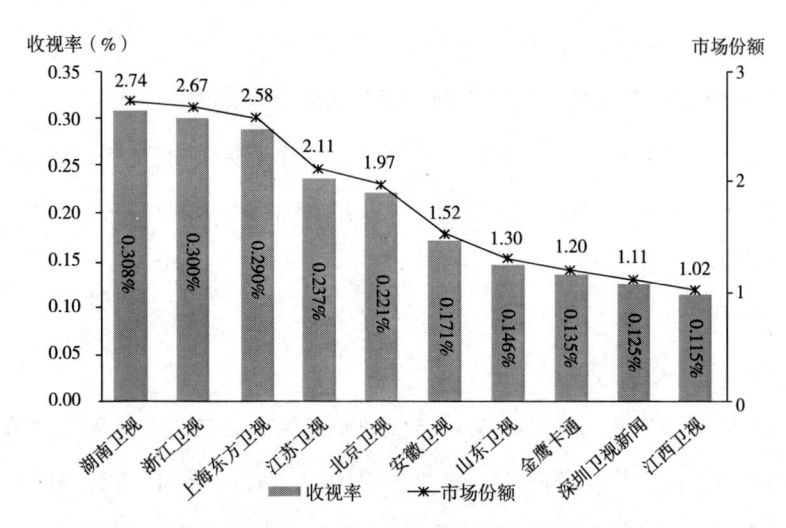

图 4-8❶ 2016 年 1~11 月省级卫视收视率与市场份额

第二，4大网络视频平台。出于对资本与流量的追求，2016年视频网站行业角逐范围越发缩小，呈现出强烈的马太效应。其中，爱奇艺、腾讯视频、优酷等依靠绝对优质的核心内容来吸引用户，提高用户黏性，从而在网络视频与移动App等端口都取得了绝对优势，处于第一梯队。

（4）电视剧、综艺独占鳌头，网综网剧爆发式增长

第一，电视剧、综艺独占鳌头。2016年，电视剧仍然是观众最为欢迎的节目类型，全国电视剧市场规模约为900亿元。综艺节目市场同样如火如荼，2016年综艺节目约为400档，传统综艺全面升级，原创综艺惊艳荧屏，喜剧类综艺更是脱颖而出，多方发力使得综艺节目同样跻身前列（见图4-9）。

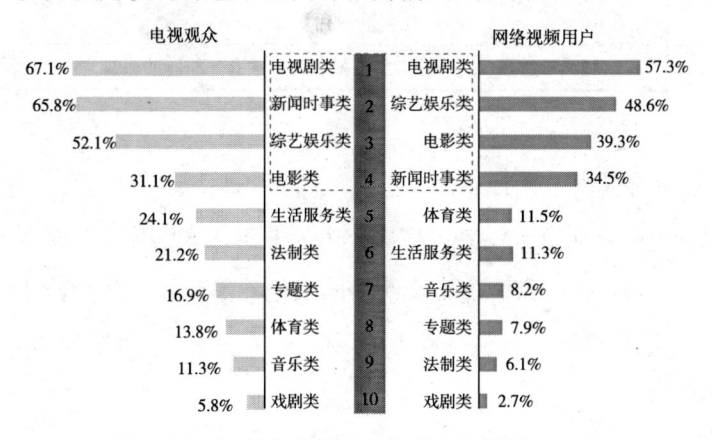

图 4-9❷ 2016 年电视节目类型关注度排名

❶ 数据来源：CSM52 4+.
❷ 数据来源：CMMR，http://www.cmmrmedia.com/cmmrgd/.

第二，网综网剧爆发式增长。2016年，腾讯视频、爱奇艺、优酷等强势网络视频平台纷纷施行网络自制战略，网综、网剧成为新的竞争领域。截至11月，全国备案上线的网络剧已达到4430部16938集、微电影（网络电影）4672部、网络动画片183部、网络纪录片148部、网络栏目1515档。"自制内容为主，版权内容为辅"将成为未来网络平台的主要发展趋势[1]。

2.发展机遇

（1）政策法规保驾护航

2016年是"十三五"开局破题之年，国家新闻出版广电总局发布多项政策法规（见表4-1），力求匡正市场秩序、规范节目内容，打造清朗空间；鼓励自主创新，激发创造活力；力促媒体融合，注重"十大体系"，提高竞争力。

表4-1　2016年广电总局相关政策法规

发布时间	发布政策	政策内容
2016年2月	《关于进一步加强电视上星综合频道节目管理的通知》	限童令
2016年2月	《关于进一步规范电视剧以及相关广告播出管理的通知》	规范广告
2016年3月	《电视剧内容制作通则》	内容把控
2016年5月	《专网及定向传播视听节目服务管理规定》	规范新媒体
2016年6月	《关于大力推动广播电视节目自主创新工作的通知》	自主知识产权
2016年7月	《关于进一步加快广播电视媒体与新兴媒体融合发展的意见》	媒体融合
2016年8月	《国家新闻出版广电总局关于进一步加强社会类、娱乐类新闻节目管理的通知》	正面宣传
2016年9月	《关于加强网络视听节目直播服务管理有关问题的通知》	资质审批

（2）更多资金涌入电视行业

2016年度电视产业资金池继续扩大，电视业进入大制作时代。仅上半年电视剧投资制作规模已逾百亿，众多电视剧纷纷踏入亿元俱乐部，《幻城》以总投资3亿元拔得头筹，《诛仙·青云志》总投资为2.8亿元，《鬼吹灯》单集制作成本则达500万元以上。

---

[1] 数据来源：搜狐网，《多家视频网站付费会员超2000万，2017抢占自制内容高地，版权内容弱化》，http://yule.sohu.com/20161121/n473762812.shtml。

(3) 技术支撑，空间拓展

科技是第一生产力，新技术原本就能促使一个行业产生翻天覆地的变革，电视产业亦然。4K与曲面电视的广泛应用、互联网电视与智能电视的迅速普及乃至VR虚拟现实技术的运用都在为电视提供着新的发展空间。在技术因素的推动下，电视仍有无限可能。

3.面临挑战

(1) 多元需求

从"观众"到"用户"，受众的角色的转变反映出了电视媒体所面临的困境。渠道与内容的多元在满足需求的同时，也培养了更为个性、自我且求新求变的心理需求。大众需求的日新月异已经成为电视产业所面临的持久的挑战。

第一，观众分流。新媒体使得传统电视媒体流失大量观众，尤其是年轻观众。社会、生活、工作压力与节奏的加快导致时间的碎片化，短视频与直播大行其道，对电视媒体提出了新的挑战。

第二，体制障碍。在与新媒体融合式发展的浪潮中，传统电视媒体体制机制改革势在必行，但是各级电视台改革的过程中却存在着重重阻碍。基于传统广播电视技术和运营模式的广电体制障碍，越来越成为广电发展的制约性因素。推动媒体融合发展，既需要进行技术升级、平台拓展、内容创新，也需要对组织结构、传播体系和管理体制作出深刻的调整和完善。要加快改革步伐，积极探索创新，推动形成一体化发展的体制机制，为融合发展提供坚实保障和有力支撑。

第三，"现象级"节目缺乏。在强烈的竞争压力之下，优质节目辈出，但是"现象级"节目缺乏，有高原无高峰成为电视产业面临的一大挑战。2016年，电视剧平均收视率破2%的屈指可数，多在1%左右徘徊，综艺节目也呈现相似状况。

(二) 电视行业发展新特点

1.跨界共生，IP延伸产业链

(1) "焦点"——热门IP

文化发展大繁荣的时代语境下，IP已经从法律权利范畴演变成一个种类繁多、内容庞杂的现代资产范畴，其中包含了商标、专利、版权、设计权等诸多因素。❶

---

❶ 刘昂.体验经典还是娱乐狂欢——谈互联网语境下IP营销[J].青年记者(下旬),2015(12).

2016年，影视剧之间的激烈交锋仍然围绕着"IP"开展。《欢乐颂》《麻雀》《微微一笑很倾城》等IP大剧均表现不俗（见表4-2）。

表4-2　四大卫视2016年播出IP剧

东方卫视	《女不强大天不容》
	《如果蜗牛有爱情》
	《微微一笑很倾城》
	《欢乐颂》
浙江卫视	《欢乐颂》
	《小别离》
	《寂寞空庭春欲晚》
	《锦绣未央》
江苏卫视	《秀丽江山长歌行》
	《微微一笑很倾城》
	《杜拉拉升职记》
	《九州·天空城》
湖南卫视	《麻雀》
	《诛仙·青云志》
	《幻城》
	《云之凡》
	《青丘狐传说》
	《十五年等候鸟》
	《相爱穿梭千年2》
	《旋风少女2》
	《亲爱的翻译官》

（2）"生态"——IP跨界互动增值

基于泛娱乐产业生态，IP在广播、电视、电影、文学、游戏以及衍生品等众多前沿领域中发生、发展，并且各个领域交相辉映。环环相扣，多管齐下，全方位挖掘IP核心价值，实现IP价值最大化。

（3）"困局"——IP大剧退烧

在粉丝、流量等因素的推动下，各大IP被迅速圈占囤积，相应的在电视市场中形成了"大IP+人气小鲜肉"这种通行的开发模式。但简单粗暴的开发模式弊端已经浮出水面。

"内容为王"并不意味着内容万能。在同质化竞争、观众理性回归等因素的作用下，IP神话的破灭是偶然也是必然。对于精神文化产品而言，在市场规律的指导下对内容的深耕细作与精心雕琢，才是能够通行无阻的根本保障。

2.网生力量，纯网引爆新热点

网络综艺与自制剧的出现从根本上来讲，是众多互联网视频平台在相对自由的市场环境中激烈竞争的结果（见图4-10）。在网络视频与移动视频迅速扩张的局势下，单纯依靠传统电视媒体的内容资源已经难以吸引用户、留住用户，因此，各大视频平台纷纷从渠道扩张、版权扩张走向内容扩张。

第一，优势与困境。与电视节目相比，网生节目得以在更加自由的网络环境中产生、发展，其内容往往更加新颖活跃、更贴近生活，也更能准确切中观众心理，其形式也往往更加丰富、多元，能够赋予观众参与性、互动性，从而满足观众欣赏、表达等心理需求。

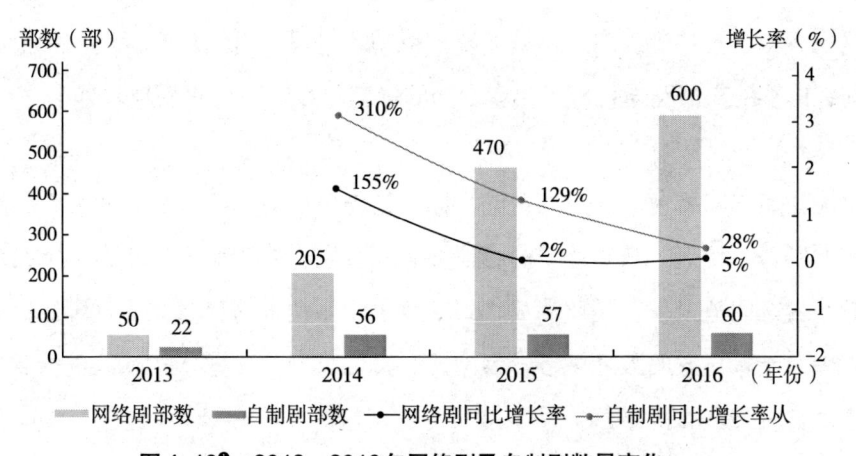

图4-10[1] 2013—2016年网络剧及自制剧数量变化

但网络节目在本质上仍属于文化产品，它本身便承载着实现经济效益与社会效益相统一这一根本目标，但是自由宽松的生态环境中滋生出诸多频频触网的畸形节目，不仅严重污染了互联网视听环境，而且对于社会公序良俗产生了诸多负面影响。

第二，发展趋势。网络自制节目已经逐渐革除了小成本、粗制作等弊端，走上大制作、高品质的发展轨道。基于高品质自制节目，占据内容优势，通过版权输出、内

---

[1] 数据来源：艺恩智库。

容付费、广告定制、衍生品开发等多样变现方式,实现自制节目价值输出的多元化,进而促进资金链、内容链与人才链循环交流,网络自制节目已经实现了健康可持续的发展。未来,网络平台之间竞争也将围绕着以创新、创意为核心的自制节目展开。

3.双向流通,台网交融纵深化

(1)先网后台

网络视频平台萌生之初主要承载电视节目的回播功能,拓宽大众收看的路径与渠道。而自2015年9月《蜀山战纪》在视频网付费播出,众多剧目开始打破视频网站跟播电视台的行业惯例,而采取网络视平台付费首播的"先网后台"模式。

"先网后台"在增加用户选择的同时,还为视频网站的赢利发掘了新的增长点,并拉长了一部电视剧的推广和播出周期、扩大了其受众范围,也为电视台的后续播出造势、利于增加收视率。在这种模式下,用户、视频网站、电视台和影视剧出品方都能从中受益,因此也将成为今后发展的趋势[1]。

(2)内容反哺

2016年《九州·天空城》《老九门》上星,网络剧反哺电视台已经成为潮流。网络视频平台强势进入内容领域,直接搅动了电视节目制作产业链的中上游,网台之间在内容的交流互通打破了二者之间的壁垒,其区别与间隔越来越小。

(3)台网新常态

无论是先网后台、还是网台同步亦或是先台后网,维系二者间关系的还是在于内容的制作与传播,只有优质内容能够有序流通,才能够实现双赢。电视台与网络视频平台之间从来就不是此消彼长式的竞争,而是求同存异式的竞合。在新旧媒体深度融合千帆竞发的大环境下,台网相互交流、相互支撑、相互促进的联动式发展是未来台网关系的新常态。

(三)专题研究

1."先网后台"+"反向输出",深化台网联动,促成闭环发展

(1)"先网后台"

2016年,两部电视剧试水"先网后台"播出模式,成为行业热点话题。《蜀山

---

[1] 汪莹.电视剧"先网后台"开门红[EB/OL].(2016-06-09)[2016-12-27].http://news.xinhuanet.com/zgjx/2016-06/09/c_135424213.htm.

战纪·剑侠传奇》与《班淑传奇》一季度中先后于安徽卫视与央视电视剧频道（CCTV8）的黄金档播出。但早在2015年9—10月，两部剧已分别在爱奇艺与腾讯视频完成了付费播出。两部剧在电视平台播出后，依然反响热烈。

（2）"反向输出"

第一，网综反输。视频网站由过去的电视内容的播出渠道变身为同时进行内容生产，并且还将自产的节目输出到电视媒体。2015年出现了爱奇艺《爱上超模》、优酷土豆《侣行》分别反响输出到湖北卫视和旅游卫视。2016年爱奇艺又将《偶滴歌神啊》输出到深圳卫视。

第二，网剧反输。网剧反输较为滞后，但成绩可观。2016年爱奇艺自制剧《老九门》自开播以来，频频刷新视频行业的播放数据，至9月27日播放量突破百亿，成为全网史上首部破百亿的自制剧。同时，在反输东方卫视期间，《老九门》稳居同时段收视榜首，并带动卫视周播剧收视新高，以1.138%的平均收视率刷新2016年各卫视周播剧的收视纪录❶。

第三，消除壁垒，深化台网联动，形成闭环发展。电视台和互联网之间已逐渐没有了内容提供或者传输渠道的角色分界，而是相辅相成，资源互输，将以更多模式共谋发展。

第四，面临的潜在问题。目前反输到卫视的网络视频内容，都是网络点击量和话题度较高的综艺和电视剧，有大量的观众群作为保证，对于卫视和视频网站而言都可以实现双赢。当然，各大视频网站巨大的网综网剧资源池势必会对电视构成越来越强势的挑战，电视更需要大力提升原创力。

2."电视+"的全新尝试

（1）"电视+VR/AR"

第一，发展现状。随着VR技术在2016年的爆发和AR技术的深入发展，5月，暴风科技推出"VR电视"概念，9月，海尔旗下互联网家电品牌统帅也发布了全球线下首款VR/AR电视，创维也紧跟脚步推出AR电视。AR融合真实与虚拟的界限，使用户和画面能够进行实时交互，如带来新的游戏体验和购物体验等。而VR技术的逐步成熟则代表着未来电视市场核心力量的转变，让用户体验"从电视上欣赏到全景VR影片"，使VR技术从个人娱乐走向家庭娱乐。

---

❶ 全网首部破百亿自制剧诞生 爱奇艺《老九门》频刷纪录[N].齐鲁晚报,2016-09-27.

第二，现存问题。

①高成本阻碍。对于电视行业来说，价格偏高的问题十分突出。创维AR电视的价格在10000元以上，暴风VR电视高配在6000~8000元，统帅VR电视价格在8000元，其中标配升级暴风专利"左眼画质引擎"的头显单品价格就高达2999元。这样的消费门槛会使中国普遍家庭望尘莫及。❶

②用户体验待提升。2016年虽为"VR元年"，但客观上现有VR技术并不十分成熟，大多用户摘下VR设备后会感到眩晕和不适，容易使人刚刚感受到的视觉奇观所带来的新鲜感大打折扣。因此，就发展现状来看，"VR电视"更像是对智能电视的补充，不可能完全替代电视行业。

③实际落地难。"VR电视"更趋近于一种私人的球幕电影院，但相对于中国目前以家庭为单位的"客厅电视"家庭式的娱乐观赏行为来说，带上头盔或眼罩的"个人式"观赏一定程度上阻碍家庭交流。

第三，发展机遇——电视融媒体。"VR影视"目前内容的匮乏为传统电视行业在发挥内容生产方面的明显优势提供了新的发展契机。

（2）"电视+直播"，催生新商业模式

第一，"直播+综艺"试水成功。作为2016年的"国民级应用"，直播几乎成了全传媒领域的外挂，一大波综艺节目也投入了直播的怀抱。

电视综艺借助直播平台实现了零时差、百分百互动。在直播平台上，电视综艺或将迎来B2C商业模式❷。

第二，"电视+直播"的未来发展。

①直播战略。传统电视台的直播战略有多种形式。湖南广电很早就抓住直播这块"鲜肉"，不仅搞自己的"芒果TV综艺直播季"，而且把老节目《超级女声》海选做成直播。东方卫视也联合斗鱼直播、一直播、映客等推出了全明星娱乐综艺直播平台"酱紫娱乐直播"。

而除直接做成直播外，电视台在做综艺的同时将节目录制进程和明星探班做成直播，并与直播平台合作也是一种方式。《隐藏的歌手》就是在节目进程中与一直

---

❶ 王瑞. 什么是VR/AR电视？三大品牌电视给你科普！[EB/OL]. (2016-09-14)[2017-02-25]. http://news.znds.com/article/13819.html.

❷ 2016央视、卫视改革、发展全景扫描[EB/OL]. (2016-12-07)[2017-02-25]. https://www.ishuo.cn/doc/vtcyknqf.html.

播合作，对幕后到台前进行跟进直播[1]。

②面临的挑战。对于传统的电视媒体而言，日渐流失的观众和日益衰落的影响力或许可以通过直播来挽回，毕竟传统电视媒体拥有着强大的内容制作能力。但是，如何适应互联网基因，把准网友的脉搏和口味，才是传统媒体面临的最大挑战。

（四）发展趋势

1.互联网电视（OTT TV）将占领市场

互联网电视（OTT TV）是以公共互联网为传输介质，以绑定了特定编号的具备网络接入功能的电视一体机为输出终端，并由经国家新闻出版广电总局批准的集成播控平台，向全国范围内的用户提供视频点播和图文信息服务为主的内容服务及其他相关增值业务服务的电视终端。

（1）政策导向明晰

早在2011年10月颁发的181号文《持有互联网电视牌照机构运营管理要求的通知》就为互联网电视的具体操作提供了较为严格和清晰的规范。2016年5月4日，国家新闻出版广电总局出台《专网及定向传播视听节目服务管理规定》（6号令），并于2016年6月1日起施行，为互联网电视的发展保驾护航。

（2）未来发展道路可观

第一，用户回归客厅驱动OTT TV发展。随着互动电视的发展，用户能够更自由地在电视上选择内容观看，且不受时间限制，开始将互联网使用习惯带回到电视端。

第二，智能电视逐渐覆盖。电视市场容量相对稳定，每年整体电视市场销售量在4000~5000万台，而未来几年由于具有互联网功能的智能电视的发展和普及，电视可能迎来加速换机的潮流。传统电视机将逐渐退出市场，智能电视的渗透率将不断提升，为互联网电视的发展提供硬件环境。

第三，无屏电视开创新兴市场。相对于传统电视而言，是"没有屏幕的电视"，可实现与电视相同的信号输入和音画享受，区别在于采用投影原理，不再受电视屏幕尺寸固定的限制，具备传统电视所有功能，且同时具有不伤视力、屏幕大、节能环保、体积小重量轻等特点。能让用户在家中有类似于电影院的感受，沉浸感更强，拥

---

[1] 史上最全直播+综艺盘点！直播能颠覆综艺行业生态？[EB/OL]. (2016-07-15)[2017-02-25]. http://zouling.baijia.baidu.com/article/541344.

有巨大的市场发展潜力,将会成为互联网电视市场成长的新带动力量。

2.电视行业全面转型,实现全产业链发展

(1)电视成为混合业务平台

未来的电视将是以云平台为基础,以移动和社交网络为连接,以大数据分析商业模式为支撑的广播电视、通信和物联的混合业务平台。

(2)产业链全方位拓展

随着电视市场化程度越来越高,电视衍生产品逐渐增多,新媒体、旅游、服装、音像出版等产业链上的收益也愈加可观。但目前国内大多数电视台的盈利主要依靠广告收入,广告收入在整个电视产业的收入比重中占据无可替代的显赫位置,经济来源较为单一。如何围绕电视核心内容,开发系列衍生产品,打造一条成熟的产业链一直是困扰电视产业发展的难题之一,在未来的电视产业运营中,如何开发电视衍生产品,打破广告收入的单一盈利机制,增加多元的利益增长点,将是电视产业发展战略的重要环节。

(3)内容为王,打造核心竞争力

优质的内容依旧是获取观众的基础。在整个电视产业链中,优质、精品、引人入胜的电视节目内容始终是其中最关键、核心的一环。中国的电视产业在未来的发展过程中,要在国内市场上保持旺盛强劲的生命力,并在国际节目市场开疆拓土,占有一席之地,就必须走创新之路,通过思想精深、艺术精湛、制作精良的精品制作以及科学完善的电视节目研发机制推动更多的优秀电视作品问世,并积极参与到市场竞争当中来。注重时代命题的创新、注重本土文化的创新、注重产品研发的创新是节目创新必须要把握的几个方面。

(4)注重营销策略的整合与升级,打造媒介运营新模式

伴随着电视娱乐功能和产业属性的凸显,"营销"的重要性日益突出。一方面,作为电视产业经济支柱的广告营销,面临着新媒体的分流冲击,政策上的导向调控,必将进行意识和手段层面的革新,在当今的全媒体时代找到自己的变革突围之路。电视广告经营的发展方向将是更多地与新旧媒体、自媒体相结合,积极建立合作伙伴关系,探索广告的植入营销、互动营销、体验营销等方式,将电视广告营销提升到跨媒体、多媒体的整合营销层次。另一方面,在媒介融合的背景下,未来的中国电视还将打破传统单一的"广告售卖"营销模式,进入借助多方资源,实现多方共赢的整合营销时代。

第五章　中国文化艺术服务研究报告

根据《文化及相关产业分类（2012）》分类方法，文化艺术服务市场分为文艺创作与表演服务、图书馆与档案馆服务、文化遗产保护服务、群众文化服务、文化研究和社团服务、文化艺术培训服务和其他文化艺术服务7个类别。从总体来看，在国家和文化部一系列相关政策的指导下，2016年文化艺术服务各项工作稳步推进，艺术创作生产和艺术表演成果累累，艺术扶持政策更加完善；现代公共文化服务体系建设深入推进，公共文化服务水平进一步提高；文物保护和利用成效显著，非物质文化遗产保护传承体系正在形成，文物和其他产业融合进一步深化；群众文化生活进一步丰富，文化艺术培训市场取得新进展。

一、文化艺术服务发展背景

2016年，文化艺术服务行业作为文化及相关产业的基础产业之一继续前行，文化艺术服务的发展虽然在文化及相关产业中占据较小的份额，但其对社会的影响和文化的传播却是占有极其重要的地位。近年来，随着我国居民对文化需求的增加，文化艺术服务却不能跟上居民需求的急剧增长，为此，国家从宏观层面开始逐渐加大政策、资金、优化产业环境等方面的支持，为文化艺术服务发展提供了基础保障和优越环境。

1.利好法律政策的出台助推行业突破性发展

2016年国务院和文化部下发了一系列关于促进文化产业发展、公共文化服务发展的政策，对文化创作、图书馆、文物遗产保护、博物馆等文化单位都重新做出了新的制度保障来为其保驾护航。公共文化服务发展的重磅政策无疑是在2016年年底第十二届全国人民代表大会常务委员会第二十五次会议通过的《中华人民共和国公共文化服务保障法》，让人民群众的基本文化权益和基本文化需求实现了从行政性"维护"到法律"保障"的新跨越。

2016年，关于文物保护和利用工作在政策上也是突破性的一年。3月，国务院在出台了《关于进一步加强文物工作的指导意见》之后，转发了文化部等四部委的文件《关于推动文化文物单位文化创意产品开发的若干意见》（以下简称《若干意见》），进一步将各级各类博物馆、美术馆、图书馆、文化馆、群众艺术馆、纪念馆、非物质文化遗产保护中心，及其他文博单位等掌握各种形式文化资源单位的文创产品开发纳入文化事业发展体系，为了鼓励社会力量参与到文创产品制作和服务中来，《若干意见》中还提到了对经认定为高新技术企业的文化创意和设计服务企业，减按15%的税率征收企业所得税。文化创意和设计服务企业发生的职工教育经费支出，不超过工资薪金总额8%的部分，准予在计算应纳税所得额时扣除。成效明显的文化创意产品开发试点单位，可参照《中华人民共和国促进科技成果转化法》相关条款的规定，适当增加绩效工资总量，在净收入中提取最高不超过50%的比例对在开发设计、经营管理等方面做出主要贡献的人员给予奖励，各地可结合实际制定具体办法。12月，由国家文物局、国家发展和改革委员会、科学技术部、工业和信息化部、财政部五部委共同编制的《"互联网+中华文明"三年行动计划》发布，《计划》提出"互联网+中华文明"三年发展目标和推进文物信息资源开放共享、调动文物博物馆单位用活文物资源的积极性、激发企业创新主体活力、完善业态发展支撑体系4大主要任务。科技部、文化部、国家文物局联合制定了《国家"十三五"文化遗产保护与公共文化服务科技创新规划》，对文物保护和利用工作创新发展提供了政策支持。

2016年，我国更加重视发展群众文化服务，针对农民工、革命老区的文化脱贫、志愿者服务等专题发布了相关政策，如《关于加大脱贫攻坚力度支持革命老区开发建设的指导意见》《全国总工会关于进一步做好为农民工文化服务工作的意见》《文化志愿服务管理办法》《关于公共文化设施开展学雷锋志愿服务的实施意见》等。这些政策为基层群众基本文化服务权益提供更好保障，使得城乡基本公共文化服务标准化、均等化水平稳步提高。

一系列法律政策的出台为文化艺术服务提供了基础保障，同时也为文化艺术服务领域的产业化发展提供了突破口，这使得产业化发展将成为未来该行业发展的重点方向。

2.文化产业的供给侧改革构建行业良好发展环境

2016年,在宏观经济下行压力加大的背景下,中国文化产业逆势增长,不仅发展速度保持快速增长,延续了一直以来高于GDP增速的中高速发展,而且文化和其他产业的融合提升了整体经济发展质量,促进了经济转型升级。

2016年11月,财政部新设立"文化司",把原来财政部教科文司的"文化处"与"中央文化企业国有资产管理办公室"职能进行合并,形成"大文化司",将文化行政、产业、事业纳入一体,统一管理宣传、文化、体育、旅游等相关部门的预算和相关财政资金、资产管理工作。这一举措有利于深入研究文化建设的特点和规律,使财政对文化的投入更科学、更精准。

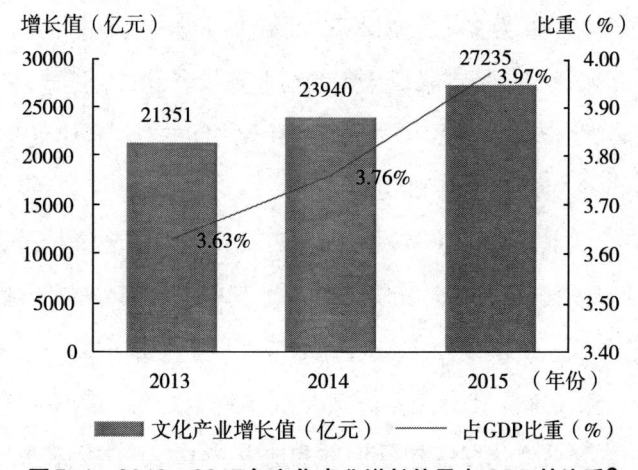

图5-1 2013—2015年文化产业增长值及占GDP的比重[1]

自2007年以来我国文化产业一直处于快速发展的状态。2014年我国文化产业增长值为23940亿元,比2013年同期增长12.1%;2015年我国文化产业增加值为27235亿元,比2014年同期增长11%;2016年前三个季度的文化产业增加值达到5.5万亿元,从2016年前三季度我国文化产业在投资、企业营收以及新增企业、吸纳就业等发面的数据来看,2016年我国文化产业仍然保持着良好的发展态势。从目前的发展态势来看,如果以每年7%的增长速度来看,2017年文化产业增长额的绝对值大概可以达到9~10万亿的量级。而且2015年文化产业增加值对GDP增量的贡献已

---

[1] 数据来源:国家统计局。

达到6.5%，成为国民经济的支柱性产业，文化产业发展在推动经济发展、优化产业结构中发挥越来越重要的作用。

在2016年达沃斯论坛上，国务院总理李克强在致辞中明确指出：旅游、文化、体育、健康、养老"五大幸福产业"快速发展，既拉动了消费增长，也促进了消费升级。在"幸福产业"这样一个概念框架下，文化产业被融入推动到国家总体政策设计中，未来支持文化产业发展的相关政策将逐渐出台，社会资本投入力度会逐渐增大，释放潜在文化需求，提升服务品质、增加服务供给，从而推动文化产业的供给侧结构性改革。

文化产业的供给侧结构性改革必将推动文化艺术服务行业的协调发展，完善行业产业链结构和各节点间的平衡发展，实现行业转型升级和附加值增加。

3.多元化的资金来源为行业发展提供基础保障

2016年，国家在不断为文化艺术服务行业增加资金支持的同时，大力引导社会资本进入此行业，不断放宽行业内融资渠道和行业外投资方式。随着国家逐渐释放政策红利，行业外资本逐渐向此行业靠拢，政府和社会之间的资本合作也变得更加协调。

（1）政府不断增加资金支持和政策引导

从资金支持力度上来看，在财政上国家对文化艺术服务进行了大力倾斜。2016年，一般公共预算安排相关资金208.62亿元。其中安排资金51.57亿元，用于深入推进博物馆、纪念馆、全国爱国主义教育示范基地、美术馆、公共图书馆、文化馆（站）等公益性文化设施向社会免费开放；安排资金130.06亿元，用于支持和引导地方落实国家基本公共文化服务指导标准和地方基本公共文化服务实施标准，提供基本公共文化服务项目，改善基层公共文化体育设施条件等；安排资金3.14亿元，用于加快推进边远贫困地区、边疆民族地区和革命老区文化人才队伍建设；安排资金23.85亿元，用于支持少数民族地区文化事业的发展，保障少数民族群众基本文化权益。财政部下达2016年文化产业发展专项资金44.2亿元，支持项目944个。中央财政安排国有资本经营预算资金11.53亿元，支持54户中央文化企业联合重组和促进传统产业转型升级。❶

此外，政府还大力推进政府职能转变、创新公共文化服务提供方式、引导相关领域社会组织发展的有益探索，大力向社会购买公共文化服务。对涉及非物质

---

❶ 数据来源：财政部文化司。

文化遗产保护传承、对外文化交流演展、外宣品设计制作和运输以及文化人才队伍培训等方面的8个项目，文化部通过公开招标和委托承办等方式确定了项目承接主体。承接主体包括12家事业单位及1家企业单位，涉及项目资金总额达到6663.73万元。

在群众文化服务方面，除了财政支持，还对贫困地区加大了奖励性补贴和基础性设施建设，城乡公共文化服务标准化、一体化进一步推进。国家公共文化服务示范区按照东中西部每个分别奖励200、400、600万元标准示范项目每个25、50、75万元标准核定，流动舞台车、文化车分别按照每台40万元、24万元标准核定，贫困地区村文化活动室设备购置按照每村2万元标准核定，中西部地区送戏下乡镇按照每个乡镇每年配送6场演出、每场演出补助3000元标准核定；中央广播电视节目无线覆盖运行维护费按现行标准核定，直播卫星设备购置按每户100元标准核定，广播器材配置按每村2万元标准核定；行政村农民体育健身工程按照每村5万元标准核定。贫困地区在每个乡镇按照基本公共文化服务标准———个文化活动广场、一个文化活动室、一个简易戏台、一个宣传栏、一套文化器材、一套广播器材和一套体育器材，选取一个村建设村综合文化服务中心。2016年已建成村综合文化服务中心约5000个。

（2）行业内融资渠道不断放宽

据国家统计局的数字显示，2016年1~11月，第三产业中的教科文卫投资增速加快，其中，文化体育和娱乐业投资增长16.5%。行业外资金的不断涌入与国家相关政策的引导和鼓励是分不开的。在2015年国务院办公厅发布的《关于在公共服务领域推广政府和社会资本合作模式指导意见的通知》中，首次将文化领域作为PPP模式的推广范围，并对各类资本参与PPP模式做出了清晰的指引，这就拓宽了文化服务领域的资金来源渠道，也给予了政策支持。PPP工程是企业与政府共同用力，相互信任支持，通过政府支持帮助文化产业利用社会资源，将政府的高信用优势与社会资本、民营资本管理运行的高效率结合，实现资源的市场配置，降低民营企业的融资成本，提高文化项目的融资效率。

2016年6月，财政部联合文化部等二十部委印发了《关于组织开展第三批政府和社会资本合作示范项目申报筛选工作的通知》，这是文化部门首次作为工作的推动部门出现在国家PPP战略实施的文件中。为推动文化领域积极申报PPP示范项目，文化部办公厅于7月12日还发布了《关于做好第三批政府和社会资本合作示范项目申报筛选工作的补充通知》，提出投资规模3亿元以下的项目奖励300万元，3

亿元（含3亿元）至10亿元的项目奖励500万元，10亿元以上（含10亿元）的项目奖励800万元的奖励政策。此外，对符合条件、规范实施的转型为PPP项目的地方融资平台存量项目，财政部在择优评选后，按照项目转型实际化解地方政府存量债务规模的2%给予奖励。一系列利好政策的发布，给文化领域注入了强心针，各地积极申报PPP示范项目，最后文化部门获得99亿元的投资额，占项目总金额的1%。

虽然这些文化类项目纳入财政部示范项目时间不长，但实际上PPP模式在文化领域的尝试和探索一直在进行，如剧院、图书馆、博物馆委托企业运营管理的方式。如无锡新区图书馆把空间规划、技术支持、运行管理委托给台湾的艾迪讯公司，创新了公共图书馆的服务管理模式，作为政府购买公共服务的案例得到社会各界的认可。各地由保利剧院委托运营的剧场已在全国形成规模效应，部分剧场根据国家级、省市级演出场次给予相应资金补贴，从而实现了政府和企业资金的共同融资。

4.新技术的产生不断加速行业创新发展

从技术来看，互联网的发展和新技术的出现带来了文化艺术服务的巨大变革。新的网络传输形式，使文化艺术服务的普及率大大提高；AR、VR、MR等新技术的创新让文化艺术服务形式变得丰富多彩；微博、直播等新媒体形态的兴起让文化艺术服务的互动性、体验性增强，更加接近人民群众；在新技术的推动下，文化艺术服务和各行业的融合态势逐渐明显。在"互联网+"的背景下，文化艺术服务和互联网的结合也日益紧密，拓展了文化艺术服务的传输渠道和表现形式。

网络传输技术的创新，让文化艺术服务打破了原有的时间、地域、"高墙"的限制，覆盖更多的受众，通过多种方式来享受艺术服务，也让文化艺术服务更加深入群众。如四川图书馆讲座的直播、王菲演唱会的直播、博物馆文物展览的直播等，都打破了原有空间的限制，几十万人同时分享了这一内容，同时也为文化产业产值贡献了一杯羹。

在"互联网+"时代，文化艺术服务行业和互联网的融合也做得如火如荼。大多数图书馆、博物馆都建立了数字图书馆、数字博物馆、微信公众号和App终端，如数字故宫、中国国家数字图书馆、首都图书馆OverDrive电子书平台、"首图移动知网"客户端等。国家大剧院与北京新媒体集团签署战略合作协议，以"互联网+"连接剧院与网友，共同传播优秀文化，培养网友艺术欣赏习惯。《"十三五"国家战略性新兴产业发展规划》首次将"数字创意产业"列入，规划提出，以数字技术和先进理念推动文化创意与创新设计等产业加快发展，促进文化科技深度融合和相关产业的相互渗透。2016年，文化及相关产业10个行业的营业收入均实现增长，以"互联网+"为主要形式的文化信息传输服务业一马当先，营业收入达到5752亿元，增速高达30.3%。两位数的逆势高增长充分显现出数字文化产业的活力和前景。到2020年，我国将形成文化引领、技术先进、链条完整的数字创意产业发展格局，相关行业产值规模将达到8万亿元。❶

二、文化艺术服务发展现状

从2016年的文化服务业营收状况来看，我国文化艺术服务业营业收入达312亿元，从文化服务行业整体的数据来看，文化艺术服务行业在文化及相关行业中的营业收入绝对额占比较低，这主要是由于本行业内主要服务以提供社会公共服务为主，但同时也提示该行业所具有的产业性发展空间巨大。2016年我国文化艺术服务比上年同比增长22.8%，增长率远高于文化及相关产业企业营业收入平均增长率7.5%，由此可以看出，我国文化艺术服务产业发展处于一个高速起步期（见图5-2）。

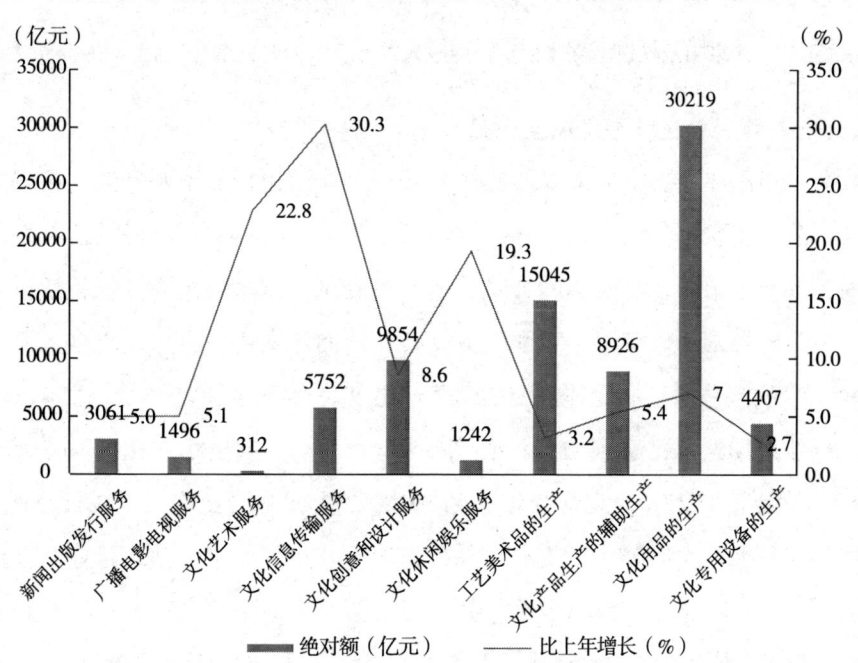

图5-2 2016年度全国规模以上文化及相关产业企业营收状况❷

---

❶ 张玉玲.文化服务业何以实现两位数增长[N].光明日报,2016-12-28.
❷ 数据来源：国家统计局。

由于文化产业和经济资源优势明显，北京市文化艺术服务在全国范围内处于领先地位，据北京市统计局数据显示，北京市2016年1~8月文化艺术服务收入达到177.5亿元，比2015年同期增长2.9%（见图5-3）。这也说明北京市文化艺术服务市场发展相对趋于成熟，市场供需达到相对平衡状态。

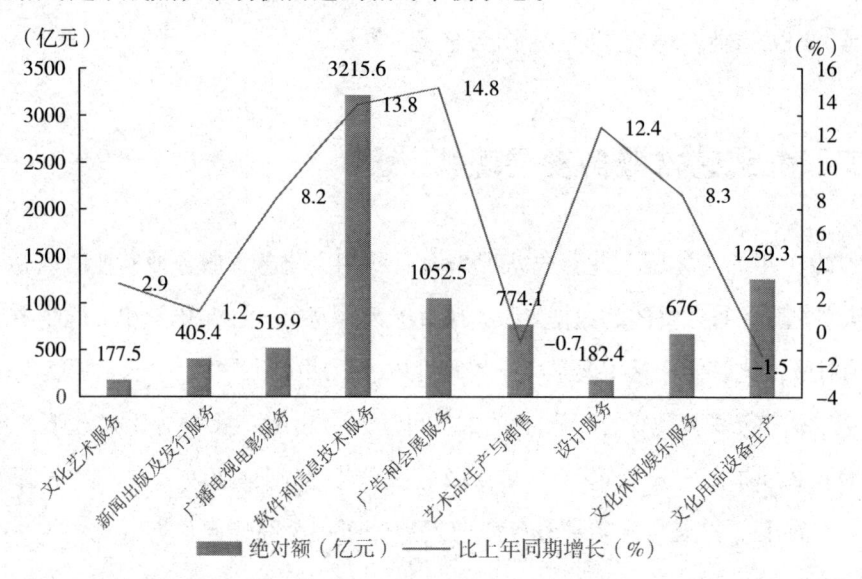

图5-3 北京市规模以上文化创意产业收入状况及同期增长率（2016年1~8月） ❶

1.文艺创作和表演服务发展空间巨大

从文艺创作和表演服务来看，2016年我国文化演出行业不断升温，市场规模不断扩大，演出场次不断增多，票房收入不断增长，同时加大了惠民低价补贴的力度和范围，部分城市以政府购买的方式采购剧场资源，以零场租或低场租提供给优秀剧目演出，实现剧场、院团、观众三方受益，从而让文化演出惠及更多人群。截至2015年末，我国艺术表演团体共10787个，比2015年末增加2018个，❷2015年，我国演出行业市场票房已达到111亿元，同比增长13%，演出场次达到16.6万场（见图5-5），同比增长12%，观众数量达到10107万人次，同比增长18%（见图5-4），2016年演出行业也会有较大的提升。从北京市文化局、北京市演出行业协会汇总的数字来看，北京市演出市场规模再次扩大，票房收入突破17亿元，比上年增加10.7%。其中演唱会票房贡献最大，达5.93亿元，话剧演出票房位居第二，达2.6亿元，而演唱会、音乐会、马戏、相声等演出收入增长迅猛，增幅都在10%以上。观

---

❶ 数据来源：北京市统计局。
❷ 数据来源：文化部2015年统计公报。

看各类型演出的观众人数达1071.4万人次，比上年增加了36.2万人次，增幅比例为3.5%，其中年轻观众成为主力人群。优秀剧目如《如梦之梦》《剧院魅影》《雷雨》《战马》《恋爱的犀牛》等不断引爆观众的抢票热情。

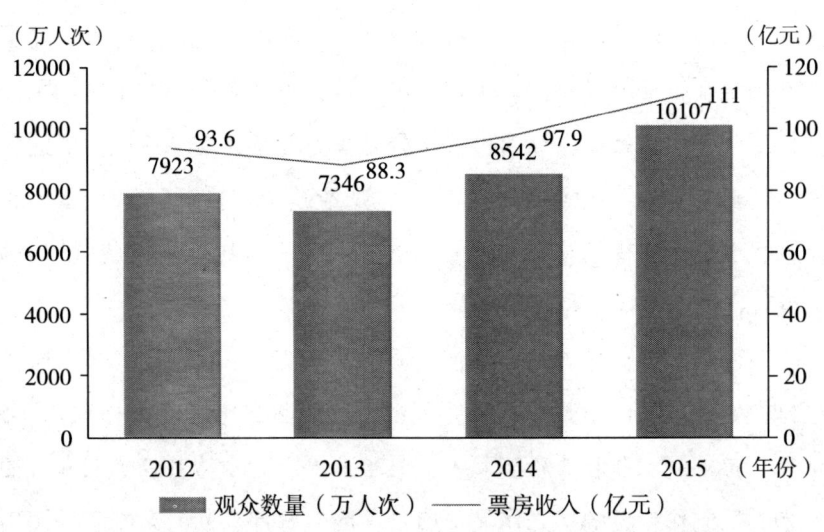

图5-4 2012—2015年我国演出行业票房收入和观众数量[1]

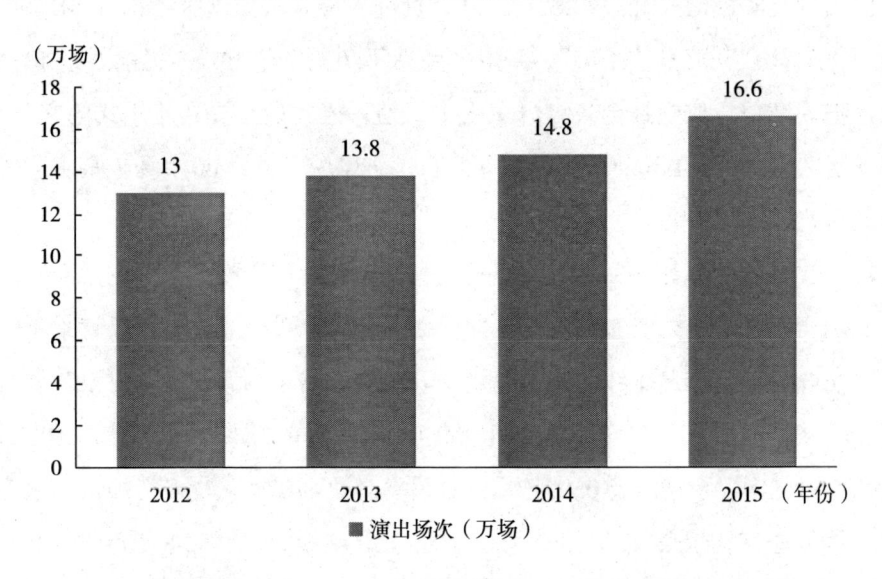

图5-5 2012—2015年我国演出行业演出场次[2]

在文艺创作导向方面，政府制定规划明确创作方向，修订评奖办法，完善艺术评价机制，精简各大奖项数目，着重提高文艺创作质量。实施国家舞台艺术精品创

---

[1] 数据来源：国家统计局。
[2] 数据来源：国家统计局。

作扶持等工程推动重点剧目创作，通过专项资金和艺术基金扶持艺术创作和人才培养，2016年，国家艺术基金共资助966个项目，总额达7.3亿元。[1]

2016年演艺机构进一步繁荣，呈现演艺机构资本化运营、剧场定位特色化、演艺泛娱乐化、演出产业链条化、演艺机构集聚化、演出在线化的特点。除了国有大中型剧院在资源和资金上具有行业优势，民营剧场也开始向资本市场进军，开心麻花发布公告称，公司董事会已经通过首次公开发行股票并在创业板上市的议案。在这之前，开心麻花已于2013年引入中国文化产业基金的投资，于2015年底成功挂牌新三板。民营剧场进军资本市场的最大意义是说明我国剧场发展整体态势良好，发展潜力巨大，商业模式正在逐步完善。

文艺表演还与旅游行业进一步结合。据不完全统计，在全国各重点旅游城市和旅游景区定时定点上演的、投资在百万元以上的旅游文化演出有153台，资金投入达17.9亿元，参加的专业和业余演职人员1.76万人，观众达1.67亿人次，涌现了一大批场面宏大、制作精良的优秀作品，广受国内外好评。同时，剧院等演出机构加大惠民力度，实施对外开放，观众可以免费进入参观。如国家大剧院2016年12月22日举办"公众开放日艺术节"，采取"免费不免票"的方式，提前通过40余种社会渠道把观摩票发放到社会各界群众手中，使百姓免费享受嘉年华式的文化回馈，共同欣赏艺术之美。1万余名社会各界群众走进剧院，共赏60余场丰富多彩的艺术演出及文艺活动。

在2016年文化创作中，引人注目的还有文艺创作和影视产业间的融合，这也说明了文化产业中诸多类别的相同相容性。在近几年电影行业大亏损的背景下，2015年、2016年内地上市最赚钱的几部电影中开心麻花占了两席——《夏洛特烦恼》和《驴得水》，同时都入围当年豆瓣年度十佳电影的榜单。《驴得水》成本1000万元，票房达1.73亿元，票房收益0.47亿元，收益率高达476%。《夏洛特烦恼》票房超过14亿，为开心麻花带来1.9亿元收入，这相当于开心麻花全年3.8亿营收的50%，也是全年净利润1.2亿的1.5倍。这一连串的数据表示的不仅仅是开心麻花的成绩，更是说明文艺创作内容即IP的拓展渠道巨大，发展空间也是不可估量的。

随着"全民直播"时代的到来，直播也越来越成为全体大众的娱乐狂欢，文化演艺为直播提供了更加丰富的内容。王菲"幻乐一场"演唱会上除了现场将近1万

---

[1] 2016年文化工作成果[N]. 中国文化报，2017-01-05.

人观看演唱会之外，还有2100万人同时在腾讯观看了这场演唱会的直播。京剧名角王珮瑜于2016年4月举办的京剧清音会，可以说是"新媒体+新框架+老戏骨+老味道"的结合，一台摄像机实时直播演员在后台化妆、扮"戏"以及演出的服装、道具等过去不可能被看到的幕后事。上海越剧院与国广东方联手直播《红楼·音越剧场》，除直播节目外，喜马拉雅FM还凭借"关注流推送"方式为上海越剧院及演员创建了展示个性、为越剧发声的个性化电台。❶

文艺创作和表演服务集聚区进一步形成。产业集聚是现代产业发展的一个重要趋势。北京天桥演艺区内大大小小的剧场正在集聚，刚刚建成的北京天桥艺术中心，在开幕演出季就上演了131场音乐剧、话剧、舞剧、音乐会、娱乐秀。在上海，黄浦区与上海市文化广播影视管理局也签署了进一步建设环人民广场演艺活力区的战略合作框架协议，演艺活力区现在已初具规模。2015年，剧场和展演空间增加到20个，年均演出2300场，占全市剧场演出总场次的近1/5，票房收入约3亿元，占全市的近1/4。❷演艺集聚区的集聚效应、规模效应将进一步得到凸显，对周边行业的经济拉动效应也日益明显。

2.图书馆与档案馆服务稳步推进

从图书馆与档案馆服务来看，2016年，我国图书馆和档案馆建设在基础建设之外，更注重发展数字图书馆、档案馆，同时拓宽图书馆与档案馆的服务范围。图书馆、档案馆等公益性文化单位进行经营改革，免费开放工作进一步拓展，更好地为人民群众提供文化服务。2015年年末，我国已有国家级图书馆1个，省级图书馆39个，市级图书馆365个，县级图书馆2734个，全国各级公共图书馆共计3139个（见图5-6）。全国平均每43.79万人拥有1个以上县级以上图书馆，每3058平方公里范围内设立有1个县级以上图书馆❸，目前公共图书馆数量规模仍在不断扩大。据第十三次国民阅读调查数据显示，2015年我国国民人均纸质图书阅读量为4.58本，报纸和期刊阅读量分别为54.76期（份）和4.91期（份），电子书阅读量为3.26本。与2014年相比，纸质图书和电子书阅读量略有上升，纸质报纸和期刊阅读量均有不同程度的下降，因此，大力发展数字图书馆建设符合我国国民阅读的需求。

---

❶ 诸葛漪.当剧院、舞台对接 网络会打破传统演出套路吗?[N].解放日报,2017-01-03.
❷ "演艺区":文化生活的新名词[N].人民日报,2016-02-25.
❸ 数据来源:2015中国公共图书馆事业发展基础数据概览.

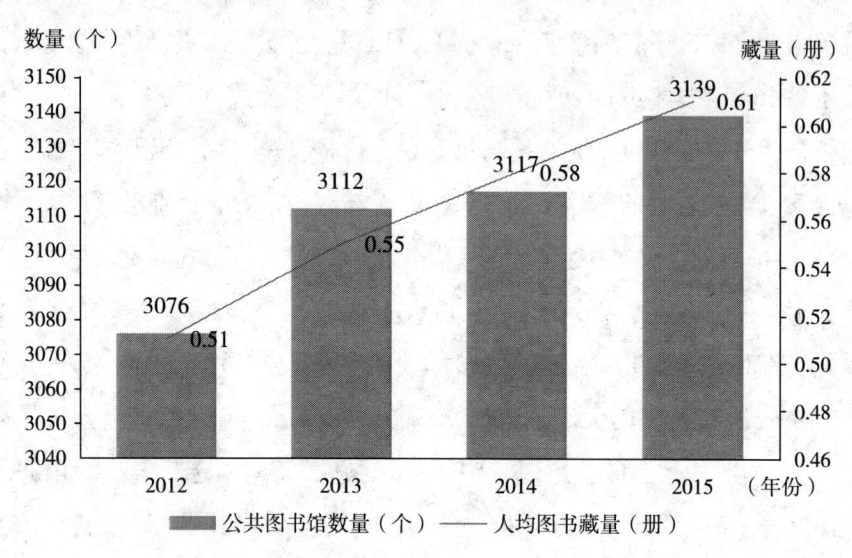

图5-6　2012—2015年我国公共图书馆发展状况[1]

图书馆数字化的发展趋势是顺应数字化、网络化发展的要求，通过数字化建设进一步推动图书馆公共服务范围扩大。未来图书馆的数字服务网络建设将是重点工程，通过建立海量分布式数字资源库群，构建以国家数字图书馆为核心，以省级数字图书馆为主要节点的全国性数字图书馆虚拟网络，形成覆盖全国的数字图书馆服务网络，搭建基于网络环境下共建共享的可扩展的知识网络系统。借助"三网融合"工程，实现了全国图书馆资源的无障碍共享，也实现了数字图书馆建设成果的全民共享。2016年，"数字图书馆推广工程"已覆盖全国40家省级图书馆、479家市级图书馆，服务辐射2900多个县级图书馆，全国各级图书馆资源日渐均衡、持续增长，实名用户超过655万人，各服务系统年均点击量超过12亿次，在全国范围内形成了有效的数字资源保障体系。2016年初，中国文化中心数字图书馆也正式上线，首批提供的资源总量就超过2200种，数据量超过2TB。[2]

同时图书馆还采用最新新媒体技术，积极拓展服务渠道。如四川省图书馆通过网络直播的方式，直播《看过〈我在故宫修文物〉，小编亲身体验修古籍》体验活动，吸引了20万人在线观看，与新媒体的结合，使图书馆和档案馆打破时空限制，能够更好地发挥文化教育价值。

在读者服务方面，总分馆制的建设进一步加强，跨地域跨省市的馆际互借服务

---

[1] 数据来源：国家统计局。
[2] 孟欣.数字图书馆推广工程成效显著　实名用户超过655万人[N].中国文化报,2016-04-11.

范围进一步扩大。今年杭州图书馆开通了联机计算机图书馆中心的Worldshare ILL平台，实现与全球一万余家图书馆间的馆际互借和文献传递业务。这也是继国家图书馆、上海图书馆外，我国第三个实现全球馆际互借的公共图书馆，这最大限度地满足了读者的文献信息需求，提高图书馆自身服务质量和水平。

传统的图书馆服务模式是由图书馆采编部门进行图书采购，读者在图书加工上架之后选择阅读，但如今这种模式逐渐被打破。越来越多的书店与图书馆寻求合作，邀请读者到书店选书，图书馆买单，读者所购书籍直接成为图书馆藏书，目前，内蒙古、安徽等地的图书馆已纷纷采取这种模式，为全民阅读做努力。

3.文化遗产保护服务突破性发展

2016年，我国相关部门颁布了一系列政策加强文物保护力度，同时通过各项举措使得文物活起来，更好的挖掘文物价值。2016年年末全国博物馆总数达到4692家，其中国有博物馆3582家、非国有博物馆1110家；免费开放博物馆4013家❶，博物馆已成为我国文化教育、文物保护的一个重要场所。

2016年，广西左江花山岩画文化景观成功申遗，中国世界遗产总数达到50项，位居世界第二，丰富的世界遗产要求博物馆能够提供更好的文物保护水平。在文化遗产保护方面，国家文物局在2016年组织了82家博物馆开展预防性保护工作，实施123项馆藏文物保护修复项目，抢救修复8000余件文物。国家文化部累计对570余名国家级非遗项目代表性传承人开展抢救性记录，国家级非遗项目代表性传承人补助经费由一万元增长到两万元。❷

如果说2015年对于文博行业意义最大的是《博物馆条例》的颁布实施，那么2016年年初《国务院关于进一步加强文物工作的指导意见》的出台对文物保护利用的工作则提升到了前所未有的高度。随后发布的《关于推动文化文物单位文化创意产品开发的若干意见》明确提出，推动各类博物馆、美术馆、图书馆等文化文物单位发掘馆藏文化资源，开发文化创意产品，这一政策使2016年成为了博物馆文创产业"井喷式"发展年，也让文物和文创产业的融合达到前所未有的繁荣发展。在国家的大政方针的引领下，文物的合理利用得到有效的执行，国内涌现了一批具有示范性的文物利用典型案例。文物与教育、文创产品、文物素材、游戏动漫、旅游等

---

❶ 数据来源：国家文物局年度总结。
❷ 2016年文化工作成果[N].中国文化报,2017-01-05.

领域都进行了不同程度的融合和发展。如故宫博物院现在已经开发授权的产品有8000多种，2015年的文创产品营业额超过了10亿元，2016年上半年销售额已突破7亿元，还与阿里巴巴合作开通网上销售渠道，与腾讯展开IP内容合作，大力开发故宫文物价值。中国国家博物馆开设了天猫官方旗舰店，并携手阿里巴巴将"文创中国"线下运营中心落户上海自贸区，平台上线400个文物IP。苏州博物馆与聚划算合作，推出"型走的历史"主题活动，该活动联合三家服装品牌，从苏州博物馆的建筑、藏品以及教育成果中提炼元素进行设计，融合古典美学与现代时尚，推出独具苏州博物馆特色的系列服饰24款，其中10款在聚划算首发。这些充满文化情调的T恤和连衣裙，引发6万多文艺青年热抢。

众筹、众包等方式在文物开发中得到利用。众筹模式完全符合博物馆价值创造和传播的核心逻辑，有利于博物馆资源价值发现、价值匹配、价值获取。借助众筹，调动国内外公众共同参与到博物馆资源梳理、资源积累及整合运营实施系统的资源开发中来。浙江自然博物馆联合杭州博物馆、湖州市博物馆，采用"众筹众创"的展览新模式，向社会公众征集有关"鸡"的展品、策展创意和展览资金。所有展品将以借展和无偿捐赠两种方式进行众筹。由文化部认可、淘宝众筹联合"故宫淘宝"发起的非遗众筹项目，涉及的内容从龙凤呈祥年画、康熙御笔福字剪纸到"探花"主题布鞋等，这些变萌的非遗老手艺，吸引了数万网友点赞。众筹上线不到半天，多款产品就被粉丝一抢而空。

在数字化方面，各地纷纷投资修建或改造新型的数字博物馆，希望通过多种新媒体技术的运用和艺术设计实现文化遗产的数字化传播，并要求建立网上虚拟博物馆进行藏品的展示与传播。观众只要会使用浏览器打开网页，就可以浏览网上虚拟博物馆，操作方法简单并且可以彻底打破传统展览在时间和空间上的限制。也正是得益于日新月异的数字化技术手段、互联网、物联网及移动互联网技术、多终端信息化前端平台，"无墙化"博物馆在概念和现实上得到了前所未有的统一。

4.群众文化服务范围逐步扩大

从群众文化服务来看，更加注重群众文化获得感，工作重心持续向群众文化服务均等化、公平化倾斜，国家财政投入力度持续增加，同时侧重向社会力量购买公共服务。截至2015年年底，我国群众文化机构达44291个，比2014年年末减少132个；全年组织各类活动166.39万场次，比上年增长13%；服务人次54827万，增长

8.2%。2016年，政府加强了基层综合性文化服务中心建设，推进公共文化机构法人治理结构试点，开展了乡镇综合文化站服务效能专项抽查。同时，努力推动公共文化资源向老少边穷地区倾斜，实施了贫困地区百县万村综合性文化服务中心示范工程、村文化活动室设备购置项目、流动文化车工程、送戏下乡项目、中西部农村文化志愿服务行动计划，15个省份制定了贯彻落实贫困地区公共文化服务体系建设规划纲要的方案。据不完全统计，自2015年各地安排政府购买公共文化服务资金超过20亿元。❶除了侧重群众服务的均等化，国家财政投入持续增加，如今已经形成博物馆、美术馆、图书馆及文化馆（站）以及相关基地、园区和广播电视、数字服务等遍及城乡和老少边穷地区的广泛覆盖，文艺志愿服务蓬勃开展，送文化下乡，送欢乐下基层等活动持续火热。❷

通过整合文化艺术服务信息资源，利用数字化信息手段使群众文化服务得到进一步加强。据不完全统计，2016年全国共有8个新上线的公共文化服务数字化平台投入运行。如"文化东营云App"整合了各县区的文化馆、美术馆、图书馆所有的活动预告、群众文化演出和场馆预定信息，提供了约1800G文化资源、42万余册电子图书、1万余种电子期刊、上万场文化活动信息，市民只需通过文化东营云网站进行注册，便能随时随地通过互联网掌握所有资源和信息，实现公共文化资源的全民共享。

5.文化研究和社团服务注重人才培养

在文化研究方面，更加关注人才培养，推出多项人才培养计划。2016年全面拉开了全国文艺骨干和管理干部的培训工作。根据中宣部等六部门制定的《2016—2017年全国文艺业务骨干和管理干部培训工作规划》，2016—2017年两年将约有13万文艺骨干接受培训。中国文联所承担的全国文艺家协会会员培训人数达11.5万人，预计两年内共需办班583期。会员培训工作开展火热，成效明显，截至今年年底共举办培训班120余期，26000余人参加培训。❸

6.文化艺术培训服务取得新进展

从文化艺术培训服务上看，随着近几年来国家对文化产业扶持力度的加大，人

---

❶ 2016年文化工作成果[N].中国文化报,2017-01-05.
❷ 郭青剑,王春梅,等.2016中国文艺大事盘点,中国艺术报[N].2016-12-30.
❸ 郭青剑,王春梅,等.中国文艺大事盘点,中国艺术报[N].2016-12-30.

民生活水平的提高，人民对精神生活的追求也随之提高，艺术培训市场需求逐步加大，文化艺术培训服务业成为我国近几年蓬勃发展的一个文化产业行业，"其客户主要集中在青少年人群，也有部分幼儿、儿童、中老年人群。青少年群体主要以艺考培训为主，其他群体皆因家长要求或者个人兴趣爱好，目前已经形成高等院校艺术专业、国家和社会力量兴办的专业艺术学校、社会力量兴办的各类艺术培训等相互补充、共同发展的产业系列。"[1]然而，由于缺乏规范化管理，文化艺术培训服务业存在着较多明显问题，如教学资质不全、培养目标极端化、安全设施不足、缺乏集约化、品牌化发展不明确等。

三、文化艺术服务发展趋势研判

从整体情况来看，2016年是文化艺术服务高速发展的起步年，2017年必将延续这种发展态势，将公共文化服务和文化服务产业化发展深度结合，完善供给侧结构性改革，为公众提供更好的文化艺术服务。"产业化""无墙化""PPP模式""深度融合""适度开放""人才培养"都将是本年度关注的重点问题。

1.产业化发展思路助推公共文化服务快速发展

从2008年国家开始实施公共图书馆、文化馆（站）、公共博物馆（非文物建筑及遗址类）、公共美术馆等公共文化设施免费开放，这一惠民工程得到社会各界的高度赞扬，但免费开放的政策下却让很多公共文化场馆的经营和管理难度增加，资金也变得紧张。在"穷则思变"的观念下，特别是国家逐渐放开对公共文化场馆的高端培训和教育工作，以及文物的保护和合理利用政策的指导下，公共文化场馆的产业化思路逐渐打开，而且将助推公共文化服务快速发展。

产业化发展思路必将以建立完整的产业链为目标，公共文化场馆作为产业链的前端——内容提供方，其后续的产业链建设必将为下游产业带来更多的发展机会和增加就业岗位。产业化开发还可以扩展公共文化服务内容和形式，使得群众更容易接受和喜欢公共文化场馆，从而多次使用这些场馆，提高公共服务设施的利用率。公共文化场馆利用率的提高还可以为周边产业如交通、餐饮、住宿、娱乐、销售等

---

[1] 2015年中国文化艺术培训市场调研现状分析[EB/OL].(2015-10-14)[2017-02-22].http://www.chyxx.com/industry/201510/349238.html.

带来经济效益。更重要的是，公共文化场馆可以利用产业化资金为群众带来更多的服务项目和更好的服务方式，从而形成良性循环。

2.科技不断推动文化艺术服务向"无墙化"发展

目前，科技的进步和新技术的产生已经使得文化艺术服务行业服务渠道不断拓展，新的服务业态不断出现。多媒体互动手段逐渐成熟，多媒体展示技术已经在艺术表演、剧场展示、图书馆、博物馆陈列展览、群众文化服务等中高频率使用，采用声、光、电多媒体技术和自动控制手段，把幻影成像、实时人景合成、虚拟、激光、三维动态成像乃至VR、AR、全息技术等高新技术结合传统的展示内容，合成脚本，产生全新的展示效果，增加了文化艺术服务内容展示的丰富性、可看性和受众的参与性。

未来，科技融入文化艺术服务领域的趋势将会更加明显。在"互联网+"的大背景下，文艺创作和艺术表演内容将更加贴合互联网时代下受众的需求，网络化和数字化程度要求会越来越高；图书馆、博物馆、美术馆、文化馆、纪念馆、展览馆和非物质文化遗产的数据采集工作会越来越受到重视，网络传播、新媒体集成管理、云服务等技术将会进一步深化，数字资源融合共同打造公共文化基础信息资源库和公共文化数字资源数据库等云平台。同时，利用"大数据"系统平台分析群众需求，建立群众文化需求反馈机制，实现文化艺术服务的精准匹配，根据服务目录科学设置"菜单"，采取"订单式"服务方式，实现供需有效对接。这将不仅突破地域的限制扩大文化艺术服务的渗透率，而且将极大地提高文化艺术服务的效率。

通过建立文化艺术服务信息资源共享平台，连接各文化场馆数字资源的信息孤岛，真正实现在网络环境下数字资源的共享。新的技术手段和技术产品与文化艺术使用融合的过程中也会不断创造新的产业形态，新的产业形态对文化艺术服务的服务内容和服务方式都将会起到助推作用。而且网络新技术的使用将助推图书馆、博物馆、文化馆等场馆向"无墙化"方向发展。

3.社会力量不断参与到文化艺术服务领域

近年来的政策中，我们已经看到政府不断引导社会资本进入到文化产业领域，如在公共文化服务政策中，政府多次鼓励社会资本参与到公共文化服务建设，在PPP模式的社会资本招标时，文化部门另外出台了相对应的补贴和激励措施。在政府积极引导社会资本进入到文化服务领域的同时，在众筹、众包等新模式下的社会民众资本不断进入到文化领域，社会各方力量参与到文化服务领域的热情已经调动，未来社会资本将会不断融入到这个领域。

社会力量已经成为文化艺术服务中的重要一环，社会成员和社会组织将更贴近群众，能够更加深入了解群众的文化需求，提高文化艺术服务的贴近性。社会成员和社会组织利用自身的专业优势和资源优势还将逐渐加入到文化艺术服务领域中来，特别是在互联网等新媒体技术的支持下，这些服务形式和方式不断拓展，如博物馆讲解服务的O2O模式、图书馆学习的互助模式、文艺创作的众创模式、文化艺术培训的家庭化模式等。同时，在图书馆、博物馆、纪念馆等公共文化场馆中服务的志愿者的培训和教育也将是未来公共服务的重点，这也将促使公共服务由原来的"政府服务"向"全面服务"转变。

4.文化艺术服务跨行业、跨时间、跨空间融合发展不断深化

融合发展已经不是一个新鲜的命题，但在2016年国家相关政策的大力推动下，文化艺术服务领域的融合不光是跨行业发展，还将向跨空间、跨时间的方向发展，也将由原来行业间的"浅层次融合"向跨行业、跨空间、跨时间的"深层次融合"发展。未来，博物馆和图书馆、纪念馆、社会服务中心、剧院、表演厅等场所的差异将日渐模糊，在各行业间服务内容的交互融合的同时，还会利用互联网和高新技术实现跨空间和跨时间的融合，让智慧城市的概念变得越来越明晰。

这种融合的产生，还将带动公共文化场馆和周边社区的进一步互动，生态博物馆和生态产业园区的概念进一步深化。如博物馆不仅将保留"神庙"的收藏属性，还会具有"公共场所"的一切特质，在未来城市生活中扮演更重要的角色。可以预见不远的未来，不同国家、地区文化艺术服务之间的交流将更加频繁，如更多的博物馆会以超级特展的形式出现在观众面前。

5.文化艺术服务领域的开放性进一步加大

随着群众对文化艺术服务需求的进一步增加以及享受公共服务意识的增强，文化艺术服务领域的开放性将进一步加大。如图书馆、档案馆的珍藏资料将逐步适度放开，博物馆的库房文物将有更多的机会和观众见面，数字化文物和古籍进一步增多。同时，文物版权将适度向群众免费开放，从而增强全社会文物元素的开发和利用。文物版权的进一步开放，也将带来文物衍生产品的所有权和经营权的变化，从而体现出文物的社会共有性，同时带动全社会文物保护和合理利用的参与性。

6.文化艺术服务领域产业化管理人才培训将成为一个重要任务

文化艺术服务是一项专业性、综合性要求都较强的工作，既要求从业人员具有深厚的专业基础，还要懂得经营管理之道。特别是博物馆业，无论是考古发掘、文物保护、藏品管理、陈列展览还是文物的开发利用，均需要不同领域综合的专业知识和应用能力作为支撑。目前，文化艺术服务领域的专业化人才已经很多，然而，缺乏具有交叉知识背景的人才和具有较强人文素养和文物文化基础的专业人员，更是缺乏跨产业领域中从事文化产业相关的专业人才，这直接导致了产业化水平不够、浮于表面、缺乏系统和创新。文化艺术服务领域产业化管理人才培训将成为今后产业发展的一个重要任务。

因此，文化艺术服务领域要与互联网相关研究机构、高等院校、高新技术企业、文博行业等各领域高水平的业务人才开展广泛合作，推动人才结构战略性调整，提高人才质量，培养一批懂专业、有创意、善管理、有国际视野的优秀人才团队。

第六章　中国文化信息传输服务业发展报告

伴随着现代信息技术、网络技术、数字化技术及通信技术的发展，文化与信息传输服务业融合日益加深，文化信息通过快捷、方便、覆盖广泛的信息网络进入千家万户，进入日常生活；数字信息产业在海量信息生产加工中也逐步追求蕴含更多文化内涵的信息产品和服务。文化与信息传输服务业的快速发展成为文化产业发展的新亮点。

根据国家统计局《文化及相关产业分类（2012）》标准，文化信息传输服务业包括互联网信息服务[1]、增值电信服务（文化部分）和广播电视传输服务3类。其中，互联网信息服务、增值电信服务（文化部分）是文化产业在互联网背景下，新技术在文化领域广泛应用产生的新业态，这也是修订统计标准后，文化产业发展最为迅速的行业。文化信息传输服务业作为一个起步较晚、发展较快，渗透领域广的战略性新型产业，已经在文化产业结构调整、提质增效、创新发展上占据重要位置。

一、文化信息传输服务业年度发展概况

（一）基础设施支撑产业快速发展

根据国家统计局发布的对全国规模以上文化及相关产业5万家企业的调查，

---

[1] 互联网信息服务指除基础电信运营商外，通过互联网提供在线信息、电子邮箱、数据检索、网络游戏等信息服务。根据《互联网信息管理办法》规定，互联网信息服务包括经营性互联网信息服务，指通过互联网向上网用户有偿提供信息或者网页制作等服务活动；非经营性互联网信息服务，指通过互联网向上网用户无偿提供具有公开性、共享性信息的服务活动。

2016年，文化及相关产业10个行业的营业收入均保持增长。其中，以"互联网+"为主要形式的文化信息传输服务业营业收入5752亿元、增长30.3%，位居增长第一位，占文化及相关产业总体营收7%。❶

文化信息依托互联网、移动互联网、广播电视传输网络等基础骨干网络的建设，构筑了宽带、融合、泛在的新一代文化信息基础设施和现代传播体系，实现了公共文化信息、文化休闲娱乐信息、个人定制化信息的全面传输，融入社会生产生活，深刻改变着文化产业的内部格局、行业利益重组和文化安全的重新建构。

文化信息传输服务业作为第三产业的典型代表，已经成为激活文化消费和信息消费的新引擎。

（二）传输网络构筑泛在传播体系

2016年，文化信息传输服务业在互联网宽带和广电宽带双双优化升级的技术突破基础上用户和市场规模稳步提升，网络传输科技成果惠及百姓民生。新兴产业与传统产业加速融合，在引领经济发展、推动社会进步、促进创新等方面发挥了巨大作用。

在互联网宽带发展领域，据《第39次中国互联网络发展状况统计报告》数据显示，截至2016年12月，中国网民规模为7.31亿，全年共计新增网民4299万人。互联网普及率达到53.2%，较2015年提升了2.9个百分点。中国手机网民规模达6.95亿，较2015年底增加7550万人。网民中使用手机上网人群占比达到95.1%。截至2016年12月，中国域名总数为4228万个，网站总数为482万个。❷移动电话4G用户达到7.14亿，比2015年同期增长3.86亿，增幅达到118%，占移动电话用户的比重达到54.1%，仍旧保持高速增长。网民数量的平稳增长与移动互联网用户的快速增加，为各类互联网应用的创新成果惠及百姓民生提供了有力支撑。移动网络不断升级，以载波聚合技术为代表的4G+网络加速和以VoLTE为代表的4G+高清语音开始大规模商用，更大的带宽、更高的数据速率显著改善了用户的上网体验。5G技术试验全面启动，工信部组织成立的IMT-2020（5G）推进组在2016年1月份启动了5G

---

❶ 国家统计局.2016年规模以上文化及相关产业企业营收增长7.5%[EB/OL].(2017-2-06)[2017-02-10]. http://www.stats.gov.cn/tjsj/zxfb/201702/t20170206_1459430.html.

❷ 中国互联网络信息中心.第39次中国互联网络发展情况统计报告[EB/OL].(2017-01-22)[2017-02-10]. http://www.cnnic.net.cn/hlwfzyj/hlwxzbg/.

的技术研发试验,并已完成关键技术验证阶段。伴随着"宽带中国"战略的推进和提速、降费措施的落实,宽带提速效果日益显著。电信普遍服务试点的实施,支持全国27个省(区、市)的10万个行政村开展网络光纤到村建设和升级改造,解决3.1万个建档立卡贫困村网络覆盖建设问题,为网络扶贫、缩小城乡"数字鸿沟"提供了重要手段,为网络强国建设提供了有力支撑。据工业和信息化部有关数据,8Mbps及以上接入速率的宽带用户总数达到2.59亿户,20Mbps及以上宽带用户总数2.11亿户,光纤接入FTTH/0用户总数达到2.15亿户,比去年同期分别增长121%、262%和95%,占宽带用户总数的比重分别达88.1%、71.7%和73%。❶

2016年广电宽带持续实现了跨越式的发展。2016年一季度末,全国有线宽带用户规模净增172.1万户,总量超过2000万大关,达到2011万户,占数字电视用户总量的9.8%,占有线电视用户总量的8.0%。上半年,各地有线网络运营商进一步加快推进宽带业务发展。宽带用户半年净增364.8万户,相比去年同期增长45%,达到2164.8万户,占数字电视用户的比重突破10%,宽带业务渗透率达到8.5%。三季度,有线电视宽带用户增长164万户,达到2328.8万户,占有线电视用户的比重提升到11%。2016年以来,多地有线网络运营商在激烈的市场竞争压力下,大力推进双向网改建设,开展多种形式的市场营销推广活动,预计年底有线宽带用户规模将接近2500万大关。❷2016年5月5日,中国广播电视网络有限公司获得工信部授予的基础电信业务牌照,成为广电宽带融合拓展发展的里程碑事件,获准在"在全国范围内经营互联网国内数据传送业务、国内通信设施服务业务,并允许中国广播电视网络有限公司授权其控股子公司中国有线电视网络有限公司在全国范围内经营上述两项基础电信业务"。广电宽带正式涉足基础电信业务,不仅为宽带运营市场带来了三大运营商之外的选择,更为广电内容资源导入新一代传输网络开辟了道路。

互联网宽带和广电宽带传输网络的强势布局之外,历经数十年发展建成的广播电视基础骨干网络,即"有线、地面和卫星"相结合的广播电视综合覆盖网依然在公共服务领域发挥着重要作用。截至2015年底,全国广播综合人口覆盖率为98.17%,电视综合人口覆盖率为98.77%。有线电视用户2.39亿户,有线数字电视用

---

❶ 中国互联网协会.2016年中国互联网产业综述与2017年发展趋势[EB/OL].(2017-01-06)[2017-01-11].http://news.xinhuanet.com/info/2017/01/06/c_135961249.htm.

❷ 中广互联.五大关键词解读2016广电宽带发展新格局[EB/OL].(2016-12-15)[2017-01-11].http://www.tvoao.com/a/184309.aspx.

户2.02亿户。[1]2016年第三季度，我国有线数字化整体转换工作持续向前推进。据格兰研究对全国385家有线电视网络运营商的数据统计显示，截至2016年第三季度，我国有线数字化程度达到82.76%。用户的有线终端数字化程度达到47.63%，已开通DVB+OTT业务的省级网络运营商占比接近六成。双向网改覆盖用户规模持续增长，近六成的有线电视用户已实现双向网络覆盖。双向网改渗透用户超过6000万户，网络实际利用率稳步提升。[2]

互联网、移动互联网传输网络以及广播电视传输网络构成了文化信息内容的泛在传输网络，电脑屏、电视屏、手机屏的跨屏互动让用户随时、随处接收信息，深刻改变着文化内容的生产方式和组织形态，丰富的文化场景应用催生了新产品、新业务和新模式，文化信息传输服务业整体产业链的优势不断放大，产业链底层的技术支撑和创新、数字文化信息全流程服务推动了文化产业内在动力生成和内部结构优化。

（三）数字文化信息内容裂变发展

在传输服务平台上，每天流动的海量文化信息极大地推动了文化内容及时、广泛的传播，在跨屏、跨界中开拓了新的文化发展领域。其中，互联网信息服务发展带来网络文学、影视、动漫、游戏、音乐、新闻等数字文化内容产业增长势头更为突出，其用户数量持续增加，营收规模和产值加速增长（见表6-1）。

表6-1[3]　2016年底部分互联网文化娱乐内容应用的使用率

类别名称	用户规模（亿人）	网民使用率（%）
网络游戏	4.17	57.0
网络直播	3.44	47.1
网络文学	3.33	45.6
网络视频	5.45	74.5
网络音乐	5.03	68.8
网络新闻	6.14	84.0

---

[1] 国家新闻出版广电总局.2015年统计公报《广播影视部分》[EB/OL].(2016-03-31)[2017-12-30]. http://gdtj.chinasarft.gov.cn/showtiaomu.aspx?ID=4dc0183c-e3e3-4715-81ef-6851fd2e844e.

[2] 格兰瑞智.中国有线电视网络产业发展季度报告-第40期[EB/OL].(2016-12-06)[2017-01-12]. http://www.tmtbib.net/index.php?m=content&c=index&a=show&catid=23&id=228.

[3] 中国互联网络信息中心.第39次中国互联网络发展情况统计报告[EB/OL].(2017-01-22).[2017-02-10]. http://www.cnnic.net.cn/hlwfzyj/hlwxzbg/.

网络游戏市场规模稳步上升，设备移动化、版权正规化和内容影视化成为主要趋势。数据显示，PC端网游用户向移动端流转的态势依然持续，2016年上半年，网络游戏手机端设备使用率由2015年底的71.3%上升至77.3%。网络游戏版权的正规化进程加快，网络游戏作为泛娱乐产业生态的重要组成部分，与其他网络文化娱乐形式加速融合。2016年上半年，基于网络游戏故事背景改编的电影作品受到各大游戏厂商重视，腾讯、网易、巨人网络等拥有成功游戏产品的厂商先后推出了游戏影视化改编战略。以网络游戏故事背景为轴心，联动其他多种网络娱乐内容形态协同发展，进而形成健康的泛娱乐产业生态。网络游戏电竞行业异军突起，围绕明星选手、游戏主播、赛事活动等新生业态逐渐成熟，进入爆发期。以电竞赛事直播起家的游戏直播转播平台，正逐步从单一的电竞明星秀场，发展成为更加多元化的游戏内容和主播展示平台。游戏直播平台不仅是游戏玩家聚集、与主播互动的网络场所，还囊括了大量手游用户。由于游戏直播自身的强互动性，其粉丝消费的转化率相比其他行业更高，主播粉丝群体的消费转化有望带来百亿级的电商销售。

网络动漫带动的"二次元经济"已经成为文化产业新的增长极，拥有高达2.6亿二次元用户。借助于迅捷的网络传播以及年轻核心用户的成长，二次元动漫逐步从小众亚文化走向大众视野。在核心群体带动下，泛二次元用户不断增多，动漫的影响日益增大。由二次元文化衍生的弹幕文化成为新生代文化阵地，以bilibili为代表的弹幕网站由于新番动画更新的及时性、沟通的开放性和互动的实时性，有效结合了社交互动与视频观看，成为强标签型的流量入口，游戏联运、多元广告不断与弹幕网站嫁接，促进了粉丝消费，实现跨次元统合发展。同时，由ACG（Animation、Comic、Game，动画、漫画、游戏的总称）带来的购买周边、为游戏付费、购买漫画、购买手办/模型、虚拟消费等突显出巨大的商业潜力。

网络文学已经成为互联网用户碎片时间内主要消费的文化内容，用户付费阅读保持平稳增长。2016年，网络文学作品逐渐成为影视题材、游戏题材的重要构成，成为跨界泛娱乐化运作的源头以及IP生态的核心。随着网络文学成为互联网内容产业最重要的IP库，跨界影视游联动成为网络文学产业未来的发展方向。

网络视频用户规模显著增长，主要受益于视频内容吸引力的提高和视频内容分发的跨屏化发展。视频网站已经成为传统电视内容和电影发行之外的标配补充渠道，主流视频网站积极与各娱乐行业合作，打通内容产业链，打造文化大IP，营造娱乐生态系统，丰富了影视内容的传播方式和变现模式。主流视频网站在影视版权购买上的竞争趋缓，自制内容成为了各网站的差异化竞争的利器。随着网络视频产业链的日渐成熟，主流视频平台基本都涉足上游内容研发与制作，网络大电影、网络自制剧以专业化的运作显著提升了内容水准，形成了诸多年度现象级网络自制剧。各大视频网站一方面保持对超级IP、纯网络综艺节目的投入力度，另一方面加大对体育、财经、漫画、音乐等垂直领域的内容建设，打造差异化的内容平台。

网络音乐市场明显改善，得益于各大网络音乐平台版权环境的持续改善和新兴互联网演艺平台的社交吸引力，网络音乐用户规模持续大幅增长，网络音乐版权规范化、来源多元化、产业生态化促进了市场规模的提升，不仅实现了盈利，而且推动了版权的有序流转，为未来网络音乐行业的健康发展提供了良好模式。网络音乐产业生态环境逐渐形成。随着行业的发展，网络音乐与其他互联网娱乐形式的交叉融合日趋普遍。随着"泛音乐"时代的来临，越来越多的创作者开始通过互联网参与网络游戏、网络视频的音乐创作，使得网络音乐成为其他互联网娱乐行业音乐素材的来源之一。线上直播、线下演出、VR直播等周边产业环节的发展，艺人话题、音乐IP、票务、演唱会互动等各种形式的推陈出新，打通了包括明星演出、粉丝运营、媒体推广、票务平台在内的整条音乐产业链。音乐作品本身的价值以及艺人形象的价值将得到充分挖掘，粉丝俱乐部、周边衍生产品的庞大消费市场将得到充分释放。

网络新闻用户规模持续增加，主要贡献来自移动新闻客户端用户增长。移动端已经成为网民获取新闻的最主要渠道，而移动互联网发展带来的信息膨胀和碎片化，则加速了网络用户对于个性化、垂直化新闻资讯的需求。移动互联网促进了网络新闻"算法分发"模式的快速发展，基于用户兴趣的"算法分发"逐渐成为网络新闻主要的分发方式。未来随着大数据技术不断发展，数据维度日益多元化，"算法分发"将可能实现真正的精准化内容推荐。自媒体、用户属性标签、UGC成为新闻媒体营收新动力，网络新闻媒体变现能力增强。以微信公众号为代表的社交网络公众平台催生了自媒体发展，其中某些原创内容与广告的界限极为模糊。依托社交网络传播，内容即广告的原生内容大量产出，并成为自媒体的首要盈利模式。

互联网信息已经逐渐成为文化信息传输服务内容的主战场，根据腾讯研究院版权研究中心的统计，预计2016年，互联网内容提供商（Content Provider，简称CP）营收规模将接近4000亿元；IP版权交易规模和授权衍生周边在内的广义产值将突破5600亿元。[1]数字文化内容产业已经成为文化产业发展中的重要组成部分，与文化信息传输服务网络形成了紧密的产业链。

（四）网络空间专项治理重拳出击

2016年是网络空间文化信息内容整治力度加强的一年，以国家网信办为主体开展的专项行动多达16个，治理范围覆盖门户网站、搜索引擎、网址导航、微博微信、移动客户端、云盘等环节，治理内容包括各类违法违规文字、图片、音视频信息。其中多个专项治理行动持续时间长达数月，全国政府网站抽查、"护苗2016"专项行动、"剑网2016"专项行动、"清朗"系列行动更是全年开展，重拳出击，深入整治网络顽疾（见表6-2）。斗鱼直播涉黄、商业网站"标题党"案件中，相关管理部门也做到了积极响应，严惩不贷。

表6-2[2]　2016年主要治网举措

序号	时间	网络治理事件	内容归属
1	2月19日	习近平主持召开党的新闻舆论工作座谈会	治网精神
2	4月19日	习近平总书记在网络安全和信息化工作座谈会上的讲话	治网精神
3	5月2日	网信办牵头成立联合调查组 进驻百度调查"魏则西事件"	个案调查
4	5月19日	国家网信办开展网址导航网站专项治理	专项行动
5	6月25日	国家网信办发布《互联网信息搜索服务管理规定》	政策法规
6	6月28日	国家网信办发布《移动互联网应用程序信息服务管理规定》	政策法规
7	7月8日	国家网信办部署调查"百度夜间推广赌博网站事件"	个案调查
8	7月12日	文化部查处斗鱼等26家网络直播平台	个案调查
9	8月17日	国家网信办提出网络履行主体责任八项要求	治网精神
10	8月31日	民政部等四部委印发《公开募捐平台服务管理办法》	政策法规
11	7~10月	公安部开展网络直播平台专项整治工作	专项行动
12	11月4日	国家网信办发布《互联网直播服务管理规定》	政策法规
13	11月7日	网络安全法获通过将于2017年6月1日起施行	政策法规

---

[1] 腾讯研究院.2016年中国互联网内容产业全景数据解读[EB/OL].（2017-01-04）[2017-01-11].http://www.tisi.org/4795.

[2] 詹婧.2016互联网治理舆情年度回顾 呈现四大特点[EB/OL].（2017-01-09）[2017-01-15].http://news.xinhuanet.com/yuqing/2017-01/09/c_129437781.htm?open_source=weibo_search.

续表

序号	时间	网络治理事件	内容归属
14	4~11月	"净网2016"专项行动取得明显成效	专项行动
15	12月6日	网信办通报"标题党"乱象 对新浪、搜狐等网站查处	个案调查
16	12月9日	第三次中美打击网络犯罪及相关事项高级别联合对话	业界参与
17	12月27日	国家互联网信息办公室发布《国家网络空间安全战略》	治网精神
18	全年	全国政府网站抽查	专项行动
19	全年	"清朗"系列专项行动	专项行动
20	全年	"剑网2016"行动	专项行动

政策法规的密集出台也是2016年网络治理的一大亮点。《互联网信息搜索服务管理规定》《移动互联网应用程序信息服务管理规定》《互联网直播服务管理规定》等多个规范性文件相继发布，互联网监管思路日渐明朗，政策法规的涉及面不断扩大，监管范围不断细化。特别是针对2016年发展迅速的网络直播，公安部、文化部、新闻出版广播电影电视总局、国家网信办在全国范围内专项整治出台系列政策和采取严办举措，对网络直播平台进行了清扫，促成各平台的转型、整合与自律，引领构建良性竞争的市场氛围。

从2016年的治网举措可以看出，文化信息传输服务业的内容监管已成为互联网信息传输治理的重要组成部分，对于淫秽低俗信息、网络谣言、网络敲诈、有偿删帖等一些危害大的网络痼疾坚决遏制，把专项行动的有效措施和成功经验常态化、持续净化网络信息空间。

二、文化信息传输服务业发展动因分析

（一）通用技术体系带来颠覆式创新

"互联网+"行动计划在中国的推进，使互联网成为中国创新最活跃、应用最广泛的领域，全球以新一代信息技术为代表的协同式技术创新为经济社会带来颠覆性的质变而非修补性的量变。

全方位超宽带接入助力"宽带中国"战略。工信部连续5年组织开展宽带专项

行动，中国的信息基础设施水平不断提升。截至2016年5月底，我国的固定宽带平均接入速率从2015年底的20.5Mbps提升到29.5Mbps；光纤到户的用户数达到1.8亿，占我国宽带用户比例的66.4%；4G用户的发展非常快，累计达到5.8亿户，占移动电话用户比例达到44.7%，4G网络覆盖全国城市和乡镇；互联网普及率大幅度提升，其中固定宽带的家庭普及率已经达到了55%。宽带网络是信息社会重要的战略基础设施，是推动经济发展和社会进步的重要支撑，是当前和今后相当长时间内推进发展方式转变、创造就业机会、支撑科技产业创新、提升国家竞争力的战略基石。"宽带中国"为整个文化产业链创新提供了新的契机，"固网更宽、移动更快"为4K高清影像、AR\VR\MR技术应用等新科技体验提供了实现基础。

以大数据、智能化、移动互联网、云计算为代表的新一代信息通信技术与经济社会各领域全面深度融合，催生了很多新产品、新业务、新模式。"大智移云"构成了互联网产业的主要技术体系，促进了生产方式、商业模式创新，为整个产业链条的技术支撑和全流程服务提供了理论依据和实践基础。以大数据为例，通过数据的采集、存储、管理和分析，进而形成智能化决策和评价，应用于大数据相关的各个领域。基于大数据的发展，正在形成上游数据，中游产品，下游服务的产业体系。在"大智移云"的技术体系下，文化产业的发展进程意味着更广泛的连接、互动、跨界、创新，用复合能力取代单一能力，用数据导向取代主观决策。

人工智能带来新变革。2016年5月，国家发展改革委、科技部、工业和信息化部、中央网信办发布《"互联网+"人工智能三年行动实施方案》，培育发展人工智能新兴产业、推进重点领域智能产品创新、提升终端产品智能化水平。通过发展人机交互、深度学习、自然语言理解、机器人等核心技术，人工智能产业也将打破文化产业的旧规则和生产规律，形成新的经济范式和文化形态。

广电技术平台化。随着信息传输技术的发展和"三网融合"的继续推进，广播电视传输服务面临PC终端、手机终端等新型的网络终端的强势竞争，广电系统的技术将不可逆转地从单向地向客户输出信息和服务向为客户搭建平台、提供配套服务的方向转型。

（二）"互联网+"促进文化应用跨界融合

全球以新一代信息技术为代表的协同式技术创新方兴未艾，文化发展交叉融合、群体突破、跨界发展的特征日益突出。"互联网+"就是以互联网、移动互联网、大数据、云计算、智能学习、物联网等一整套通用信息技术在各个领域的广泛扩散和普遍应用过程的概括或统称,"互联网+"概念的提出不仅使得信息工具和传播手段上升到基础设施建设的国家战略高度,更是数字中国和现实经济社会全面共振融合的过程。

围绕互联网技术创新和产业融合发展的目标,文化产业不断拓展发展空间,激活新闻出版、广播电影电视、文化演出、文化旅游、文化遗存等的生命力,重构创新体系、激发创新活力。随着互联网技术不断升级,信息、电信、文化、娱乐、传媒、出版、金融等产业跨界融合不断涌现,"不同行业领域迅速打破信息传播形态藩篱组成信息生产和运营联盟,通过相互渗透与补偿、相互连接与适应,形成新的文化产业增长点。电信运营商做手机阅读业务,电视台做网站平台和手机App,互联网公司做智能电视产品,不同企业之间的产业边界越来越模糊,产业链延伸越来越深入。"[1]网络催生的数字化生产与传播、数字内容创意、数字管理与消费,成为成长最快的文化产业形态,有专家分析,截至2016年年底,与数字化技术相关的新媒体文化产业市场价值已占到整个文化产业的70%。

跨界融合不仅仅体现在形态和渠道的融合上,更引发了市场主体与资本的重组。互联网带来的兼并重组通常有两种方式:一是文化企业投资、并购互联网公司,二是互联网公司投资、并购文化企业。互联网触发的市场洗牌,还将不断引发文化企业新的兼并重组。

(三)新生产管理和组织形态引领产业探索

文化信息传输网络数字化、信息化、泛在化、融合化建设的趋势,带来文化新业态和新产品的层出不穷,但从产业发展基质上看,最根本的是改变了文化生产管理机制和组织形态。在供给端,文化的创意和生产从主要依靠大型文化企业专业化生产转变为依托互联网激发全社会创造活力、解放文化生产力的过程,互联网的普及让文化信息内容得到更广泛而精准的传播,扩大了有效市场。由于互联网降低了创意产业化的门槛,提高了创意产业化的收益,推动了大量粉丝转化为创意者,成为了网络写手、漫画家、小视频的导演和演员等,生产者和消费者的界限逐渐模

---

[1] 欧阳友权.互联网引发文化产业新变局[N].光明日报,2017-01-09.

糊，带来文化产业生产生态的变革；在需求端，扩大的消费透过互联网的双向互动，能够高效、精准地反馈给供给端，从而保证了市场能够快速的自我调整。

新一代文化信息传输网络高度的自组织性，将传统文化产业水平和垂直分工相结合的产业分工协作方式，转变为以创意为核心，多领域的扁平化、簇群化分工，产业链条缩短，分工效率提升。同时，文创消费从传统渠道转变为互联网社群，创意者、生产者和消费者能够在社区中有效交流，推动创意本身得到更多情感认同，更具备产品转化的经济基础。文创内容众筹等金融创新，增加了人才、资金等核心要素的供给，进一步夯实了以泛娱乐为代表的共享型产业生态基础。基于文化产业生产管理和组织形态的创新和变革，在新的传输网络框架下的文化治理体系正在逐步探索。

在网络版权保护上，鼓励创意的交流、流转、交易和综合开发利用，互联网内容版权的有效保护取得重大进展。立法保护方面，网络版权法律体系不断完善。2015年11月1日实施的《中华人民共和国刑法修正案（九）》增加对著作权保护的重要条款，明确了网络帮助侵权行为的刑事责任。2015年1月8日，国家新闻出版广电总局印发《关于推动网络文学健康发展的指导意见》。4月22日，国家版权局发布《关于规范网络转载版权秩序的通知》，7月8日发布《关于责令网络音乐服务商停止未经授权传播音乐作品的通知》，10月14日发布《关于规范网盘服务版权秩序的通知》。这些文件的发布对规范重点领域网络版权秩序起了重要作用。司法保护方面，2015年全国共有2118件网络版权相关的民事判决和裁定书，与2014年同期相比增长28.3%，各地知识产权法院在审理网络版权案件中作用突出。行政保护方面，国家版权局根据网络音乐、网络云存储、应用程序App、网络广告联盟、网络转载等领域版权保护的不同特点，实施针对性强、各有特色的分类管理。各地版权执法部门在总结监管经验的基础上，充分利用云计算、物联网、大数据、移动互联网等新一代信息技术，创新"互联网+"的新型版权监管手段，加强部门间、地区间的信息共享和协同行动。

在生产者联结上，参与价值创造的主体更加多元，用户既是消费者与评论者，又是生产者与传播者，生产者通过用户层面的生态化整合后，互联网企业和平台又放大和推动，建构起了由内容层、渠道层到用户层相互联结的平台群，形成了互联网创意生产系统。在这个开放性的联结平台上，更多资源和资本被吸纳进入，不仅拓展了平台自身和收益，也解决了创意人才的就业问题和文化机构的收益问题，内外部经济组织获得了资源整合、创造价值的机会。可见，在新一代文化信息传输网络的技术优势下，互联网平台经济与全产业价值链开发模式的有机结合，使整个系统形成了开放、培育、开发、整合的价值回路。

（四）投融资持续扩大拉动行业增长

国家多项发展战略和行业规划纲要，包括《"宽带中国"战略及实施方案》《国务院关于促进信息消费扩大内需的若干意见》《国务院关于积极推进"互联网+"行动的指导意见》《"十三五"国家信息化规划》等从基础技术建设、信息产品的提供、信息渠道搭建和信息产品的消费等领域，做出了较为全面的规划，同时以财政投资做引导、税收优惠为支撑，向社会敞开投资之门。2015年，文化信息传输服务业是文化产业中投资额增长最快的领域，比2014年增长77.0%。2016年上半年，文化信息传输服务也成为登陆新三板最为集中的行业（见表6-3）。

表6-3[1]　2016上半年新三板挂牌文化企业行业统计

行业	挂牌数量（个）第一季度	挂牌数量（个）第二季度	总计（个）	同比2015年上半年增长率（%）
工艺美术品生产	8	7	15	650.00
广播电视电影服务	14	27	41	720.00
文化产品生产的辅助生产	7	8	15	66.67
文化创意和设计服务	49	48	97	148.72
文化信息传输服务	53	61	114	570.59
文化休闲娱乐服务	11	11	22	1000.00
文化艺术服务	16	18	34	1033.33
文化用品的生产	4	11	15	200.00
文化专用设备的生产	3	3	6	500.00
新闻出版发行服务	3	7	10	11.11

从表6-3可以看到，2016年上半年文化信息传输服务在新三版挂牌114家企业，数量上远超其他行业门类。可见，技术层面软硬件技术的融合及资源共享、传

---

[1] 新元智库.2016上半年新三板文化企业研究报告（上）[EB/OL].（2016-09-01）[2017-01-15].http://mp.weixin.qq.com/s?__biz=MjM5OTk5OTU1NQ==&mid=2650967020&idx=1&sn=3b9185a8e1aef33e33bde8fc6501ae1a.

统平台和新型技术的融合、传输技术的升级等，人们生活消费习惯上社会网络化、信息阅读和传递社交化，对信息即时性的要求和信息量的要求等，推动行业变更，为投资者带来更多的投资机会。随着高流量手机应用的推出及大流量的移动网络传输技术的建成，各种非传统业务如网页浏览、各种OTT应用等，已使手机用户出现强烈的黏性。文化信息传输服务领域的发展和竞争焦点逐步向移动互联网领域转移，成为行业发展和投资的新焦点。

三、文化信息传输服务业存在问题

（一）用户高速增长终结，流量红利空间触顶

文化信息传输服务业飞速增长的原因之一来自人口资源，中国是世界上最大的信息传输网络用户市场。以互联网为例，1996年底，我国互联网用户还只有10万，但到1998年6月，上网计算机为54.2万台，用户已达到117.5万，网民在一年半的时间内激增了10倍。在之后的10年里，互联网用户的增速也超乎想象。到2005年时，我国互联网用户就超过了1亿。庞大的人口基数转化为"网络用户"，文化信息传输服务业最初的产业爆发很大程度上依靠的是用户"人口红利"，每年能多增加几千万宽带用户，能卖出几亿部智能手机，整个行业都会跟着水涨船高。争用户、接用户、稳用户，而后做"营销交易"，使文化信息传输服务企业及传统文化企业都能够在快速增长中享受着网络规模扩张的红利。截至2016年6月，我国已经积累了7.10亿网民，互联网普及率达到51.7%，超过全球平均水平3.9个百分点，超过亚洲平均水平10.1个百分点。手机网民规模达6.56亿，网民中使用手机上网的人群占比由2014年的85.8%提升至92.5%。在互联网用户快速增长的同时，与互联网经济紧密相连的电子商务同样经历着快速增长的流量红利。我国的电子商务开始于1996年（如果不算EDI这些具有某种虚拟交易性质的交易）。从2006年网络零售额开始突破1000亿，到2012年突破10000亿，其间增长速度一直保持在50%以上。

长期以来，国内企业已经习惯于从人口中挖掘、兑现商业价值。衡量一家互联网企业或产品的影响力、潜力还是发展前景，用户基数都是最大的衡量标准。然而随着基数的增加，从2012年开始，我国网民数量增速下降到10%以下（2012年当年

为9.92%），到2015年，下降为6.09%，中国网络用户增速开始低于全球网络用户增长平均速度，高速增长时代正在终结（见图6-1）[1]。

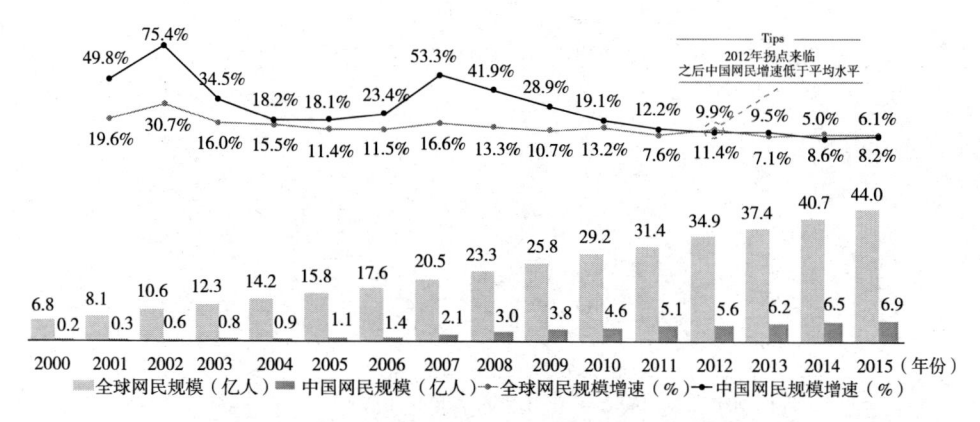

图6-1 2000—2015年全球及中国网民规模及增速比较

由于互联网用户增长的天花板效应，预计在未来一段时间内，互联网用户仍将保持较低的增速。"从电子商务发展看，2016年上半年，我国网络零售增长率首次低于30%（同比增长28.2%），相比2015年，全年的增速明显放缓，这也是近15年来，网络零售增速首次跌破30个百分点。互联网应用的一些创新模式也遭遇经营寒冬，例如O2O类生活服务，因为成本、服务标准等问题，出现了持续的倒闭潮；互联网金融在野蛮生长之后，遇到了监管风暴；而分享经济，也因为政策限制等原因，发展遇到了一定的阻力。从全球看，由于互联网高速增长时代的终结，资本开始出现了收缩。在毕马威发布的2016年第一季度风险投资报告中也提到，此季度的全球风险投资总金额大幅下跌，仅是2015年第四季度的20%，255亿美元。"[2]根据艾瑞咨询的数据预测，到2018年，我国整体网民规模增长率将下降到4%，PC和移动网络经济市场营收规模和增长率将分别下降到12.5%和39.1%（见图6-2）[3]。

---

[1] 艾瑞咨询.2016年互联网全行业洞察及趋势报告[EB/OL].（2017-01-10）[2017-01-15].http://report.iresearch.cn/report/201701/2804.shtml.

[2] 李勇坚.高速增长时代终结后的互联网经济发展战略[EB/OL].（2016-12-28）[2017-01-15].http://www.china.com.cn/opinion/think/2016-12/28/content_39999919.htm.

[3] 艾瑞咨询.2016年互联网全行业洞察及趋势报告[EB/OL].（2017-01-10）[2017-01-15].http://report.iresearch.cn/report/201701/2804.shtml.

2000–2018年中国整体网民规模

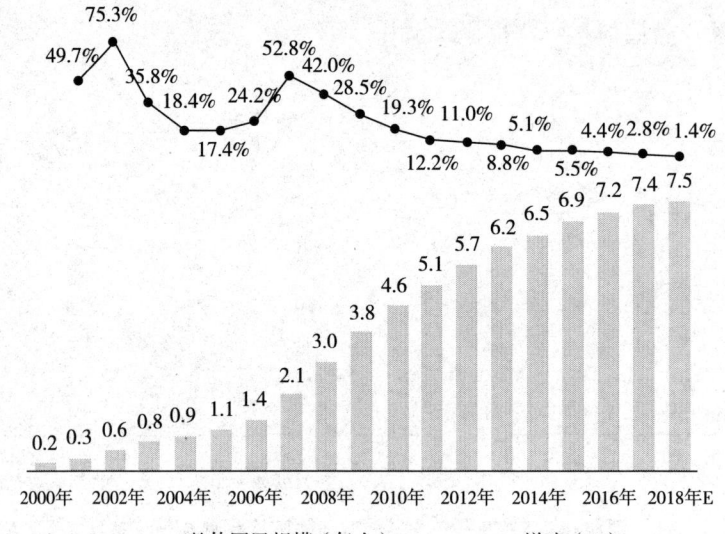

数据来源：2000—2015年为CNNIC数据，2016年及以后为艾瑞预测数据。

2011—2018年中国PC和移动网络经济市场营收规模及增长统率

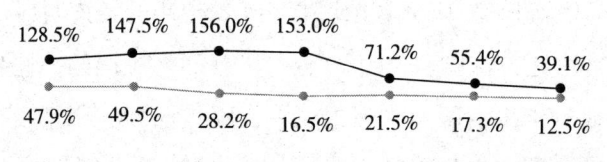

数据来源：根据艾瑞统计及预测模型所得。

图6-2　2018年中国网民规模及网络经济市场营收规模及增长率预测

面对用户增速下降，流量枯竭的现实，文化信息传输服务业需要去重新审视产业增长空间在哪里，如何在现有用户基础上精耕细作，通过提供完善的技术支持、产品运营和精准服务，从产业内涵去转化用户价值成为出路。

（二）区域发展仍不均衡，数字鸿沟依然存在

受经济发展因素、知识发展因素的影响，我国文化信息传输网络发展呈现出东部快西部慢、城市快乡村慢的特点。从基础设施建设看，我国东部沿海城市互联网宽带接入网络和骨干网络较为完善，互联网普及率较高，已经形成成熟的互联网宽带产业；而在西部地区，除成都、重庆等少数几个城市，大部分地区的宽带接入市场尚处于起步阶段。从域名和网站数的地域分布看，我国华北、华东、华南地区的网站和域名数均远远多于东北、西南、西北的网站和域名数，几乎相差6倍。这种区域发展的不均衡、数字鸿沟的存在将进一步拉大区域经济差距。

数字鸿沟在城乡之间也有拉大趋势，以城乡居民互联网用户为例，截至2016年6月，我国网民中农村网民规模为1.91亿，占比26.9%，较2015年底增幅为-1.5%；城镇网民规模为5.19亿，占比73.1%，较2015年底增幅为1.5%（见图6-3）。虽然农村互联网普及率保持稳定，截至2016年6月为31.7%。但是，城镇地区互联网普及率超过农村地区35.6个百分点（见图6-4），增速也高于农村地区城，城乡差距仍然较大。

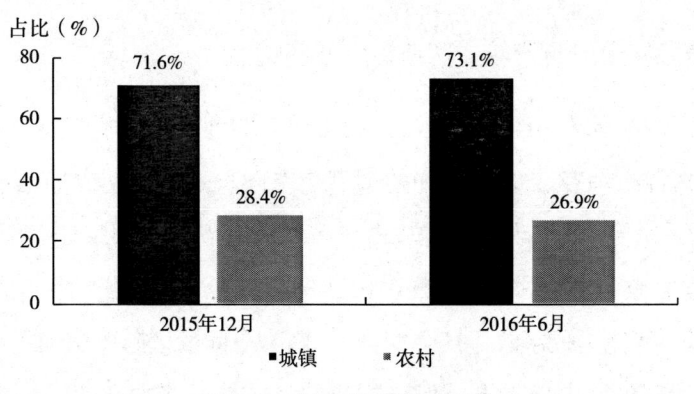

图6-3 中国网民城乡结构[1]

在广电传输网络覆盖上也存在很大城乡差距，我国的广播电视公共服务城乡发展很不均衡。从当前形势来看，农村市场依然是整个文化信息传输布局中最薄弱的环节。长期以来，农村及偏远地区经济基础相对薄弱、地理环境复杂、人口居住分

---

[1] 中国互联网信息中心. 第38次中国互联网络发展情况统计报告[EB/OL]. (2016-08-03) [2016-12-10]. http://www.cnnic.cn/hlwfzyj/hlwxzbg/hlwtjbg/201608/t20160803_54392.htm.

散，信息传输网络建设和运行维护成本高、收益低，存在一定程度的市场失灵。虽然，国家不论以财政拨款直接建设还是以补偿机制引导社会资本投资，都在加大对农村网络覆盖的建设，仅电信宽带就斥资超1400亿元进行输血，但基础运营商在农村市场的布局进展缓慢，民资进入信息网络市场也未找到合理的商业模式，"网络下乡入户"推进并不乐观。

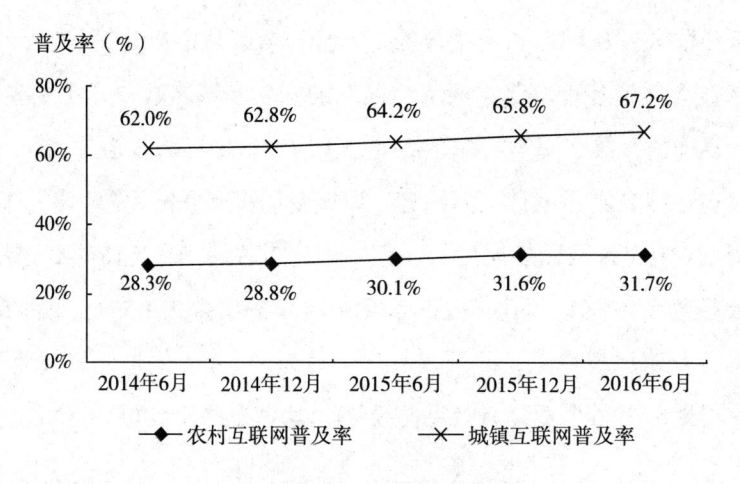

时间	农村互联网普及率	城镇互联网普及率
2014年6月	28.3%	62.0%
2014年12月	28.8%	62.8%
2015年6月	30.1%	64.2%
2015年12月	31.6%	65.8%
2016年6月	31.7%	67.2%

图6-4　中国互联网城乡普及率[1]

（三）信息安全问题严峻，网络治理面临挑战

随着信息传输网络向经济、社会、文化等各个领域的不断扩展，形成了人类独立于陆地、海洋、航空、航天之外的第五维空间——网络空间。当前在全球范围内，系统安全漏洞频繁出现，黑客攻击等事件时有发生，网络安全问题日益严重，"网络渗透危害政治安全""网络攻击威胁经济安全""网络有害信息侵蚀文化安全""网络恐怖和违法犯罪破坏社会安全""网络空间的国际竞争加剧"成为网络空间的挑战。在新的历史条件下，保障文化信息传输网络的清朗、稳定、和谐与安全，成为必须面对的严峻问题。

互联网与文化发展各领域深度融合，文化信息传输网络的关键基础设施从信息控制分发系统到基础信息网络等直接或间接与互联网相连，病毒、木马、黑客入侵、拒绝服务（DDoS）等网络安全威胁日益突出。2016年10月，国家信息安全漏

---

[1] 中国互联网信息中心. 第38次中国互联网络发展情况统计报告[EB/OL]. (2016-08-03) [2016-12-10]. http://www.cnnic.cn/hlwfzyj/hlwxzbg/hlwtjbg/201608/t20160803_54392.htm.

洞共享平台（CNVD）共整理信息系统安全漏洞1284个，其中高危漏洞499个，较去年同期增长71.2%，其中可被利用实施远程攻击的漏洞1139个。2016年9月，境内感染网络病毒的终端数为近197万个，网络安全事件报告数量8610个，报告数量最多的是漏洞事件和网页仿冒事件，10月，境内被篡改网站数量为4524个。针对关键基础设施的攻击从短时间、突发性攻击向高级别、持续性APT转变，多具明确政治、经济目的，且次数持续快速增长。我国科研教育、政府机构等的APT攻击事件频发被曝光，随着国际网络空间对抗形式趋紧，可以预见我国将遭受更多、更隐蔽的APT攻击。关键基础设施所遭受的网络攻击严重影响到国家安全、经济秩序正常运行和社会稳定，网络安全威胁和风险已成为世界各国必须共同面对和解决的难题。

文化信息服务企业在提供服务的过程中积累了海量的数据资源，在释放数据经济价值的同时，数据流动中的不规范行为严重威胁了数据主权和隐私安全。信息传输网络上汇聚了大量的涉及国家文化安全和用户隐私的数据，这些数据如果被随意地共享、开放、交易，或者在流动过程中以及流动之后得不到有效的保护，将会严重损害国家文化安全和用户权益。大数据技术的广泛运用，更是加大了安全风险。目前部分企业在数据共享、开放、交易等实践中，存在一些不规范行为，主要表现在以下3方面：一是在数据流动之前，对转移的数据类型、内容、接收者能力和可能产生的风险不进行评估，对用户个人数据的转移未获得用户授权，导致用户个人信息大规模泄露事件时有发生。特别是不加控制的数据跨境流动，更是严重威胁国家数据主权。二是在数据流动过程中，数据安全保障措施不到位，特别是对个人数据的脱敏或匿名化处理的不到位，侵害用户隐私。三是在数据流动之后，对接收者数据处理目的、处理方式不加限制，带来后续安全隐患。

除了现有广泛应用的信息网络外，代表未来发展趋势的万物互联时代的网络攻击正逐步向各类联网终端渗透，网络安全问题的影响范围不断延展，安全问题数量呈急剧增长态势，威胁程度日渐加深。网络安全隐患已遍布于新兴技术产业的各重要环节，但针对性的安全产品极度稀缺，相关防御技术手段的研发尚处于起步阶段，现有安全设备难以满足信息网络加速发展带来的海量数据处理要求，新技术、新业务的安全保障与发展迫切需要解决这一问题。

（四）新型发展不断涌现，政府监管制度滞后

技术的创新，新业务和服务的不断涌现，对现有管理体制提出新的要求，也对政府监管制度和监管能力建设提出了更高的要求。从各国的互联网监管实践来看，相对于日新月异的互联网技术和应用发展，政府对于文化信息传输网络监管存在明显的滞后和缺失。目前，依托大数据、云计算的技术性监管手段尚未建立，以事前准入为主的监管方式不适应新的发展需求，熟悉互联网业务特点的新型监管队伍尚未形成，条块分割的监管体制无法有效满足平台化的互联网业务监管需求，政府应加快向事中事后监管转变。

战略性新兴产业在培育阶段更需要创新、包容、开放的环境，政府要根据鼓励创新和支持发展的原则健全监管能力，在识别风险、明确底线的基础上采取包容性理念，如何在保护网络建设、创新业务形态的积极性的同时又能确保清朗安全的网络空间给行业监管工作带来了新的挑战。

四、文化信息传输服务业发展趋势

（一）补充修订统计指标适应产业发展

目前全国通行的《文化及相关产业分类（2012）》标准为2012年制定并发布实行，统计指标为传统技术体系下的业务分类（见表6-4）。

表6-4 《文化及相关产业分类（2012）》文化信息传输服务部分

国民经济行业代码	类别	涵盖内容
6420	互联网信息服务	指除基础电信运营商外，通过互联网提供在线信息、电子邮箱、数据检索、网络游戏等信息服务。
6319	其他电信服务	指除固定电信服务、移动电信服务外，利用固定、移动通信网从事的信息服务。
6321	有线广播电视传输服务	指有线广播电视网和信号的传输服务
6322	无线广播电视传输服务	指无线广播电视信号的传输服务
6330	卫星传输服务	指人造卫星的电信传输和广播电视传输服务

2015年后，文化信息传输服务网络发生了重大变化，技术创新带来的业务融合、跨界运营趋势越来越明显。在网络技术体系上，2015年广电传输数字化、双向化改造建设了广电宽带的基础技术，并正式接入基础宽带业务运营体系，传统有线、无线广播电视传输服务增长空间有限，目前统计指标无法反映这种变化。在互联网技术体系下，物联网时代将全面开启全球互联网连接增长步入动力转换阶段。全球互联网正从"人人相联"向"万物互联"迈进，对物联网发展的统计监测也将成为重要指标。技术体系的创新变革，必将带来信息服务类型和方式的再造，网络直播、二次元经济等在2015、2016年爆发式增长，"十三五"时期以互联网技术和服务创新为主要依托的战略性新兴产业崛起，都将释放极大的经济、文化价值。现有的统计指标体系无法及时反映并监测行业最新发展变化，对统计指标的补充、修订和完善势在必行。

另一方面，现有的指标统计体系应加强与国家指导性文件的衔接对应，进一步发挥统计指标的产业引导作用。在国家发改委发布的《战略性新兴产业重点产品和服务指导目录（2016版）》中，明确细分了近4000项产品和服务，与目前文化信息传输服务业的统计分类指标有重合也有出入。在目录中，与文化信息传输服务业内涵有关联的产品和服务分散在"新一代信息技术产业""数字创意产业"中，文化信息传输服务业统计指标体系应与未来培育产业的具体产品和服务形态结合，以便加强指标具体化和引导性，进一步明确产业边界和形态，培育有竞争力的新兴产业。

（二）颠覆式技术创新酝酿新驱动力

人类社会发展的历史证明，每次技术革命都源于某一两项具有根本性和强大带动性的重大技术突破，引发出新技术体系建立和新产业升级。当前，包括区块链、物联网、人工智能、VR/AR技术应用带来的技术革命和装备升级已初现端倪，模式创新将技术创新应用到具体的生产、生活场景之中，将技术的价值发挥到极致。

在互联网和移动互联网领域，5G研发试验和商用进一步推进，5G产业链企业的研发、运营能力进一步提升，下一代互联网商用部署将加快实施。物联网成为5G主要应用场景之一，将大大拓展物联网的应用。技术先进、高速畅通、安全可靠、覆盖城乡、服务便捷的宽带网络基础设施体系进一步完善。

在广播电视网络领域，将加强云网协同部署，实现广电宽带"网络即服务"。扁平化网络架构，推进骨干网向地市延伸，充分利用现有广播电视网络传输和业务承载能力，以统一的网络服务质量、安全监控和运维管理标准，保障网络对接与互联互通，结合有线无线融合覆盖，向多终端、多场景提供"联接"，最终实现"一点接入，全网服务"。正如《"十三五"国家战略性新兴产业发展规划》中提到，"推动有线无线卫星广播电视网智能协同覆盖，建设天地一体、互联互通、宽带交互、智能协同、可管可控的广播电视融合传输覆盖网。"下一代广播电视网作为网络强国基础设施，是高速、移动、安全、泛在的新一代信息基础设施。

在文化信息、数据存储和管理开发领域，将构建以数据为创新核心的体系。"加强海量数据存储、数据清洗、数据分析挖掘、数据可视化等关键技术研发，形成一批具有国际竞争力的大数据处理、分析和可视化软硬件产品。"不同行业内的文化企业依托大数据促进转型发展的意识，以大数据产品服务，孵化出融媒体大数据中心，共享数据成果，根据大数据分析挖掘社会需求，结合技术发展和数据交互应用，创新用户体验和产品服务形态，推动行业健康有序发展。

（三）柔性化生产成为业态创新重点

柔性化生产是在品质、交期、成本保持一致的条件下，生产线在大批量生产和小批量生产之间任意切换。信息传输网络对商业环节的渗透和改造是逆向的，从与消费者最近的广告营销端开始，进入零售、渗透进分销环节，最终倒逼到生产环节，在此过程中生产方式、管理理念、生产设备都将发生重大变化。柔性化生产已经成为互联网布局工业制造领域后，工业企业生产转型的主要方式。文化产业领域的产品、服务生产在互联网构建的新生态系统中，也将利用互联网技术平台、应用平台和市场平台，改造传统模式，发展新型业务。以互联网聚合用户个性化、多样化需求，以大数据实现供需精确匹配，以柔性生产满足低成本约束，基于自身海量的用户信息提供精准文化信息服务和个性化产品广告、文化活动推荐，驱动文化信息服务创新向精品化、便利化、个性化演进，让普通用户能够以较低廉价格享受到中高端定制化、个性化文化信息服务。

传统文化企业积极利用互联网构建连接生产与管理各个环节的网络基础设施、数据链及信息系统，满足自身在研发创新、营销服务、生产制造和产业链协同等方面产生的新需求，在商业模式、生产方式、组织机构等方面进行深度变革调整，适应互联网时代新型商业基础环境，积极打造新经济形态下的转型升级新优势。依托核心技术和产品体系打造生态系统，布局外围产品生态，实现新型专业化与多元化，是先行文化企业确保持续领先的重要方式。

（四）鼓励创新与依法规范平衡发展

传统产业中存在的体制机制和政策体系建设的问题，在作为新兴产业态的文化信息传输服务业中同样存在。越来越多的国家已经意识到对于互联网，需要加快从管理向治理的转变。当前，我国正在根据鼓励创新和依法规范相平衡的原则健全监管能力，完善融合业务发展和应用的法律法规制度，引入负面清单以降低市场准入门槛，探索部门协同、政企协作的新管理机制，特别是积极探索由企业平台向政府开放监管所需数据与能力，由政府直接开展互联网业务与平台监管的协同新模式，并加快向事中事后为主的监管制度转变，在管理手段方面，既对违法违规行为坚决处置，严格执法，通过事后追责起到管理和威慑作用；也更多地依托企业自证、信用机制等创新管理手段和多方力量，形成共治。

通过积极发挥政府、平台企业和社会的各方力量，逐步探索构建面向网络平台新经济、新生态的治理体系，推动平台企业基于自身能力以及与用户之间的权利义务约定承担相应责任，发挥其具有的技术和市场优势与政府加强协同，落实必要的背景审核、行为管控和安全规范职责，促进网络平台成为诚信守法、自律有序的典范。

第七章　中国文化创意和设计服务研究报告

　　当前，我国经济发展面临的国际国内环境正发生广泛而深刻的变化，资源环境约束和科技竞争压力日趋突出，经济转型升级要求日益迫切。文化创意和设计服务处于产业链的高端，不仅具有高知识性、高增值性和低能耗、低污染等特征，而且对于提升各行各业的产品和服务品质，增加附加值、塑造品牌、提升市场竞争力具有重要意义。根据《文化及相关产业分类（2012）》分类方法，文化创意和设计服务市场分为广告服务、文化软件服务、建筑设计服务、专业设计服务4个种类。整体上而言，2016年，我国文化创意和设计服务业取得了快速的发展，尤其是随着我国文化产业业态融合的趋势和科技创新主导的特征逐渐明显，文化创意和设计服务各行业不断进行供给侧结构性改革，在优化结构中不断发展，越来越凸显出经济新常态下对转变经济发展方式、推动产业转型升级重要的配合作用，甚至在推动产业融合、推进城镇化发展、加速区域协同创新、参与全球文化经济角力及实现包容性发展等方面，不断实验新路径、创造新模式、重塑新动力，起到对实体经济发展中某些领域的引领作用。

一、文化创意和设计服务融合发展的现状

（一）文化创意和设计服务业各行业有序发展

1.广告服务业空前活跃，广告市场蓬勃发展

从广告服务发展的整体情况看，2016年，我国广告业进入了一个空前活跃时期，无论是广告公司的数量，从业人数，还是广告营业额，都呈现迅速增长的态势。2016年，随着国家新型城镇化战略的推进实施以及特色小镇建设的加速，户外广告产业发展迎来新的发展机遇。在一、二线城市的户外媒体资源基本饱和，三、四线城镇则处于欠市场的开发阶段，城镇化加速了一、二线城市的户外媒体的存量调整和三、四线城镇户外媒体的增量扩容的新机遇。2016年，大数据的广泛应用推动了广告服务的精准化发展和数字化转型。如何实现大数据资源的整合和利用，成为广告服务企业面临的重点问题之一。同时，大数据对广告服务传统定价方式的改变，也在一定程度上推动了广告服务企业的供给侧改革。广告服务的快速发展与数字媒体和无线终端技术的运用密不可分，网络、手机、数字电视、商务楼宇广告、地铁大屏幕等形式的数字媒体广告的效用已得到越来越多广告主的认可。精准传播、互动营销等依托数字媒体和无线终端技术的新型传播形式，已经成为2016年广告行业的重要增长点。

图7-1 2012—2018年中国移动广告市场规模

■ 移动广告市场规模

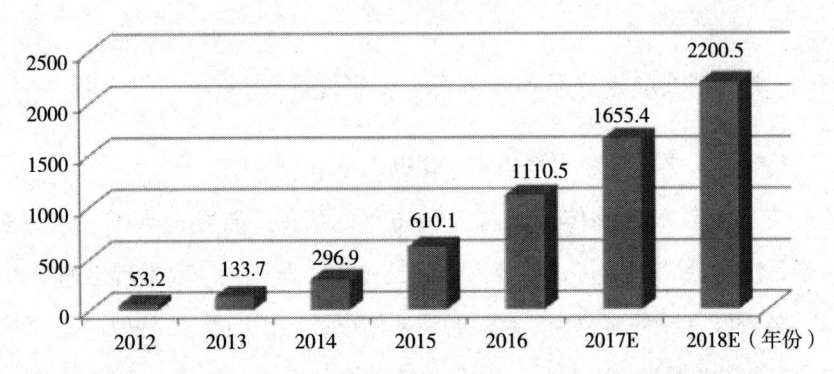

年份	规模
2012	53.2
2013	133.7
2014	296.9
2015	610.1
2016	1110.5
2017E	1655.4
2018E	2200.5

图7-2　2012—2018年中国互联网广告及移动广告市场规模增长率

2.文化软件服务进入爆发期，行业洗牌加速变革

从文化软件发展的基本情况看，2016年，我国软件服务进入创新爆发期，并不断在行业洗牌中进行换血，市场主导性越来越强，并呈现出文化软件和广告服务相互促进的发展特征。2014年，我国软件行业收入为37235亿元，较2010年的13589亿元增长23646亿元，年复合增长率为28.66%，显著高于同期我国GDP的增速，软件行业在国民经济中的地位进一步提升。2015年，我国软件和信息技术服务业实现软件业务收入4.3万亿元，同比增长16.6%。从软件行业各业务收入比重来看，近几年软件产品开发和系统集成业务一直是软件行业收入占比最高的两大类业务，合计收入占比一直保持在全行业50%以上。随着"互联网+"战略的深入，软件行业的发展非常迅猛，以移动App为代表的软件服务，已经广泛地渗透到城镇居民的日常生活并扮演着越来越重要的角色。从出行类软件如滴滴、优步，到网络直播类软件如花椒、快手，以及互动类的微信摇一摇，支付宝的咻一咻等，提供了基于生活场景的文化服务。2016年，各种软件的研发及应用速度更加迅速，并带动了媒体形式的丰富化。值得注意的是，2016年，文化软件的发展与广告服务的关联度更加紧密，众多服务类软件在累积一定的用户量后，开始广泛吸引广告主关注，广告主们开始纷纷涌入这些新兴的媒体，从而也间接地加速了软件行业的发展速度。两者之间的深度融合，不断加剧媒体间的协同创新和文化创意与设计服务的融合发展。

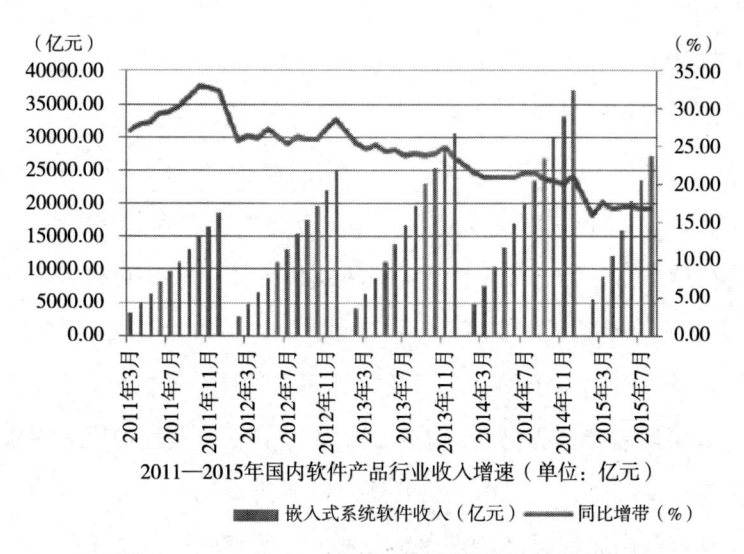

图7-3 2011—2015年国内软件行业收入增速

图7-4 我国软件和信息技术服务业软件业务收入变化情况

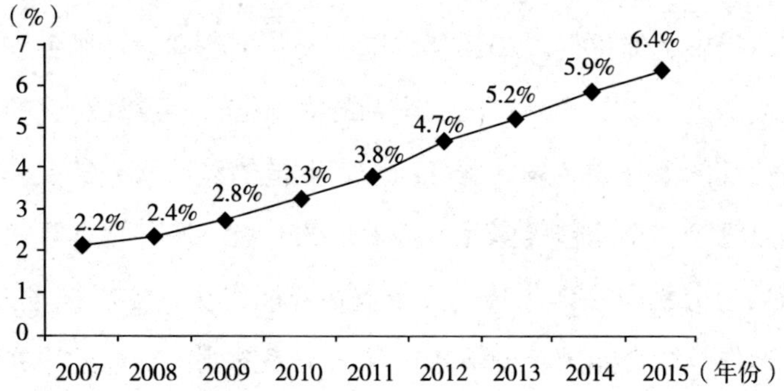

图7-5 我国软件和信息技术服务业收入占GDP比重

3.建筑设计服务与实体经济继续保持黏性,附加值不断提高

从建筑设计服务的基本情况看,2016年,我国建筑设计服务在与行业市场继续保持黏度和依赖性的同时，开始以文化创新和设计思维开拓高附加值市场，并与文化领域尤其是公共文化服务融合更加紧密。建筑业的发展是建筑设计行业市场需求的直接来源。近年来，我国国民经济持续稳定增长、城镇化高速推进，为建筑业的发展提供了良好机遇。2006—2015年，我国建筑业总产值从41557.16亿元增长到180757.47亿元，增长幅度达4.35倍，年均复合增长率为17.74%。一方面，房地产开发市场持续增长，为建筑设计行业发展提供支持。2006—2015年，我国房地产企业投资完成额逐年增长，从1.94万亿元增长到9.60万亿元，年均复合增长率为19.44%。房地产开发市场的持续增长，为建筑设计行业的发展提供了有力的支持。2016年，我国房地产行业仍保持平稳的发展趋势，建筑设计服务在稳定持续发展中不断夯实市场基础。另一方面，公共建筑领域投资规模扩大，带动建筑设计市场需求增长。随着我国城镇居民数量逐年增加，以教育机构、文化中心、体育场馆、卫生设施等为代表的公共建筑需求日益增多。国家统计局的数据显示，我国教育、文化、体育、娱乐、卫生、社会保障、社会福利、公共管理、社会组织领域的固定资产总投资规模从2006年的6985亿元增长到了2014年的24080亿元，年均复合增长率为16.73%。这些投资中很大一部分用于建设相关的公共建筑，从而形成了巨大的公共建筑设计市场。2016年，随着公共文化服务体系的日趋完善，公共建筑领域的设计服务不断优化行业发展，提高设计水准，并与公共文化领域融合更加紧密。

4.专业设计服务行业集中度提升，互联网思维催化转型

从专业设计服务的基本情况看，2016年，我国专业设计服务领域的"专业性"更强，行业集中度在资本市场的作用下进一步提升，互联网思维为专业设计服务领域的深刻变革提供了催化剂。2016年，随着文化创意和设计服务与相关产业融合发展在国家层面的进一步落实和在区域市场的纵深推进，设计企业的服务模式和产品供给开始由传统的单一领域设计服务向全产业链的设计服务转型，从创意设计到规划咨询、项目管理、总承包等多元业务模式的升级，使文化创意和设计服务的市场格局正在从条块分割向一体化转变；企业核心能力从过去以技术为主逐步向技术、管理、资本运作等综合能力转变。2016年，更多的业内企业运用并购杠杆来寻求规模的迅速扩张，融合背景下，专业设计服务机构为实现规模效开始尝试进行横向并购扩张，探索通过跨领域收购助力多元化发展，寻求以联盟制、连锁制等多种经营模式实现整合扩张。2016年，"互联网+"的广泛渗透，使专业设计服务机构的平台

思维和迭代创新思维成为主导产业发展的重要力量，平台思维把知识的获取、共享、创新和应用建立在开放的平台上，打破区域行政壁垒，以文化创意资源的开发整理与重塑为主体，以文化创意和技术创新为驱动要素，能够有效实现资源的整合与市场的配置，也为未来的文化创意和设计服务市场提供了有效的商业范式。

整体上而言，近年来，随着我国新型工业化、信息化、城镇化和农业现代化进程的加快，文化创意和设计服务已经渗透到制造业、建筑业、服务业、农业等国民经济各行业各领域，在优化产业结构、提升产品附加值、提高人们生活品质、增强文化软实力等方面发挥了重要作用。2014年2月，国务院出台了《关于推进文化创意和设计服务与相关产业融合发展的若干意见》（以下简称《若干意见》），对推进文化创意和设计服务发展、促进其与实体经济深度融合进行了系统部署，明确了文化创意和设计服务与装备制造业、消费品工业、建筑业、信息业、旅游业、农业和体育产业融合发展的重点任务，并提出了一系列的具体政策措施。文化产业和科技、金融、旅游、制造业的融合发展更加紧密，文化创意和设计服务行业自身不断融合创新的同时，也在不断与文化产业其他行业及其他业态进行广泛融合。

（二）文化创意和设计服务业与实体经济关系密切

1.文化创意和设计服务业服务于实体经济发展，其融合发展的程度决定了与实体经济结合的深度

2016年，全球经济弥漫的金融危机阴云迟迟不肯散去，在这样的背景下，中国经济仍然保持了高速的增长。国民经济是文化产业发展的基础，实体经济发展影响着文化创意和设计服务业发展的方向和融合的路径，尤其是文化创意和设计服务业中的广告、建筑设计等专业设计服务，本身便服务于实体经济。

从广告业的发展看，据CTR媒介智讯的广告监测数据显示，2016年1—10月，我国广告市场投放花费同比增长12.4%，其中电视增长14.5%，报纸增长6.2%，期刊增长1.1%，广播增长2.7%，户外增长7.0%。2016年广告行业资源变化趋势分析，在广告投放主要行业中，2016年1~10月TOP5投放行业全部上涨，这5个行业占了广告总额的54%，对广告市场的走势具有决定性的影响。从各个行业对广告市场的贡献度来看，在2016年对广告市场增长贡献最大的是饮料行业，贡献率达到

30%，医疗保健机构和食品的贡献率也达到13%，此外，药品、酒精类饮品也贡献了7%。由此可以看出，在金融危机时期受到影响最小的是快速消费品类的广告。正是快速消费品、医疗保健机构、药品等行业支撑了2016年广告业的增长。

从软件业的发展看，我国软件产业收入不仅保持较快速度增长，同时占国内生产总值的比重也逐步攀升，2007年占比为2.16%，2015年上升至6.39%。2016年1~2月，我国软件和信息技术服务业完成软件业务收入6206亿元，同比增长15.50%，增速比2015年同期下滑0.3个百分点，比2015年底下滑1个百分点。其中，软件产品实现收入1899亿亿元，同比增长11.40%，增速低于2015年同期2.2个百分点，比2015年底低3个百分点；信息技术服务收入3136亿元，同比增长15.70%，增速低于2015年同期1.9个百分点，比2015年年底下滑2.7个百分点；嵌入式系统软件收入1169亿，同比增长21.90%，增速比2015年同期高出7个百分点，比2015年年底提升10.1个百分点。

从建筑行业的发展看，新型城镇化对建筑领域的拉动作用将持续显现。城镇化进程推动住宅、医疗、学校、民用文化建筑等建设需求大幅增加。我国城镇化率从2006年44.3%提升至2016年56.1%（见图7-6），城镇人口数量从5.83亿人增长至7.7亿人。发达国家的城镇化经验表明，我国城镇化率正处于加速阶段初期，未来将有较长时间的持续增长，建筑设计行业仍将有广阔的增长空间。

图7-6 我国城镇化率逐年提升

建筑业的发展是建筑设计行业市场需求的直接来源。近年来，我国国民经济持续稳定增长、城镇化高速推进，为建筑业的发展提供了良好机遇。2006—2014年，我国城市建成区总面积从3.37万平方公里扩大到4.98万平方公里；城市建设用地面积从3.18万平方公里扩大到5.00万平方公里，过去9年扩大了57.23%。2006—2015年，我国建筑业总产值从41557.16亿元增长到180757.47亿元，增长幅度达4.35倍，年均复合增长率为17.74%。未来，我国的建筑业仍将保持良好的发展前景。房地产开发、公共建筑、保障安居工程等建筑领域的发展发挥了重要的推动作用，为建筑设计行业带来了巨大的市场需求。

2.宏观经济向好和城镇化高速推进为文化创意和设计服务与相关产业融合发展研究带来广阔的发展空间

国家统计局数据显示，我国国内生产总值保持高速增长，从2006年216314.43亿元增长到2015年的676708.00亿元。与此同时，我国城镇化率从2006年的44.34%增长到2015年的564.1%。在城镇人口不断增长的同时，我国的城市规模也不断扩大，随着居民收入水平提高、人口结构调整和科技进步，城乡居民的消费内容和消费模式都在发生变化，对消费质量和消费环境提出更高要求。以消费新热点、消费新模式为主要内容的消费升级，将引领相关产业、基础设施和公共服务投资迅速成长，拓展未来发展新空间。整体而言，2016年，我国文化创意和设计服务业开始以服务消费、品质消费、时尚消费为重点目标，加强优质文化产品和服务的创意供给，正日益成为我国文化产业供给侧改革的重要着力点。文化创意和设计服务业发展更加立足于将大众作为创意阶层，将文化企业和企业家作为主角，在确保文化产品和服务坚持社会主义核心价值体系，实现"双效统一"前提下，以创造优质的文化生态和全要素创新，破除当前制约我国文化产业发展的"供给约束"与"供给抑制"，进一步强化了"市场"的作用，可以更好地扩大文化产业的有效供给。

图7-7　2006—2015年我国建筑业总产值及增长率

（三）文化创意和设计服务业融合发展特征突出

1.新兴业态对文化创意和设计服务与相关产业融合的领域和融合的深度起到关键作用

回顾人类文明发展脉络，文化与科技融合的历史演进机理大致呈现出从"无意识"到"有意识"、从"浅层"到"深层"、从"手工"到"机器"、从"零星"到"规模"、从"偶然"到"必然"、从"线性"到"网络"的运动轨迹，具体表现为"工具""器物""产品""产业"4种形态的过渡。简言之，过去科技对文化的影响表现较为单一，往往只在特定的阶级和历史时空中发挥作用，现如今却发展为"相得益彰"的格局。尤其是在文化产业发展日渐成熟的今天，文化与科技融合为天马行空的文化创意和源远流长的历史内容找到了更多元化的载体及表现形式，在丰富人们文化生活、文化体验、文化消费的同时，激活了创新要素，增强了文化品质，催生了一大批新兴文化业态。"文化＋科技"已经成为文化创意产业与创意经济发展最典型的模式之一，对繁荣文化市场发挥着不可替代的作用。❶

新技术驱动下的业态创新，改变了文化创意和设计服务业的收入构成格局，不断推动文化创意和设计服务业融合方向和融合主体的调整和变化。以软件业为例，2015年，我国软件产业收入按构成分为软件产品收入、信息技术服务收入、嵌入式系统软件收入（见图7-8）。随着云计算、物联网、大数据分析、互联网等技术的快速发展，以服务为主导的创新应用，越来越对软件业的发展起到支撑作用。

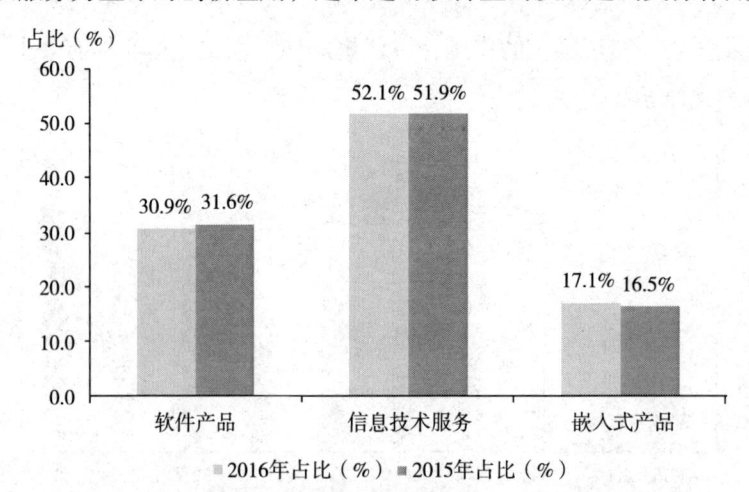

图7-8　2015年我国软件业务收入构成情况

---

❶ 李凤亮,宗祖盼.文化与科技融合创新:演进机理与历史语境[J].中国人民大学学报,2016(4).

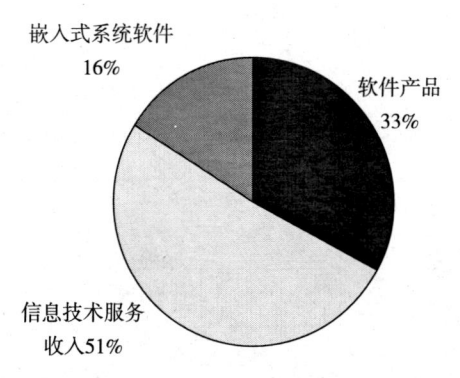

图7-9　2016年1~10月软件产业分类收入占比情况

新技术驱动下的业态创新，还不断改变着文化创意和设计服务业的技术体系、服务标准和发展效率，有效推动了文化创意和设计服务业供给侧改革。以建筑设计为例，建筑设计是应用型技术行业，以技术集成为主。BIM等数字化技术的应用引领了设计技术手段的第二次变革，实现由用图形转向用模型完成工程全过程服务。BIM以工程项目各项相关信息数据为基础，进行模型建立，通过数字信息仿真模拟建筑物所具有的真实信息。BIM集可视性、协调性、模拟性、优化性和可出图性于一身，适用整个建筑生命周期，能大幅提高建筑设计效率（见图7-10）。

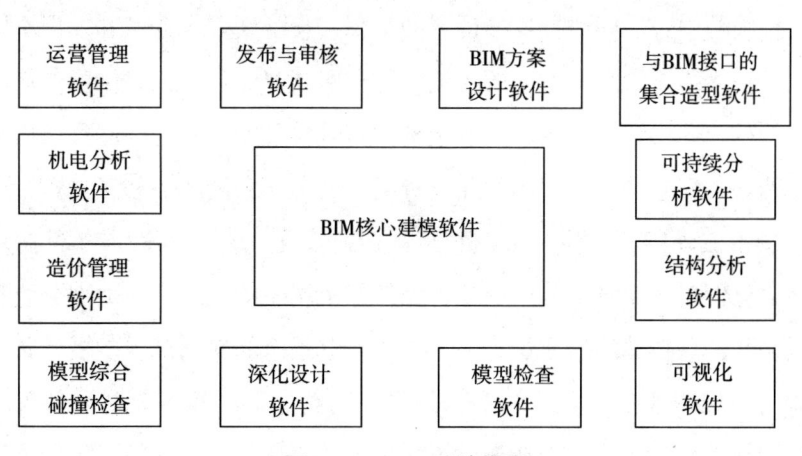

图7-10　BIM系统构成

欧美相关公司BIM平均使用率从2007年的28%增长到2009年的49%，再到2012年的71%，2012年业主方的BIM使用率首次超过设计方。BIM模型中的整个过程都是可视化的，项目设计、施工、监理、运营过程中的沟通、讨论、决策都可在可视化的状态下进行，使设计师、业主、施工方、运营方等对项目是否满足需求的判断更为准确有效（见图7-11）。

设计行业	施工行业	运营行业
可视化	可视化	可视化
参数驱动	专业综合	信息与分类标准
关联修改	施工过程模拟	物资编码与管理
任务划分和管理	施工工艺模拟	远程与移动平台工作
性能分析	施工信息模拟	基于BIM设备管理
协同设计	基于BIM成本管理	基于BIM租赁管理
三维设计和交付	物资编码与管理	基于BIM安全管理
远程与移动平台合作	远程与移动平台工作	基于BIM信息的自控系统

图7-11 BIM在建筑行业中的特点

从软件业和建筑业的发展趋势以及信息技术服务在软件业中的占比等因素可以看出，技术更新快、产品附加值高、应用领域广、渗透能力强、资源消耗低的新兴业态，开始成为国内外文化产业发展的重要着力点。从国际环境看，以发达国家为主导，以信息技术和文化内容及品牌为核心的文化产业，将继续成为发达国家产业结构调整转移的中心。同时，发达国家的知识密集型新兴服务业和发展中国家的传统服务业，将继续成为各自发展的主流。随着国际产业间分工、国际产业内分工日益向国际产品内分工延伸，国际产业结构调整转移日益体现为国际产品内工序环节的调整和转移，发达国家之间的相互投资与发展中国家之间的相互投资，也将日益成为国际资本流动的两大主要方向，从国内发展看，在技术进步和科技发展导向下，数字文化创意产业将更为广泛地占据新兴市场份额，未来，大部分业态发展都将与互联网和信息技术发展密切相关。在这一背景下的文化产业发展，紧紧围绕五大发展理念，以产业多维融合和多元跨界不断创造新区间，以制度创新、技术创新、产品创新满足新需求、创造新供给，着力提高文化产品和服务供给体系质量和效率，不断实现了经济动能的转换更迭和经济结构的优化升级。

2.文化创意和设计服务与相关产业融合发展成为我国文化产业供给侧结构性改革的重要力量

从驱动经济发展动能更迭的角度看，世界各国的经济发展史证明，在从中等偏上收入国家向高收入国家迈进的时候，恰恰是产业结构变化最剧烈的时候。在我国经济进入新常态、面临一系列新的突出矛盾和主要问题的环境下，文化产业的发展不可避免地面临着结构形失衡。文化产业自身的结构性调整势在必行。必须通过供给侧结构性改革优化文化产业结构，以有效的文化供给、优质的文化供给、良好的制度供给实现文化产业转型升级，为真正启动内需，打造文化经济发展新动力提供有效路径。同时，互联网+"双创"+"中国制造2025"或将催生中国的一场"新工业革命"。利用互联网平台，吸引全社会力量参与改造传统制造业，同时也提升制造业产品需求。以"中国制造"为核心，依托信息化、智能化、小型化、分散化、个性化的新型生产组织方式，逐渐取代分工明确、规范严格的标准化大工厂生产组织方式，将日益成为文化产业增长的重心和方向。

从优化产业结构的角度看，科技变革背景下传统产业面临淘汰的挑战使文化产业不断加强与科技的融合深度和力度，在国际市场呈现出明显的梯度转移特点，在国内市场则呈现出科技主导甚至科技依赖的特性。在新经济形势下，文化产业开始呈现深入融合的发展趋势，而以新技术为引擎的文化科技融合及其衍生出的新业态开始占据更加广泛的市场，并以较高的附加值成为文化产业业态创新中的佼佼者。随着国际新技术发展和产业化进程加快，移动互联网、可再生能源、物联网、3D打印、智能制造等新兴产业加速发展，移动互联网、云计算、大数据等信息技术等科技手段的广泛应用和与文化领域的融合，新业态、新模式和新产业不断被催生，传统产业将全面转型升级，世界经济的核心竞争力越来越趋向于以创新为驱动的科技进步。随着我国与发达国家差距拉大、传统产业面临被技术性淘汰的风险期的到来，我国在科技创新和新兴产业发展领域与发达国家仍存在较大差距，在制造业领域的传统成本竞争优势逐渐弱化，产业发展进步前有堵截、后有追兵。在这一挑战下，文化创意和设计服务业供给侧改革势在必行。

二、文化创意和设计服务业发展的特点

（一）"文化+"：提供核心支撑，推进产业融合

"文化+"是以文化为引领的产业的横纵联合从而满足新需求、创造新供给，着力提高文化产品和服务供给体系质量和效率，为文化发展提供新思路、新模式、新

业态。2016年,文化创意和设计服务业以"文化"为核心支撑,在新型工业化、信息化、城镇化和农业现代化不断加快的进程中,通过"文化+"植入或贯穿于经济社会各领域各行业,并呈现出多向交互融合态势,对发展创新型经济、促进经济结构调整和发展方式转变、加快实现由"中国制造"向"中国创造"转变以及有效地促进产品和服务创新、催生新兴业态、带动就业、满足多样化消费需求、提高人民生活质量等方面,均发挥了重要的作用。

1. "文化+"创造产业融合新领域

2016年,以"文化+"破除传统定式,开拓新兴市场,已成为文化创意和设计服务企业的重要共识。以故宫博物院文创产品开发为例。2016年,故宫以经典IP形象为原型,通过"表情设计""游戏创意"等多种形式开发各类文化创意产品,并将服务拓展到动漫、文学等领域的传统文化IP的转化实践,为释放消费潜力提供了一个可行"范本"。2016年,以"文化+"为核心,以科技为依托,实施"文化与科技融合"的发展战略,也不断成为文化创意和设计服务业跨界创新的重要思路。2016年,深圳华强凭借自身拥有的数字图像、影视特技、虚拟现实技术(VR)、网络通信、仿真与机器人以及自动控制等高科技技术,结合自主知识产权,选取中华传统文化以及世界优秀文化中脍炙人口的故事或有代表性的文化元素,通过精心的创意加工、科技设计和艺术美化,让这些传统文化以创新的表现形式展现在公园游客面前,实现了创意设计、特种电影、动漫、主题演艺、文化科技主题公园等多个领域的有效链接,各产品之间互为上下游,互相依靠和支持,实现了优势互补、资源共享,打造了"文化+科技+旅游"的全新产业链[1],取得了良好的效益,为文化科技融合的产业实践提供了一个鲜明的"标杆"。

2. "文化+"打造产业融合新模式

2016年,万达文化产业收入占集团整体收入比重超过1/4,文化产业已经真正成为万达的支柱产业。2016年,万达集团服务业收入占比55%,历史上首次超过地产;服务业净利润占比超过60%,也大于地产开发利润。其次是万达商业,其租赁业务净利润占比约55%,以租金等为主的非地产净利润超过了地产开发净利润。这意味着万达已经从地产转型,"文化+"是万达转型的重要引擎。在电影产业上,

---

[1] 天信投资.2016中国文化消费指数发布,这些文化股有望迎来发展良机[EB/OL].(2016-03-09)[2017-01-08].https://xueqiu.com/3834958640/76873539.

2016年万达全球新增影城677家,新增屏幕6788块,其中国内新增影城154家,屏幕1391块。在体育产业上,除了以前与国际足联、国际冰联等8家国际体育机构的独家合作外,2016年,万达体育跟国际足联签订了全球顶级赞助协议,成为中国唯一的国际足联顶级赞助商,也是全球仅有的6家国际足联顶级赞助商之一。此外,万达体育还与国际篮联、世界羽联签订全球独家商业开发协议,与国际自行车联盟签订中国区的独家合作协议。在旅游产业上,2016年万达开业了南昌、合肥两个"万达城",在全球引发巨大反响,正是这两个项目的开业促成"万达城"落户海外,万达酒管开始走上品牌运营之路。此外,2016年万达还成立了网络科技集团,明确打造中国唯一的"实业+互联网"大型开放平台的战略定位。无疑,围绕"文化+"跨界发展,万达创造的产业模式成为2016年文化产业的一大亮点。

表7-10 2016年万达集团各行业/集团收入及增速[1]

行业/集团	收入(亿元)	完成计划比重(%)	同比增长(%)
文化集团	641.1	103.3	25
电影产业	391.9	105.8	31.4
旅游产业	174.3	100	37.1
体育产业	64	98	9
儿童娱乐	5.2	103.4	137.8
网络集团	41.9	103	—
金融集团	213.5	127.7	—
万达百货	178.2	101.6	—

从万达的实践看文化产业的跨界发展,可以发现,"文化+"创造的产业融合实践主要有以下几种模式,①以技术全面创新促进文化科技产品和服务创新,提高文化产品和服务的科技含量,改造传统文化行业,提升要素利用效率,推动文化科技融合发展;②以品质化和品牌化方式促进文化旅游产品和服务创新,提高文化旅游内容和形式的开发深度,提高文化旅游产业发展强度;③以资本制度创新促进文化金融产品和服务创新,创新文化资产管理方式和创新文化金融服务组织形式,推动文化与金融融合发展;④以创意设计和形象授权为引领促进文化制造业创新,加快

---

[1] 王健林.万达集团2016年工作报告[EB/OL].(2016-01-15)[2017-01-28]. http://www.wanda.cn/2017/2017_0115/34435.html.

将文化元素融入制造业研发、设计等价值链高端环节，向设计服务领域延伸和服务模式升级，推动文化与制造业融合发展；⑤以休闲中国和健康中国为主旨推动文化体育融合发展等。

（二）"生活+"：引导消费供给，开拓跨界市场

生活性服务业领域宽、范围广，涉及人民群众生活的方方面面，与经济社会发展密切相关。加快发展生活性服务业，是推动经济增长动力转换的重要途径，实现经济提质增效升级的重要举措，保障和改善民生的重要手段。2016年，"生活+"的重点在于，以文化创业和设计服务与相关产业融合为驱动力，以消费终端完善和消费渠道创新为两翼，着力提升文化服务内涵和品质，推进文化创意和设计服务等新型服务业发展，大力推进与相关产业融合发展，不断满足人民群众日益增长的文化服务需求。

1. "生活+"理念有效增加服务供给

2016年，各类市场主体开始根据居民收入水平、人口结构和消费升级等发展趋势创新服务业态和商业模式，优化服务供给，增加短缺服务，开发新型服务。以万达、耀莱和UME等院校为代表的院线服务，一方面通过IMAX厅，还有杜比全景声、4DX等多种放映系统并存的放映服务，实现了多元化的行业消费选择。另一方面通过观影、购物、餐饮等多种娱乐休闲活动于一体的附加服务，实现了多样化的服务供给。2016年，许多城市纷纷利用文化活动创造"生活+"新理念，以新理念拉动新消费，取得了有效的成果。以北京市为例：充分利用京台文化创意展、深圳文博会、北京文博会、北京科博会、京交会、电商博览会等平台，多次组织举办文化与科技融合产业项目合作推介会、首都文化科技融合发展成果展等多场常态化高端活动，促进"政产学研用"等多方合作，助推文化与相关产业融合发展，为2016年北京市文化创意和设计服务业融合发展创造了新的机遇，同时也彰显出文化创意和设计服务与生活融合的优势，实现了更加人性化和便捷化的发展，服务内容的多元化。这也进一步说明，"生活+"已经成为一种引领文化创意和设计服务纵深发展的理念。

2. "生活+"布局有效拓展基层市场

2016年，城市生活性服务业继续遵循产城融合、产业融合和宜居宜业的发展要求，科学规划产业空间定位，合理布局网点，完善服务体系，为文化创意和设计服务融合发展，奠定了良好的产业基础。2016年，农村生活性服务业以改善基础条

件、满足农民需求为重点，以城镇生活性服务业网络向农村延伸为方向，通过农村宽带、无线网络等信息基础设施建设的推进和电子商务、快递服务下乡进村入户的推动，实现了文化创意和设计服务向农村布局、向基层拓展的发展局面。这也进一步说明，围绕"生活+"深度开发人民群众从衣食住行到身心健康、从出生到终老各个阶段各个环节的生活性服务，满足大众新需求，适应消费结构升级新需要，不仅是创新设计理念、体现人文精神的有效路径，也是为文化创意和设计服务创造蓝海市场的有效手段。而未来，如何进一步在基层文化市场建设中提升服务管理水平，拓展服务维度，精细服务环节，延伸服务链条，发展智慧服务，积极运用互联网等现代信息技术改进服务流程，扩大消费选择，将是文化创意和设计服务业供给侧改革的重要着力点。只有更好地培育信息消费需求，丰富信息消费内容，改善生活性服务消费环境，加强服务规范和监督管理，健全消费者权益保护体系，才能够为文化产业发展创造更广阔的市场，提供更优质的产品和服务。

（三）"互联网+"：构建平台思维，加速业态创新

"互联网+"解决的则是供给侧结构性改革的方向问题。"互联网+"是把互联网的创新成果与经济社会各领域深度融合，推动技术进步、效率提升和组织变革，提升实体经济创新力和生产力，形成更广泛的以互联网为基础设施和创新要素的经济社会发展新形态。

1. "互联网+"开启文化消费领域新供给

2016年，互联网与各领域的融合发展具有广阔前景和无限潜力，已成为不可阻挡的时代潮流，正对各国经济社会发展产生着战略性和全局性的影响。以乐视控股（北京）有限公司的电视+耳机+手机+VR设备和北京暴风科技有限公司的暴风魔镜——VR设备为代表，互联网科技企业开启了互动体验和交互创新的新思路；以北京沃富瑞德文化传播有限公司的弧形大屏、裸眼VR以及北京康德新功能材料有限公司裸眼3D、大屏触控为代表的跨界产品；以北京歌华在线文化传媒有限公司的疯狂一玩主题体验馆为代表的跨界空间，均显示出这一年互联网平台思维对文化消费理念的变化和文化产品供给的提升。

2. "互联网+"大数据全面提升百姓生活质量

2016年，大数据应用在文化消费引领和生活质量提升方面发挥了更加重要的作

用。"大数据"具有更强的决策力、洞察发现力和流程优化能力的海量、高增长率和多样化的信息资产,更好地融入到文化创意和设计服务领域,有效推进了文化领域的供给侧改革。2016年,在大数据方面,展示了北京国际广告传媒集团舆情大数据服务、新媒体融合、社区网产业发展、广告及活动会展业务;北京蓝色光标品牌管理顾问股份有限公司蓝标大数据项目、多盟、迈片互联、活动树、捷报数据等案例,充分说明了企业应用平台思维和多元数据整合思维,加速业态创新和行业变革的能力不断提高。此外,以谷武科技为代表的互联网企业开启了农村电商文化消费的新渠道,有效破解了农村实体渠道购物商品价格高、信息闭塞等困境,以及主流电商在农村市场渠道及信息扁平化等瓶颈,利用新旧媒体互补性优势,以"互联网+"思维、媒体融合思维构建"电视/电台+电商"的创新聚合平台,打造"从观众到粉丝、再从粉丝到用户"的营销闭环,实现了互联网驱动全方位生活质量提升的开拓。

3."互联网+"提供文化创意和设计服务业新动能

2016年,正是顺应世界"互联网+"发展趋势,文化创意和设计服务业充分发挥了我国互联网的规模优势和应用优势,推动互联网由消费领域向生产领域拓展,加速提升产业发展水平,增强各行业创新能力,构筑经济社会发展新优势和新动能。这也进一步说明,坚持改革创新和市场需求导向,突出企业的主体作用,大力拓展互联网与经济社会各领域融合的广度和深度,深化体制机制改革,是释放发展潜力和活力的有效路径。而在这个过程中,如何着力创新政府服务模式,夯实网络发展基础,营造安全网络环境,提升公共服务水平,也成为全社会关注的一个重点。值得注意的是,互联网"+"的内容是关键,"互联网+"的本质是依托信息基础设施与网络技术,实现信息、资源等互联互通、交互共享的平台。未来,如何引导更多的互联网企业走上科技创新驱动、追求高附加值的发展路径,值得思考。

三、文化创意和设计服务业发展的趋势

(一)文化创意和设计服务与相关产业融合将更加深入

1.文化创意与科技创新融合发展的黄金时代即将来临

2017年,随着文化创意与科技创新协同发展的工作机制的建立健全,文化生

产、传播、展现、消费等环节的技术攻关力度也将不断加大，这将进一步推动文化创意与科技创新深度融合。而随着虚拟现实（VR）与增强现实（AR）产业发展面临的机遇期的到来，虚拟现实技术与电影、电视、游戏、设计、医疗等产业领域的有机融合，也将开辟出新的产业生态圈。如何加快文化创意在传统制造业各领域的数字化、信息化进程，推进协同设计信息化平台建设，实现企业内或上下游企业间研发设计与生产制造、销售管理等环节的综合集成，将成为未来文化创意和科技融合的重点之一。同时，文创产业大数据应用价值也将随着文化消费观念的转变、消费层次的提高进一步彰显出更大的商业应用市场。

2.文化创意与制造业融合将成为工业4.0的创新标杆

2017年，工业领域还将在全球范围内发挥越来越重要的作用，作为推动科技创新、经济增长和社会稳定的重要力量，制造业的改革创新依然是全球关注的重点。因此，文化创意促进制造业新产业、新业态、新技术、新模式发展的作用将进一步在全球化时代凸现出来，推进文化创意和设计服务与制造融合发展，推动传统制造向"智能型制造、服务型制造"方向发展，也将成为制造业供给侧结构性改革的重点方向。在此背景下，文化消费品产业如何更好地顺应市场需求和现代生活方式，融入传统文化和现代时尚元素，强化创意设计在产品创新、品牌建设、营销策划和质量管理等方面的作用，提高产品附加值，提升产业竞争力，也将赋予文化创意和设计服务业发展更多的期待。

3.文化创意和设计服务将与城镇化进程进行高匹配度融合

2017年，以产促城、以城兴产的产城融合将成为城镇化建设的重要趋势。随着以城市为基础，承载产业空间和发展产业经济，以产业为保障，驱动城市更新和完善服务配套，进一步提升土地价值，以达到产业、城市和人之间有活力、持续向上发展的城镇化模式的应用，文化创意和设计服务将与城镇化进程进行更高匹配度的融合发展。在这一语境下，优化人居环境质量，突出地域特色，完善优化功能，提升文化品位，成为文化创意和设计服务与城市融合的重要方向。在此背景下，文化创意和设计服务行业细分领域如何加强城市规划、景观风貌规划、建筑和室内装饰设计，提高园林绿化、城市公共艺术的设计质量，从而更好地服务于功能完善、布局合理、形象鲜明的特色文化城市，迫在眉睫。同时，随着未来城乡统筹发展，推进新型城镇化、特色产业小镇和美丽乡村建设的推进，如何在历史文化名镇

（村）、文物保护单位、传统村落和历史建筑的保护中推进技术传承创新，发展绿色节能建筑，创新装饰设计，引领装饰产品和材料升级，也对文化创意和设计服务业市场主体转型升级提出了新的要求。

（二）文化创意和设计服务业的市场逻辑将发生转变

1.从"传统定式"向"创新思维"转变

当前我国正处于经济发展新常态，过去30余年助推经济高速增长的人口红利、土地供给和粗放投入已逐渐不复存在，传统"三驾马车"投资、出口、消费对拉动经济增长的动力作用日渐不足，传统产业相对饱和、产能库存相对过剩、资源消耗相对巨大等问题日益凸显，中国经济正在进入增长速度换挡期、结构调整阵痛期、前期刺激政策消化期"三期叠加"状态中。新常态既对中国经济社会平稳发展提出新挑战，也为中国各产业转型升级带来新机遇。2017年，通过技术进步实现生产效率的提高和通过生产要素的重新组合实现资源配置效率的提高，将成为文化产业创新升级的双轮驱动。因此，文化创意和设计服务业如何突破简单的产业淘汰，通过理念创新、技术创新和文化创新实现产业内部和产业之间的优化升级，促进传统产业的价值链提升和与文化创意产业的深度融合，是当前乃至未来相当长时间内实现深层次的产业结构调整所要着力解决的问题。

2.从"文化领域"向"全域社会"扩展

随着信息技术高速发展和移动互联网迅速普及，信息产业对文化创意和设计的需求、文化传播对数字化和网络化的依赖要比任何时候都更加迫切和强烈，二者双向深度融合所催生的新型业态也比任何时候都更加多样多元。[1]随着科技的进一步发展，交叉互渗、产业融合成为新的发展趋势，文化产业的内外部边界愈趋模糊。在创意驱动和科技引领下，新业态频频出现，"文化+"成为相关产业转型升级的重要引擎，文化+制造、文化+设计、文化+旅游、文化+金融、文化+康养、文化+农业、文化+体育、文化+智慧城市、文化+特色小镇、文化+人工智能等频频引领产业发展新潮流。"文化+"横向拓展、纵向延伸，不断促进文化创意和设计服务与相关产业的融合创新，不断向一二三产业和上中下游全产业链覆盖延展，不断推进"小文化"向"大文化"扩展，通过资源整合和跨界竞合，突破行业壁垒，创造产业空

---

[1] 管宁.创意设计:引领经济发展转型升级[J].艺术百家,2015(3).

间，推动文化产业的繁荣发展，也势必开拓一片新蓝海。

3.从"浅层融合"向"深度融合"推进

2017年，融合发展将依然成为文化产业跨界的主题词。在新的价值理念下，文化创意和设计服务与相关产业从产业链源头向纵深不断推进，将文化、创意、品牌、情感、价值观和科技融入产品和服务设计研发、生产传播、展示体验、营销策划、增值服务的每一个环节，积极推进技术创新、业态创新、内容创新、模式创新和管理创新，积极促进创意设计与日常起居、公共社群、街区空间、城市更新、乡镇生态等有机融合，将文化创意成为弥散在业态生成发展中的产业美学和日常周边感知中的生活美学。可以说，未来几年中，产业融合从浅层次的技术借鉴、媒介交叉、生产合作逐步向深层次推进，将不断诞生新的产业形态、创新价值增值环节、改变现有产业结构，进而成为提升传统产业模式、影响国民经济增长方式的一种新的经济现象。

（三）供给侧改革将加速文化创意和设计服务业洗牌

1.文化创意和设计服务业将进入从供给侧到需求侧的转变的前奏期

文化创意和设计服务业是文化产业的高端部分，文化产业供给侧改革的核心是加强优质供给，提高产业附加值，强化文化创意产品和服务的创意和设计含量，提升文化产品和服务的品质内涵，增强原创性和市场营销能力，是文化创意和设计服务转型升级的立足点，也是其面向整个经济社会发展的重要接口。2017年，随着新一代的创意设计理念的普及，文化创意和设计服务业将进入从供给侧到需求侧的转变的前奏期，如何更好地适应集成创新时代，消费升级和文化服务模式升级的整体要求成为文化创意和设计服务业市场主体发展的基本要求。以工业设计领域为例。未来，工业设计将实现从传统设计向高端综合设计服务转变，推动消费品工业向创新创造转变。以往的工业设计只要解决好功能与美感，即产品的外观美化问题就能获得消费者青睐，如今除了需要考虑功能、外观之外，还要进一步研究产品结构、用户体验和心理（文化）感受等更加多元、多向度的问题。这就要求工业设计从以往单纯的功能、外观因素，向功能、外观、结构、用户体验等拓展，将多种因素综合地纳入视野进行考虑，使产品不仅能提供良好的功能、新颖的外观，还能提供既便捷又新鲜的体验，甚至能起到引领一种以新的体验方式和美学感受为内涵的消费时尚。这无疑对创意设计提出了新的、更高的要求。[1]在文化科技指导和消费市场主导的双重语境下，文化创意和设计服务的产品供给从供给侧向需求侧转变成为一种必然趋势。

2.更多传统产业将借力文化创意和设计服务实现供给侧改革

文化产业供给侧改革侧重于引导市场中的创新力量去推动解决文化产品和服务领域高端供给不足的结构问题的特点，对于实现供求之间在短期和长期的双向动态均衡将起到重要作用。供给侧结构性改革的关键是要实现产业转型升级和附加值倍增，在这个过程中，文化创意产业将起到重要作用。传统产业如何借力创意和设计服务实现嵌入式融合发展，传统产业短链如何通过品牌打造和衍生品开发实现向上下游延伸拓展，各相关产业如何通过"文化+"实现创意化的跨界升级，这些都是着眼于供给侧角度，从供给端创新生产思路，创造新的经济增长点的探索和实践。未来，将有更多的传统产业和传统企业将以文化创意和设计服务与相关产业融合为切入点，通过深入挖掘和大力激发文化消费需求，积极释放市场活力，努力向市场提供更多高品质、多元化的文化产品和服务，从而实现行业的洗牌。毋庸置疑，在引导消费的前提下，与文化创意和设计服务业融合的广度和深度，在一定程度上决定了一批传统行业竞争力和市场领导力。

3.优化文化创意和设计服务业的均衡式供需管理呼之欲出

供给和需求是文化产业管理中的两个方面。供给和需求是对立统一的，保持总供给和总需求的动态平衡是文化产业科学发展的重要条件。文化产品和服务的供需不平衡、不协调、不匹配，会导致文化资源在市场配置中的错配、错位和产业结构的扭曲、畸形。供给和需求又是相互作用的，发挥供给侧和需求侧的作用和功能，是文化产业既注重当前增长，又注重长远发展的有效路径。在文化企业快速更新的市场环境下，文化产业如何优化自身发展结构，应对市场进行动态性调整，提高产能效率，转变发展模式，提升产业层级，是文化产业发展的关键。在这一基本态势下，文化产业结构优化的核心是不断丰富信息消费内容，大力发展数字出版、互动新媒体、移动多媒体等新兴文化产业，促进动漫游戏、数字音乐、网络艺术品等数字文化内容的消费。一方面，加快建立技术先进、传输便捷、覆盖广泛的文化传播体系，提升文化产品多媒体、多终端制作传播能力。另一方面，加强数字文化内容

---

[1] 管宁.创意设计:引领经济发展转型升级[J].艺术百家,2015(3).

产品和服务开发，建立数字内容生产、转换、加工、投送平台，丰富信息消费内容产品供给。此外，还要加强基于互联网的新兴媒体建设，实施网络文化信息内容建设工程，推动优秀文化产品网络传播，鼓励各类网络文化企业生产提供健康向上的信息内容。无疑，掌控需求管理的尺度，营造稳定的文化经济发展环境，实现文化产业供给侧和需求侧互动发展，更是当前和今后一段时期文化创意和设计服务业创新发展不可回避的命题。

结语

创新既是文化的形态所需，又由文化的本质所赋。构建创新驱动型经济是我国实现可持续发展、促进经济结构优化、增强国际竞争力的必然要求。文化创意和设计服务业不仅是文化产业发展的重要内容，其融合发展的特征和跨界创新的本质进一步说明，以永续创新塑造永续动力，将成为文化创意和设计服务业发展的基本要求。文化创意在永续创新中的自我更新，正是实现永续动力的基本逻辑，它不但颠覆了文化与经济基本属性二元对立的偏颇认知，更为经济发展和经济社会全方位的供给侧改革提供了创新思路。以跨界思维改造传统动力，将成为文化创意和设计服务业发展的市场秩序。未来，以"跨界"为新供给特征的现代文化市场体系逐渐凸显出新的趋向，跨界思维对传统经济发展动力的颠覆和重构，重塑了以"大文化"为纽带、打通经济发展时空关联的动力机制，也将为文化创意和设计服务业发展构建新的市场秩序。

第八章 中国文化休闲娱乐服务研究报告

文化休闲娱乐服务业作为文化产业的重要组成部分，是一个国家生产力水平高低的标志之一，是衡量社会文明的尺度，是人类精神文明和物质文明的结晶，在满足人民群众精神文化需求，扩大和引导文化消费，带动就业，促进经济发展等方面具有重要作用。

根据《文化及相关产业分类（2012）》分类方法，文化娱乐休闲服务业主要包含景区游览服务、娱乐休闲服务、摄影扩印服务3个部分。在我国经济总量和人均GDP不断攀升的时期，文化休闲娱乐服务产业在国民经济中所占比重也在逐年增加，种种迹象表明这是一个极具活力和优良发展前景的产业。2015年，文化休闲娱乐服务业实现增值2044亿元，增速达19.4%，占文化产业的比重为7.5%，比2014年提高0.5个百分点。2016年上半年，文化休闲娱乐服务业作为文化及相关产业领域实现两位数增长的5个行业之一，营业收入达496亿元，增长17.8%，呈现良好发展态势。

一、文化休闲娱乐服务行业现状分析

（一）景区服务领域发展现状分析

景区服务领域主要覆盖游览景区管理、公园管理、野生动物保护（动物园、海洋馆、水族馆管理服务）、野生植物保护（植物园管理服务）。

1.景区管理

旅游景区（tourist attraction），是指以旅游及其相关活动为主要功能或主要功能之一的区域场所，能够满足游客参观游览、休闲度假、康乐健身等旅游需求，具备相应的旅游设施并提供相应的旅游服务的独立管理区。

近年来，伴随我国居民生活水平的不断提升，居民参与旅游活动的欲望不断扩大，支付能力不断提升。而"带薪休假"以及"黄金周"长假等政策又为居民提供了更多的闲暇时间，加上便利的交通设施，潜在的旅游需求正不断地转化为现实、有效的旅游需求。2016中国景区旅游行业持续发力，产业规模持续扩大、产品体系日益完善、市场秩序不断优化，当前景区的发展现状概括为以下几点。

景区旅游产业经济总量持续增加，产业规模不断扩大。2016年，中国景区旅游产业总收入约为5000亿元，全国接待游客人次约为6000亿人次（见图8-1）。随着国民收入的不断增加，人民用于景区旅游的消费支出不断增加，整个市场资金充足，发展极具活力。

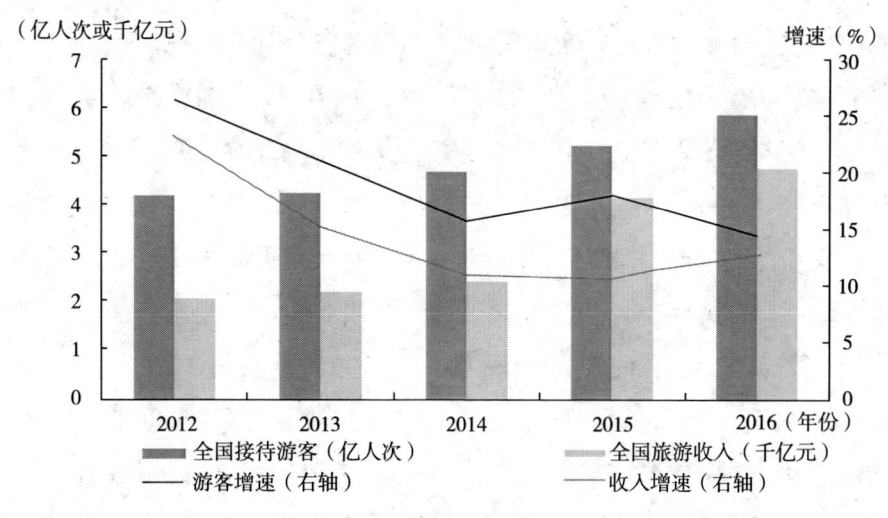

图8-1 2012—2016年中国景区旅游产业发展数据统计

表8-1 2016年全国国庆黄金周旅游数据

时间	全国接待游客（亿人次）	人次同比增速（%）	全国旅游收入（亿元）	收入同比增速（%）
10月1日	1.0	—	861	—

续表

时间	全国接待游客（亿人次）	人次同比增速（%）	全国旅游收入（亿元）	收入同比增速（%）
10月2日	1.0	12.5	845	16.1
10月3日	1.1	14.3	880	15.1
10月4日	1.0	13.5	813	14.6
10月5日	0.8	10.7	665	13.3
10月6日	0.6	11.1	475	12.8
10月7日	0.4	12.5	287	12.5
合计	5.93	12.8	4822	14.4

优质景区数量不断增加，5A景区持续受关注。旅游景区从等级划分上来看，主要包括5A、4A、3A、2A以及A级景区。国家旅游局2016年8月公布批准新增了6家5A级景区，分别是安徽芜湖市方特旅游区、江苏徐州市云龙湖景区、江苏连云港市花果山景区、湖南邵阳市莨山景区、云南保山市腾冲县火山热海旅游区、云南省昆明市昆明世博园景区。截至2016年12月数据统计，中国已有227家国家5A级景区。规范和优质景区的增加为游客提供更大的旅游资源和旅游选择。

在线景区门票市场活力充足，O2O运营模式成为常态。随着互联网，尤其是移动互联网的发展，以及依托"互联网+"的智慧旅游平台的升级，使得游客在线购买景区门票成为一种常态。预计到2017年在线景区门票市场的渗透率将达到10.5%，在线景区门票市场规模突破150亿元。在线购买的方式突破时空局限，在拉动内需，促进国民经济发展上发挥了重要的作用。

景区规划及运营管理的政策环境逐步优化。2016年8月，国家旅游局决定对严重不达标的5家5A景区进行整顿，其中对湖南省长沙市橘子洲、重庆市南川区神龙峡两景区摘牌。对安徽省安庆市天柱山、福建省南平市武夷山、福建省永定-南靖土楼三景区进行严重警告。新的政策与法规的出台为景区旅游的健康发展提供良好的政策环境。

2.公园管理

"公园是供公众游览、观赏、休憩、开展科学文化及锻炼身体等活动，有较完善的设施和良好的绿化环境的公共绿地。"具有着改善城市生态、防火、避难等作用。公园一般可分为城市公园、森林公园、主题公园、专类园等。现代的公园以其环境幽深和清凉避暑而受到人们的喜爱，也成为情侣、老人、孩子的共同休闲圣地。

公园功能定位和分类更加明确。在我国，公园按照不同的功能可以分为主题公园（可归为景区）、综合性花园、儿童乐园、文化公园、体育公园等等。2016年，随着政府对公共文化设施资金投入的加大，公园在基础设施上有了很大的改善，每个城市的公园规划日趋成熟，公园的数量也在不断攀升。各个公园根据自身的区位优势和现有特点在发展中定位也越来越明晰，不再像过去，一个公园既承担跳广场舞的功能，又承担演出娱乐活动等杂糅功能。

公园数量不断增加，人流量不断攀升。在各省、市我们可以看到，近年来，公共文化服务性质的公园数量不断增加。公园的占地规模也在不断扩大。越来越优美的公园环境吸引更多的市民在节假日前往游览。公园无人问津的现象得到有效改善，公园不再仅仅是一个利用率极低的公共文化场所了。

3.野生动植物保护（动物园、植物园管理服务）

野生动植物在整体生态系统中属于低级或次低级的位置，但一个稳定的生态系统，其自身的能量流动与物质交互都是成一定比例的，因此，对于野生动植物的监测与保护有着举足轻重的自然价值和社会价值。

野生动植物保护力度持续加大。从当前的保护方式来看，我国除了建立一系列野生动植物自然保护区之外，还致力于将濒危物种迁出原地，移入动物园、植物园、水族馆和濒危动物繁育中心，进行特殊的保护和管理。

动植物园区建设功能更加多元和立体。一直以来，打造和建设城市动物园、植物园都是一个城市承载地标性功能的重要建筑设施。无论中小城市还是各大卫星城市，对于动物园、植物园的整体规划都带有城市本身特有的园区特色，针对当地民俗风貌，结合城市区域动植物种类特征，整合周边动植物资源，建设风格各异的园区。如今动植物场馆的建立不仅立足于对野生动植物的保护，在场馆建设管理服务中也承载着多元化、多方位的社会服务功能，打造动植物观赏、自然科普、人与自然互动融合为一体的生态文化圈，为国民大众提供寓教于乐的文化娱乐休闲服务。各个城市制定了不同规格的城市公园建设和管理办法，动物园和植物园作为城市公园建设的重要方向，政府制定了一系列管理、保护、处罚的规章制度，为城市动植物园的发展制定规则，日益注重对于野生动植物的保护与培育，尊重生态多样性的同时积极开展园区文化环境建设。

（二）娱乐休闲服务领域发展现状分析

娱乐休闲服务领域包括歌舞厅（KTV）娱乐活动、室内游乐活动、网吧活动、主题公园、其他娱乐业，如密室逃脱、音乐茶吧、酒吧、棋牌、台球、高尔夫球、保龄球等。

1.歌舞厅（KTV）娱乐活动

KTV是娱乐休闲服务领域的重要组成部分，狭义上指提供卡拉OK影音设备与视唱空间的场所，广义上指集合卡拉OK、慢摇、HI房、背景音乐并提供酒水服务的、主营业为夜间的娱乐场。

歌舞厅（KTV）数量不断攀升，营业额收入可观。据国家有关统计数据表明，目前国内拥有近6万家歌舞娱乐企业，中国的KTV企业、酒吧、迪厅娱乐场所的数量每年以20%左右的速度在增长。过去的30年间，KTV行业有了较大的发展，尤其是代表着健康、绿色、安全、时尚的量贩式KTV更是得到了长足的发展。近几年，全国各地KTV数量快速增加，主要集中在北上广深一线城市以及浙江、沿海等地区，西部地区则以成都、重庆、西安、昆明为主。目前，中国歌舞娱乐场所超过9万个，营业收入超过1000亿元。2016年中国部分大城市的KTV数量达到千家以上，上海市2433家，北京2080家，苏州1396家，深圳1310家，天津1247家，广州1071家[1]。

歌舞厅（KTV）行业竞争日趋激烈，当前发展遇到瓶颈。随着KTV行业参与者不断涌现，竞争逐渐激烈，在互联网企业和其他娱乐形式的冲击下，KTV行业业绩下滑、客户分流、停业关门等现象频频出现，生存十分艰难。事实上，当前整个KTV行业几乎没有自己的核心竞争力。在连年增长的运营成本、人力资源成本、场地租赁金额和KTV歌曲版权费用昂贵的支出压力下，很多KTV企业都难以持久经营。

歌舞厅（KTV）行业独特性逐渐弱化。KTV市场正趋近饱和，中央八项规定的出台和各项禁令的相继发布，极大抑制了各地的"三公"消费，压缩了整个娱乐行

---

[1] 中商情报网.2016年中国KTV行业发展前景分析报告[EB/OL].(2016-02-15)[2017-01-19]. http://www.askci.com/news/chanye/2016/02/15/143822i2q2.shtml.

业项目，KTV行业也不可避免地受到影响。而互联网时代的娱乐项目多元化及智能手机渐成随身娱乐终端，使得KTV的替代品大大增加，且人们的社交模式和娱乐方式也发生了改变，KTV的社交功能日益弱化，消费群体被极大地分散，面临着多方的挑战。

2.室内游乐活动

室内游乐行业是伴随经济发展成长起来的一个新兴行业，包括大型室内游乐场、电玩游戏游艺厅、室内儿童乐园等。

大型室内游乐场注重区位选择和产业融合。当前中国室内游乐场的生态是以时尚和文化为内核、从消费心理高度感性为特色的，较为明显的体现在营业面积、机台设备和环境营造3大方面。室内游乐场大多数位于时尚、高档的大型百货商场或是繁华都市中心地段，投资商都聘请专业的设计公司营造独特的游戏体验环境，而且与百货公司的配套设施相映成趣，更加明显地体现出消费者与整体环境的消费体验关系。

电玩游戏游艺厅不规范和违法经营现象仍然普遍存在。目前，中国电子游戏娱乐场所有近数万家，由于受利益驱动，一些电子游戏厅出现了无证经营、非法接待未成年人和利用电子游戏机赌博等现象。为全国2.4亿青少年学生健康成长所提供的活动场所在数量、布局和规模上都难以满足需要。由此直接或间接引发的各类违法案件也不断增多。文化部采取了在电子游戏（艺）机生产源头上加以控制的积极措施，并从2009年起至今，先后发布了7批电子游戏（艺）市场准入机型机种指导目录，管理手段有所创新。自2010年国家文化部进行场所试点审批的摸索后，推出了控制审批指标，逐年下达限量数额，实施公开透明的审批规定。从此，使得电子游艺娱乐经营场所的发展趋向了计划控制、缓步稳健的走势。2010年起下达电子游艺审批指标数后，既给游戏业的发展带来了希望，又使游戏业的竞争走向了白热化，宏观布局的失误、职能部门的查处、游戏人群的分流使经营者们压底价格经营，行业间的恶性竞争造成了经营无序、市场混乱。2011年以来电子游艺场所的经营很不景气[1]。

室内儿童乐园种类更加多样，趣味性不断提升。传统的室内儿童乐园主要是以

---

[1] 游艺风. 中国室内游乐场现状及前景研究[EB/OL]. (2014-01-06)[2017-01-19]. http://www.chinaa-muse.com/catalog/201401/2014011/201416/778_201416112012339_1.html.

淘气堡乐园为代表的室内游乐项目。这一类型的项目多是由一些中小型的安全性较高的儿童游艺项目和儿童游乐设备组成。近几年，国内的儿童游乐市场不断涌现出新型的儿童游乐项目。室内儿童乐园模式有儿童拓展乐园、儿童职业体验馆、主题类儿童游乐园、单一的淘气堡、淘气堡+儿童游戏机、淘气堡＋儿童游戏机＋创意手工项目。类型分为寓教于乐型、角色扮演型、科普娱乐型、纯粹娱乐型、早教型。

3.网吧

网吧是指向社会公众开放的营利性上网服务提供场所，提供电脑相关硬件。消费者可自由操控软件设施，一般以小时收费。

发展趋向规范化、高端化。在网吧转型趋势下目前很多地区的网吧业都已告别了散、乱、差，网吧各方面都有了很大提升，但全国有15.6万家网吧，并不是所有网吧都在盈利状态，盈利、保平和亏损的各占1/3。随着网吧政策开放及用户需求多样化，整个行业都在发生变革、转型，网吧正逐步从单一的上网场所转变为多元化的休闲娱乐场所，并且趋向高端化、网咖化、连锁化。截至2016年6底，全国网吧规模同期对比小幅增长，网吧数总量增长3.4%，管理终端数月均增长2.6%，市场良性发展；网吧日均客流量略有下降，但平均单次上网时长提高约6分钟；网吧上座率依旧维持在8成左右，经营状态稳定；受政策开放影响，中型网吧占比略有增加，整体变化趋势平稳；连锁网吧占2成，经营管理更加集中有序[1]。

网游客户依然是网吧的主要收入群体。网吧软硬件设施随着时代的发展不断升级更新。截至2016年6月底，7成以上的网吧提供Wi-Fi、手机连接线。在用户属性方面，网吧用户9成以上是男性，多为学生、务工群体，半数以上在二三线城市。用户到网吧的最主要目的仍是玩游戏、看电影。聊天和听音乐其次，分别占比35.04%、27.20%和17.47%。在游戏类型上，网吧用户9成以上仍是端游忠诚玩家，近6成用户同时玩2~3款端游，约半数用户会选择页游，8成同时体验手游。MOBA类游戏在网吧拥有7成用户喜爱，射击类游戏在网吧拥有4成用户喜爱。游戏品质、游戏人气以及用户的好友互动是选择一款游戏并投入的最主要原因，而媒体推荐、明星代言、运营商名气对用户的影响并没有很大[2]。

---

[1] 顺网科技.2015年-2016年中国网吧行业顺网大数据报告蓝皮书[EB/OL].(2016-07)[2017-01-19]. http://www.docin.com/p-1707214765.html.

[2] 顺网科技.2015年-2016年中国网吧行业顺网大数据报告蓝皮书[EB/OL].(2016-07)[2017-01-19]. http://www.docin.com/p-1707214765.html.

4.主题公园

主题公园（theme park），是根据某个特定的主题，采用现代科学技术和多层次活动设置方式，集诸多娱乐活动、休闲要素和服务接待设施于一体的现代旅游场所。包括主题公园、游乐园、水上乐园等。近10年来，国内主题公园快速崛起，并呈现出了"井喷式"的发展态势。截至目前，国内主题公园数量达到2000多家，其中国内投资在5000万元以上的有300家左右，我国主题公园发展正迎来"黄金时代"。据统计，全国主题公园有70%处于亏损状态，20%持平，只有10%左右保持盈利状态[1]。目前我国的主题公园主要有4种类型：一是游乐园，如华侨城旗下的欢乐谷；二是人工场景主题公园，以电影工作室或电视节目为主题，浙江横店影视城为典型；三是观光主题公园，如锦绣中华、世界之窗、民俗文化村；四是特定主题公园，以大连圣亚海洋世界为代表。

我国主题公园的空间分布极不均匀。东、中、西部呈现出明显的差异，基本呈三级阶梯结构：东部沿海布较多规模较大，中部分布次多且规模不大，西部分布较少且规模较小。中国四大主题公园集团分别是华侨城集团、长隆集团、华强方特和宋城集团。

主题公园成为投资热点。20世纪80年代中期，我国各地游乐园如雨后春笋般遍布祖国大地。90年代，我国开始出现主题乐园。2000年后，我国很多大城市都相继出现了主题乐园。据不完全统计，2014年我国主题游乐园行业的总收入约为人民币559亿元，较2009年的约人民币350亿元有所上升，期内复合年增长率约为9.9%。预期自2014年至2020年将按约12.9%的复合年增长率进一步增长。2005—2015年是中国大型主题公园迅速发展的新时期，万达、长隆、金茂、华侨城、华强等企业纷纷加入主题公园的投资行列。2015—2020年，国内预计还将增加64个主题公园，潜在入园人次预计达到1.66亿，总投资额达到238亿美元[2]。

（三）摄影扩印服务领域发展现状分析

摄影扩印服务行业是指前期运用照像机、感光材料和灯光设备，在室内外拍摄

---

[1] 崔俊超. 2015年我国主题公园行业发展现状分析[EB/OL]. (2016-03-06)[2017-01-19]. http://mt.sohu.com/20160306/n439552237.shtml.

[2] 中国产业信息网. 2016年中国主题公园行业现状分析及发展趋势预测.[EB/OL]. (2016-09-18)[2017-01-19]. http://www.chyxx.com/industry/201609/449379.html.

人、物、景,后期通过冲洗、扩印照片、塑造可视画面形象和数码影像制作的一种行业,是第三产业的重要组成部分[1]。按照服务内容大致可分为新娘快递、婚纱摄影、全家福、爱婴宝贝等,可以满足不同顾客的需求与期望。据国家统计局数据,摄影扩印服务行业约35万家企业、550万从业人员,2015年我国照相机产量达2845.40万台,照相、摄像器材市场成交额达6.99亿元,2012年我国城镇居民家庭平均每百户拥有照相机达46.4台,人均占有量不断提升。从地域上看,行业分布在沿海城市多,内陆城市少,大城市优于小城市且呈零散分布,由消费水平、消费群体、交通便利程度等因素决定行业整体的繁荣程度。随着人们生活水平的不断提高,消费者对摄影要求越来越高,数码技术、多媒体技术等高新科技将更多更快地向摄影扩印服务行业渗透,并呈现出摄影后期处理的高科技化蓬勃发展趋势,"互联网+"趋势也为摄影扩印行业的发展提供了契机和许多可能。

行业整体业绩保持增长、规模持续扩大。虽然2015年照相、摄像器材市场成交额6.99亿元,相较2014年下降0.19亿元,从硬件设施的消费额来看,行业发展有所萎靡,但中国人像摄影学会依据商务部典型企业数据和行业调研数据估算,截至2014年底,人像摄影行业总收入2465亿元,同比增长14.1%[2]。随着人们对高质量生活的追求和审美观念的提升,对凸显个性、与众不同独一无二的个性化摄影服务独有青睐,并促使了此类摄影服务行业规模的扩大,如婚纱摄影行业。中国约有45万家婚纱影楼、摄影公司、图片社和摄影工作室,相关行业的人员近600多万人,年营业额900多亿元,相较之前有了较大程度的发展。

行业业态呈现多元化发展。2016年,摄影扩印服务行业的传统业态保持稳定,"互联网+摄影旅游"增长势头强劲,海外摄影旅游数增长迅速;自由摄影师队伍与定制化服务产品需求快速增长;婚礼摄影与以摄影为入口的婚庆产业链加速形成;行业互联网使用正由一、二线城市向三、四线城市快速普及,农村市场增量加速;旅拍、基地、"互联网+"、婚庆、文化、定制、风格等服务方式和业态发展迅猛,正在成为行业发展新亮点[3]。行业规模效益和特色化、多元化局面开始呈现。

---

[1] 摄影扩印服务行业管理操作指引[EB/OL]. (2016-3-22)[2017-1-8]. http://www.docin.com/p-1499239867.html?_t_t_t=0.405927172396332.

[2] 中国人像摄影行业学会. 中国人像摄影行业2015发展报告[EB/OL]. (2015-11-19)[2017-1-8]. http://www.heiguang.com/news/hydt/20151119/62745.html.

[3] 中国人像摄影行业学会. 中国人像摄影行业2015发展报告[EB/OL]. (2015-11-19)[2017-1-8]. http://www.heiguang.com/news/hydt/20151119/62745.html.

满足消费者对个性化、专业化、差异化产品和服务的需求，行业组织形式的精品化、特色化、小型化、网络化、快速反应将成为主流，这其中创新空间巨大，新业态同步迅速增长。

行业整体利润率持续下滑。移动网络时代，消费者很难被精确细分定位。用户已经不再被动地驯服跟从媒介或大师的选择，并且随着自主拥有的摄影扩印器材的平民化、技术共享化，人们的自主创作意识不断提高，摄影扩印服务行业的竞争程度愈演愈烈，其潜在的竞争者不仅仅有同行，还有消费者本身。此外，随着行业的规模扩大，类似的摄影扩印服务企业数量剧增，品牌企业较少，其产品定价也随着市场竞争程度而变动，整体上来看，一是房租、工资、原材料等价格持续上涨，特别是商业集中区域的房租每年递增，致使不少品牌企业不得不离开居民消费与交通便捷的商业街区，改设在价格便宜的城乡结合处，给消费者带来不便。二是各类婚博会、展销会、网络营销费用增速过快，企业无法通过涨价向外转移压力，导致了企业效益下降和经营困难[1]。

"互联网+"推动行业转型升级。"互联网+"加速实现传统产业的在线化、数据化，实现产业跨界融合，多元化营销[2]。在互联网思维影响下，企业越发追求回归行业本质，专注产品和服务，强化诚信与素质，积极塑造企业品牌，借助互联网传播企业口碑，在变革过程中实现品牌价值升级。摄影扩印服务行业正在信息化新技术的作用下，从整合、营销、传播、支付、消费者体验各个环节重新定义行业的运营和发展模式，加速以"互联网+"为代表的行业现代化进程，全面提升品牌价值和专业能力。

二、文化休闲娱乐服务行业存在的问题

文化休闲娱乐服务行业的发展在市场、服务、技术、文化、监管等方面仍存在诸多问题，这些问题不仅会导致行业形象和社会评价不佳，也严重影响和制约了行业发展。2016年9月，文化部印发《关于推动文化娱乐行业转型升级的意见》，进一步推动文化休闲娱乐服务行业健康全面的发展。

---

[1] 中国人像摄影行业学会. 中国人像摄影行业2015发展报告[EB/OL]. (2015-11-19)[2017-1-8]. http://www.heiguang.com/news/hydt/20151119/62745.html.

[2] 田志馥. 于亚娟. 互联网背景下文化产业与旅游产业的融合研究[J]. 内蒙古财经大学学报. 2016(2).

（一）"市场"：行业稳定的基本依托与抓手

目前，我国的文化休闲娱乐行业正处于转型升级阶段，市场发展尚不完善，如同质化严重、过度商业化、经营模式陈旧、产品类型单一、管理机制不完善、专业人才缺乏、区域发展不平衡等。

同质化严重、产品类型单一是文化娱乐场所存在的共性问题，尤其存在于一些景区、歌舞娱乐厅、网吧、游戏游艺厅、主题公园等。自1989年我国第一家量贩式KTV——"钱柜"营业至今，27年间量贩KTV在经营模式上基本没有创新。在产品同质化的情况下，恶性竞争不可避免，顾客在选择消费的时候也变得更加没有忠诚度。同质化的结果只能带来低层次的竞争，一个区域甚至一个城市的KTV千篇一律，没有自己的清晰定位。各个室内游乐场及电玩游艺厅的游戏游艺机与游乐设施也同样是同质化程度高，可替代性高。近几年国内主题公园数量不断增加，但真正具备竞争力的主题公园并不多，缺乏新意、盲目跟风、同质化严重已经成为主题公园的通病。据统计，全国各种"西游记宫"曾有50多个，全国各类民俗大观园和民俗村达30多个，以游乐设施为主打的卡通主题公园更是不计其数。

管理模式不完善、专业人才缺乏。景区及一些传统文化娱乐行业的管理模式较落后，且缺乏创新和专业的管理人才，导致业内管理混乱，没有形成连锁经营模式。如KTV管理缺乏专业化、系统化、流程化。KTV企业管理人员拥有一定的管理经验，熟悉KTV的一般管理流程，但是相对缺乏专业系统的训练，专业的管理人才短缺。中国室内游乐行业无可以形成垄断的龙头企业，行业进入门槛低，产品及经营模式单一，行业虽然处于快速成长阶段，但是存在无序发展的现象。目前除少数企业外，绝大多数经营企业不自行生产游乐产品设施而在外贴牌加工，存在一定的产品质量风险。网吧的企业化意识淡薄，大多是家庭作坊式网吧，这些网吧经营模式混乱，无配套的财务管理制度和员工合同聘用制度。摄影扩印服务行业经营情况难掌控，生意波动大。该行业很难预估消费对象的数量、消费需求和消费档次，从而导致整个行业的管理存在漏洞。

经营模式陈旧、过度商业化。文化休闲娱乐行业应该兼具经济效益和社会效益，然而很多文化娱乐行业存在过度商业化现象。比如一些景区卖纪念品、餐饮的商铺比景区景点都多，景点被商圈一层层包围，本末倒置；景区门口依然有倒卖门票的黄牛，非正规渠道的门票以及高价讲解导游服务的叫卖，既影响景区形象，又扰乱公共环境秩序；旅行社及其他第三方景区旅游消费平台存在隐形消费欺诈游客的现象，报价与实际售价落差较大，针对老人、小孩等增加收费。随着市场经济的发展政府与私人合资或私人独资经营动植物园不断增多，许多经营者看重的是经济收入以及娱乐的观念，尤其体现在动物园经营上，动物成为了商家赚钱的工具，在物质利益动机的驱使下对动物园的动物虐待与动物死亡等事件时有发生。盈利模式单一致门票定价虚高的现象普遍，如很多主题公园几乎只有门票收益一种盈利方式，使得园方过度依赖门票收入，定价远高于游客的心理预期，抬高了消费门槛的同时也降低了游客重游率，导致门庭日渐冷落。

区域发展不平衡。我国的文化休闲娱乐行业多集中在一、二线城市，尤其是动植物园、主题公园、歌舞娱乐场所、摄影扩印服务业，这些行业的发展有较大的区域性，由地域消费水平差异决定。相较于一线大城市这些行业的纵深发展，二、三线城市的发展方兴待盛，由于区域内人们经济收入水平、消费观念的差异，导致文化休闲娱乐服务行业在全国区域发展不平衡。

（二）"服务"：品质决定行业发展可持续性

文化休闲娱乐服务行业是一个非常注重服务品质的行业，好的服务品质才能满足人们日益增长的精神文化需求。目前该行业的服务品质参差不齐、有待提升。

我国景区的服务品质存在以下几个问题，第一，"排队两小时，游玩5分钟"的极差的景区旅游体验情况在黄金周等旅游旺季时常出现。景区的信息公开与游客接收存在不对等的情况，导致游客景区游览体验感大打折扣。第二，景区的应急医疗服务层次较低。2016年十一黄金周期间，陕西黄陵森林公园上百名游客遭群蜂攻击，受伤的游客只能前往附近镇上的医院就诊，景区内没有设有应对紧急情况的正规医疗团队。第三，人性化关怀程度还欠缺。景区内起引导作用的志愿者的数量依然太少，电子显示屏以及标识牌的数量也少，景区内工作人员服务态度恶劣的现象比比皆是。

我国公园的基础设施不够完善，如卫生间和垃圾桶的数量不够，体育锻炼器材供不应求。大多数动植物园存在着服务水平低、服务范围小的问题。政府耗资建造城市占地面积较大的动植物园，其目的在于满足人民物质和文化生活提高的需要，拓展人民群众生态素养和科普常识，但缺乏对于园内服务性设施的提供，缺乏相关专业人员对动植物的定期维护，只有为数不多的大型动植物园拥有专业的团队管理园区内的生态环境，大多数小型动植物园对于动植物的管理存在疏忽，园区内设施陈旧、道路复杂、馆建杂乱等一直是中小型动植物园存在的重要问题。

娱乐休闲服务行业更是频频出现服务品质差的现象，如KTV和网吧片面强调硬件，而服务却跟不上。网吧是提供网络休闲服务，更确切的说是提供电脑及网络使用服务的场所，但是单纯的提供硬件方面的服务质量，"软件"方面跟不上硬件的发展将导致严重的资源浪费。

（三）"技术"：融合创新引领行业转型升级

如今是互联网时代，各行业各业都积极搭上"互联网+"的顺风车，文化产业作为"朝阳产业"更是与互联网紧密融合，科技也不断助力文化休闲娱乐服务行业的转型升级。但是，一些传统的文化娱乐行业的技术层次仍然停留在低级阶段。

2016年，景区与互联网的融合越来越紧密，在线购票已经不是新鲜事，但是技术层面仍有一些需要改进的地方。如很多景区还没有全面覆盖Wi-Fi，目前AI、VR、AR等前沿科技与景区的融合程度较低。此外，公园与互联网的融合程度还较低。公园由于其公共服务性和政府主导建设的因素，在新媒体包括微信、微博等推广以及与公众的互动上欠缺，开放时间与公园文化类福利信息不能做到及时公开和发放。

游戏游艺行业是一个依赖技术的行业，但目前该行业与技术的融合仍力不从心，像体感、多维特效、VR、AR等先进技术仍然没有进入该行业。高科技企业应当利用自身科研实力和技术优势，进入文化娱乐行业，合作开展产品研发生产和娱乐场所改造升级，促进行业吸收新理念、新观念、新技术，增强文化娱乐企业创新创造的动力和活力。要以产品研发促进转型升级，以转型升级带动产品研发，逐步形成产业链上下呼应、合作共赢的格局。

我国摄影器材制造领域自主创新能力较弱，产品档次普遍不高。高新产品的技术来源主要依赖引进，自主知识产权的产品和技术较少。据统计数据显示，2015年我国照相机出口数量5159.47万架，相较于2014年的5675.88万架大幅度下降，照相机出口金额3100.62百万美元，而2014年则达3757.84百万美元。在这背后，不仅仅能看出我国摄影器材出口规模减小，并且这些数码相机绝大多数由外商投资企业以加工贸易方式出口，国产数码相机的CCD、镜头、处理芯片等关键技术多被日本厂商占据，较少自主知识产权品牌。

(四)"文化内涵":推动行业发展形成立体化产业链

文化休闲娱乐服务行业是文化产业的重要组成部分,应当遵循"双效统一"的原则,把社会效益放在首位,努力实现社会效益和经济效益相统一,积极弘扬社会主义先进文化,自觉抵制腐朽落后文化,注入丰富的中华文化内涵,不断满足人民日益增长的精神文化需求。但是,我国文化休闲娱乐服务行业目前仍然存在文化内涵不深入的现象,很多文化娱乐场所缺乏文化元素,仅仅只是娱乐场所,如一些KTV、网吧、游艺场所等。

文化内涵是景区人文景观的核心,然而很多景区存在千篇一律的建筑格调,高大上的景点名称背后其实质只不过是一些破石头、破草房等,缺乏文化内涵,反映出景区文化挖掘和建设的匮乏,让人实在无法从中获得高雅文化的熏陶。

动植物园作为一个城市代表性的公共服务场所,对人民群众的文化提升有极大的促进作用,其文化内涵在于传达生态保护、绿色和谐的理念,但如今越来越多的园区在开园后出现了违背其文化内涵的不良现象,偏离了保护环境、生态和谐的文化追求,与弘扬生态文明的精神背道而驰。

"旅游+地产"模式淡化文化主题。我国的主题公园虽然数量繁多,但基本只有一种生长模式——"旅游+地产"。尤其是在二、三线城市。以操盘最成功的华侨城为例,先后投入巨资开发锦绣中华、中国民俗文化村、世界之窗、欢乐谷4个主题公园,将荒滩野地打造成了旅游城,周边房产价格也水涨船高。但是,这种"旅游+地产"的横向组合模式导致主题公园的主题文化不突出,文化产业找不到线下落地体验,主题公园与文化IP、传媒、影视动画游戏等年轻人喜欢的文化产品没有形成立体化的产业链。

(五)"法律监管":保障行业发展绿色通行

目前我国文化休闲娱乐服务行业的相关立法不完善,法律监管不到位。娱乐场所还存在违法经营的现象,涉黄、涉赌、涉毒、涉黑、偷税漏税、打擦边球的问题比比皆是,法律监管不严仍然是行业内的大问题,导致行业内无法可依,缺乏完善的监管体系。

2016年针对景区规范化管理出台了一些新的政策和法规,有利于促进景区旅游产业的健康有序发展。但是当前的景区旅游在法律监管方面仍然存在一些漏洞和不足。对于黄牛倒卖景区门票应该严惩和加强治理。针对欺诈游客，内含隐形附加消费的景区及责任旅游公司严加监管和惩治。

各个城市各级政府制定了若干条针对动植物园管理的相关办法和管理条例，但实际功效却是微乎其微，政府监管的力度远远低于法律条例的规定能力，监管层次低、政府认识低、法律强制性弱，针对动植物园管理办法的处罚机制不尽合理，我国对动物与植物保护的法律也不够完备，针对部分游客不文明甚至违法行为没有给予严格的法律处理。

娱乐休闲服务和摄影扩印服务行业监管难、偷税漏税严重，相关立法不完善，这就导致在行业整体监管、市场规范、消费者权益维护上的工作较难展开。

三、文化休闲娱乐服务行业的发展趋势

（一）专业协会规范行业法则

行业的有序发展得益于合理的规则实施，规则的正确与否取决于规范的行业协会，为规范我国文化休闲娱乐服务行业的整体管理水平，我国政府及民间组织应致力于创办正规、有效的行业体制规范协会。将景区、动植物园、文化休闲服务、摄影扩印服务的规划建设立足于正规的行业管理之上，尤其针对涉及面广泛的文化休闲服务，存在着大量不规范的行业现状问题，文化休闲活动混乱而缺乏规制，庞杂而不成章法，应加大政府对其的管控力度。现存管理较好的行业协会有中国旅游景区协会、中国公园协会、中国文化娱乐行业协会等，但现存行业协会在规范行业法则的同时，应当致力于连接文化娱乐市场生产、流通和消费各个环节，成为政府、文化市场经营单位、消费者之间的重要桥梁和纽带。作为文化立国方针政策中的重要一环，文化娱乐市场行业协会的组织要义也根植于构建富有活力充满生机的现代文明娱乐市场体系。在我国政策法规的指导下，制定文化休闲娱乐行业标准，实施管理与保护科研教育，建立行业信息数据库、行业规则方案以及违规处理办法，重视对于违规行为的处理力度，整治社会文娱活动中的不正之风，剔除娱乐服务中的行业毒瘤。例如，早在2012年成立的中国互联网上网服务营业场所行业协会针对网

吧建设提出了积极的整改方针，解禁牌照、环境重塑积极推动网吧产业转型，收到了很好的业界和社会反响。

此外，建立文化休闲娱乐服务行业保护协会，一定程度上避免了因经济利益驱动而引发生态环境破坏、休闲娱乐走向低俗化等问题的出现。行业协会的建立不仅仅是行业的规范，更多带来的是人民群众对社会文化休闲娱乐方式的转变以及文明参与文娱活动的意识提高。使得文化娱乐休闲活动在一个更加文明、更加和谐的环境中开展，促进文化休闲娱乐服务行业的整体进步和健康有序发展有着重要意义。

（二）舆论导向引领文明娱乐

专业的行业协会建立致力于人民群众文明参与文娱生活的意识提高，因而政府应当做好倡导的先锋，加强对于文化娱乐场所舆论导向的力度，倡导群众遵守文明休闲娱乐的规章制度。舆论导向作为社会问题的净化器，是终古不老的法律推手。在当今众多媒介平台的支持下，舆论得到了前所未有的充分发展。掌握媒体话语权，提升舆论引导力，成为当下政府与行业需要关注的焦点。文化娱乐休闲服务行业本身具有广泛的社会参与性并且大众互动性强，在促进各大景区、各大娱乐场馆管理服务完善的同时宣传文明有序的文化生活方式。在针对KTV、网吧、游乐园等等社交重要平台的舆论引导至关重要，从此类行业的现状上来看，行业舆情混乱，舆情导向性模糊，因而，正确的、积极的、健康的行业舆论导向在发展中尤为重要。和谐的舆论引领是将来文化休闲娱乐行业大发展、大繁荣的旗帜标杆，有助推提升品质的建设力量，并且舆论的力量不仅仅在于规范行业的行为，也为人民群众行为规范提供了除法律之外另一种可行性极佳又极具规范效力的舆论规则。舆论的规范类似于道德对人的规范约束作用，文化娱乐休闲行业舆论导向应朝着积极向上的目标前进，带领着广大人民群众在宣传文明娱乐的大旗下，引领行业健康、有序、和谐的发展。

（三）品牌集聚拉动行业繁荣

文化休闲娱乐服务行业作为文化产业繁荣发展，满足人民群众日常休闲生活的主要服务行业，树立为广大人民群众所耳熟能详的行业品牌有着深远的行业意义，打造品牌就是运用营销手段来塑造品牌形象，以集聚的品牌效应拉动文化休闲娱乐服务全行业的整体繁荣发展。

从行业现状上来说，主题公园类景区模式进入中国时间较短但发展迅速。主题公园龙头依托品牌和IP优势竞争力日益凸显，行业集中度逐步提升。华侨城、长隆、方特和宋城等几大主题公园集团在资本支持下，近几年持续扩张，其中长隆方特和宋城发展尤其较快，品牌集群化优势日益显著。2015年全球主题公园集团排名前10名中，中国本土有4家入选。随着上海迪士尼和环球影视的到来，业内掀起投资热潮，国际化、大型化、品牌化的主题乐园将更受游客青睐，例如，由唐宋中国打造的东部华侨城、湖北九老仙都、深圳世界之窗、吉林长影世纪城等一系列具有一定品牌效力的企业越来越得到业界和消费者的认可。

要实现品牌经营集团化、管理规模化。主要表现形式是，先确定品牌孵化一个中心，同时以连锁经营的模式扩大规模和影响力。北京万达文化产业集团就是以这种孵化模式建立起万达旗下全方位文化生态服务系统，品牌涉及电影放映制作、大型舞台演艺、电影科技娱乐、连锁文化娱乐、报刊传媒、中国字画收藏等6个行业，是我国目前最大的文化企业品牌。文化休闲娱乐行业涵盖方面广泛，包括了消费者日常休闲娱乐的各个方面，具有繁杂的特性，在特性中提炼出具有行业引导力的品牌，以品牌营销概念、品牌集聚力量，实现文化休闲娱乐行业的全产业共荣。

（四）智能时代推动跨界融合

随着信息技术、网络技术和通信技术的飞速发展，社会发展界面已经逐步被"智慧地球"和"智慧城市"所占据。智慧城市是运用物联网、云计算、大数据、空间地理信息集成等新一代信息技术，促进城市规划、建设、管理和服务智慧化的新理念和新模式。城市的各项发展已经更加趋于智能、融合，文化休闲娱乐行业也不可例外的成为智能时代跨界融合的主要阵地。

在我国网络和移动设备广泛普及的当下，智慧景区模式得到了快速发展。当前我国的智慧景区建设还处在起步较晚的初级阶段，高新景区多实现了新媒体营销、电子商务、电子门票等内容[1]，O2O线上线下的结合节省了烦琐的售票流程，线上购票，线下体验的模式深受游客的喜爱。互联网技术的发展促使旅游服务类电商平台的扩大、综合类景区旅游网站的增加都促进了景区旅游的繁荣发展。但Wi-Fi全

---

[1] 2016中国游产业发展报告[N]. 中国青年报，2016-11-10.

覆盖、虚拟体验等深度智慧管理还没有得到行业的普及并且资源整合深入度、平台开放度也需要进一步深化扩大。

放眼当下鱼龙混杂的休闲娱乐KTV行业，行业内部在智慧时代的大潮中向着连锁化、规模化、智能化方向发展，呈现出丰富多彩，形态各异的应用模式，包括新的娱乐方式、新的管理方式、新的增值运营方式、新的应用方式等。创新、跨界、多元，是KTV行业未来发展的必然趋势。跨界在于行业间的交互融合，KTV行业在与酒吧、电影跨界融合，线上唱吧与线下麦颂融合的同时将KTV盈利的渠道从传统的1+2模式演变为1+N，商业模式从OEM模式向OBM品牌运营模式转变，开拓了文化休闲娱乐行业运作模式。

新技术新格局也为主题公园带来新发展，如今主题公园龙头企业致力于打造高科技游乐项目，娱乐设施更加科技化、智能化，为游客带来更令人兴奋与刺激的沉浸式娱乐体验。华侨城集团斥资引进了多个高科技游乐项目，将通过升级和创新主题乐园游乐项目，将VR和传统轨道类项目结合，综合运用VR、AR、全息投影等多样化高科技，计划打造一个全新的VR主题乐园品牌"卡乐世界"，将展现虚拟现实主义与游乐设备的完美结合，例如剧场型的虚拟现实、悬浮剧场的凌空体验等。此外，VR技术有望带来新的项目模式，丰富主题公园的项目游览体验，将智能化的娱乐体验融入文化休闲生活，增加文化休闲娱乐行业新的消费热点。

与此同时，在高科技融合娱乐服务行业的大背景下，摄影扩印服务产业也在"互联网+"、大数据、IP资源开发系列核心技术的推动下，使得行业由"度"的积累转向于"质"的演变，与高新科技融合后，其摄影对象、行业主体、图片本体和图片受众都发生了巨大的变化，由行业思维向产业思维转变，从以作品为核心向以用户为核心转变，这些核心技术为摄影扩印行业的发展提供了很大的可能，并推动摄影由网络发展向创意发展过渡，更加注重创新、个性化定制以及服务的提供。并且与此同时，随着消费者对摄影要求越来越高，数码技术、多媒体技术等高新科技将更多更快地向摄影扩印服务行业渗透，并呈现出摄影后期处理的高科技化趋势。一个更加智能更加科技化的文化休闲娱乐服务行业正在快速成长起来。

（五）品质提升创建文化内核

随着时代的发展生活水平的进步，人们对于服务行业的要求也随之提高。在市场经济主导的时代背景下,服务品质的意义不再是单纯的顾客对服务的期望,更像是一种交互式的体验模式。对于现在城市文化休闲娱乐服务行业的经营现状来说,整体的服务意识薄弱,没有彻底的交互体验式服务场景营造,景区、园区等场馆建设应当在生态保护的前提下,积极开拓与时代科技相结合的新技术开发,将互联网、数字化、人工智能等高新技术产品融入到整个文化休闲娱乐服务的建设中。

从景区游览服务来看,针对景区、园区基础设施不够完善的现状问题,应着力打造宜游宜智的景区生态环境,提升整体园区服务品质,将自然环境之美妙与人文社会之智慧融合一体,例如在动植物园区保护的前提下,引进智能化专业化管理物种机器人、虚拟现实的动植物生长环境建模,在寓教于乐的观赏中带给游客休闲愉快的审美体验以及智慧纷繁的科学奥秘。其次,景区园区管理应注重公共休息、便民活动的设施修建,秉持以人为本的思想,在便民、利民、惠民的理论指导下,提供给游客舒适、安全、方便的文化娱乐休闲服务。

从娱乐休闲服务来看,娱乐休闲业覆盖社会生活的方方面面,人民群众的文娱生活依靠健康积极向上的娱乐休闲产业,因而娱乐休闲业自身需要加强品质的提升,作为影响消费者软性思维的文化休闲娱乐服务,在文化导向性上应当做到高格调、优内涵、全方位的引导。行业现状同质化问题极其严重,因而企业间的低层次竞争加剧,制造低俗不堪的文化内容以博得大众眼球的现象时有发生,扰乱了文化休闲娱乐行业服务的初衷。在人群集聚的娱乐休闲场所应注重文化环境的营造,使文明的精神内核得以传播,实现对于社会的文化治理,以文化价值观提高文化休闲娱乐服务行业的格调,实现"以文化人"的过程。

从摄影扩印来看,随着人们的欣赏水平、审美观点不断趋于多元化和个性化,以及照相机、摄像机在日常生活中的普及,消费者对影像质量和影楼服务抱有更高的期望和要求,私人定制的摄影体验服务已经越来越受到消费者广泛的喜爱,这将会进一步促进行业市场的细分和综合性服务的发展,如婚纱摄影民俗化、艺术人像时尚化、儿童摄影个性化等。以服务品质拉动摄影扩印业整体经营模式升级,将更加完善、更加便捷的摄影体验传达给每一位消费者。

第九章　中国工艺美术行业研究报告

2016年是"十三五"的开局之年，同时也是我国经济步入新常态，行业产业加速转型的关键之年。我国的工艺美术行业在经历了2015年的低迷期后2016年逐步复苏。在此背景下，系统研究工艺美术行业发展现状，并提出针对性的促进行业快速发展的相关建议，对于全面推进我国工艺美术行业转型升级、促进行业持续健康发展具有重要意义。

一、工艺美术行业发展现状

（一）工艺美术品行业发展概况

工艺美术品也称工艺品，是以美术技巧制成的各种与实用相结合并有欣赏价值的物品。中国工艺美术品类繁多，分十几大类，数百小类，品种数以万计，花色不胜枚举。大类包括陶瓷工艺品、雕塑工艺品、玉器、织锦、刺绣、印染手工艺品、花边、编织工艺品、地毯和壁毯、漆器、金属工艺品、工艺画、首饰、皮雕画等。

2016年在经济新常态的背景下，承载着中华民族传统文化的工艺美术品行业与2015年相比，发展有所复苏，但一改前几年快速增长的态势，各项经济指标呈现增长放缓的状态。根据对国家统计局相关资料统计，2016年1—11月，全国工艺美术行业规模以上工业企业共5290家，其中亏损企业435家。工艺美术行业规模以上工业累计主营业务收入9731.5亿元，与2015年同比增长2.62%；实现利润528.6亿元，同比增长7.14%；亏损企业累计亏损额12.4亿元，与2015年同比上升1.14%。根据对海关相关资料统计，2016年1—11月，全国工艺美术行业主要商品海关出口总额287.9亿美元，同比下降了20.95%；进口额43.96亿美元，同比下降了6.95亿美元，比2015年同期下降13.65%。

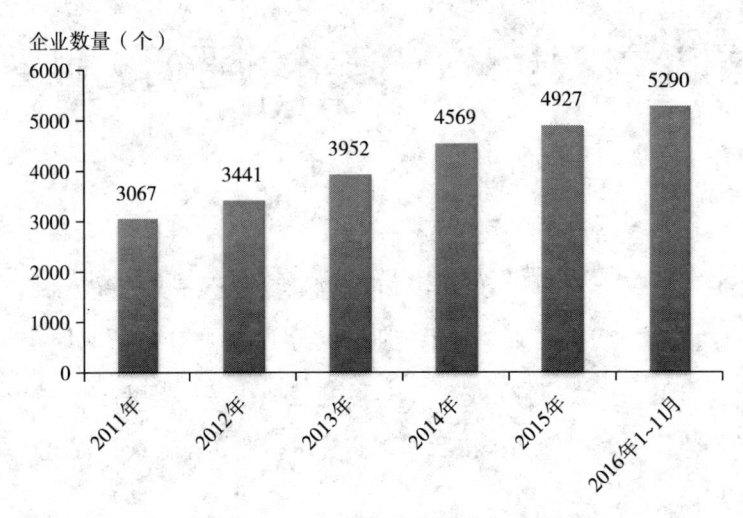

图9-1 2011—2016年中国工艺美术品制造行业企业数量增长趋势图

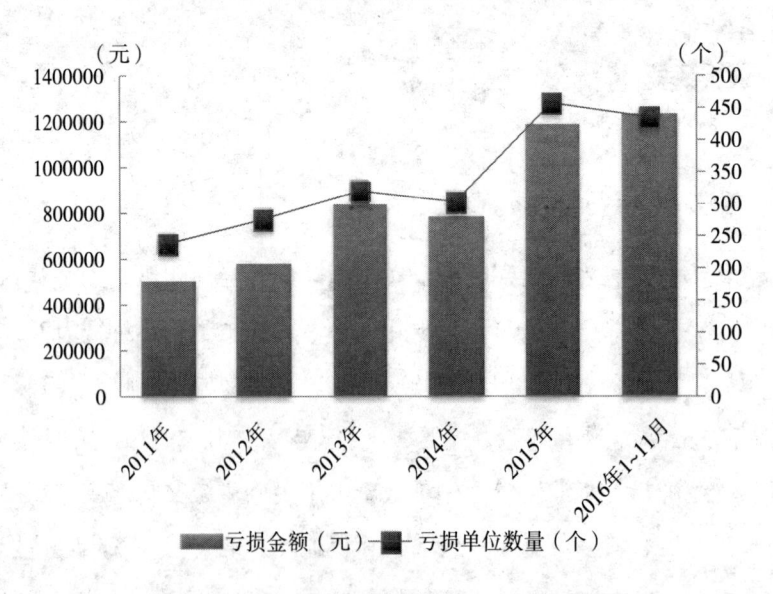

图9-2 2011—2016年中国工艺美术品制造行业亏损企业数量及亏损金额变化

利润总额（亿元）

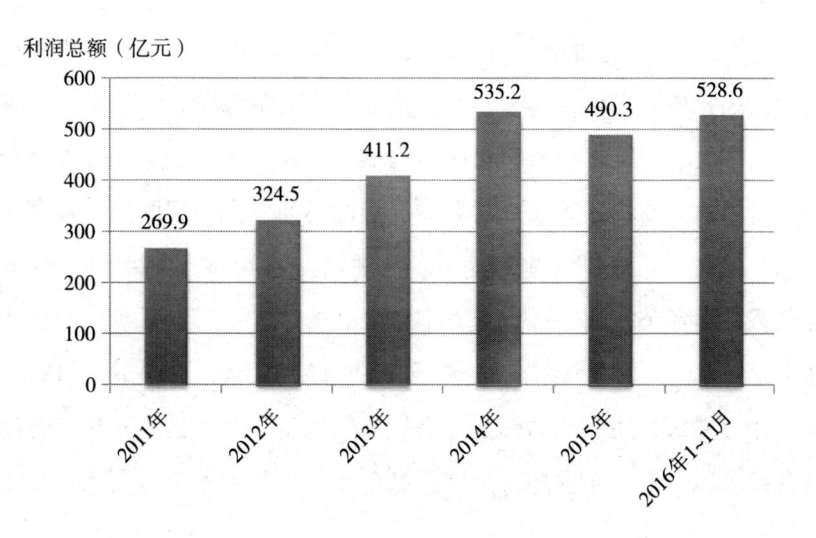

```
600                              535.2        528.6
                                        490.3
500
                          411.2
400
                  324.5
300    269.9
200
100
  0
      2011年  2012年  2013年  2014年  2015年  2016年1-11月
```

图9-3　2011—2015年中国工艺美术品制造行业总体利润总额增长

从各个地区的主营业务收入情况来看，广东省依然是工艺美术的第一大省，其次是山东、福建等地，基本上与前几年相同。从各个子行业来看，珠宝首饰仍然是工艺美术中所占比例与收入最大的行业。

从2016年我国的工艺美术行业发展状况来看，进出口额度出现下滑，既出乎意料也在情理之中。之所以出乎意料是因为近几年来，我国的工艺美术行业一直处于黄金发展时期，市场繁荣，但是从2015年开始，增长开始放缓，出现大幅度下滑。但又在情理之中是因为我国的工艺美术行业在经历了几年的快速增长之后，行业发展已经到了疲软期，2015年、2016年的减速是对前几年的一种调整。

（二）工艺美术行业发展的特点

第一，行业增速放缓。从国家统计局相关数据来看，工艺美术行业增长的速度放缓，亏损企业及亏损额度与2015年相比有所提高，进出口产品的数量也相应的有所下降。虽然工艺美术行业主营业务收入和利润水平持续增长，但受国民经济下行持续承压和国内外市场低迷的影响，产业发展增速明显趋缓，下行压力逐步加大。同时，工艺美术行业也面临着一些发展困境：首先，在市场需求的强力拉动下，我国工艺美术行业对稀缺资源的需求大幅攀升，从而使得稀缺资源过度开采，规模化发展受阻。目前，我国翡翠玉石资源已基本枯竭，需从缅甸大量进口；新疆和田玉石等日渐稀缺，价格飞涨；小叶紫檀、酸枝木、花梨木等珍贵红木材料大都要从东南亚和非洲地区进口。与此同时，部分地区珍贵玉石原料、珍惜林木资源私挖滥采和疯狂砍伐的现象依旧猖獗，与缅甸等东南亚国家的资源贸易纠纷不断升级，国际舆论压力持续加大。其次，原材料价格持续上涨。就国际市场看，随着我国金银珠宝首饰、玉石原料、珍贵木料等原材料进口量的不断攀升，国际原材料市场的价格波动对我国工艺美术产业的影响和冲击日益加剧。如2014年1—7月，我国珠宝首饰进口金额高达140.76亿美元，同比增长120.78%，其中，宝石或半宝石（无论是否加工或分级，但未成串或镶嵌）进口金额79.12亿美元，同比增长434.78%。再次，劳动力相对稀缺，用工压力凸显。近年来熟练工艺美术技工紧缺和各地最低工资水平的持续快速上涨，企业用工成本不断攀升，工艺美术企业用工难和用工贵问题日益突出。

第二，国家政策助力工艺美术品行业发展。近几年来，为发展工美产业，国家出台了一系列政策措施：2006年，《国家"十一五"时期文化发展规划纲要》明确将工艺美术发展列入到文化产业中；2009年，国务院常务会议通过《文化产业振兴规划》，让工艺美术产业迎来了新的发展机遇；2012年，文化部制定《文化部"十二五"时期文化产业倍增计划》，将工艺美术列入十一大重点发展产业；2014年3月，国务院下发《关于推进文化创意和设计服务与相关产业融合发展的若干意见》和《国务院关于加快发展对外文化贸易的意见》，明确定位了文化创意和设计服务与整体经济发展之间的关系；随后，文化部发布实施意见，提出要提升文化产业的创意水平和整体实力，充分发挥文化创意和设计服务对相关产业发展的支持作用；2014年5月，工业和信息化部出台《关于工艺美术行业发展的指导意见》，全面推进行业转型升级；2014年7月，文化部、工业和信息化部和财政部又共同发布了《关于大力支持小微文化企业发展的实施意见》，制定了给予包含工艺美术文化企业在内的小微企业的具体扶持政策。

从国家到地方都重视工艺美术产业的发展，出台多项支持政策激发企业生产积极性。针对企业融资难和融资贵等问题，工业和信息化部《关于工艺美术行业发展的指导意见》提出，进一步落实国家有关小微型企业的各项优惠政策，健全小微型企业的公共服务体系。支持符合条件的小微型企业发行中小企业私募债，或在全国股份转让系统和区域性股权转让市场挂牌融资等各项金融支持政策，激发了企业创新和技术改造的积极性。"十二五"期间以及未来一段时间，随着国家经济结构战略调整力度的加大，相关的激励政策还将持续，支持力度会进一步加大，工艺美术产业发展迎来了新的发展机遇期。

第三，特有资源和区域特色为行业发展提供强有力的保障。工艺美术行业发展与资源禀赋的关系尤为密切。依托我国丰富的自然资源以及民族风俗、传统文化资源禀赋优势，我国大部分省份都有显著地域文化特色的产业集聚区。这些集聚区大到一个县市、小到一个村或一条街，不均匀地散落在各区域内。有些地域资源虽然总量不大，但极具特色，是传统工艺美术产业和现代工艺美术产业发展的基础和壮大的保障。如福建省福州市依托当地丰富的寿山石资源和深厚的石刻文化，积极发展寿山石刻产业，品牌影响力不断提升，集聚效应逐渐显现。目前，已形成福州特艺城、藏天园、中国寿山石交易中心等多个寿山石专业市场。

第四，传承与创新融合促使工艺美术品行业活力焕发。观察近年来能够突破地域之限，获得市场普遍认可的手工艺品，有一个共性特征，即几乎都是在传承的基础上植入当代创意的内涵。在北京、上海等地举办的一些手工艺展则更加"先锋"，现代感十足、更接近现代工业设计产品或是艺术品的手工艺品，颠覆了很多人对传统手工艺的认识。当下，人们可以看到很多有创意的手工艺产品，打破了以往人们对手工艺的印象和理解，但这并不等于说手工艺脱离了工艺美术的范畴。实际上，这正是在利用传统技艺做出符合当下人审美情趣的创新点，这条路，也是中国工艺美术品的未来发展之路。

二、工艺美术行业的发展机遇

（一）"工匠精神"提振工艺美术行业自信

在2016年全国两会上，李克强总理在《政府工作报告》中首次提出"要鼓励企业开展个性化定制、柔性化生产，培育精益求精的工匠精神"。一时间"工匠精神"一词红遍大江南北，引发了全社会对"工匠精神"的高度关注。"工匠精神"的理念即是从容独立、踏实务实，摒弃浮躁、宁静致远、精益求精、执着专一。

工艺美术在中国发展历史悠久，内涵博大精深，浸透着中华民族的文化精髓和审美意识，是中华文明的珍贵遗产，其得以传承与发扬的核心正是古往今来、世代相传的"工匠精神"。中国的工艺美术所制造的不仅仅是物,更是一种大国精神,其中呈现了地域文化的特质以及手工艺人的品格内涵。每一道工艺,小到一件饰品、大到一尊雕塑,每一个零件、每一道工序、每一次组装,处处体现着工匠艺人对工艺品质的不懈追求,精益求精;"问渠那得清如许,为有源头活水来"正是一代代工匠匠心筑梦,隔绝外界纷扰,凭借执著与专注才创作出从平凡中脱颖而出的传世之作;工匠精神更需要因地制宜,与时俱进的时代精神,革故鼎新,实现工艺美术品的创新传承。

"工匠精神"引发共鸣,既是对现实需要的契合,又是对匠人精神的深化和提升,体现了对手艺的关怀和工匠的尊重。"工匠精神"也是推进供给侧结构性改革,实现从制造大国向制造强国转变的重要推手,是提升工匠创新创造能力和加速工艺美术行业发展的重要动力。工匠的"文化自信""文化觉醒"等意识不断觉醒,追求"工匠精神"的工艺美术品在传承文化的同时,再次唤起了消费者的个性审美与文化认同的消费欲望,在一定程度上重新提振了工艺美术品行业自信。

(二)供给侧改革倒逼工艺美术品中高端供给

供给侧结构性改革的关键是推动供给的结构性调整,通过创新供给结构引导需求的结构调整与升级。

新时代下,社会环境更加开放,全球经济一体化,人们的消费视野逐渐扩大。中国人的消费能力和消费观念也从盲目追求国外品牌的执著中转变为开始注重品质、品牌,文化附加值也成为影响购买的重要因素。对于工艺美术品的需求,求新求异的文化猎奇心态逐渐转变为对工艺技艺、艺术价值、科技含量和文化品牌的看重。但与消费观念和需求变化不相匹配的是,工艺美术品的供给并没有适应这种转变,整体原创力不足,品质跟不上,批量化、简单化生产导致传统工艺美术品艺术性、风格化、地域性和差异化缺失,很多潜在的、多元化的需求没能在市场上得到满足。

供给侧结构性改革是改变过去单纯的以扩大需求为策略的经济增长模式,从生产端对各要素进行优化配置的思路。对于低端供给较多,粗制滥造、千篇一律的工艺美术行业来说,供给侧结构性改革是一剂非常具有针对性的"良药"。工艺美术行业发展缺乏内生动力的原因之一在于过多依赖初级产品,对技术和人力资源产生挤出效应，供给侧结构性改革强调要素的优化和创新配置，包括人才、创新、技术进步等。从供给侧进行结构性调整，从供给端着手，有助于产能集中到中高端市场的供应上来，可以说它在一定程度上倒逼了工艺美术品的中高端供给。

以中国珠宝玉石首饰特色产业基地，素以批发加工为主体的莆田金银珠宝产业为例，其以供给侧结构性改革为核心，通过创新驱动，引导企业在转型升级中抢占价值链高端。走出一条根据消费需求，进行个性定制、柔化生产的中高端特色发展道路，从而使得年产值达到4千亿元。

（三）高新科技拓展工艺美术品创新发展空间

"文化+科技"已成当前文化产业发展的一大亮点和重要前进方向，促进文化与科技融合发展也成为文化从业者的自觉。工艺美术在传承与创新的发展过程中，或通过与创意设计、现代科技以及时代元素的融合，使其蕴含的文化含量与科技含量不断的增加，在一定程度上提高了产品的附加值；或通过现代化的科技手段，结合现代先进工艺设备，探寻失传工艺品的制作技艺、原材料配方，完成传统工艺难以实现的精细化制作等；或通过互联网技术手段，改变传统工艺美术品的营销模式，搭建个性化定制、数字化制造的现代工美产品创作平台。

近年来，能够突破地域限制，获得市场普遍认可的工艺美术品，大都是在传统的基础上，通过高新科技植入当代创意的内涵。采用新的高科技手段，已经成为推动工艺美术品发展的新动力。因为诸如材料、工艺过程、结构、形状和颜色等这些工作都必须采用最现代化的科学技术进行辅助完成，工艺美术品的发展才能进入成熟的阶段。工艺美术品在传承的基础上进行适当的高科技创新，不仅使得其本身的发展空间得以扩展，同时也为工艺美术品本身创造了延续的生命力。艺术与科技的结合，工艺美术与高科技的嫁接，在我们这个创意时代对手工艺品的转型升级具有普遍意义。

（四）文化消费需求刺激工艺美术品市场繁荣

文化消费水平的高低，是衡量一个国家或地区历史文化积淀、经济社会发展和国民精神素养的重要标尺。近年来，我国的文化消费水平不断提高，产业规模不断扩大，文化消费正成为中国经济转型的新动力。我国的消费结构也正在发生变化，主要表现为居民的商品消费比重下降，服务性消费比重不断上升。这进一步表明，居民的生活质量逐步改善，消费结构不断优化。文化产业的蓬勃发展，不断的满足了人民群众消费需求的多样化，文化消费因而不断增长，也相应的带动了工艺美术品市场的繁荣。工艺美术品中凝聚着大量的传统文化信息，呈现了不同地域的文化特质，是体现中华民族共有精神家园和民族文化的主要载体，同时也是文化产业满足人们精神文化需求多样性的主要来源。据统计显示，我国文化消费潜在规模约为4.7万亿元，而实际文化消费规模仅超1万亿元，存在着3.7万亿元的消费缺口，这说明我国的文化消费拥有巨大的发展空间。随着2016年国民对于"工匠精神"的关注，更多的注意力转移到工艺美术的各个种类中，尤其是传统的手工艺美术作品更受消费者的追捧和青睐。工艺美术品既是文化艺术品，又是与人民生活息息相关的日常生活用品，是我国消费需求的重要组成部分。作为一个有着13亿人口的发展中大国，随着我国经济的快速发展、国内扩大内需政策的实施以及城乡居民收入增长带来的消费习惯和消费水平的提高，享受型消费模式日益显现，个性化、艺术化和多样化消费日益成为消费主流，人们对于具有浓郁艺术和文化特色，个性鲜明的工艺美术品的消费需求不断增加，对工艺美术产品的购买数量、频率会相应增加，这为工艺美术行业发展提供了无限的市场空间。因此，当今消费者对于传统文化的追求在一定程度上刺激着工艺美术品市场的繁荣。

（五）收藏投资热提升工艺美术品的行业热度

近年来，随着"收藏是继金融证券、房地产之后的又一大投资领域"的观念逐渐被接受，工艺美术品的收藏热度不断上升，我国工艺美术行业发展出现新机遇，也面临新挑战。

中国书画与瓷杂在收藏领域已经达到一个阶段性高峰，交易金额动辄上亿元，一些刚入门的投资者和收藏家很难涉足，收藏者开始将目光转移到工艺美术品身上。近10年来，当代工艺美术获得长足发展，当代工艺品在技法、图式等方面均有所突破，是集材质、工艺、艺术为一体的艺术形式，既具实用性，又兼有欣赏性。尤其是年青一代艺术家的观念新颖，富有创新精神，提升了工艺品的艺术性。相对于书画而言，工艺美术品尤其是当代工艺品的真伪鉴定门槛较低，收藏投资风险小。除此之外，众多工艺美术品的创作材料，比如玉石、红木等，本身就具有一定的收藏价值，其中所蕴含的传统文化、大师精神等使其收藏价值进一步提升。同时，随着工艺美术领域收藏热度的不断提升，"大师"的作品在市场收藏中的号召力使得其作品成为收藏市场的宠儿。因此，工艺美术师朝着"大师"的方向迈进，艺术个性得到解放。近年来，工艺美术行业的从业人员也随之不断增加，创作不断繁荣。收藏投资热度的提升也在一定程度上促进了工艺美术品的发展。

三、工艺美术行业的多重矛盾

（一）供需错位矛盾源于创新动力不足

伴随人们物质生活水平的提高，人们的消费观念和消费习惯发生了巨大改变。在追求产品品质的同时，文化附加值以及对精神的追求成为人们消费的新主张。对工艺美术品的需求也更加多元，原材料、工艺技艺、文化品牌、收藏价值、科技含量尤其是艺术价值等因素成为人们选择工艺美术品的重要考量因素。多样化、个性化的需求要求工艺美术品开发出个性化、品格化、科技化、地域性、民族性、艺术性、创新性的产品，但与此相对应的正是工艺美术品供给方面的普遍同质、缺乏原创、粗制滥造、千篇一律的供需错位。

工美市场不缺工艺品，但短板在于缺乏创新，缺乏创新人才、创新文化和创新保障，高水平供给严重不足，整体市场非常不成熟。其中，专业的传统工艺设计人才大量缺乏是工艺美术品无法创新升级的症结所在，由于大量缺乏具有现代意识的工艺品设计师的引导，人们对工艺品的认识与消费也大多还简单停留在中国传统特种工艺品和仿古制品的层面上；与时俱进、敢于革新、执着坚守、精益求精的"工匠精神"文化是工艺美术品行业创新发展的土壤，这一方面的缺失与经济快速增长有关。在市场经济的冲击下，一些民间工艺美术企业被迫放弃了创造、生产精品的耐心和毅力，而去生产成本较低、价格较低的粗制产品。量的扩张使产品质量无法得到保障，大量的仿制品、劣质品充斥市场，造成民间工艺美术的产业竞争力下降；缺乏创新既与工艺美术品行业的内生动力不足有关，也与规范化、法制化的工艺美术知识产权外部保护缺失有关，完善的知识产权保护法律和措施正是工艺美术行业不断创新的坚实保障。

（二）市场繁荣与生产者利微矛盾突出

经过10年黄金发展期，2016年，中国工艺美术品市场进入增长平缓期，市场依旧繁荣，只是这背后隐藏着与繁华不相称的工美生产者、创作者利微的事实。这其中既包括传统民间工艺制作主体，也包括大型工艺美术品企业中的设计制作者们。

民间工艺品制作主体是民间匠人、工艺品大师，他们中的很多人是出于对传统技艺的热爱而从事创作生产的，往往缺乏市场意识、品牌意识、经营意识和创新意识。即便成立企业，传统民间工艺制作多以家庭为主，仍然维持着小作坊的生产经营模式，规模小、制作成本高、生产速度慢、资金短缺等是这些传统民间工艺企业的特点。现代经营管理理念和知识缺乏，专业营销人才的匮乏已经严重制约传统工艺美术品国内外市场的拓展、发展与传承。

从总体来看，工艺美术行业中，能跻身重点文化产业单位的企业不多，个体作坊仍然是主要经营主体，经营单位小、散、多。但即便在大企业中，由于有专业的营销团队，作为核心要素的工艺品设计制作者，从自身的技艺中所获利益有很大流失。工艺美术作品多由专业人才进行纯手工创造，而且一些技法的传承更需要以人为载体，这就需要大量的工艺美术品设计人才的加入。但由于利益分配机制不合理、技艺传习机制尚未建立等行业发展瓶颈致使人才大量流失，生产者的创新创意动力不足，在看似繁荣的工艺美术品市场下，同类复制品比比皆是。

（三）纯粹艺术化与商业化生产的两极对立

工艺美术品具有实用和欣赏的双重属性。传统的工艺美术品往往采用陶瓷、金属、漆木等材质，由技艺高超的工匠手工创作，具有实用功能，彰显一定的等级差异和文化品位，表现为生活艺术化。虽然传统工艺美术的概念在当下工艺美术创作中仍在延续，但"当代工艺美术"呈现出一些新的特征：创作者不再局限于创作出具有实用功能的物件，更重视用不同材质表达创作者自身的情感和经历；创作材质不再局限于传统的陶瓷、金属、玻璃、纤维等，材质成为创作表现的重要载体；技艺不再承担传统工艺创作中的绝对责任。简言之，当代工艺美术品更"艺术化"，并且这一趋势更加明显。纵观近3年的"中国当代工艺美术双年展"，近2000件作品基本为雕塑或绘画，绝大多数都属于艺术创作范畴，适合生活实用的则屈指可数[1]。

工艺美术的"艺术化"发展有助于提升工艺美术产品的文化附加值，增强艺术审美，提升消费者的生活趣味，对于促进工艺美术行业的发展具有积极和深远的意义。但如若过度追求工艺美术的纯粹"艺术化"，使其散失应有的实用功能，曲高和寡，甚至被"奢侈品化""博物馆化"，中国工艺美术传承了数千年的独一无二的手工技艺、民族传统与艺术风格被抛弃，工艺美术所追求的"生活艺术化"和"艺术平民化"的崇高品质也将荡然无存。

与工艺美术追求极致艺术化相反的是，在巨大的市场需求刺激之下，为了规模化、批量化、快速提供产品，很多工艺美术品生产往往简化生产流程，大幅度减少工艺设计环节和内容，以实现快速逐利。虽然生产效率提高，生产成本降低，姑且不说传统工美中由不同工匠亲手创作所表现出的风格差异、个性情感和工艺特色荡然无存，就是体现现代创意创新、追求工艺技艺、造型设计的匠心创作也少有体现。因为急功近利，不计其数的质量低劣的抄袭、模仿、复制传统的工艺美术产品屡见不鲜。尤其是在一些旅游景点地区，越来越多民族工艺品商品气息浓重，无法充分体现传统工艺品的技艺、民俗特征、民族文化，忽视了文化传承，也使得这些历史积淀深厚的工艺美术在当代人面前消散了它原有的文化品位和艺术韵味。

（四）传承保护与创新发展的割裂矛盾

伴随经济全球化和一体化发展，跨国、跨界、跨文化的艺术交流更加频繁。随着设计审美与观念的演化更新，随着新材料、新工艺的大量出现，传统手工艺开始了或主动、或被动地向现代艺术形态的转变过程。在这一过程中，传承保护与创新发展的割裂矛盾日渐凸显。

中国的工艺美术，尤其是传统民间工艺美术一向重视"传承"，子承父业，师徒传授，技艺代代相传。这在信息不对称、以封闭性传承体系为主流的传统社会，传统手工业具有其特有的魅力和价值，但在全球化、信息化、工业化和市场化的社会转型下，以手工艺为主的工艺美术会遭到来自外来文化和市场竞争的冲击。很多民间传统手工技艺，尤其是一些非遗会面临传承人的退化、老化甚至后继无人，被

---

[1] 侯样祥. 论工艺美术的纯艺术化[EB/OL]. (2017-01-12) [2017-02-18]. http://cul.qq.com/a/20170112/030493.htm.

迫陆续退出历史舞台。传承保护无以为继，创新发展更无从说起。

如果说传统技艺的师徒传授和手工作坊在市场经济的冲击下逐渐缩小，传统工艺美术逐渐被边缘化，现代工艺美术的创新发展也存在着巨大的人才断档。中国当代设计艺术教育培养了大量从事平面、工业产品和环境艺术设计方面的人才，这是为了适应现代社会发展需求的回应，但却没有对工艺美术教育有选择的保留和继承，进而忽视了现代工艺品设计人才的专业教育。传统技能的培养非一日之功，工艺美术的人才教育也是一个系统工程，对工艺品设计艺术人才的培养既要走出专业技能的圈子，又要了解和整合民族技艺文化，同时能够与时俱进，促进技艺的转型和创新发展。

工艺美术的传承核心是以人为载体的手工技艺、艺术基因和特色文化的延续，但与外在环境的碰撞、融合才是其得以创新发展的根本。中国现代工艺美术整体上缺乏推陈出新，市场上充斥了大量传统工美的粗糙复制品，结果自身价值不断贬值，这种盲目的商业行为对中国传统文化也造成了巨大的损失。传承保护需要具备进行现代转型的决心，融合运用现代高科技的能力，接纳吸收多元文化的胸怀，将传统手工艺向现代形态转化，通过"工艺美术+"的模式，传承并创新工艺美术发展的新业态，增加工艺美术行业新的经济增长点，实现工艺美术的转型升级。

四、工艺美术行业发展的对策建议

（一）加大工艺美术品的版权保护力度

截至目前，我国已颁布诸多加强工美保护的政策法规、发展规划及管理办法，如《传统工艺美术保护条例》《工艺美术行业发展规划》《工艺美术保护发展资金管理办法》《工艺美术大师评审管理办法》等。但从立法来看，我国法律法规对工艺美术知识产权的保护还过于抽象性与笼统性，工艺美术知识产权保护的归属问题尚不明确，这非常不利于工艺美术行业的创新发展，也是工艺美术知识产权保护急需解决的问题。

加大工艺美术品的版权保护力度，首先需要充分考虑传统工艺美术品的特点并结合知识产权的立法理念，进行工艺美术品的知识产权保护研究；其次，搭建版权公共服务平台，为工艺美术企业和工美人提供版权咨询和登记服务；拓宽版权交流与交易渠道，促进版权成果转换；第三，加强对传统工艺美术知识产权保护重要性的宣传，树立工艺美术人和企业的产权意识，形成全社会关心、支持保护传统工艺美术的良好氛围；第四，简化工艺美术外观设计申请和获取专利的复杂程序，缩减时间周期，降低申请成本，提高工艺美术人和企业保护产权的意愿，培养产权保护的习惯；第五，依靠政府和有关部门，深入调查和全面摸清传统工艺美术的现状，建立人才、技艺、特有资源档案库，作为政府实施工艺美术知识产权立法研究和保护措施的依据；第六，是强化传统工艺美术原材料的资源保护，对可再生资源划定专门保护区域确保材料品质，对不可再生的重要专用资源建立必要的储备制度，明确开采保护调配权，严禁盲目开采。

（二）培育高端优质的工艺美术品市场

目前，工艺美术品仍然处在行业转型的重要战略机遇期，培育高端优质的工艺美术品市场将有助于产业转型升级，实现产品由数量型、资源驱动型发展向质量型、内涵式发展。

加强和改善行业管理，逐步建立起行业主管部门与协会之间制度化、规范化的工作联系机制。依托工艺协会，制定相应的工艺品产品标准，并邀请行业专家对产品质量进行审核，评定出等级，并给予合理定价的指导，避免制作粗劣的产品进入市场，有效保障工艺品实现合理市场价值。

积极打造龙头和品牌企业。加快建立现代企业制度，创新产业化运作方式和集团化管理体制，鼓励工美优势企业通过"兼并、收购、控股、参股"等方式加快扩大规模，形成集"开发、生产、销售"等功能于一体的工艺美术产业龙头企业；发挥名师、名坊效应，打造一批名牌企业。正确区分工艺美术不同种类，采取不同的生产方式，把大师精品创作和普及型产品生产有机结合，走大中小企业并重，各种所有制形式并重的发展道路。中小企业要突出"专、精、特、优"的优势，加强与龙头企业的配套协作，促进行业整体快速发展。

支持工艺美术民营企业发展，着力营造平等竞争、一视同仁的法制、政策和市场环境，依法保护民营企业合法权益，完善社会服务体系。加快提高工艺美术企业自主创新能力。通过实行优惠政策，鼓励企业增加对科技创新的投入，支持工艺美术企业建立研发中心和产品设计中心。加强工艺美术展示场馆和研究机构建设,积极培育工艺美术品产权交易市场。

(三)建立系统化的人才培养和储备机制

积极拓展工艺美术品人才培养途径,建立包括家族传承、师徒传艺、学校教育和智库建设的人才培养体系。对于传统民间工艺美术,充分发挥老艺人的作用,鼓励他们收徒传授绝技绝活,使民间工艺美术品制造后继有人;通过民间艺人保护机制激励有文化、懂文化的青年学习和从事民族工艺品的设计制作;对现有的民间工艺美术品产业的从业人员进行高水平的专业培训,以提升创造能力。探索建立传统师徒制和现代学校教育互为补充、相互兼容的现代学徒制培养模式,通过工艺大师、学校、企业的深度合作,对学生施以技能培养为主的现代职业教育模式。不断完善工艺美术领域的人才结构,建立高起点的工艺美术人才培养目标制度,逐步设立工艺美术研究生和博士生学位制度,加强对工艺美术文化和技艺的研究,增进交流沟通,搭建各种学习平台,培养工艺美术管理人才、创新和设计人才。

建立工艺美术大师评价机制,制定标准,明确退出办法。加强工艺品大师、领军人物和知名品牌的塑造、宣传和推广,使更多成就卓越、技艺精湛、享有声誉并长期从事工艺美术制作的工艺大师崭露头角,享有荣誉。

(四)搭建工艺美术品协同服务平台

搭建工艺美术创新联盟、工艺美术创新平台等协同服务平台,以推动工艺美术行业的交流与创新发展。

充分发挥高校、行业协会、手工艺生产、销售企业以及相关企业的积极能动性,以政府为主导,建立系统的公共服务管理平台,在招商引资、技术开发、产品研发、信息咨询、产权保护、人才培训、展示推广、质量监督等方面,为工艺美术品提供系统的、完善的服务平台。目前,全国很多地方都已经搭建起了针对手工艺产业化发展的服务平台体系,搭建了以产业基地为依托的服务平台体系,从政府政策、资金支持,产品宣传推广,到生产企业扶持、手工艺人培训、产品创新研发等多方面为地方的手工艺发展提供了全方位的服务。

从国家层面建立专业的大型工艺美术信息服务机构,规范行业信息发布,确保信息资源的及时、有效和准确。提供专业的技术知识服务信息，便捷的产品交易信息，人才供求信息，企业咨询，社会教育等信息，减少工艺美术行业的信息不对称，为行业发展提供公平、公开、公正的市场信息环境。

五、工艺美术品生产的创新趋势

（一）工艺美术行业发展速度将持续放缓

在经济新常态下，工艺美术行业市场需求增长将继续平缓，行业生产进入供应宽松期；为适应供给侧结构性改革的发展要求，工美企业发展进入转型创新期，从追求产品数量和资源驱动向注重产品质量和文化内涵的方向转变。在未来，以注重技艺、技术、创意的工艺美术将探索整合优势资源、模式创新、技术创新等方式，重新焕发活力与生机。

（二）现代科技持续与工美生产深度融合

现代科技与传统工艺的相互结合和共融共通，是工艺美术品不可逆的发展趋势。目前较为广泛的传统技艺与现代技术的结合方式有加工过程中的结合、现代新兴技术的加入、现代管理理念的运用以及材料配方的结合。在未来，以互联网、3D打印技术、虚拟现实技术等现代科技的发展和成熟，工艺美术生产的科技化趋势也将更加明显。

包括移动互联网在内的互联网科技将继续向工美生产创作、传播推广、交流合作的各个环节渗透，其深度和广度会持续加强。以工艺品的投资收藏界为例，2016年，以手机客户端为平台的各种网上拍卖活动非常火爆。再以2016年"中国当代工艺美术双年展"为例，参展观众和入选作者只需用手机扫描二维码或NFC感应卡内芯片即可获得作品及创作者的详细信息，同时还能浏览多角度的超高清照片，全面地了解作品细节，大大减少了工美双年展观众只看其外，不知其详的尴尬。

由于科技的融入，新型动态的艺术视觉开始越来越被人们所接受，这种新的呈现方式，让人们更加直观的感受艺术的渲染力。未来，通过虚拟现实技术，可以影像化的展示每件工艺美术品的演变历史、制作流程，实现工艺美术品更加生动、高精度和永久性保存；随着交互体验的迅速发展，虚拟现实技术可以实现工艺美术品跨地域、跨文化的传播和推广，对于传承和发扬特色传统民族文化具有不可估量的重要作用；此外，虚拟技术在工艺美术品的修复和传承上也将发挥重要作用，在非物质遗产的工艺流程及技术革新的预见性中发挥不可估量的作用。

（三）工艺美术品"贵族化"将成主流

当下中国工艺美术面临着"传统消费群体正在快速解体""资源性危机日益加剧""一些传统技艺濒临失传"和"作品思想的时代性困扰"4大挑战和危机。

"传统消费群体正在快速解体"意味着城镇人口将快速取代农村人口，成为工艺美术品最大的消费群体。城镇人口的艺术欣赏趣味将迥异于传统乡村人口，"纯艺术性"趣味的作品会是他们的主要追求；城镇人口的购买力显著强于乡村人口，尤其是部分高收入人群。这些都预示着，未来的中国工艺美术品市场将会有更加广阔而理想的市场空间。"资源性危机日益加剧"则表明许多工艺美术品将因资源危机甚至枯竭而日益成为"紧俏商品"，"物以稀为贵"的市场规律和经济杠杆将会直接促使部分工艺美术品的价格大幅快速的上涨。"一些传统技艺濒临失传"意味着在工艺美术领域"优胜劣汰，适者生存"的法则同样适用，一些品种将会因各种原因自然而然走向消亡，另一些品种则会聚集和占有更多的社会资源和市场份额，在工艺美术界一种"强者更强，弱者更弱"的马太现象或许会得到快速凸显。至于"作品思想的时代性困扰"，将会随着传统工艺美术人的逐渐觉醒以及学院派的不断深度而全面的渗入，得到快速而极大地改观。所有这些都表明，在未来的发展中，工艺美术品的"奢侈化""贵族化"必定会成为不可逆转的趋势。

（四）工艺美术国际化出走趋势日益加强

伴随"一带一路"战略的持续深入，以中华优秀文化为内涵的工艺美术品国际需求正在持续上升的趋势，工艺美术品的国际化出走也将是工美行业未来发展的主流趋势之一。

中国工艺美术历史久远，工美文化饱含了中国人民的智慧，融合了中华民族特有的民族气质和文化素养，代表了中华民族历史传承的艺术凝聚和文化形象。同时，作为中国与世界各国之间商业贸易的重要载体，中国工艺美术更成为沟通东西方文明的桥梁。2016年，G20杭州峰会上，充满东方韵味和中国特色的工艺品"惊艳"全场，这既是中国工艺美术品对自我艺术凝聚和文化形象的一次个性张扬，也是国家将工艺美术作为名片的一次重磅推出。未来的中国工艺美术势必要走向世界舞台乃至中心。

伴随经济一体化和全球化的趋势日益明显，中国工艺美术品实现行业转型升级还需充分考虑和利用国内和国际两个市场，充分利用中国工艺美术品的比较优势，在全球范围内优化配置资源，以高品质文化内涵驱动经济增速发展。在未来，中国工艺美术品的国际交流合作将更加广泛，形式也更加多样。中国工美在充分吸收他国优秀文化和先进设计理念、技术和技艺的基础上，更多具有国际高端水平的工美产品会不断涌现；更多的优势企业会"走出去"，特别是到重点市场国家或地区投资办厂，探索运用国外的资源，发展新型门类和产品，实现本地化生产，就地销售。中国工美的国际市场会得到全面拓展。

第十章　中国文化衍生品研究报告

在消费升级和文化产业发展双重推动下，文化衍生品行业在2015—2016年发展迅猛，尤其是在文博、影视、动漫领域表现突出。文博领域，国博牵手阿里搭建"文创中国"平台，故宫博物院衍生品销售额达10亿以上，2016年《关于促进文物合理利用的若干意见》等相关政策出台后，各地博物馆积极投身文博、影视动漫领域，《大鱼海棠》《魔兽》等电影衍生品开发案例涌现，衍生品运作逐渐成熟。

互联网信息技术的发展融入文化衍生品开发各阶段，内容品牌依托新媒体传播大幅减少形成时间，大数据、虚拟数字技术被广泛应用于产品营销，众筹成为衍生品销售重要渠道。此外，万达、阿里、中影等文化巨头加快布局衍生品领域，从内容到销售平台，逐步完善衍生品产业链。然而中国文化衍生品仍然面临缺乏高层次设计人才，版权环境制约，内容经营者不重视以致开发环节滞后等诸多问题。但随着互联网技术发展、相关政策法规的出台和企业资本的参与，中国文化衍生品行业将成为文化产业重要支柱，同时行业内竞争也会更加激烈。

一、文化衍生品开发的背景与现状

（一）文化衍生品开发的背景

随着中国文化产业的不断发展，文化衍生品开发在近年迎来发展高潮。2015—2016年，国内文博业、影视业、动漫游戏业等都纷纷以IP为核心，开发各类衍生产品。文化衍生品开发既有着人们消费升级的需求，也符合文化产业自身的发展规律。

　　消费升级为文化衍生品开发提供了广阔的市场需求。丹麦未来学家沃尔夫·伦森曾经指出，人类在经过围猎社会、农业社会、工业社会和信息社会之后，21世纪将会迎来第五个技术—经济体系——"梦幻社会"（Dream Society）。如果说前几个社会阶段人们主要还是根据功能来购买产品的话，在"梦幻社会"中，人们购买的则是"故事、传奇、感情及生活方式"。❶近年来，随着信息技术的不断发展和居民收入水平的提升，群众精神文化需求呈现爆炸式增长，这是近年文化产业迅猛发展的根本前提。即使是在一般文化产品消费过程中，人们在考虑使用价值的同时，也越来越关注其中所蕴含的精神文化价值，文博衍生品的开发也以此为背景迅速发展。博物馆等公共文化场域的免费开放，在一定程度上普及了文化艺术常识，但同时也面临场地及传播广度的局限。因为人们参观博物馆，主要是想从博物馆藏品中欣赏到藏品所带来的信息价值，从欣赏中学习自然科学文化知识。博物馆衍生品将藏品的信息价值转接、复制到衍生品上，使之也承载了同样的信息价值，博物馆衍生品销售到哪里，其赋予的信息价值就传播到哪，形成了一个新的信息传播网，从而使博物馆文化传播的受众面更广，有效发挥博物馆社会功能。❷消费者的高层次消费需求和博物馆传播信息的需求共同催生出博物馆文创产品的繁荣现状。

　　影视动漫产业具有高风险性，投资者往往采取过量生产和衍生品开发方式降低风险。内容产业具有极强的不确定性，影视内容生产之后仅靠票房收入实现盈利风险较大。有关数据显示，当前中国票房与非票房收入比重约为8∶2，而目前衍生品收入在非票房收入的20%中也只占很小比例。而在美国，两者比重约为3∶7，其中衍生品收入更是占据相当比重。❸提早布局相关衍生品，通过授权业务和衍生品销售等渠道收回成本，能够有效降低影视动漫行业的投资风险。LIMA（全球特许授权商品联合会）发布的《2015全球衍生品研究报告》显示，2015年全球衍生品零售额达到了2517亿美元，同比增长4.2%，其中娱乐/角色形象类（包括电影和电视节目）的衍生品年收入1132亿美元，而仅《星球大战》系列衍生品的一个项目就贡献了超过7亿美元的销售收入。美国和日本的动画市场上衍生品份额都超过了30%，

---

❶ 沃尔夫·伦森,伍一军.21世纪——梦幻社会[J].科技文萃,1997(4).
❷ 李甫,郭梅.把博物馆"艺术品"带回家——以贵州省博物馆新馆文化衍生品开发规划为例[J].中国博物馆文化产业研究,2015(0).
❸ 许亚群.电影衍生品:被遗忘的金矿[N].中国文化报,2015-08-26.

是动画市场上的支柱产业。❶

衍生品除了能够拓宽动漫、游戏、电影等内容生产的变现渠道，带来可观的经济效益之外，也能使相关品牌或IP通过多元化产品开发和消费获得广泛宣传，进而扩大品牌影响力，延长品牌收益期。米老鼠、唐老鸭历经百年魅力不减，依然拥有极高知名度，正是迪士尼强大的衍生品开发能力，延长了这一经典形象的生命力，从而延长了品牌的收益期。反过来，衍生品也能反向带动内容的销售。衍生品在作为商品的同时也具备宣传功能，有创意、高质量的衍生品会吸引消费者探寻源头内容产品。2016年1月，《星球大战：原力觉醒》在中国上映时，迪士尼通过和自己的300家授权商合作，以衍生品的方式充分展示暴风兵、黑武士等影片形象，使这部在中国毫无粉丝基础的电影获得了6.4亿人民币的票房成绩。在美国，从2015年9月玩具首卖活动ForceFriday开始，到12月《星球大战：原力觉醒》上映，由该片衍生的玩具周边为美国本土带来了7亿美元的销售额，在获得巨大经济效益的同时，为影片前期宣传提供了巨大动力。

（二）文博衍生品开发势头迅猛

近年来我国博物馆建设发展迅猛，每年新增100多座，截至2014年底，我国已经拥有博物馆4510家，其中国有博物馆3528家，非国有博物馆982家。❷在博物馆数量不断增加的同时，博物馆文化衍生品成为近年我国文化产业发展的新焦点。

2016年10月，国家文物局发布《关于促进文物合理利用的若干意见》，就文物合理利用工作提出指导意见。为实现"切实让文物活起来"的发展目标，《意见》提出了扩大文物资源社会开放度、促进馆际交流提高藏品利用率、加强革命文物展示利用、创新利用方式、落实文化创意产品开发政策、鼓励社会力量参与等6项具体举措。对参与文创产品开发的企业给予一定的税收优惠，对在开发设计、经营管理等方面做出主要贡献的人员给予奖励。2016年11月，国家文物局下发了《关于公布全国博物馆文化创意产品开发试点单位名单的通知》，首都博物馆、中国人民革

---

❶ 全球特许授权商品联合会.2015全球衍生品研究报告[EB/OL].(2016-08-10)[2017-02-25].http://mt.sohu.com/20160810/n463490968.shtml.

❷ 白林,姜潇.每年增加100多个 我国博物馆数量达4510家[EB/OL].(2015-05-19)[2017-02-25]http://news.xinhuanet.com/culture/2015-05/19/c_127816156.htm.

命军事博物馆等全国92家博物馆被列为试点单位。

在一系列政策引导下,2016年全国各地的博物馆纷纷发力投入博物馆文创产品开发。2016年4~12月,共有包括"让文物活起来——全国文博单位文化创意产品联展"等超过10场大型展会或联展举办。通过活动提升博物馆文创产品品质和行业宣传力度,部分博物馆还在展会上达成战略合作协议。2016年,国内至少有7家国家级、省级博物馆举办或参与了文创大赛,以文创大赛的方式强化文博业与当代设计元素的对接,以供给侧改革意识从设计源头抓住当下市场。

在众多博物馆中,受关注度最高的故宫文创产品以"萌"开拓文博产品新风格,以现代化和贴近消费者生活的创意产品展示故宫深厚的历史文化,进一步拉近故宫和普通群众的距离。2012年故宫便已开发设计了7000多件文创产品,但知名度不高(见图10-1)。2013、2014年开始爆发,2014年故宫文创产品收入达9亿元,高出故宫门票收入2亿元,到2015年底,故宫博物院共计研发文化创意产品8683种,其中在2013—2015年期间,故宫博物院研发的文化创意产品累计1273种。与此同时,故宫的文创产品销售额也从2013年的6亿元增长到2015年的近10亿元,利润近亿元。在产品数量提升的同时,通过网络营销、数字科技结合等方式,故宫文创产品获得市场高度认可,故宫淘宝目前的粉丝量已经达到近30万人,产品收入增长迅速。

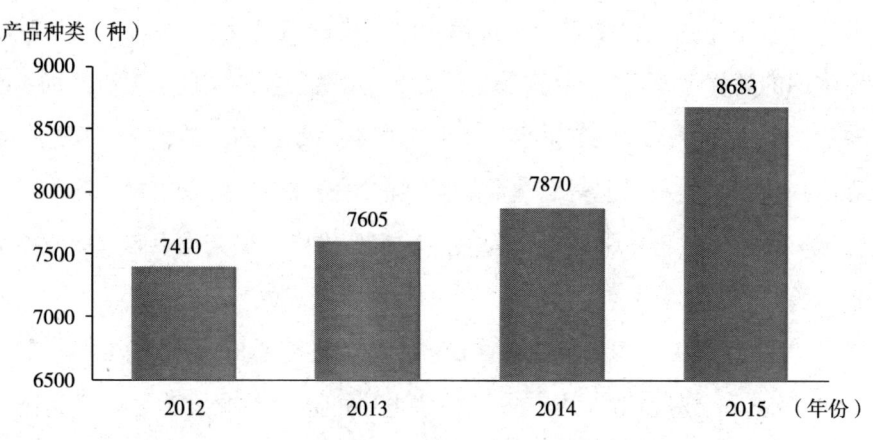

图10-1 2012—2015年北京故宫文化创意产品种类数目

从20世纪60年代开始,台北故宫博物院就开始做文创衍生品开发,到2000年左右,台北故宫文创已经开始有了质的飞跃,到2013年,台北故宫一款"朕知道了"胶带风靡一时。随后，台北故宫的萌物纪念品日渐火爆。目前台北故宫在售的文创商品中，网上销售的产品有2000多种，台北故宫商店售卖的有4000多种。近几年台北故宫文创产品每年都能创造近10亿新台币的收入，收入占比也已超过50%，高于门票收入，实现博物馆主要依靠门票单一经济模式的转型。

国家博物馆文创产业始于2011年，到2016年底已开发设计3000余款，其中1800余款拥有完全自主设计版权，如"国宝饼干""陆羽茶具"。2016年，国博主动牵手阿里巴巴搭建"文创中国"平台，并与上海自贸区签署战略合作协议，将带领中国优秀传统文化走出国门。

（三）电影衍生品亮点频出

电影衍生品在国外早已成熟运作，且在电影产业中占据极为重要的地位。公开资料显示，海外电影行业的盈利只有30%~40%来自电影票房，其他都来自电影衍生品和版权出售所带来的收入。在美国，衍生品的收入高达电影总收入的70%，远超电影票房两倍多。但实际上这一计算方式是针对广义衍生品而言的。

从广义来看，电影版权衍生的所有非影院放映的电影相关产品都可归为电影衍生品。针对不同的原有内容，衍生品适合的形式不同。比如针对全家乐的《功夫熊猫》，适合快消品和玩具，而针对成人的动漫，游戏开发则更具可行性和操作性。2016年《魔兽》电影衍生品多元化开发就是广义衍生品开发的范例，时光网推出近百款《魔兽》衍生品，包括服饰、背包、游戏中的道具等，《魔兽》在上映前，衍生品在中国的销售已经超过1亿人民币。此外，《魔兽》还实现了影游联动，魔兽电影上映后，玩家在登录《魔兽世界》游戏时遭遇服务器满员的情况，唤醒曾经的老玩家和潜在玩家，游戏因此得以续命。类似的案例在近年频繁出现，比如《微微一笑很倾城》将电影故事中的游戏作为重点衍生品推广，盗墓类电影《鬼吹灯》衍生出场景体验馆等。

就目前来看，中国电影衍生品市场都尚未完全形成。在国内，电影收入的90%~95%都来自票房和植入式广告，很多电影的衍生品收入为零。但是随着中国电影产业的发展，观影人数不断增长，中国消费者在电影衍生品方面的消费潜力也逐步展现。2015年，迪士尼在中国销售了12亿件衍生品。2016年的《疯狂动物城》在内地斩获15.3亿票房的同时，胡萝卜造型录音笔、兔子朱迪手机壳、公仔等衍生产品更是受到年轻受众的疯狂追逐，部分衍生品的价格甚至炒到官方价格的两倍以上。

除了对好莱坞大片衍生品的追捧，国产电影近两年在衍生品开发方面也进行了积极尝试。2015年，电影《刺客聂隐娘》《捉妖记》《大圣归来》，2016年《美人鱼》等影片纷纷试水衍生品市场。《刺客聂隐娘》的"电影美术原画唐风涂色集"、《捉妖记》的"小胡巴"、《港囧》的"囧盒"系列产品都取得了一定的市场成功。2016年，由于国产电影缺乏兼有经济效益和社会效益的现象级作品，相应的电影衍生产品开发也缺乏成功案例可寻。但在其他领域，阿里、时光网等则在电影衍生品销售系列领域纷纷推出系列举措。2016年4月，主营影视娱乐衍生品的"阿里影业旗舰店"入驻天猫。2016年5月，时光网宣布平台战略升级，全面发力正版授权衍生品市场，同时发布了包括《魔兽》《海底总动员》《爱丽丝梦游仙境》等热门IP在内的诸多正版授权电影衍生品。

（四）动漫衍生品大胆尝试

衍生品一直是动漫产业的主要收益来源，我国动漫的产业化发展仍处于起步阶段，与全球知名动漫公司存在较大差距。随着我国动漫产业的不断发展，部分经典动漫形象的认知度提高，我国动漫产业产值正逐步攀升。2011年中国动漫市场总产值为621.72亿元，2015年已突破1100亿元，年复合增长率达到20%。相关机构预计中国动漫行业产值在2016年将突破1300亿元，在2017年达到近1500亿元规模。[1]

2011年中国动漫衍生品规模为183亿元，2013年达到264亿元，到2015年我国动漫游戏、出版物、周边玩具、图书、服装等衍生品市场产值已增长到350亿元（见图10-2），达到了播映市场的1.5倍，约占动漫市场的34.5%（见图10-3）。

由于中国动漫产品的特点决定，前几年中国动漫衍生品市场主要集中在少儿动漫，依靠动画剧集的电视播放获得高认知度，具有代表性的如《喜羊羊与灰太狼》《熊出没》《巴啦啦小魔仙》《火力少年王》等。

---

[1] 早鸟报报.2016年中国动漫产业市场现状及发展趋势分析[EB/OL].(2016-12-05)[2017-02-25]. http://mt.sohu.com/20161205/n474978107.shtml.

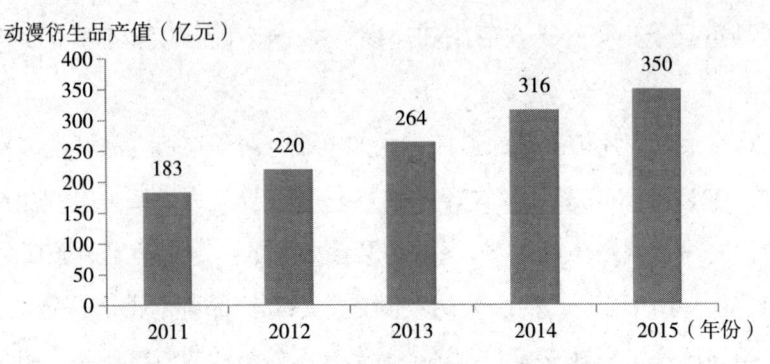

图10-2　2011—2015年中国动漫衍生品市场规模❶

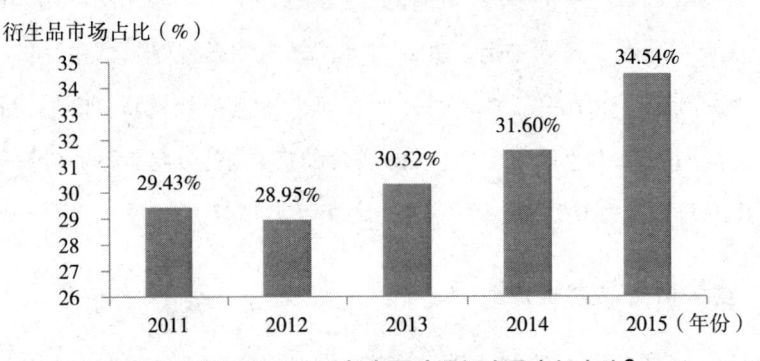

图10-3　2011—2015年中国动漫衍生品市场占比❷

2015年后，随着以《西游记之大圣归来》《秦时明月》《画江湖》为代表的全年龄段动画作品不断出现，中国动漫市场不再单纯以儿童为主要消费者，衍生品开发也开始注重受众细分。以《秦时明月》为代表的全龄化动漫产品开始进行动画、电影、漫画、电视剧、手游页游、周边衍生品等全产业链开发。2015年，国产动画电影《西游记之大圣归来》不仅依靠口碑实现排片和票房的逆袭，和天猫合作销售的衍生品更是创造出首日销售1200万元的纪录。2016年上映的《大鱼海棠》虽然仅有3000万的制作成本，但其多元化的品类开发却打破了国内动漫电影衍生品开发的纪录。其衍生品开发涉及美妆、服饰、珠宝饰品、母婴产品、居家日用、玩具、乐器、零食、3C产品和文具等12大类，包括一叶子面膜、百雀羚、三只松鼠、末那、天堂伞、墙蛙、罗莱家纺、谢裕大、知味观、青声办公、京润珠宝等32个品牌。❸2016年首部中美合拍动画电影《功夫熊猫3》官方IP授权及衍生品开发设计领

---

❶ 数据来源：前瞻研究院《中国动漫产业发展前景预测与投资战略规划分析报告》。
❷ 数据来源：前瞻研究院《中国动漫产业发展前景预测与投资战略规划分析报告》。
❸ 陈丽君.《大鱼海棠》的衍生品如何超额回本[N].北京商报，2016-07-26.

域涵盖快消、汽车、金融、主题乐园等各大产业，与合作伙伴的联合推广媒体价值近十五亿元人民币，树立了业界新标杆。❶

由于知识产权保护等方面的诸多原因，"从下到上"的反向整合是近年来国内动漫产业发展的特征之一。部分玩具制造企业通过并购等方式进入动漫领域，进而促使原有玩具制造业与动漫原创、播映环节进行有效整合，在动漫衍生品领域获得较高回报。作为此类整合的代表案例，奥飞娱乐近几年一直在动漫衍生品领域表现不俗。在2013年收购原创动力和资讯港、2015年收购四月星空后，2016年奥飞娱乐在动漫衍生品领域开始发力。奥飞娱乐第三季度报告数据显示，奥飞娱乐2016年前三季度营收25亿，同比增长33.65%，其中玩具销售占总收入的62%。《超级飞侠》《机甲兽神之爆裂飞车》两部动漫衍生品成为拉动销量的两大功臣。2016年3月份，动漫玩具爆裂飞车在沃尔玛上市首月销售额就突破百万元。

二、文化衍生品开发的主要特点

（一）文化衍生品开发进入快车道

近年来，中国文化衍生品市场呈现爆发式增长态势。据美国授权业评估，中国正版授权衍生品市场以每年15%的全球最快速度增长，而同期的美国和日本已经是3%到5%的饱和状态。❷

截至2015年底，北京故宫博物院共计研发文创产品8683种。自2013年进行战略转型以来，短短3年多时间，北京故宫博物院衍生品销售额便由6亿元增至10亿元，文化衍生品收入已经成为故宫最主要的收入来源。2015—2016年，随着江西南昌海昏侯墓的发掘，"海昏侯"也成为文博业的代表性IP，各种展览及衍生品开发一直热度不减，除相关书籍、纪录片、巡回展览外，2016年11月，由浙报传媒、杭州大剧院、杭州话剧艺术中心联合出品的话剧《海昏侯》在杭州大剧院上演，雁鱼灯、铜火锅、马蹄金等成了串起整剧的重要线索。相关出土的文物也被作为原型或核心元素，融入钥匙扣、充电宝、手机壳等日常用品设计之中，形成了大量集文物

---

❶ 李俐.《功夫熊猫3》全方位开发衍生品[N].北京晚报，2016-02-11.
❷ 姬政鹏.电影衍生品产业发展先要"锻炼肌肉"[N].中国电影报，2016-07-13.

知识与审美趣味于一体的文化衍生品。

经过近10年的高速增长，中国电影产业在2016年进入市场调整期，收获454.9亿元票房，与预期的600亿元相差甚远。在意识到电影行业面临"被票房绑架的烦恼"后，众多影视及相关企业更加重视衍生品在分担风险中的作用。2016年，中影、万达、光线、乐视、阿里等影视企业和电商巨头都加快影视衍生品开发步伐，从整体产业链着眼进行"泛娱乐"式的衍生品全面布局。盗墓题材电影《寻龙诀》摸金符、《盗墓笔记》九门铜钱手链、爱情电影《从你的全世界路过》自在之声卡坠、喜剧电影《大闹天竺》檀香木猴头吊坠、《超级快递》埃及神猫项链、《大话西游3》白龙檀香木珠等2016年各个关键档期爆款影视的衍生品依次亮相，中国电影衍生品市场迎来至今为止最繁荣的时期。❶

从2013年开始，衍生品产值占动漫市场份额超过30%，2015年，动漫衍生品市场规模达380亿元，是播映市场的1.5倍，动漫衍生品市场规模大于内容似乎已成为常态。2016年中国动漫衍生品市场总体数据虽未出炉，但以奥飞娱乐、星辉娱乐、美盛文化等为代表的国内动漫衍生品生产企业业绩状况良好，奥飞娱乐前三季度营业收入比2015年同期增加33.65%，星辉娱乐前三季度营业收入比2015年同期增加43.96%，美盛文化前三季度收入比2015年同期增长了38.94%❷。

（二）文博衍生品"活化"特征明显

博物馆文创产品将博物馆拥有的历史元素和现代设计结合，一方面力求把握传统文化脉络，另一方面注重探索现代表达方式，实现游客把"博物馆文化带回家"的愿望。

博物馆文创产品主要分为两种，一种是测重文化内涵的衍生品，一种是贴近现代生活的衍生品。例如故宫淘宝上销售的产品是主要以针对年轻人为主的文化创意产品，比如故宫娃娃系列，以紫禁城内生活的野猫为创意的"故宫猫"系列，朝珠耳机、明太祖朱元璋和马皇后的酒瓶塞。而故宫商城所销售的产品见更多的是在侧重的文化内涵的基础上进行创意转化。如宫廷文房系列，宫廷服饰系列。

---

❶ 从文交联合看影视衍生品金融化布局[EB/OL]. (2017-01-04)[2017-02-25]. http://collection.sina.com.cn/wjs/jj/2017-01-04/doc-ifxzczff3682103.shtml.

❷ 2016中国动漫行业年度大盘点：衍生品企业在高盈利下的转型[EB/OL]. (2016-12-13)[2017-02-25]. http://cartoon.southcn.com/c/2016-12/13/content_161562526.htm.

台北故宫博物院的旅游纪念品注重符号化，比如有一套餐具的设计，其灵感来自宋徽宗所创的"瘦金体"，将文字笔迹瘦劲化为餐具的形态。双连油醋瓶灵感来源于清乾隆粉彩开光花鸟双连瓶，原来是作为帝王书斋里的珍玩，设计师通过对其形态的提取设计成餐桌上的调剂瓶。还有上博文创大赛二等奖获奖作品——寒香幽鸟图·口金包，设计者抓住禽鸟成对的特点，将其设计为包金口，与包身所绘的梅枝相互呼应，别具一格。

可以看到，博物馆文化创意产品的开发都在"活化"博物馆藏品和文化，趋向贴近现代社会生活，不再停留在过去简单的高仿藏品、临摹书画等消费层次高的艺术品。博物馆衍生产品是博物馆品牌形象的延伸，让游客把"博物馆文化带回家"正是让博物馆文化元素大众化，从而扩大基础受众群，优化博物馆单一经济模式，促进博物馆文化的传承传播。

（三）动漫元素成为衍生品媒介

纵观中国电影市场，衍生产品卖得较好的一般都是具有动漫基础的作品，超级英雄电影一类的大片《变形金刚》《美国队长》《蜘蛛侠》等，或者动画电影《疯狂动物城》《大鱼海棠》等。在做衍生品开发时，元素的丰富性很多时候比这个动漫形象是不是经过动漫播放、是否有名气更为重要。因为其衍生品设计会有非常具体的形象依托，能够在商品上做设计的延展与转换。人物形象可爱，画面华丽酷炫，故事情节神奇超现实，道具包含作品情感或者新奇实用等，都是动漫衍生品开发的重要前提。所以科幻、玄幻、动画类题材更适合开发电影衍生品，相比之下大量真人电影很难演化为商品。

中国缺少好莱坞式大片，不擅长科幻类道具的设计，因此选择在电影中大量加入传统文化元素。如动画电影《大圣归来》《小门神》《大鱼海棠》，虽然没有前期品牌积淀，但传统文化内容能自然拉近中国观众。盗墓类电影《鬼吹灯》《盗墓笔记》，盗墓、风水、机关这一类传统文化有很大的开发空间。近几年，国产真人电影也十分注重传统元素的植入，如《捉妖记》中的妖王小胡巴，原型是《山海经》中的怪物"混沌"。传统文化元素容易唤起中国观众的情怀，且在衍生品设计上更得心应手。

尽管中国大部分电影并没有很好地利用这些元素，及时开发正版衍生品，导致市场上盗版横行，但这也从另一个侧面说明，消费者对这些元素衍生品有大量需求，这一特点应充分运用在电影创作中。

（四）衍生品开发更加重视与现代科技的结合

现代科技在不断改变文化产业业态和发展模式的同时，也越来越多地被应用于文化衍生品的开发和营销。从2015年起，故宫博物院除了加强英文网站建设外，还重点推进"数字故宫"建设，自主研发并上线了《胤禛美人图》《紫禁城祥瑞》《皇帝的一天》《韩熙载夜宴图》《每日故宫》和《故宫陶瓷馆》6款App应用，通过数字技术，以立体、多元、全方位的信息化手段推进故宫衍生品展示和销售。❶

虚拟现实为虚拟偶像的现场演出提供有力技术支持。2015年，中国首个3D动漫演唱会在深圳举行，推出虚拟新星"紫嫣"。2016年厦门国际动漫节，虚拟偶像"零"进行了一场VR音乐会。中国最著名的虚拟歌姬之一的"洛天依"将于2017年6月在上海举办全息演唱会，首批500张SVIP席1280元限量特典版门票3分钟内全部售罄。❷

三、文化衍生品开发存在的问题

（一）狭义衍生品设计制造水平有待提升

长期以来，中国文化衍生品给人留下两种印象，一是文博类高端艺术品价格高昂，遥不可及；二是影视动漫类衍生品种类单一，粗制滥造。在整个衍生品市场中，缺少巧妙化用文化内涵、设计新颖、质量上乘的产品。

文博业具有较高的文化内涵，消费者本身在理解上面临较高的"文化门槛"，在面向现代市场进行转化过程中，往往只进行"表皮式"的简单转化，文化内核的现代转化不足。除去故宫博物馆，很多博物馆实际上在衍生品中面临优质品匮乏，缺失价格适中、品质优良的文创产品。市场定位两极分化现象比较严重，低端产品粗制滥造，不能引起消费欲望，而高端产品又价格昂贵，让绝大多数消费者难以

---

❶ 李宁.《数字故宫：六款App应用让故宫文化真正活起来[EB/OL]. (2015-06-11)[2017-02-25]. http://culture.people.com.cn/n/2015/0611/c87423-27141146.html.

❷ 2017"洛天依"全息演唱会预售500张票三分钟内即售罄[EB/OL]. (2016-12-17)[2017-02-25]. http://www.sh.chinanews.com/whty/2016-12-17/16178.shtml.

承受。

由于中国动漫"寓教于乐"的特点，衍生品一直以低龄儿童为目标群体，产品类型低端，多为书包、玩偶等，缺乏设计感和实用性。同时，中国衍生品工业制作水平偏低，即便有好设计也难以实现预期效果。三文娱和艾漫提供的数据显示，2015年CCG数据消费者最欢迎的商品排行中，办公文具排名第一，手办模型排名第二。在消费数量第一的办公用品领域国漫IP能排到第一第二的位置，但在真正考验制作工艺的手办模型领域，国漫IP全军覆没，即使是霸榜多项的《全职高手》在这一类目中也不见踪影。

电影衍生品开发一直不受重视，发行公司到后期制作或宣传阶段才能拿到素材，放什么素材还要导演拍板，衍生品公司只能从宣传处拿素材。素材库的专业性和规范性难以得到保证。

国内授权衍生品生产没有形成规范流程，对授权内容的规定不够细致，才会导致即使是有正版授权的衍生品，也存在不少形象与质量问题。[1]好莱坞6大电影公司在授权上有完备的授权规则，迪士尼在每个电影形象做衍生品设计前，会先出一本厚比《牛津词典》的风格指导手册，详细说明电影形象身体尺寸、标准色号等，任何工厂生产出的产品都一模一样，拉开与盗版的距离。[2]

（二）广义衍生品市场急需扩展思路

衍生品在国内多指狭义衍生品，即特许授权商品，而在世界市场上，衍生品市场多被称为辅助市场（ancillary market），具体样态涵盖家庭娱乐/数字电视、付费电视、视频点播、免费电视、电子游戏、唱片、图书以及特许授权商品等商品大类。特许授权商品的范围较为宽泛，如玩具、DVD、纪念品、服饰以及主题公园等。在我国，由于市场开发与世界一流水平存在差距，目前国内所谈的通常指狭义的衍生品，即特许授权商品。如《星球大战》系列，其特许商品的销售收入占比不到总收入的4%，只有将包括DVD等一系列广义衍生品的收入计入，为电影带来的收入占比才能超过70%。

中国近年来也在逐步探索扩展衍生品市场，如《魔兽》影游联动，《熊出没》深

---

[1] 卢扬,王嘉敏.光线传媒能否借众筹玩好衍生品[N].北京商报,2016-12-13.
[2] 紫萱.中国电影衍生品市场面临的机遇和挑战[J].中国电影市场,2016(7).

度植入方特主题公园,实现《熊出没》里角色的虚拟化管理,《功夫熊猫3》与肯德基等多个品牌媒体推广合作。但相比好莱坞电影在衍生品开发上的创意和经验,中国衍生品广义市场还有很大的挖掘空间。以《冰雪奇缘》为例,迪士尼构建了一个完整的《冰雪奇缘》衍生品帝国。除了"公主裙"和传统的化妆品、玩偶外,迪士尼还发布了16款全新的《冰雪奇缘》主题食品以及医疗保健品,包括水果、酸奶,甚至还有创可贴和牙线。此外,依托迪士尼乐园修建《冰雪奇缘》主题景点,推出每天上演7次的现场舞台表演和真人版的冰上音乐剧表演。并且登陆北京"水立方"举办《冰雪奇缘》主题冰雕展。种类繁多的衍生品,足见迪士尼在衍生品开发上的广阔思路。[1]

目前,中国主流观影人群消费习惯已在变化,用户付费意愿提高,但供给市场衍生品种类较少,质量较低。国内大多数公司只关注特许授权商品的开发,而不能构建广义衍生品市场生态,无法真正发挥IP的应有价值。

(三)版权环境制约正版衍生品发展

中国版权保护法律体系尚未完善,从盗版DVD到书籍、网络文学,国内消费者长时间以来已经养成消费盗版的习惯。版权环境不完善,不仅难以培养消费者良好的消费习惯,也给授权方和被授权方造成诸多阻碍。

授权方自身缺乏版权意识,不清楚版权相关法律和运作程序,因此对衍生品开发不积极,很少有公司能做到在衍生品上进行提前规划。有的代理方找上门主动商量希望介入前期拍摄,但授权方考虑到剧情保密问题,将代理方拒之门外。而部分具有版权意识的内容生产者想要授权却面临繁杂的法律程序。《捉妖记》出品人江志强表示"开发衍生品没那么简单","胡巴"开发衍生品时困难重重,"律师登记也要花很多时间"。

正版开发商以高额成本获得授权,盗版方没有版权成本,且盗版可制定低价夺取市场,享用"免费午餐",这对于上游内容制作方和下游衍生品开发商很不公平。中国的衍生品因为前期没有开发,往往是在内容火了以后才开始做,一旦发现市场需求,盗版的反应往往更快。从《喜羊羊与灰太狼》到《大圣归来》,中国盗版衍生品遍布天桥、路边摊以及网络。《捉妖记》面对盗版胡巴,即使知道侵权也无能为力。

---

[1] 华谊兄弟研究院. 电影衍生品的界定及中美差异——依托热门作品,依附经典角色[EB/OL]. (2016-11-25)[2017-02-25]. http://news.mtime.com/2016/11/25/1563528.html.

尊重电影版权的环境不佳，就算出了正版，一样会淹没在盗版的海洋中。

（四）影视动漫衍生品开发环节滞后

国外成熟的电影制作和动画制作从创意阶段即引入衍生品开发公司，参与剧本写作、形象设计、道具创作等上游环节，从内容上即设定好未来的衍生品开发方向。包括创意以及全球不同细分市场的特色都将被逐一讨论，要求开发商根据市场特征做出本地化的设计。得益于好莱坞电影衍生品市场开发的成熟经验，《超能陆战队》的"大白"设计稿在电影开拍前就交给玩具公司做出实物，根据实物的情况判断是否匹配未来的用户，制片方再对电影进行微调，使得角色深受观众喜爱。衍生品与电影形象完全一致，满足观众的消费期待。

中国影视衍生品长期以来被看做宣传的附庸，导致衍生品开发环节严重滞后。就整个国内市场而言，大多数的衍生品开发在电影发行和宣传期间才开始进行，且开发商拿到什么素材需要导演过目，素材更多出于宣传的考虑而较少结合衍生品设计上的考虑。

与国外观众已经对衍生品形成消费习惯并对影片有较高忠诚度不同的是，国内观众对影片的喜好和热衷度极易改变，假若无法及时进行布局和规划衍生品，就会错失最佳时机，失去衍生品所能带来的更多价值。[1]一般情况下，一部电影的热度在2~3个月，而周边生产周期是4~6个月，国内的片商往往没有把开发的周期留足给设计公司，这在很大程度上导致目前国内即便有好的IP也无法开发出好的产品。2015年《大圣归来》衍生品尽管在众筹中表现不俗，但接近电影下线才完成打版，仓促完成的实物令消费者大失所望。2016年动画电影《你的名字。》由于筹备周期过短，产品种类偏向低端，发货时间过于滞后，热度一过，消费者便失去购买兴趣，相比接近6亿人民币的电影票房，不足100万的众筹金额显然没有发挥出《你的名字。》IP开发的真实价值。

（五）消费者购买衍生品渠道狭窄

国内电影衍生品市场没有形成，除了观众消费观缺乏、片方不够重视外，在流通上正规销售渠道也太少。作为产业链最后的一环，销售和消费者直接对接，销售

---

[1] 卢杨,郑蕊.国内电影衍生品如何打破"九一魔咒"[N].北京商报,2016-02-02.

渠道决定了潜在消费者的转化程度。目前，国内的大部分国产衍生品还没有走出电影院，而影院对衍生品的态度一直不温不火。一方面，影院承受着高额房租的压力，而衍生品收益不确定，压货售卖成本较高，具有一定风险，使得影院不重视衍生品售卖。大部分衍生品放置在角落，没有配备专业的销售人员，营销行为几乎为零。另一方面，影院出售的正版衍生品价格相对高昂，消费者购买兴致不高，但除此以外又难以找到其他正版销售渠道。

首先，随着粉丝的日渐扩大，近几年国内的衍生品展览也不断增加。这些展览在为衍生产品提供销售渠道的同时，也增加了国内衍生品开发商交流合作的机会。其次，随着互联网发展的不断成熟，线上销售也成为衍生品销售的一个重要渠道。时光网搭载售票平台进行衍生品销售；乐视网将周边编排在视频播出中，看视频的同时即可购买；众筹是正版授权衍生品的常用渠道，兼具营销功能。但大部分线上销售模式都有较强的时效性，电影售票结束或者众筹结束，这些渠道也就此消失。《大圣归来》众筹结束后，各大电商平台上都搜索不到相关的衍生品信息。

主流渠道供需双方参与积极性不高，而非主流渠道又没有建立起来，国内衍生品市场的销售还不能满足消费者日益增长的消费需求。目前，阿里、时光网等都在尝试构建正版衍生品销售平台，未来中国衍生品市场适合发展方式还需要市场参与者的不断尝试摸索。

四、文化衍生品开发趋势

（一）网络改变品牌培养路径

传统媒体时代，在市场上广受欢迎的系列文化衍生品往往是经过多年积淀而成，如漫威、DC系列的超级英雄衍生品，迪士尼的部分动漫形象更是经过长达数十年的时间积淀。如今，移动互联网等新兴媒体将品牌积淀的时间大大缩短，部分形象、品牌可以在短时间内迅速形成巨大的市场认知，极大缩短了衍生品品牌积淀和粉丝积累的时间。比如有妖气平台上的原创漫画《十万个冷笑话》，2010年开始连载，2012年便制作完成第一季动画，2014年1000万元成本完成大电影，并获得1.2亿票房的成绩。腾讯文学旗下的玄幻小说《择天记》，2014年5月开始连载，2015

年7月即播出同名动画,2016年小说改编的电视剧拍摄完成,品牌形成速度极快。2016年里约奥运会"洪荒少女"傅园慧因为一段采访和表情包迅速走红网络,相关的卡通表情包以及印有卡通形象的衍生品立刻面世。

随着中国互联网的普及,网民数量的急剧增长,网络改变了内容品牌的培养路径。以往需要几十年,依靠传统电视播放或者书籍销售才能完成的缓慢的品牌积累,如今放到网络平台上,时间可以缩短到1~2年甚至一夜之间。品牌的营销和维护也在网络上依托新媒体全面展开。但同时由于网络信息更新速度快,品牌容易被其他后起之秀淹没。品牌成长的速度很快,但生存时间也越来越短,这一趋势之下,内容品牌需要面临的问题是如何在瞬息万变的市场中保有长久的活力。

(二)文化产业巨头布局衍生品行业

随着当代互联网技术的发展,文化产业的地域壁垒被打破,原先由于经济、交通和地理等基础条件限制,城乡、地区之间发展不平衡造成的独立、分散经营状态得到改变,以区域整合为特征的统一服务体系、产业链条和协同作战模式正在形成。与此同时,跨地区经营和并购重组现象增多,并在此基础上形成"赢者通吃"(Winner-Takes-All)模式和"文化航母"❶。正是在此背景下,在中国文化产业竞争格局中形成了阿里、腾讯、万达等"航母级"文化产业集团。这些巨型文化产业集团依托强大的资金实力介入文化产业各个领域,其中也包括文化衍生品开发。

2016年,万达在以35亿美元并购传奇影业,斥资26亿并购游戏公司互爱互动,增强自身的IP储备的同时,也开始将触角延伸到衍生品开发领域。2016年7月,万达院线以2.8亿美元价格收购时光网,此前,时光网在衍生品领域已经进行了3年的战略布局,以正版原创为基础,从设计到生产到电影推广、影迷社区,建立了完整的电影衍生品生态。并购达成后,万达将打造线上、线下衍生品销售平台,将衍生品业务做大。❷

2016年,阿里巴巴也充分整合旗下各平台资源,打通电影全产业链,通过"互联网+电影"模式打造衍生品经济。2016年4月5日,阿里影业旗舰店入驻天猫,主要销售影视娱乐衍生品。2016年10月,阿里影业宣布将收购Amblin部分股权,并

---

❶ 李凤亮,宗祖盼.中国文化产业发展:趋势与对策[J].同济大学学报(社会科学版),2015(1).
❷ 徐维维,吴燕雨.收购时光网 万达院线加码衍生品[N].21世纪经济报道,2016-07-29.

在电影投资、制作、衍生品及宣传等方面展开合作。

2016年9月,腾讯互娱IP授权业务在腾讯游戏嘉年华上亮相,集结腾讯互娱旗下数十个IP,对超过250款授权商品进行了展出。包括《穿越火线》粉丝定制款Zippo和《冒险岛2》粉丝专属PAUL FRANK（大嘴猴）服装在内,目前腾讯互娱已开拓图书、玩具、食品、数码、服饰等品类丰富的授权商品超过2000款。

2015年,中影集团就成立了电影衍生品专业公司,并与华纳兄弟、派拉蒙等好莱坞电影巨头达成衍生品战略合作意向。2015年10月,中影股份与北京电影学院合作共建的中国电影衍生产业研究院正式成立。2016年4月的第六届北京国际电影节中国电影衍生产业高峰论坛上,中影有关人员表示电影衍生产业已经成为中影重要的发展战略。

文化巨头企业的加入将会吸引更多资本进入衍生品行业,不断完善衍生品产业链,优化行业分工,但在可以预见的将来,行业内竞争也必定会更加激烈。

（三）众筹成为衍生品销售的首选方式

目前,国内衍生品模式主要以线上线下结合为主。有众筹预售模式,如《大圣归来》《小王子》;"票务+衍生"模式,如猫眼电影、微票儿、抠电影的平台上设有专门的衍生品售卖频道;"院线+电商"衍生品O2O模式,如万达影业、时光网在影院开设电影衍生品专营店;"视频+衍生品"模式,如乐视在乐视网设置衍生品销售频道,用户可以在线观影及下单购买衍生品。[1]

众筹是大部分衍生品开发者的首选模式。首先,中国衍生品市场尚未成熟,拥有衍生品消费习惯的群体数量少,选择众筹更看重的是其营销功能;其次,国内投资者对中国衍生品市场不报有信心,众筹预售的模式可以有效降低投资风险;另外,面对国内版权制度尚未完善的衍生品市场,众筹不失为一条良好的正版授权衍生品推广销售渠道。

衍生品不同于普通商品,它的文化价值高于商品本身,因其包含了IP的内容元素和情感记忆,消费者购买时往往感性驱动优先于理性驱动。2015年,《大圣归来》"自来水"现象从电影排片延伸到周边众筹。粉丝出于对国产动画的情怀自发

---

[1] 动漫/影视/游戏三军未动,衍生品先行[EB/OL].(2017-01-05)[2017-02-25]. https://mp.weixin.qq.com/s/N3H5OnSE9EoUe0bTB8AjnA.

宣传支持《大圣归来》众筹活动，创造了单日销售额突破1180万的惊人成绩。当然，对于一些知名品牌来说，他们选择和大IP合作，并在众筹平台上推出衍生产品，实际上是出于营销目的进行产品销售和自身品牌推广。2016年2月，获得《功夫熊猫3》授权的"红叶功夫熊猫3限量版陶瓷餐具"登陆淘宝众筹，这款产品由红叶陶瓷和明星黄磊的"黄小厨"品牌共同推出，目标金额3万元，最终筹集近8万元。众筹虽然金额不大，但是借助这一活动背后的两个品牌在另一个粉丝群体中获得了一定的认可。

在衍生品规划和生产无法有效前置的状况下，众筹预售保证了不错过作品档期的热度，并便于测试市场需求，合理安排生产量，同时，"预售"的模式让厂商先获得预期收入，减小市场风险，是非常好的渠道形式。2015年《大圣归来》周边众筹销售火爆，厂商根据众筹情况对抱枕和脆桃板树脂模型等产品及时进行补货。

长期以来，国内的盗版周边占据衍生品市场主流，同时由于衍生品销售渠道的限制，消费者很难找到正版授权衍生品。淘宝众筹看准这一需求，充分利用自身商家店铺资源，由阿里购买大IP授权，再将授权低价分发给各个店铺生产，从而降低合作方版权成本。众筹平台为正版衍生品提供集中展示销售的平台，各个商铺借众筹和盗版抢时间，提前开放正版购买渠道，众筹结束后还可引导客户进入店铺购买后续产品。

但也并非所有的众筹电影都能成功，2016年12月上映的日本动画电影《你的名字。》，进入中国前便已话题便已发酵，但上线12天众筹额仅80.39万元。这背后既有筹备时间过短、产品种类少的内在原因，又有观众口味转移迅速，不愿等待产品的外在原因。

网络众筹可以营造热度，并给商家提供探索市场的机会，同时这也反映出目前国内影视公司缺乏专业电影衍生品销售人才。这种先售卖、后发货的方式是在产业链还不够成熟的情况下，为合作品牌方规避风险的权宜之计。[1]但随着阿里、万达巨头介入衍生品平台建设，以及漫骆驼、艾漫等系列二次元电商的发展，众筹的销售渠道功能将弱化，营销功能会进一步加强。

（四）营销手段科学化系统化

国内衍生品市场消费者尚未养成衍生品消费习惯，因此，各类衍生品自身的推广营销显得尤为重要。既要从生产设计阶段把握受众喜好，又要统筹线上线下渠道

---

[1] 杨涵溪.《大鱼海棠》×阿里鱼 衍生品开发新玩[N].综艺报,2016-08-10.

营造情境,丰富销售渠道。近年来,故宫淘宝和一些热门电影在衍生品营销中大胆尝试,营销策略呈现出科学化和系统化的特点。

互联网和信息行业的发达,让数据的产生和应用受到广泛关注。麦肯锡称:"数据,已经渗透到当今每一个行业和业务职能领域,成为重要的生产因素。人们对于海量数据的挖掘和运用,预示着新一波生产率增长和消费者盈余浪潮的到来。"内容产业发展和网络信息技术密不可分,借助网络大数据,文化衍生品的营销定位更加精准。2016年,《大鱼海棠》衍生品平台阿里鱼尝试了大数据分析定制营销。阿里鱼提取了视频网络点播《大鱼海棠》预告片和相关视频的人群数据、微博上参与相关话题的人群数据、天猫和淘宝上搜索过"大鱼海棠"关键字的人群数据,结合数据勾勒出消费者画像,包括年龄、性别、地域、消费能力、消费偏好等,针对不同人群进行专门定制,推出全新场景营销模式。[1]

博物馆文创产品以博物馆文化为基础,营销策略多为线上线下结合。最具代表性的案例是故宫文创产品。故宫博物馆借鉴台北故宫,产品设计上贴近青年人和日常生活,营销上也采取轻松幽默的风格。不仅将官方微博拟人化,时常以"本宫"自称,和同行四川三星堆博物馆在微博互动,走"萌贱"路线,还结合时下网红段子,借势科普宫廷历史并介绍产品。"锦鲤"一词走红网络时,故宫发了一张鳌拜和锦鲤的图,写着"转发这条all buy锦鲤",鳌拜与"all buy"谐音,这条微博获得2万多转发量。2015年《秘密花园》填色书在中国掀起填色热,故宫顺势推出紫禁城填色书《点染紫禁城》,第一批产品很快售罄。[2]线下展馆是游客接触衍生品最直接的渠道,故宫将"故宫商店"改为"故宫文化创意馆",汇集丝绸馆、服饰馆等7大展馆,以及集文化创意展览、文化讲座活动、产品展示销售于一体的"紫禁书院"。2016年故宫还在神武门外设立无需购票且不受闭馆时间影响的故宫文化服务区,游客拥有丰富文化体验的同时能够更便捷地"把博物馆文化带回家"。此外,澳门艺术博物馆、北京王府井工美大厦等多处地点都有开设故宫文化产品专卖店或专卖柜台,打破以博物馆为中心的线下销售所受的地域限制。故宫文创产品在新媒体、电商平台、展馆等各领域铺开,已形成相对系统化的营销模式。

---

[1] 杨涵溪.《大鱼海棠》×阿里鱼 衍生品开发新玩[N].综艺报,2016-08-10.
[2] 张菁雅.浅析文创产品的新媒体营销模式——以故宫淘宝为例[J].新闻研究导刊,2016(21).

第十一章　中国文化产业政策研究报告

在中国经济社会发展战略性阶段布局的背景下，2016年是一个特殊年份。既是深入贯彻创新、协调、绿色、开放、共享的新发展理念，全面建成小康社会决胜阶段的启航之年，也是把握和引领发展新常态、创造"十三五"时期新成就的开局之年。文化产业作为极具融合性和带动性的朝阳产业，正日益成为新常态背景下我国推动发展方式转变和经济结构调整的重要抓手，受到了国家的高度重视。2016年3月出台的《中华人民共和国国民经济和社会发展第十三个五年规划纲要》提出，到2020年要将文化产业打造成为国民经济的支柱性产业，同年12月，国务院印发的《"十三五"国家战略性新兴产业发展规划》亦将数字创意产业列入其中，提出到2020年其相关行业产值规模要达到8万亿元。从以上重大规划的目标设定，即可见文化产业在我国未来经济发展中的重要地位。

产业政策是一个国家的中央或地区政府为了其全局和长远利益而主动干预产业活动的各种政策的总和[1]。产业政策能在一定程度上弥补市场失灵缺陷、实现产业超常规发展、促进产业结构合理化和高度化，这已经被许多国家的成功实践所证明。在中国特色的市场经济体制下，政策对我国产业的发展更是发挥了巨大的引导和推动作用，特别是在文化领域。由于我国的文化产业是从高度集中管制的文化事业中脱胎而来，政府主导、政策推动是其主要发展模式，因此，创新构建符合我国文化产业内在发展规律的政策体系，事关我国文化产业发展的兴衰成败。自从2000

---

[1] 苏东水.产业经济学[M].北京：高等教育出版社，2015.

年党的十五届五中全会首次提出"完善文化产业政策"之后,10多年来我国先后出台了大量的政策文件,其有效地促进了我国文化市场主体的建设、产业结构的优化、国际竞争力的提升,有力地推动了社会主义文化的大发展大繁荣。2016年,我国继续推出了一系列重要的文化产业政策和法规性文件,这是对10多年来文化产业政策发展的有机延续,在构建中国特色文化产业政策体系进程中具有承前启后的重要战略意义。

(一) 2016年文化产业政策供给的概况

2016年我国出台了文化产业政策❶(见附录1)。其中既有战略性的整体规划部署,也有针对特定领域的管理规范办法和专项指导意见,既有对以前政策的有机延续,也有应时代要求和产业发展的突破创新。以下将就政策供给主体、类型、对象、方式和层级等方面进行概述与分析。

1.政策主体:部门联动和综合性特征明显,文化产业政策正逐步融入到国民经济整体政策体系中

在我国文化产业政策供给主体中,国家层面的决策机构包括中共中央及其主管文化和宣传的部门(中宣部)、立法机关、国务院及其文化行政管理部门(包括文化部、新闻出版广电总局等),其他协同机构包括财政部、国家知识产权局、工业和信息化部等(见图11-1)。从2016年政策供给主体看,除文化部制定了8项政策之外,其他部门单独出台较少,而由国务院及各部委联合发布的政策则达到了12项和14项之多(见图11-2),内容涉及知识产权建设、文化创意产品开发、文化消费、数字创意产业、网络游戏运营等多个领域,体现了较强的综合性特点和部门合作精神。这一方面是由于2016年为"十三五"时期的开局之年,是各类规划集中出台之年,因此综合性行政机构发文相对较多。另一方面也表明,随着"文化+"的不断深入,文化产业正深入融合到国民经济的大循环中,成为新常态下促进经济转型升级的新动力。为了更好地促进科学治理和融合发展,加强部际联动、推进文化政策从"小文化"向"大文化"转变,已逐渐成为各方共识。

---

❶ 除文化部门出台的政策外,还包括国务院以及其他国民经济部门中涉及文化产业的政策、文化部门与其他部门联合出台的文化产业政策。

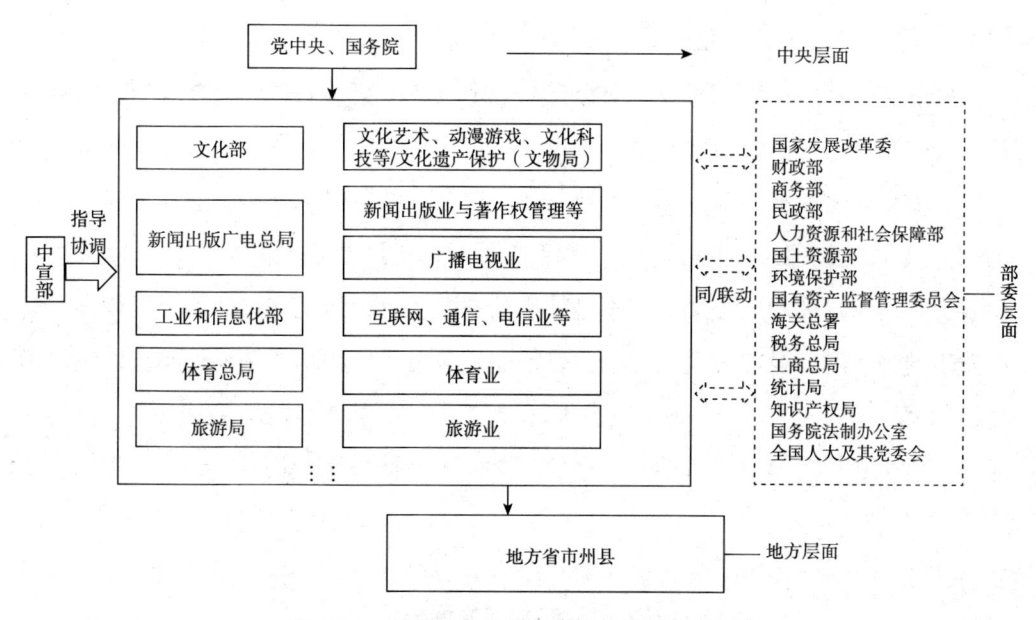

图 11-1　我国文化产业政策制定与管理体系[1]

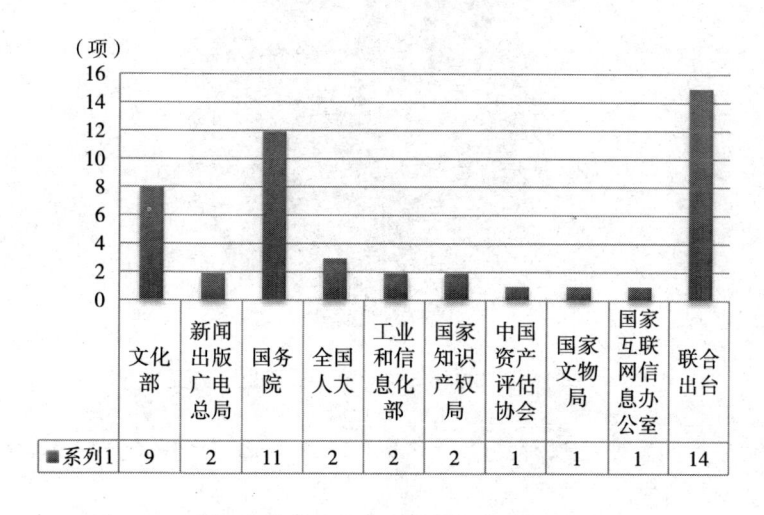

图 11-2　各政策主体文化产业政策出台数量（单位：项）

2.政策类型：规划计划类、规范管理类、指导意见类成为主导，政策重心正从产业扶持型转向环境营建型

从统计数字来看，在2016年出台的43项文化产业政策中，规划计划类占32%，规范管理类占30%，指导意见类占26%，而培育扶持类仅占8%（见图11-3）。不过特别需要注意的是，今年出台了两部法律，即《中华人民共和国公共文化服务保障法》和《中华人民共和国电影产业促进法》，虽然其占政策数量比重很低

---

[1] 吴锡俊.文化产业政策设计与政府职能转变[M].北京:北京联合出版公司,2014.

(4%),但在文化立法进程中却极具里程碑意义。深入剖析今年政策出台的类型结构,可以认为其鲜明反映了政府对自身角色定位的调整:要做产业发展环境的营造者、公共服务的提供者,而不是"赢家"或"输家"的挑选者。其实这种调整从十八届三中全会后就在不断深化与加速。在这次会议的公报中,关于文化发展最重要的政策表述变化是第一主题词从"文化产业"变成了"文化市场"❶。国际普遍经验表明,产业发展的核心动力并不是外部的补贴扶持,而是在完善的市场体制下所激发出的强大的产业内生动力。因此,产业政策最重要的功能是要构建起以法律为基础保障,竞争机制、信用管理、市场监管等为支撑体系的产业发展生态环境。2016年的文化产业政策,可谓是在这种理念指导下的实践探索。

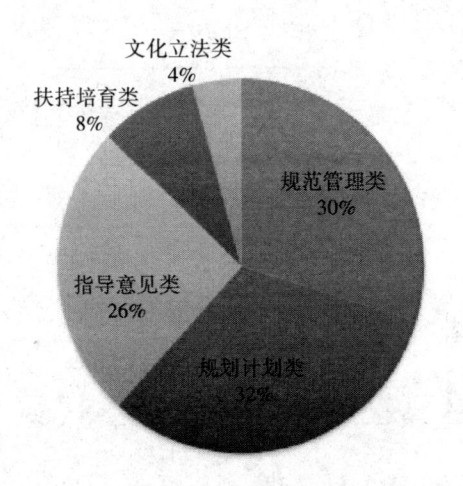

图11-3 2016年文化产业政策供给类型

3.政策对象:高度关注新技术、新业态、新产业,反映了产业政策较强的现实回应力和战略引导力

以移动互联、大数据、物联网、虚拟现实和人工智能等为代表的新科技,正改变着我们传统的生活方式和产业发展形态。近年来,基于网络化数字化的新兴业态蓬勃发展,例如网络游戏、网络出版、直播服务、社交平台节目等,正成为未来文化产业发展的核心增长极。有专家认为,未来数字文化产业将占到整个文化产业比重的70%。从2016年文化产业政策来看,也充分反映了这一趋势,在涉及具体行业的20项政策中,其中就有6项与新技术、新业态相关(见图11-4),特别是12月份

---

❶ 张晓明,王家新,章建刚主编.中国文化产业发展报告(2015—2016)[M].北京:社会科学文献出版社,2016.

国务院印发的《"十三五"国家战略性新兴产业发展规划》，其中设专节对数字创意产业发展进行部署，上升到了国家战略的高度。需要指出的是，当前网络化数字化业态发展迅速，但庸俗、低俗、媚俗的作品和娱乐内容也充斥着文化市场。因此，当前政策对新技术、新业态、新产业更多采取的是引导、管理、监督等办法，例如《互联网直播服务管理规定》《网络表演经营活动管理办法》等管理政策，都是引导和规范市场主体在坚持社会效益优先的基础上，实现经济效益和社会效益的有机统一。

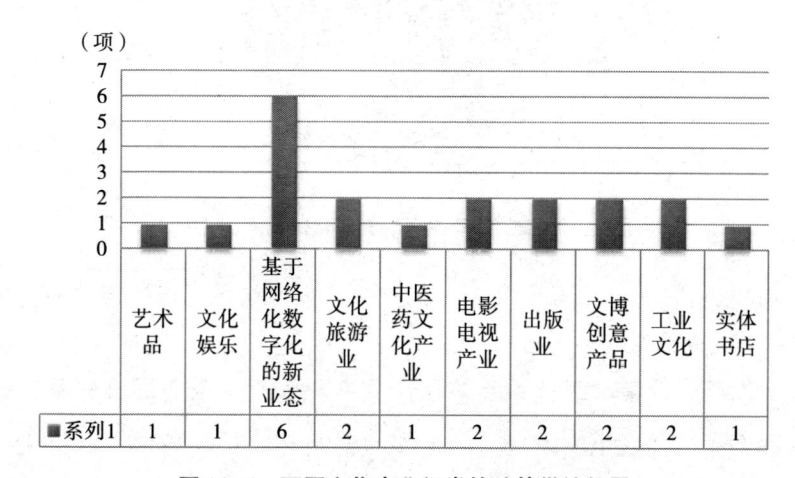

文化产业门类	政策供给数量（项）
艺术品	1
文化娱乐	1
基于网络化数字化的新业态	6
文化旅游业	2
中医药文化产业	1
电影电视产业	2
出版业	2
文博创意产品	2
工业文化	2
实体书店	1

图11-4　不同文化产业门类的政策供给数量

注：基于网络化数字化的新业态包括网络游戏、网络表演、数字创意产业、互联网直播服务、精品游戏、社交平台节目等。

4.政策方式：行政手段明显多于经济和法律手段，体现了文化管理向文化治理转型的阶段性特征

行政手段是指产业政策供给主体凭借政权力量，依靠从上到下的行政组织来制定、颁布和落实政策、指令、计划的方法；法律手段是指依靠国家法权力量，通过立法、司法和执法来调整产业中的利益关系，维护市场秩序，促进产业发展；经济手段是指根据客观经济规律，运用税收、补贴、奖罚等经济杠杆和方式，通过调整经济利益关系而落实产业政策。[1]从2016年文化产业政策的执行和落实情况来看，75%是通过行政管理手段来实现的，例如通过出台各种管理办法、规划计划、行政审批来指导和规范文化发展，而用经济和法律手段不多，只占到了21%和4%（见图

---

[1] 杨吉华.文化产业政策研究[D].北京:中共中央党校,2007.

11-5)。这也在一定程度上说明,当前我国整体处于从文化管理向文化治理的转型阶段,以法律为基础、以政策为引导、以全面构建现代文化市场体系为支撑的文化产业发展模式还在探索中。

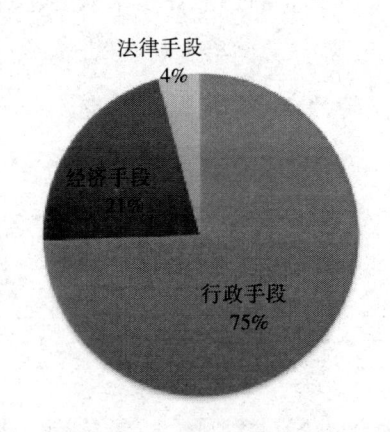

图11-5　2016年各类政策供给落实手段占比

5.政策层级:各地方以国家层面文化产业政策为指导,因地制宜创新制定相关政策,引导和促进产业发展

我国文化产业政策层级体系是按照国家文化管理体制而形成的垂直体系,即是在中央和国家层面定下总基调、总原则、总目标之后,各地市(文化行政主管部门)以此为依据再结合自身情况制定相应的产业政策。2016年是"十三五"规划的集中出台之年,因此,各地在《中华人民共和国国民经济和社会发展第十三个五年规划纲要》和文化部"十三五"时期文化改革发展精神的指导下,重点出台了本地区的"十三五"时期文化产业规划。从正式发布的规划来看(还有省市在制定),有17个省(市、地区)制定了自己未来5年的文化发展规划(见附录2)。同时,一些地区根据自身实践需要,在文化产业政策上进行了大胆探索。例如,浙江出台了《浙江省文化及相关特色产业行业类别(试行)》的文件。为了打造万亿级产业,浙江省根据其产业基础及文化产业融合跨界发展的趋势,在国家统计口径120个门类基础上,新增了"文化衍生产品的生产"的大类,包括30个行业门类(如体育、文教、黄酒、茶叶等),形成了浙江省文化及相关特色产业的统计口径,以便更加全面地反映浙江省文化产业发展的实际,更好地推动产业的兴盛。

(二) 2016年文化产业政策供给的新亮点

2016年，中国文化产业政策在对以前政策的有机延续中又有新的创新与突破，特别是在文化立法、版权保护、文化传承、新兴产业和文化消费等方面的政策上，体现出了强烈的时代性、创新性和前瞻性。

1.文化立法取得历史性突破，首部基础性法律颁布

现代化治理体系和治理方式首先要求有法可依。长期以来，我国文化管理主要采取行政手段调节，法律手段少，文化立法少，特别是缺乏基础性、全局性、高层级的法律法规。2016年12月，全国人大会议通过的《中华人民共和国公共文化服务保障法》是一个重大的突破。这是我国文化领域首部基础性、全局性的法律，对我国公共文化服务保障具里程碑意义——人民群众的基本文化权益实现了从行政"维护"上升到法律"保障"的跨越。虽然《中华人民共和国公共文化服务保障法》不是文化产业领域的法律，但是这部法律的出台对文化产业仍具有重大意义：一是保障法提出的"推动公共文化服务社会化、专业化发展"、鼓励和支持社会力量参与公共服务供给等一系列法律规定，将推动公共文化服务与文化产业的融合发展，为文化产业创造新产品、新业态、新模式提供法律基础；二是在国家公共文化服务和文化产业双轮驱动的战略部署下，公共文化服务保障法的颁布，必将促进文化产业促进法的加速出台。还需指出的是，期待已久的《中华人民共和国电影产业促进法》也终于在2016年11月份正式颁布，这是我国文化产业领域的第一部专门法律，其施行将推动电影行业从行政法规监管转向专门法律监管，对促进电影产业的发展具有重要意义。

2.知识产权受到高度重视，系列专项政策密集出台

IP热潮的兴起，再次证明知识产权是文化产业的灵魂，知识产权保护是文化产业生存和发展的关键。这种信念也反映在2016年的文化产业政策中，系列专项政策密集出台，对知识产权建设进行了全方位、立体化的部署。3月份，国家知识产权局印发《2016年国家知识产权示范城市工作计划》，提出了扎实推进企业知识产权工作、积极开展知识产权运营等8项任务；5月份，国务院办公厅发布《2016年全国打击侵犯知识产权和制售假冒伪劣商品工作要点》，强调要以网络（手机）游戏、音乐、动漫为重点，打击网络侵权盗版，组织查处违法违规互联网文化产品和

经营单位；6月份，国务院知识产权战略实施工作部际联席会议办公室出台了《2016年深入实施国家知识产权战略加快建设知识产权强国推进计划》，强调要从严保护知识产权、加强知识产权创造运用；7月份，国务院办公厅印发《〈国务院关于新形势下加快知识产权强国建设的若干意见〉重点任务分工方案的通知》，要求各相关职能部门深化知识产权领域改革，进一步明确知识产权工作规范，加快知识产权强国建设。2016年3月份，知识产权关联性政策《文化企业无形资产评估指导意见》出台，其根据文化企业的特点提出了无形资产评估方法，统一了衡量标准和评估规范。意见的出台进一步凸显了知识产权在文化企业运营的重要价值。

3.创新推出文博创意产业政策，用创意活化文物

在信息科技高度发达的时代，传统的文物保护和展陈方式已经难以适应人们的文化需求和文化消费方式，必须推动中华优秀传统文化创造性转化和创新性发展。"让收藏在博物馆里的文物、陈列在广阔大地上的遗产、书写在古籍里的文字都活起来"❶。为此，2016年3月份，国务院就发布了《关于进一步加强文物工作的指导意见》，要求大力发展文博创意产业，进一步调动博物馆利用馆藏资源开发创意产品的积极性，扩大和引导文化消费，培育新型文化业态。5月份，国务院办公厅转发了文化部、国家发展改革委、财政部、国家文物局《关于推动文化文物单位文化创意产品开发的若干意见》，进一步明确了文化文物单位文化创意产品开发的总体要求、主要任务、支持政策和保障措施。10月份，国家文物局又印发了《关于促进文物合理利用的若干意见》，细化了税收、奖励等具体促进办法，提出试点单位可"在净收入中提取最高不超过50%的比例用于对在开发设计、经营管理等方面做出主要贡献的人员给予奖励"，探索建立起博物馆文化创意产品开发的良性机制。同时还需要注意的是，2016年出台的《中医药发展战略规划纲要（2016—2030年）》和《"互联网+中华文明"三年行动计划》也是我国新时期推动中华优秀传统文化创造性转化和创新性发展的重要政策探索，对传承文明、促进特色文化产业发展具有重大意义。

4.数字创意产业列入国家战略政策，高规格推进

数字创意产业是现代信息和数字科技与文化创意产业逐渐融合而产生的一种新兴

---

❶ 学习小组.习近平文物保护简史[EB/OL].(2015-01-11)[2017-01-13].http://news.xinhuanet.com/politics/2015-01/11/c_1113951139.htm.

经济形态，是文化产业转型升级的重要方向。有专家认为，如果将数字化作为划分文化产业的标准，那么我国文化产业可分为传统和数字两大阵营，前者包括传统的媒体、演艺、旅游、工艺品等行业，后者包括动漫游戏、数字音乐、网络文学、网络视频、在线演出等行业。从当前的发展态势来看，后者不仅增长得更快，发展潜力也更大。也正是基于此，2016年12月，国务院印发的《"十三五"国家战略性新兴产业发展规划》将数字创意产业列为战略新兴产业，提出"以数字技术和先进理念推动文化创意与创新设计等产业加快发展，促进文化科技深度融合、相关产业相互渗透，到2020年，形成文化引领、技术先进、链条完整的数字创意产业发展格局，相关行业产值规模达到8万亿元"。并提出了创新数字文化创意技术和装备（包括虚拟现实、增强现实、全息成像、裸眼三维图形显示、交互娱乐引擎开发、文化资源数字化处理、互动影视等核心技术）、丰富数字文化创意内容和形式、提升创新设计水平、推进相关产业融合发展、推进数字创意生态体系建设等措施。规划的出台，顺应了文化产业发展的基本趋势，将为未来文化产业的发展提供强大的动力引擎。

5.加速发力文化消费，系列促进政策高密度出台

文化消费是指人们利用文化产品或服务来满足精神需求的行为或过程，是推动文化经济发展的源生动力。消费者的消费意愿、消费习惯、支付能力等因素直接影响着文化产业产品的生产和服务方式，决定着产业的潜在规模。引导和扩大国民文化消费，是推动我国文化产业发展的重要途径。2016年，国家发力促进文化消费，加速相关政策出台。4月，国家发改委、文化部、新闻出版广电总局、工业和信息化部、住房城乡建设部、商务部等24部委联合印发了《关于印发促进消费带动转型升级行动方案的通知》；同月，文化部、财政部下发了《关于开展引导城乡居民扩大文化消费试点工作的通知》；9月，国务院办公厅出台了《消费品标准和质量提升规划（2016—2020年）》，11月，国务院办公厅又下发了《关于进一步扩大旅游文化体育健康养老教育培训等领域消费的意见》，高密度政策的出台，显示了国家对促进文化消费的重视，也体现了通过文化消费推动产业发展的战略意图。

（三）2016年文化产业政策供给存在的问题

2016年，我国在构建中国特色文化产业政策体系的道路上有了较多的创新和突破，但仍存在着系列的问题与挑战，阻碍着我国文化产业的前行。

1.产业政策制定的科学性、执行的实效性、监查评估的及时性还有待进一步提高

产业政策制定的前提假设是，政府有能力通过高瞻远瞩的战略与战术有效地驾驭市场，引领产业走向繁荣与发展，其中成败的关键是政府的智慧与能力。当前，我国产业政策在制定过程中，主要采取"政府领导+智库团队+专家评审"的模式，在大数据等新技术支撑、大众参与、宣传推广度上还不够，在制定过程中仍存在较强的领导意志和经验主义，科学化程度还需要提升。优质的政策还需要有效的执行，美国著名行政学者G·艾利森曾指出："在实现政策目标的过程中，方案确定的功能只占10%，而其余的90%取决于有效的执行"，目前文化政策在执行过程中，或由于存在政策架构过于宏观，或由于缺少量化指标、执行细则、战略抓手和配套支撑体系，或由于部门配合不畅、执行者能力不足等问题，政策"空转"现象严重。同时，监查评估也是促进政策落实的重要保障，当前因内部缺少监察激励，外部缺少实施监督，因此政策落地执行力度还不够大，未来在监查评估方面还亟需加强。

2.税收、融资、知识产权等制约产业发展的瓶颈问题，还有待突破性政策进一步解决

目前，国家层面在文化产业发展的目标、路线和方针已经很明确，但与之相适应的，有针对性、可操作、能落地的财政、税收、土地、知识产权、人才等配套政策措施远不够完善，特别是制约产业发展的税收、融资、知识产权等"硬骨头"，还没有从根本上"啃动"。在税收政策上，一般文化企业（转企改制类除外）的所得税率依然为25%，远高于高新技术企业的15%；随着增值税的施行，作为轻资产的文化企业，税前允许抵扣额少，税负仍然较重；在融资方面，占到文化产业市场主体98%以上的中小微企业，由于缺少银行机构偏好的固定资产抵押物，仍然难以获得融资；在知识产权上，仍是保护力度不够、保护办法不多，导致盗版行为猖獗，扰乱文化市场正常秩序，损害文化企业和消费者的合法权益。

3.文化领域供给侧结构性改革的专项政策尚属空白，还有待进一步研究出台

当我们振奋于10多年来文化产业发展的成绩时，也不能回避现阶段我国文化领域存在的结构性问题，特别是日渐严重的供给侧结构性问题。从产品结构看，低端同质化文化产品存在过剩，中高端个性化产品相对匮乏。以电视剧行业为例，过去5年，国产电视剧平均每年生产16188集，但电视台平均每年播出的只有大约9000

集（占总数的56%），大量剧集成为了"僵尸产能"。从产业结构看，传统类文化产业比重较大，新兴文化业还需加快培育；从区域结构看，东中西差距较大，发展不平衡、不协调的矛盾突出。以2016年一季度规模以上文化及相关产业企业营业收入为例，东部地区为12528亿元，占全部营业收入的74.9%，而中部、西部和东北地区仅占16.9%、6.8%和1.4%[1]。从要素投入结构看，偏重物力人力，制度、科技、管理等创新要素重视不足。以上这些结构性问题很大程度制约了我国文化产业的繁荣发展。新时期亟需加大对文化产业供给侧政策的研究，推动供给侧结构性改革，增强供给结构对需求变化的适应性和灵活性，推动产业健康持续发展。

4.文化产业领域母法性质的法典仍欠缺，法律的系统性和层次性还有待进一步完善

文化产业"母法"是在产业领域内起到统帅性、基础性作用的法律，制约和规范着该领域内的各项单行法规。在我国出台这样的母法有着特别重要的意义，因为目前我国文化产业属于分业管理，涉及中宣部、文化部、新闻出版广电总局、工业和信息化部等多个部门，包括十几个产业门类，同时，我国东中西地区差距较大，各地发展情况不一，迫切需要基础性的法律出台。但到目前为止，我国还没有出台一部指导整个文化产业发展的全国性文化法律，并缺少新闻出版法、广播电视法、演出法、产业基金法、知识产权法等行业性、配套性法律，还未形成定位明确、层阶清晰、相互衔接、体系完备的文化产业法律体系，这与我国文化产业快速发展的法律需求是不相协调的。

5.文化产业政策需要突破自我循环，跨界融合的思路还有待进一步拓宽

融合是文化产业发展的"金马达"，通过"文化创意+"横向拓展、纵向延伸，加大与特色农业、城乡旅游、体育产业、数字内容、人居环境、装备制造业等的深度融合，可为文化产业提供更广阔的空间和更高的价值。但从当前的政策看，文化产业政策还是更多地停留在文化系统的范畴内，这一方面造成文化产业政策工具的短缺，另一方面也使文化产业缺少普惠性政策，许多市场主体不得不去挂靠高新科技产业政策来获取支持。因此，下一步政策要不断地向国民经济一、二、三产业和上、中、下游全产业链扩展，通过资源整合和跨界融合，突破行业壁垒，创造产业发展新空间，形成文化与其他行业协调配合、开放共享的生产格局，让文化产业更

---

[1] 国家统计局.2016年1季度全国规模以上文化及相关产业企业营业收入增长8.6%[EB/OL].(2016-04-29)[2017-01-10].http://www.stats.gov.cn/tjsj/zxfb/201604/t20160429_1350273.html.

深入地走进国民经济的大循环。

（四）未来五年文化产业政策供给的趋势

在全球文化交流交融交锋更加频繁、人民群众对文化需求日益高涨的时代背景下，在全面建成小康社会的"十三五"时期里，作为国民经济和社会发展的重要引擎，文化产业将承担更大的历史责任，文化产业政策的供给将呈现出新的特征与趋势。

1.目标：实现"文化产业成为国民经济支柱性产业"，加速推动社会主义文化强国建设

2016年3月《中华人民共和国国民经济和社会发展第十三个五年规划纲要》发布，在纲要的"主要目标"中，提出"文化产业成为国民经济支柱性产业"，并在"丰富文化产品和服务"章节中对文化产业的发展做出了重要部署，这与"十二五"规划提出的"文化产业占国民经济比重明显提高"相比，目标十分明确，而且必须达成。这就意味着到2020年，我国文化产业增加值要占国内生产总值（GDP）的5%以上，根据年度统计数据，2015年的占比是3.97%，这就要求未来五年文化产业年均增长率达到14%以上，而实际上近年来文化产业增长速度放缓，2013年我国文化产业年均增长率11.1%，2014年12.1%，2015年预计平均增长10.0%，新的增长动力从何而来？政策是重要的驱动力。因此，对于国家和各地政府而言，需要在把握文化产业发展规律和时代文化需求的基础上，通过出台有效的产业政策，推动产业加速发展，提质增效，按期完成目标任务，推进文化强国的建设。

2.基调：注重基础性和系统性政策设计，在坚持"双效统一"的基础上，突出市场对资源配置的基础性作用

根据科斯的理论，政府需要做的是厘清权利、建立制度、降低人为的交易成本，市场机制能有效地把稀缺的资源配置到能使社会产出最大化的领域，推动产业发展与升级。我国产业发展实践也证明，构建现代文化市场体系，发挥市场对资源配置的基础性作用，既是深化文化体制改革的必然要求，也是文化产业健康繁荣发展的坚实基础。可以预见未来一段时期，文化产业政策将由支持单纯产业部类的发展转向推进基础环境和基本治理制度的建构，推动加快形成现代文化市场体系。从当前实践来看，在坚持经济效益与社会效益有机统一的基础上构建现代文化市场体系，在政策设计上必须"两手抓"：一方面要完善多层次的文化产品市场，满足个

性化、多样化的文化消费需求；要加快建立完备高效的文化要素市场，加强人才、资本、技术、信息、产权和中介服务市场建设，促进文化要素在健康有序的市场环境中高效流转。另一方面又要加快构建以信用为核心的市场监管体系，不断提升文化市场的综合执法能力。

3.路径：加快文化供给侧结构性改革，同时扩大和引导文化消费，供需两端发力推动产业发展

文化产品的供需矛盾是制约目前文化产业发展的绊脚石。文化领域供给侧结构性改革，核心要旨是从提高文化产品的供给质量和效率出发，以问题为导向，用改革的办法推动供给结构调整，提高供给结构对需求变化的适应性和灵活性，更好地满足人民群众日益增长的精神文化生活需求，实现文化领域健康可持续发展。在文化供给侧，当前重点是要瞄准3大主攻方向：一是提高供给质量，增强有效供给；二是要淘汰过剩供给，减少低端供给；三是要以"文化+"和"互联网+"为主要融合路径，创新文化供给的产品、渠道和方式，形成新兴文化业态。在文化消费侧，要继续扩大文化消费城市试点规模，从现在的26个试点城市向全国地市级以上城市铺开；其次要出台政策提高城乡居民文化消费的支付能力，并通过行之有效的政策措施让城乡居民的支付能力转化为实际的文化消费支出。

4.重心：将聚焦产业升级、区域布局、市场主体建设、文化消费、社会参与、对外贸易6大方面

根据《中华人民共和国国民经济和社会发展第十三个五年规划纲要》和文化部"十三五"时期文化改革发展的指导精神，结合当前文化产业存在的问题，可以判断未来一段时期，文化产业政策将围绕六6个方面展开：一是推动文化产业结构优化升级，在改造传统文化产业的同时，重点推动基于数字化网络化技术的新型文化业态发展；二是优化区域文化产业发展布局，实施差异化的区域文化产业发展战略，推动形成文化产业优势互补、联动发展的布局体系；三是培育健全各类市场主体，推动形成不同所有制文化企业共同发展、大中小微文化企业相互促进的文化产业格局；四是扩大和引导文化消费。出台政策营造消费环境，推动建立起扩大和引导文化消费的长效机制；五是鼓励和引导社会资本进入文化产业，为文化产业发展持续提供更广阔的动力；六是促进国际贸易发展，紧紧围绕"一路一带"战略，建立交流与合作平台，推动文化走出去，增强中华文化的全球影响力和感召力，克服我国全球化战略中的文化短板。

5.立法：文化产业领域基本法有望出台，文化法规将从"多头共管"向"母法统领"转变

2014年，党的十八届四中全会《中共中央全面推进依法治国若干重大问题的决定》中提出："制定公共文化服务保障法促进基本公共文化服务标准化、均等化；制定文化产业促进法，把行之有效的文化经济政策法定化，健全促进社会效益和经济效益有机统一的制度规范。"2016年公共文化服务保障法已经出台，可以预见文化产业促进法这部文化产业的基础性法律也有望加快出台。同时我们可以注意到，在《国务院2016年立法工作计划》的预备项目里，规划将来出台的有《文化产业促进法》（文化部起草）《著作权法（修订）》（版权局起草）《电影管理条例（修订）》（新闻出版广电总局起草）。在研究项目里有《广播电视传输保障法》（新闻出版广电总局起草）《文物保护法（修订）》（文化部、文物局起草）《体育法》（修订）（体育总局起草）《中华人民共和国著作权法实施条例（修订）》（版权局起草）《互联网上网服务营业场所管理条例（修订）》（文化部起草）《印刷业管理条例（修订）》（新闻出版广电总局起草）等。从以上工作计划中，我们可以预见未来将形成以文化产业促进法为基础、各种行业和关联法律法规为支撑的文化产业法律体系，将为产业发展提供坚实的法律保障。

6.效能：逐渐完善政策制定程序，不断提升政策的科学性、开放性、协同性和实效性

针对当前政策难以落地、存在"空转"现象的问题，未来五年政府必将积极采取对策。事实上，文化部近年来已经加强了对文化政策的落实督查，例如2016年5月文化部下发了《关于对文化市场政策落实和行政审批规范化情况开展督查的通知》，11月，又组织开展了落实《关于支持戏曲传承发展的若干政策》情况的自查工作。从当前探索来看，未来将重点从以下几方面着力：一是提升政策的科学性，从制定主体、制定程序、大数据支撑等方面出发，不断增强政策制定的科学性；二是要提升政策的开放性，充分利用文化智库的力量，积极推动企业与广大民众参与；三是要提升政策的统一性和协同性，加强文化领域与其他国民经济部门的沟通与协作，加强国家顶层设计与地方创新间的双向对进；四是要强化政策实施的监督与激励机制，推进政策效果评估、问责与退出机制。通过积极的机制建设，不断提升政策的实施效能，推动文化产业的繁荣发展。

附录1 2016年中国文化产业政策供给一览表（国家层面）

序号	名称	时间	单位
1	《文化市场黑名单管理办法（试行）》	2016-1-6	文化部
2	《艺术品经营管理办法》	2016-1-18	文化部
3	《关于推动文化娱乐行业转型升级的意见》	2016-9-18	文化部
4	《关于开展文化产业园区清理检查工作的通知》	2016-11-3	文化部
5	《文化部关于规范网络游戏运营加强事中事后监管工作的通知》	2016-12-1	文化部
6	《网络表演经营活动管理办法》	2016-12-2	文化部
7	《关于进一步完善国家级文化产业示范园区创建工作的通知》	2016-12-12	文化部
8	《文化部"一带一路"文化发展行动计划（2016—2020年）》	2016-12-29	文化部
9	《关于实施"中国原创游戏精品出版工程"的通知》	2016-11-4	新闻出版广电总局
10	《关于加强微博、微信等网络社交平台传播视听节目管理的通知》	2016-12-16	新闻出版广电总局
11	《国务院办公厅关于加强旅游市场综合监管的通知》	2016-2-4	国务院
12	《中医药发展战略规划纲要（2016—2030年）》	2016-2-22	国务院
13	《关于进一步加强文物工作的指导意见》	2016-3-4	国务院
14	《2016年全国打击侵犯知识产权和制售假冒伪劣商品工作要点》	2016-4-19	国务院
15	《关于发挥品牌引领作用推动供需结构升级的意见》	2016-6-10	国务院
16	《〈国务院关于新形势下加快知识产权强国建设的若干意见〉重点任务分工方案的通知》	2016-7-8	国务院
17	《消费品标准和质量提升规划（2016—2020年）》	2016-9-6	国务院
18	《关于进一步扩大旅游文化体育健康养老教育培训等领域消费的意见》	2016-11-20	国务院
19	《"十三五"脱贫攻坚规划》	2016-11-23	国务院
20	《"十三五"国家战略性新兴产业发展规划》	2016-11-29	国务院
21	《"十三五"旅游业发展规划》	2016-12-7	国务院
22	《"十三五"国家信息化规划》	2016-12-15	国务院
23	《中华人民共和国国民经济和社会发展第十三个五年规划纲要》	2016-3-17	全国人民代表大会
24	《中华人民共和国电影产业促进法》	2016-11-7	全国人民代表大会常务委员会
25	《中华人民共和国公共文化服务保障法》	2016-12-25	全国人民代表大会常务委员会
26	《促进中小企业发展规划（2016—2020年）》	2016-6-28	工业和信息化部

续表

序号	名称	时间	单位
27	《工业和信息化部关于促进文房四宝产业发展的指导意见》	2016-12-27	工业和信息化部
28	《关于印发2016年国家知识产权示范城市工作计划的通知》	2016-3-21	国家知识产权局
29	《国家知识产权试点、示范城市管理办法》	2016-11-18	国家知识产权局
30	《关于促进文物合理利用的若干意见》	2016-10-11	国家文物局
31	《文化企业无形资产评估指导意见》	2016-3-30	中国资产评估协会
32	《互联网直播服务管理规定》	2016-11-4	国家互联网信息办公室
33	《2016年深入实施国家知识产权战略加快建设知识产权强国推进计划》	2016-6-24	国务院知识产权战略实施工作部际联席会议办公室
34	《关于开展引导城乡居民扩大文化消费试点工作的通知》	2016-4-28	文化部、财政部
35	《国家出版基金资助项目管理办法》	2016-6-3	国家新闻出版广电总局、财政部
36	《出版物市场管理规定》	2016-5-31	商务部、国家新闻出版广电总局
37	《关于推进工业文化发展的指导意见》	2016-12-30	工业和信息化部、财政部
38	《关于全面组织实施中小企业知识产权战略推进工程的指导意见》	2016-12-22	国家知识产权局、工业和信息化部
39	《关于加大脱贫攻坚力度支持革命老区开发建设的指导意见》	2016-2-1	中共中央办公厅、国务院办公厅
40	《关于进一步深化文化市场综合执法改革的意见》	2016-4-4	中共中央办公厅、国务院办公厅
41	《关于加快推进全国有线电视网络整合发展的意见》	2016-11-25	中宣部、财政部、国家新闻出版广电总局
42	《关于组织开展第三批政府和社会资本合作示范项目申报筛选工作的通知》	2016-6-8	财政部、文化部、教育部、商务部、科技部、民政部等20个部委
43	《关于开展特色小镇培育工作的通知》	2016-7-1	住房城乡建设部、国家发展改革委、财政部
44	《关于进一步做好为农民工文化服务工作的意见》	2016-3-7	文化部、国务院农民工工作领导小组办公室、全国总工会
45	《关于推动文化文物单位文化创意产品开发的若干意见》	2016-5-11	文化部、国家发展改革委、财政部、国家文物局
46	《关于支持实体书店发展的指导意见》	2016-6-16	中宣部、文化部、国家新闻出版广电总局、国家发展改革委、财政部等11部委

续表

序号	名称	时间	单位
47	《关于印发促进消费带动转型升级行动方案的通知》	2016-4-15	国家发展改革委、文化部、新闻出版广电总局、工业和信息化部、商务部等24个部委

附录2 2016年各省（区、市）文化产业政策供给一览表

序号	行政区（数目）	具体政策
1	北京（5）	《北京市关于支持戏曲传承发展的实施意见》 《北京市"十三五"时期加强全国文化中心建设规划》 《中共北京市委关于繁荣发展首都社会主义文艺的实施意见》 《北京关于加快发展对外文化贸易的实施意见》 《北京市文化创意产业发展专项资金项目系列实施办法》：包括奖励、贷款贴息、项目贴租、项目贴保、文化创意产业孵化器奖励、项目补助以及文化创意企业上市、挂牌和并购奖励等实施细则（试行）
2	天津（3）	《天津市关于支持戏曲传承发展的实施意见》 《深入实施天津市知识产权战略行动计划（2016—2020年）》 《天津市文化广播影视"十三五"规划》
3	上海（2）	《上海市文化创意产业发展三年行动计划2016—2018年》 《上海市"十三五"时期文化改革发展规划》
4	河北（3）	《河北省文化产业发展"十三五"规划》 《关于推动全省文化产业加快发展的若干意见》 《河北省关于支持戏曲传承发展的实施意见》
5	山西（1）	《山西省"十三五"文化强省规划》
6	内蒙古（2）	《内蒙古自治区加快发展对外文化贸易实施方案》 《内蒙古自治区全民阅读中长期规划（2016—2025年）》
7	辽宁（1）	《辽宁省关于进一步加强文物工作的实施意见》
8	吉林（1）	《吉林省关于金融支持文化产业发展的实施意见》
9	黑龙江（1）	《黑龙江省〈关于推动国有文化企业把社会效益放在首位、实现社会效益和经济效益相统一的指导意见〉的实施意见》
10	江苏（6）	《江苏省知识产权创造与运用专项资金管理实施细则》 《江苏省开拓海外文化市场行动方案（2016—2020年）》 《江苏省文化金融特色机构认定管理办法》 《江苏省文化金融合作试验区创建实施办法》 《江苏省促进文化科技融合发展的二十条政策措施》 《江苏省文化厅"十三五"文化发展规划》

续表

序号	行政区（数目）	具体政策
11	浙江（4）	《浙江省文化产业发展"十三五"规划》 《浙江省关于支持戏曲传承发展的实施意见》 《浙江省"互联网+"行动计划》 《浙江省文化及相关特色产业行业类别（试行）》
12	安徽（2）	《安徽省十三五文化产业发展规划》 《安徽省广播影视精品专项资金管理办法》
13	福建（1）	《福建省十三五文化改革发展专项规划》
14	山东（4）	《山东省"互联网+文化产业"行动方案》 《山东省创建特色小镇实施方案》 《山东省关于运用综合政策措施支持扩大消费的意见》 《山东省文化厅"十三五"时期艺术事业发展规划》
15	河南（2）	《支持文化企业发展和经营性文化事业单位转企改制的若干政策》 《河南省关于支持戏曲传承发展的实施意见》
16	湖南（2）	《湖南省"十三五"时期文化改革发展规划纲要》 《湖南省文化厅"十三五"时期文化发展规划》
17	广东（3）	《广东省关于推广文化市场随机抽查规范文化市场事中事后监管工作的实施方案》 《广东省关于促进地方戏曲传承发展的实施意见》
18	海南（1）	《海南省人民政府关于提升旅游产业发展质量与水平的若干意见》
19	重庆（4）	《重庆市文化发展"十三五"规划》《重庆市知识产权区域布局试点工作方案》《关于支持重庆戏曲传承发展若干政策》《关于推动文化文物单位文化创意产品开发的实施意见》
20	四川（2）	《四川省"十三五"文化发展规划》 《四川省关于支持戏曲发展的实施意见》
21	云南（2）	《云南省旅游文化产业发展规划（2016—2020年）》 《云南省关于支持戏曲传承发展的实施意见》
22	陕西（1）	《关于支持秦腔等地方戏曲传承发展的实施意见》
23	甘肃（2）	《甘肃省出台贫困乡村文化场所建设支持计划的实施方案》《甘肃省出台戏曲传承发展加快戏剧大省建设的实施意见》
24	青海（2）	《青海省"十三五"文化发展规划》 《青海省人民政府关于加快发展文化产业的意见》
25	新疆（2）	《新疆维吾尔自治区文化产业发展专项规划（2016—2020年）》 《关于加快推进丝绸之路经济带核心区文化科教中心（文化体育部分）建设的实施意见》
26		广西、贵州、西藏、宁夏的文化产业政策主要体现在其国民经济与社会化发展第十三个五年规划中。

第十二章　中国文化产业园区研究报告

2016年是"十三五"的开局之年,作为"国民经济支柱性产业"重点培育的文化产业的发展令人瞩目。据国家统计局于2016年8月发布的权威数据,自2015年,全国文化及相关产业增加值27235亿元,比2014年名义增长11%,比同期GDP名义增速高4.6个百分点,同时增速远高于同期GDP增长,呈快速增长态势;文化产业对GDP增量的贡献达6.5%,发展活力突显,已成为当前经济增长的亮点之一;文化产业增加值占GDP的比重为3.97%,达到历史新高。

文化产业园区作为产业规模化、产业垂直细分发展的重要途径和载体,在促进产业集聚产生规模效益的同时,对国家和城市的文化建设、经济发展起到重要作用。在文化产业稳步提升的态势下,2016年文化产业园区发展势头强劲。据不完全统计,目前全国文化产业园区超过2500家,其中国家已命名的文化创意产业各类相关基地、园区已超过350个。文化产业园区在推动经济发展、优化产业结构中发挥着越来越重要的作用。2016年,中国文化产业园区发展面临着新环境、新机遇和新挑战,也呈现出新的发展特点。

一、文化产业园区发展环境

文化产业园区作为社会经济发展的一个组成部分,受到经济、政治等多方面的影响和制约。2016年中国文化产业园区面临的环境总体乐观。

(一)经济新常态下的产业逆袭

在经济新常态下,各个行业的发展低迷,文化产业发展预期也不例外。但是根据2016年前三季度统计数据，2016年我国文化产业增速仍保持两位数增长，远远高于同期GDP增速的发展，占GDP比重有望突破4%。2016年，全国规模以上文化及相关产业实现营业收入预计将超过7.5万亿元，文化企业已经成为文化市场创新发展中最活跃的因子。2016年我国城乡文化消费总量预期将达到3万亿元，文化消费环境和文化消费意愿的双螺旋上升，享受型消费和新兴领域消费更加活跃，文化产业内生增长的新动力正不断形成。文化产业在推动国民经济增长和转型中的重要作用再次凸显。

（二）文化产业人才迅猛增长

文化产业是人的产业，是以创意、才智为核心的产业，人才是文化产业发展的重要动力。据国家统计局数据显示，截至2015年底，我国文化产业法人单位共吸纳就业人员2041万人，比2014年增长6.0%；占全社会就业人员的比重为2.6%，比2014年提高0.1个百分点。文化产业大量带动就业岗位，在一线上培养了大量人才。除此之外，全国各高校不断培育发展文化产业专业人才，有100余所高校开设了文化产业专业，为文化产业市场提供源源不断的生力军。文化产业园区作为文化产业人才内化型领域，也是人才培养、聚集与流动的重要高地。美国的硅谷、北京的中关村等，都是人才内化型园区发展模式的典型。高校与文化产业园区的紧密联系，是人才的专业化发展以及"产学研"一体化的整体发展的重要领域。

（三）创新创业环境前所未有

2015年，"大众创业，万众创新"的浪潮席卷整个产业生态，"双创"理念深入人心，推动我国经济结构调整、打造发展新引擎、增强发展新动力、走创新驱动发展道路。新常态下，作为产业转型升级的承载，经济发展模式的聚合，各地文创园区纷纷上马，乘着政策东风，技术利好，如火如荼，遍地开花，文化产业创业环境一片利好。如北京市朝阳区提出在"十三五"期间，文化创意产业集聚区、园区（基地）、孵化器等为在朝阳区注册、纳税、统计登记的入园文化企业提供贷款担保抵押等服务，且贷款额度合计在2000万元以上（含2000万元）的文化创意产业集聚区、园区（基地）、孵化器等可申请奖励支持。对于在朝阳区投资建设和运营的文化创意产业核心技术研发、公共技术、宣传推介、投融资、产业孵化、人才培养等相关公共服务平台，促进文化创意产业升级发展的平台项目，项目单位可申请奖励支持。

同时，互联网时代各种新兴技术，尤其是"互联网+"的快速发展，已经让普通人有了更多的创新创业机会。以众筹这样新的商业形态为例，借助互联网平台，改变传统商业模式，有助于形成风险共担、利益分享机制，这让更多有能力的人有了更广阔的平台施展拳脚。

（四）密集政策释放红利

2016年《"十三五"国家战略性新兴产业发展规划》发布，数字创意产业作为5大战略性新兴产业之一，成为未来我国文化产业园区重点布局方向之一。VR技术、3D打印、人工智能、大数据、云计算等新兴科技业态与文化产业相互融合，文化创意产业园区朝着"高、精、尖"产业布局，逐步实现转型升级；2016年12月，五部委印发《"互联网+中华文明"三年行动计划》，对完善文化产业园区业态支撑体系，促进"互联网+""文化+"与园区深度融合具有重要推动作用；2016年4月，财政部发布《关于印发文化企业无形资产评估指导意见的通知》，对于促进文化产业在资产评估、文化产业园在融资、产权置换等方面提供了指向。2016年11月，财政部文化司成立，从文化司的职能范围看，主要是布局大文化产业与金融融合发展，强调依据金融支持促使文化成为相关产业发展的动力。2016年12月30日，国家工业和信息化部、财政部联合下发《工业和信息化部财政部关于推进工业文化发展的指导意见》，提出推动工业遗产的保护和利用方式，通过对老旧厂房、设备等依法改造，鼓励利用工业博物馆、工业遗址、产业园区及现代工厂等资源，推动工业文化与数字媒体、可穿戴设备、机器人、智能汽车等新领域的融合发展，打造一批工业创意园区。2016年，《文化部"一带一路"文化发展行动计划（2016—2020年）》正式发布，这对拓展文化产业国际化发展渠道，促进我国文化产业园区"走出去"具有重要意义。在"调结构、稳增长"的经济新常态下，系列政策的出台为我国文化产业园区的转型升级，为文化企业创新、理性、提质、增效发展提供了政策支持，政策红利催生的产业集聚效应等将在2017年持续显现。

（五）改革深化势在必行

当前我国正在积极推进供给侧结构性改革，文化产业发展正面临着一系列根本性变化。国内发展环境和城市竞争格局的变化，已形成一系列新的外部约束条件。我国文化产业从以往凭借园区建设和资源优势发展的初始阶段，进入凭借质量和特色确立市场竞争优势的发展阶段，而创新驱动中大众创业、万众创新的国策，对文化产业园区的运行模式及功能定位提出了新的要求。因此，必须从新时期外部约束条件和内在发展要求出发，审视以往文化产业的业态发展模式及其面临的新问题，选择向更高层次和全新发展阶段跃迁的新路径。❶

二、文化产业园区发展趋势和特点

从全国来看，2016年中国文化产业园区延续了以往的发展格局，地域发展不平衡且发展阶段层次不齐。规模较大的文化产业园区主要还集中在东中部经济较发达地区，尤其是北、上、广、深等一线城市，如以废旧厂房改造建立的都市型园区代表北京798艺术区、上海田子坊创意产业园区、广州红房子创意区，以大学为依托的科研型园区，如中关村创意产业先导基地、武汉光谷等，以开发区为依托的产业型园区，如张江文化文化园区、香港数码港等。而中西部地区则在政府主导下通过特色文化资源带动园区发展，亮点频现，如西藏文化旅游创意园、敦煌文化产业园等。

我国正处在创意经济时代融合发展与创新驱动的新常态阶段，不论是传统工业园区，还是现代科技园区，都在通过转型升级演进为融合创意的智慧型新型园区，以此适应新常态下基于创新驱动与可持续发展的趋势性要求。2016年，"融合创新"成为中国文化产业园区发展的关键词，融合发展带动业态创新，产业升级促进园区转型。文化产业园区的融合创新包括园区内产业要素的融合创新、文化产业各个不同业态间的融合创新以及文化产业园区与其他产业业态的跨界融合创新。产业要素的融合，是在园区内部产生创新的重要方式和途径。文化产业各个不同业态间的融合，如文化与旅游，是文化产业的内涵式发展和增长的需求。文化产业与其他产业业态的跨界融合，如文化产业园区与商业、工业、农业的融合，利用内容输出或者管理输出等方式，把园区的边界扩展到更大的空间和区域，以创新的方式来突破地域的限制。

---

❶ 康胜.新时期文创园区优化发展需要新思路[J].浙江经济,2016(14).

文化产业园区正在以全新的理念积极拓展、提升、优化文化创意产业园区的功能，不局限于以往仅着眼于自身的产业发展及产值增长，而是超越园区自我发展模式，努力成为能够担当区域创新的驱动中心，培育区域创意企业成长的孵化器，引领区域创意与创业发展的行业龙头。例如，在各地园区体系空间布局与行业特色的合理定位和整合重组的现象越来越多。在城市中心城区，打造形成特色行业性的园区龙头和品牌。在外围市县，培育形成以某一文化产业园区为基地的地方性创新驱动中心，把有限的高端资源集成利用，使其成为可共享的公共资源，从而发挥文化产业园区在引领方向和创新驱动上的关键作用，各种新产业、新模式、新业态不断涌现，有效激发了社会活力，释放了巨大创造力，成为经济发展的一大亮点。

（一）"科技+"园区，提升产业科技效应

文化与科技双轮驱动，艺术和科学有机结合成为许多园区发展的战略选择。上海张江文化园区就是文化与科技高度融合的典型代表。张江连续5年平均增长率超过15%，2016年园区产值超过400亿，在全国文化产业园区中名列榜首。微晶、喜马拉雅、哔哩哔哩、小蚁科技等著名文化科技公司均来自于张江。文化的创造力和科技的创新力成为张江持续高速发展的动力源泉。同时越来越多的园区看到了科技对文化的推动力。许多传统文化产业园区依托云计算、大数据、物联网、虚拟现实等最新科技成果，逐渐实现与新媒体、新技术的融合发展。文化产业园区通过培育动漫游戏、3D打印、移动多媒体、网络电视、虚拟会展、艺术品网络交易等文化科技新业态，开发文化科技融合衍生产品和服务，完善产业园区产业链条，构建文化科技融合承载体系，转型升级为文化科技园、文化科技企业孵化器、众创空间，并搭建各类文化科技服务平台，提供专业服务。

（二）"金融+"园区，促进文化资本创新

随着园区的孵化及投融资平台的完善，文化产业园区在2016年度不断探索建立战略性新兴产业投融资信息服务平台，促进银企对接；建设数字创意、软件等领域无形资产确权、评估、质押、流转体系，推进知识产权质押融资、股权质押融资、供应链融资、科技保险等金融产品创新。园区积极发展担保、众筹等新产品、新模

式,支持文化企业采用短期融资券、中期票据、集合债券等拓宽融资渠道,优化融资结构。引导政策性、开发性金融机构加大对战略性新兴产业支持力度,搭建文化产业发展的金融支撑平台。支持文化企业在主板、创业板、新三板等多层次资本市场挂牌上市。文化产业园区与资本的融合,不断促进园区文化企业的转型升级。银行和金融机构与园区之间联系更加紧密,在授信、融资、知识产权融资服务等方面对企业提供支持,并开发了更多、更新的金融产品。

(三)"互联网+"园区,加速新业态孵化

2016年是中国"互联网+"与实体经济深度融合并形成新业态、新动力的一年,文化产业园区用互联网打造文化创意生态系统,整合创意、硬件、软件、资本等要素,实现了文化生产力的提速换挡。园区利用互联网整合提升文化创意产业平台经济,引导移动支付、个性化定制等新的消费潮流,鼓励园区内企业通过互联网众筹等模式进行创新,支撑艺术创作、影视制作等传统文化创意产业发展;园区通过数字化平台为企业和用户提供精准信息服务,提升智慧服务的能力和水平。同时,园区通过依托互联网,采用授权代理、独立运营、联合运营等形式,把在地研发和跨境服务结合起来,形成园区辐射力,促进园区对外文化贸易创新发展。在"互联网+"的背景下,"新融合+"再生。基于传统的融媒体概念,充分利用媒介载体,并互补发展,在业态方面进行全面整合,立足"资源通融、内容兼融、宣传互融、利益共融"的融媒体发展概念,综合"互联网+"的发展思维,使得文化产业园区有新的发展方向。目前,文化产业园区形成了数字化公共服务平台,对于提高园区服务水平,整合资源扩大优势,创建产业发展优良环境,减少企业发展障碍有着重要作用。例如,南京在政府的指导下,以南京市国家领军人才创业园为背景,建立了创意设计产业服务平台,是"创意南京"文化产业融合公共服务平台组成部分。该平台通过信息化系统的建立,为小微文化企业提供线上线下综合服务,也让各企业跳出了园区地域限制,达到资源共享、实现规模效益的目的。

(四)"创意+"园区,跨界形成循环生态

在文化产业园区的发展历程中,我国园区建设已经逐渐由产业园区、文化创意

街区过渡到与城市文化与创意城市相融合的第三个阶段。2016年文化产业园区在与城市发展、大型商业综合体等的融合方面十分显著。园区与城市发展相融合已经不局限于北、上、广、深这几个一线城市，成为各地区园区发展的共识。例如改造废旧厂区，京棉二厂就改造成了如今的莱锦创意产业园，又或者在城市建设中有意规划新型文化空间，如深圳华侨城。再如国家级文化产业园区棋盘山开发区，在利用当地资源建设的基础上，还起到了很好的带动作用，它对于"沈抚同城化"是科学发展的新路径，而对于沈阳文化产业又是全面发展的新羽翼。浙江衢州儒学文化产业园区，园区厚植于将城市的"儒"学文化底蕴之上，文化街区成为园区的灵魂，园区成为城市文化的名片和标签。在与大型商业综合体的融合方面，多数园区的设立体现在利用老建筑和老厂房进行改造，形成特色体验型商业街区中。随着电商日益发展，受众消费习惯的日益改变，商场为减少自身的运营压力，日益与更具有游玩性的空间相融合。我国发达地区在先行发展文创产业的基础上，已在进一步强化创意经济时代融合发展的理念，特别是2014年3月，国务院发布《关于推进文化创意和设计服务与相关产业融合发展的若干意见》，进一步促进了文创产业与旅游休闲、时尚服务、建筑装潢、工业制造、农业生产等特色经济领域的融合发展。这些趋势在文创园区内消化得更加明显，比如，梧桐山艺术小镇不仅积极发展非遗项目的研究与研发、展览展示、体验和交易的"政、产、学、研、销"专业平台，而且整合资源，将发展文化产业与城市更新结合起来，积极倡导"非遗+科技""非遗+旅游"的经营理念，立志打造成为深圳非遗产业开发的文化标杆。再如深圳盐田国际创意港也是一个典型的例子，其成立之初就以"文化+电商""学院+园区"融合为发展定位，开创了全国首个"文化创意+电子商务+工业设计教育培训"三位一体的发展模式。

在融合创新发展的态势下，2016年文化产业园区发展形成了鲜明的特色：

1. 园区商业模式成熟化

园区在经营模式上有了普遍提升：由过去的1.0模式——"房东"—"租户"（传统物业型服务平台），2.0模式——园区运营方为入园企业提供软硬件相结合的综合服务（产业服务平台），3.0模式——产业资源高度、有效整合，产业间实现融合发展，以合作、共赢的理念，打造基于产业链发展为核心的创新生态圈（公共协作创新平台）；上升到4.0模式——产业创新共享平台网络，在产业集聚、产业融合的基础上，重点突出产业孵化、源头创新（产业创新平台网络）。

全周期品牌孵化和股权投资成为园区的主要商业模式。园区功能已经从前期单一的产业集聚不断扩充延展，倾向于在产业发展的各个链条上形成服务和支撑。

在双创背景下，2016年文化产业园区纷纷设立众创空间和孵化器，许多国家级众创空间落户在文化产业园区。文化产业园区与文创小微企业孵化器融为一体，升级为具有投资属性的综合文化创业服务机构。逐渐搭建创业者、从业者、投资人、消费者、产业链上下游机构合作交流的空间生态圈和服务生态圈境。比如北京24H齿轮场品牌创业文化园就是一个集创客空间、影视传媒、时尚秀场、品质办公、运动休闲等于一体的创新型文化产业园区。园区将始建于1960年的传统制造业"齿轮厂"重新设计成时尚办公区、水塔艺术区、文化传媒区和创客空间等高品质的文化创业园区。它将4500平米创客公寓作为生活休闲区，可以让创客24小时随时交流互动；多达20000平米完善商业配套包括多厅多功能实验影院、餐饮、咖啡、酒吧、健身中心、书店、创意集市、艺术长廊等。另外，24H齿轮场还配备了时尚发布秀场、园区生活商务服务平台、园区App线上协同服务平台、园区班车等服务，为未来近200个创业团队、5000余人办公群体服务。近700个停车位均配套全自动机械停车设施、电动车服务中心、汽车改装及维保试验场等为创业者提供全方位的服务。园区建立帮助文创小微企业发展的服务体系，为创业者提供场地、采购、环境、资金等硬资源，以及保障法律、人力资源以及投融资等软资源，用专业的资本对接与运营服务，为从事文创产业的创业者提供一站式创业服务。许多园区建立了品牌孵化基金和搭建投融资平台，通过园区领投机构跟投以及众筹等方式来解决品牌孵化早期的资本需求。把外资企业、大企业所准备的各种资源为其所用，并通过一级供应商直采和集中采购的方式，不仅保证了资源的优质，而且大幅降低入园企业的营销成本。园区内部搭建测试平台，线上项目展示、众筹、预售；线下概念产品公测展销、正式产品粉丝聚会，从而达到品牌测试与营销的目的。通过组建专业的运营团队，对孵化品牌从最早的市场调研筛选细分市场到概念开发设计落地，再到最后的供应链调研及产业化支持进行全方位的落地执行，真正意义上做到全周期孵化。

有些园区在孵化器的专业化发展方面积极探索，如上海张江文化产业园区，拥有69个众创品牌，包括3类创业空间：一类是综合性的，包含孵化器、孵化器运营机构、基金、担保机构；一类是围绕产业龙头做孵化，如围绕互联网教育做线下孵化的沪江网、围绕音频产业做众创和孵化的喜马拉雅；一类是通过互联网的方式，管理虚拟空间和co-work，形态是多样化的。在创业生态圈中，创客空间之间广泛合作，互通有无，强化自己核心的能力，建立一种创业的生态圈。

2. 园区品牌旗舰化

园区品牌是增强企业核心竞争力，拓展更大市场发展空间的基本途径。通过强化品牌符号意识，借助品牌不断拓展相关性的衍生产业链，成为培养忠实客户和跨领域开发产品的重要方式，文化产业崛起中品牌力量都发挥了极大的作用。我国文化产业园区已经由最初的地域集聚型产业园区向具有辐射带动作用的功能区进化。部分优质园区品牌化，标杆化更加明显。一方面，园区的品牌化、个性化一定程度上缓解了前几年全国文化产业园区同质化的问题，园区立足自身资源，建造出自己特色的服务，更有助于打造出国际化的文化创意产业园区。另一方面，具有品牌的园区对创意人才的吸引及就业的吸附性更强，为园区的发展形成了良性循环。很多创意企业愿意到知名度高的创意产业园区落户，以显示并增强其企业的形象力。以尚8文创园区为例，新创建了尚8国际创新园、尚8京环孵化器、尚8天津南开263产业园等8个文化创意产业园。目前，尚8文创园区总数已达17个，建筑总面积达50万平方米，服务于1000家国内外文创企业。北京嘉诚印象、上海德必、深圳灵狮、华强方特等都逐渐成为著名的园区品牌。

3. 园区协作常态化

2015年，"一带一路"国家发展战略的实施也为文化产业园区的发展带来了机遇。"一带一路"沿线城市和园区都希望抓住此契机，对接国家战略，获得更多资源，进一步实现资金、教育、科技、人才、物流等要素的聚集。在推动京津冀协同发展、打造新的首都经济圈、推进区域发展体制机制创新的大背景下，2016年4月底，来自京津冀三地的66家文化创意产业园区代表出席，共同发起并签署了《京津冀文创园区协同发展备忘录》，加强对三地文化资源的协同开发、管理和利用，推进区域文化产业融合和文创资源共享，切实推动三地文创产业协同发展。联盟带动尤其成为西部文化产业园区发展的重要契机。一方面，西部地区形成了比较有特色的经济发展带，在经济发展带上的相关城市更有利于资源的互补与交流，通过经历发展带的带动将文化产业园区形成发展带，从而依托经济发展带的发展联盟带动产业园区的发展。另一方面，我国东部地区文化产业园区发展相对较快，起步早，起点相对较高，同时资金实力雄厚，市场宽阔，因此，整合东西部资源优势，形成东西部的战略联盟，将东西部文化产业园区联合发展，打造产业园区增长极，这样更有利于西部文化特色资源的产业化发展。再次，西部文化产业园区的发展应利用自身优势积极的和国外寻求合作，吸引国外资本、形成国内外结合的战略发展模式，为西部文化产业园区快速发展，赶超东部地区提供源动力。

三、文化产业园区面临的挑战

2016年，文化产业园区的数量仍在增加，文化产业园区的发展也逐渐规范化、集约化，在此发展形势下也面临着诸多全新的挑战。作为文化产业园区，其发展的功能是在一定区域内，一定规模上实现文化产业内的集聚，打造集生产、交易、休闲、居住为一体的多功能区域。但是，从整体发展的角度、产业功能的角度和文化前沿的的角度出发，我国文化产业园区仍存在不少亟待破解的困境。一个优秀的文化产业园区应该是以园区为媒介，从核心区域来扩散打开自己的竞争力，为企业搭建起公共服务平台，形成产业集聚效应，从而实现区域内的文化资源共享，推动产业园区的快速发展。

（一）布局定位同质严重

各地方新兴文化产业发展仍无法完全摆脱利用土地资源启动、盖楼追求瞬间见效的传统经济增长模式，文化产业园出现了很多"挂羊头卖狗肉""以文化之名行地产之实"的各类动漫、创意文化园区，有些产业园缺乏明确定位、同质化严重。例如在某些以"创意"为名的天宝创意谷中，进驻的企业却包括了市政环保、设计、汽车用品、宽带网络等行业，甚至连水产项目都占了一席之地。园区建设中存在诸多的盲目跟风现象，从而导致文化产业园区同质化现象严重。全国有很大部分园区建设缺乏有效的规划和顶层设计，没有根据当地特有的文化资源形成自身独特的文化特质，一味的跟风模仿就导致无法全面的适应市场需求。纵观各大省份、各大城市已经建成或即将要建的各类文化产业园区，大部分产业形态相似，地区之间的竞争严重，集群的资源分散造成无法发挥集聚效益，缺乏主动创新的精神，一味效仿成功产业园模式。数字娱乐影视传媒以及动漫游戏等产业成为许多文化产业园区的主力业态,但由于城市内部未建立好协调机制,许多行政单位由于各自利益不同造成园区数量递增但主导产业不清晰,有企业无产业,缺乏领军的企业。园区特色不鲜明,过分追求大而全,在创意孵化、商业化开发等功能方面定位不清楚,公共资源的利用和优化程度不高,未能产生明显的集群效益。

目前,我国的文化产业园区数量增速逐渐变缓,文化产业园区开始由数量向质量转变。面对当前的经济和社会发展形势,园区定位渐渐由盲目效仿成功模式转变为更加注重发挥本地资源优势,与城市发展相融合,达到园区发展的可持续性。位于中部地区的蚌埠大禹文化产业园区在发展过程中就始终坚持以特色资源为基础,以融合创新为突破。蚌埠是淮河文化发祥地之一,素有"文化摇篮、帝王故里、歌舞之乡、山水城市"之美誉。在产业园区规划中,其依托区位和资源优势,通过市场手段盘活文化资源,打造了花鼓灯嘉年华、大明文化园、中华玉博园等一批极具特色的文化产业项目。除了开发特色资源,蚌埠大禹文化产业园还试图寻求文化产业与其他领域的宽度融合,基本形成了"五大融合",即文化产业与科技、旅游、金融、传统文化、核心价值观融合,这五方面相互影响、相互驱动,推动蚌埠文化产业转型升级。而无论是蚌埠大禹文化产业园区,还是诸如敦煌文化产业园区、南京秦淮特色文化产业园,都是依托地方特色文化产业资源发展起来的。

(二)内部建设盲目无序

当前,我国文化产业园区在内部建设上存在着严重不合理的情况,无法真正发挥集聚效应。许多园区内的企业仅停留在分享基础设施、优惠政策带来的低成本基础上,没有形成真正的以园区为基础的产业链,更没有打造完整的文化产业链,园区各个企业间是各自封闭的生产体系,企业都无法主动寻求合作,相互缺乏信息共享与知识交流。上下游企业之间的脱节,增加了企业交易成本和生产成本,导致企业产品生产与市场化的匹配更加困难。很多园区的管理机构仅仅充当了物业管理的角色,无法促进企业间建立有效的分工和相互学习、相互依存的机制,内部建设的盲目化就导致内部管理的混乱化,内部管理的混乱化就导致企业联系的无序化。西安的曲江文化产业园区采用了"一套人马,两块牌子"的模式,把曲江文化产业园区中曲江管委会和曲江文化产业集团对接起来,由性质不同的两方联合运营，既有政府性质，又具市场性质，较为全面地管理了园区。而北京的朗园就以一种打造邻里关系的理念，举办各种活动，加强园区内企业间的互动。

（三）商业模式普遍模糊

根据我国文化产业园区的相关统计，在我国全部的文化产业园区中，仅有10%的园区运转良好，剩下的大部分园区在依靠房租勉强度日，其中90%的园区或亏损或还在招商中。文化产业园区在建设招商之前的宣传语往往以技术创新或者创意作为优势吸引资本，但在后期的运营中却欠缺在商业运作乃至产业化落地的意识，无法很好利用资本、市场等要素的力量。而如何引入真正优质的创新资源和完善的运营模式，实现产业升级，是这类文化产业园区需要突破的难题。

其中存在另外一些文化产业园区在规划定位上就已经与其初衷相去甚远，相当一部分园区开发变为了房地产开发的取巧方式，因为文化产业园区带有公共利益性，土地价格及配套费用低，手续简单，开发成本相对较小。有些企业为了避免楼市调控影响，通过申请投建文化产业项目来曲线拿地。因此，这类文化产业园区名不副实，缺乏基本的园区支撑要素，无园区的商业模式，只是单纯追求房屋出售或房租回报，实际上以圈地来盈利。

（四）服务体系不完善

公共服务是文化产业园区存在的基础。文化产业园区基本功能包括孵化、集聚、交流、展示、交易、辐射与带动等，而其核心在于对入园企业所提供的服务。但是目前我国文化产业园区对入园企业的服务上是远远不够的。究其原因，主要是没有建立有针对性的服务体系。文化产业园区的服务体系应该包括园区的基础服务、园区商务支持服务、提供投融资支持服务、提供市场支持服务和提供创新支持服务。基础服务应包括以下几点：场地和物业服务、相关的生活设施等。在提供基本服务方面要充分考虑从业人员的工作与生活环境，包括生活质量、生活品味等。商务支持服务包括行政服务（如一站式工商税务服务）、财务服务、人力资源服务（如人才培训）、法律服务（如知识产权服务）、政策与信息咨询、政府关系协调等服务。投融资支持服务包括创业投资服务、债权融资服务、金融中介服务等。如上海文化科技创意产业基地构筑的投融资信息服务公共平台、政策性资金扶持体系、多元化投融资渠道、融资担保系统、资金市场化退出机制等就很有借鉴意义。市场支持服务包括展示交易、会展服务、出口服务、市场推广、信息交流、技术引进转让、交易平台建设、圈层交流活动等方面。创新支持服务包括创新平台服务、创业辅导服务、创新文化与交流服务等。目前大多数园区仅基本保障了基础服务和商务支持服务。互动性和系统性是各个园区在服务差异上的决定因素。这5个方面的服务内容很多园区都有所涉及,但关键是没有形成系统梳理,更没有形成文化服务体系。这就导致很多园区的服务难以满足用户对互动性方面日益增长的需求,在服务质量上也因为没有系统性的规划,缺乏服务标准,在服务的传递过程中也就随着服务人员的变化而千差万别。

优秀的文化产业园区的服务平台应当为入园企业提供完善的公共服务,通过组织整合、集成优化各类资源为园区企业提供所需的基础设施与信息资源共享的各类渠道,为企业的公共需求提供统一的辅助解决方案,从而能够减少企业资源的重复投入、提高文化资源的利用率、加强园区内的信息共享,发挥产业园区功能来推动企业发展,达到资源配置的最优化。然而,目前文化园区的整体优势并未有效发挥,信息交流、人才培训、技术支撑、推广,平台建设等服务平台不完善,尤其表现在企业融资渠道过窄,无法获取有效的社会资金这方面,从而导致入园企业缺乏完整的资金支持。文化产业的轻资产、无形化等特点,造成的融资难是困扰文化创意企业发展的大问题。文化产业园区面对此问题,更多的是依靠政府的优惠政策对产业进行扶持,或单纯的减低租金等方式直接地给予在园企业便利,而没有在融资资源渠道上进行拓宽,也未针对园区企业有计划、有针对性地引入金融机构的资源对企业进行有效扶持。

四、文化产业园区未来发展趋势

文化产业园区和社会经济的发展息息相关,与文化产业的整体发展密不可分。着眼于当下的社会经济形势,可以断言,文化产业作为朝阳产业,将成为未来中国经济发展的重要支柱。而通过市场的优胜劣汰,文化产业园区将实现从量到质的转变,主要体现在以下4个方面:

(一) 由传统孵化向知识产权型发展

国务院于2017年1月印发《"十三五"国家知识产权保护和运用规划》。"十三五"时期是我国由知识产权大国向知识产权强国迈进的战略机遇期。知识产权作为科技成果向现实生产力转化的重要桥梁和纽带,激励创新的基本保障作用更加突出。文化产业园区作为产业发展的风向标,将积极构建文化企业服务的知识产权运营服务体系,推进知识产权运营公共服务平台建设,创新知识产权金融产品,开发知识产权投贷、投保、投债联动等新产品,探索知识产权股权化、证券化的道路。推进园区文化企业综合运用专利、版权、商标等知识产权手段打造自有品牌。

(二) 由创意型向智慧型发展

产业集聚沿着资源集聚区（简单扎堆）—生产集聚区（分工系统）—科技集聚区（创新系统）—创意集聚区（创意系统）—智慧集聚区（智能系统）的方向不断演进升级。智慧型文化产业园区建设可以突破实体园区的地域和空间概念,突破其收入天花板,按照互联网思维,打造独特的商业模式和服务体系,建立起全新的园区范式,实现文化产业园区的持续经营和发展。2016年12月20日,《新型智慧城市评价指标》出台,"智慧产业园"就可成为最佳载体。通过充分利用新兴信息技术产业、"互联网+"产业、智慧物流、网络硬件等产业实现园区由创意型向信息化、网络化、集成化、智能化、协同化、生态化发展。通过提高产业集群信息化水平,建设智慧园区集群。

(三) 由创意营造转为情怀培植

用情怀来驱动文化产品的购买是如今文化产品的一大发展趋势,在2016年已经初现端倪,而伴随着文化产业的发展,在2017年,主打"情怀"牌将在文化产业方面表现得越来越突出,在文化产业园区方面也是这样。如果文化产业是生活方式产业的话,将文化与生活完美结合,那么文化产业园区的根本就是将其核心价值观与生活方式种到更多人心里。从这点而言,对于文化产业园区的经营者,首先需要建立一种独特的风格样式,并以此理念来建设园区,去影响更多的人。

文化产业园区的文化耕植是指在文化产业园区的运营的时候,会更加注重挖掘园区的文化基因和特质,挖掘地方的特色文化,同时还需要与管理者自身的理念相结合，利用文化现代设计理念，打造全新的现代生活样式，这是文化产业园区建设在理念层面需要去认真思考和创新的一个重要面向。

传统的文化创意产业园区如"798"等注重对产业园区内的基础设施进行文化创意营造，以郎园为代表的文化创意产业园注重文化生态的涵养作用，它以"创意办公+体验式商业+艺展中心+设计型餐厅"为主要业态，涵盖兰境艺术中心、LCD设计实验室、"文创猫""人民智造"、郎园果壳空间等5个方向的"孵化器+创客空间"；充分利用小剧场、文化演出、创业沙龙等形式，实现园区文化创造活力的不断发展；举办丰富多彩的文化社群活动，如一年一度的品牌活动"郎园文化节"。同时，情怀培植还涉及周边的社区营造，如成都的东郊记忆、台湾的华山1914等园区，使文化创意产业园区成为了人们日常生活中的一部分。文化产业园区仅仅是独立的旅游景点，成为了人民日常生活中的一部分，成为周边的市民晚上散步、休息的好去处。未来我们的文化产业园区也许需要的是打破藩篱，与周边社区更好地融合，让居民爱上园区，这样园区就会更有生机和生气。情怀培植是更加关注园区内企业员工的内心实际需求，体现了园区以人文本的发展趋势。对外要做好社区营造，对内就是要做好社群运营。把园区的用户、客户，都纳入到园区的社群系统中，按照社群思维进行运营管理。跳脱用户的商业和商业属性，让其回归到自然的人，让用户之间互动、分享、连接，按照兴趣、爱好、族群等新的客户细分方法提供更多好玩的线上线下服务。这样园区与用户，用户与用户之间建立一种更加亲切、和谐的关系。

（四）由国内集聚向国际协同发展

随着"一带一路"建设、京津冀协同发展、长江经济带发展，各地文化创意产业园依托产业基础和特色优势，因地制宜、因业布局、因时施策，形成点面结合、优势互补、错位发展、协调共享的战略性新兴文化创意产业园区集聚发展的格局。许多国际合作承载区也将会不断涌现，促进不同文化创意园区良性互动。比如以发达国家和"一带一路"沿线国家为重点，建设双边特色文化创意产业国际合作园区，龙头企业也将到海外建设境外合作园区。同时，互联网的发展将促使实体文化产业集群（园区）在实体基础上打造无界域、国际化的虚拟文化产业集群（园区），建设数字化的网上市场和交易平台，构建"虚拟文化产业园区"或"文化创意信息数字交易港"，将是未来文化产业集聚（园区）发展的高级形式和新模式。

第十三章 中国文化贸易研究报告

随着信息全球化、经济全球化、网络信息化、政治多极化以及文化多样性的发展,货品、服务、资本、人员和信息的流动越来越快。文化,作为引领创新的重要力量,彰显国家软实力的重要载体,在国际贸易总额中所占比例呈迅猛上升趋势。2016年3月,联合国教科文组织统计研究所发布的《文化贸易全球化——2004年—2013年文化产品与服务的国际流动报告》显示,尽管受全球经济不景气影响,大批电影和音乐消费者转向网络相关服务,相比2004年,2013年文化产品贸易额还是翻了一番,达到2128亿美元,文化贸易已成为国际贸易的重要组成部分。报告同时显示,中国文化产品正越来越多的走向海外市场,中国已经连续4年位居世界文化产品出口榜首。2013年,中国文化产品出口总值达601亿美元,远高出排名第二的美国(279亿美元),成为全球文化产品最大出口国。[1]

2016年,全球范围内的区域、双边和诸边贸易协定发展迅猛,同等国民待遇和负面清单模式成为国际文化产业合作与竞争的重要规则;以移动互联网、云计算、大数据、自媒体等为代表的信息技术,极大地推动了文化产业与文化贸易的大融合与新业态。2016年,中国进一步构建面向全球的高标准自贸区网络,建设更高水平的对外文化开放大格局。在供给侧结构性改革提速、"一带一路"战略实施等重大政策推进下,2016年中国文化贸易发展在进出口贸易方式结构、主要产品结构、市场多元化结构、贸易主体结构等方面继续优化和改善。据商务部统计,2016年一季度,中国文化产品进出口总额达1074亿元人民币,同比增长5%。其中出口906亿

---

[1] 李超. 中国文化企业走出去,呈现多元开花态势[EB/OL]. (2016-09-28) [2017-01-28]. http://e.gmw.cn/2016-09/05/content_21828769.htm.

元人民币,同比增长6.5%,文化产品出口占货物出口的比重从2.7%提高到3%。[1]

一、文化贸易的整体情况

2016年,中国文化贸易总体规模持续扩大,呈现总体向好的态势。以游戏、广告、设计和动漫为代表的新业态已经成为我国对外文化贸易的第一军团;图书出版、电影、电视、演艺等传统业态稳步前行。一大批外向型文化企业和项目正在迅速成长,在中国的跨国公司100强中,已经出现了主业涉及文化产业的集团,如保利、港中旅、万达等中国跨国公司,平均跨国指数达到13.2%。2016年,中国在新的历史起点上营造对外文化贸易的大格局。

(一)新闻出版业:数字出版物出口占比持续提高

2016年,中国对外版权贸易与出版物出口平稳增长,数字出版物(主要为数据库、电子书等数字内容产品,不含游戏)出口占比进一步提高。新闻出版物世界影响力日益突出。国家新闻出版广电总局近日公布的数据显示,最近10年,我国出版物版权和实物贸易的逆差已从7.21缩小到1.61,图书版权输出增长5.58倍,对西方主要发达国家版权输出增长了18.4倍。[2]2015年,新闻出版物进出口金额达到84.2亿元,增长速度13.22%,占比0.39%。全国累计出口图书、报纸、期刊、音像制品、电子出版物和数字出版物10485.6万美元,增长4.4%,其中数字出版物出口2366.9万美元,增长12.7%,占全部出口金额的22.6%,提高1.7个百分点。(见表13-1、表13-2)新闻出版单位已经在世界50多个国家和地区投资或设立了400余家分支机构。

表13-1　2010—2015年传统出版物进出口额(图书、报纸、期刊)

年份	出口额(万美元)	进口额(万美元)	总额(万美元)
2010	3711.00	26008.58	29719.56
2011	5894.12	28373.26	34267.38
2012	7282.58	30121.65	37204.23

---

[1] 陈恒.服务贸易:1万亿美元从哪儿来[EB/OL].(2016-05-31)[2017-01-28].http://www.gov.cn/xinwen/2016-05/31/content_5078259.htm
[2] 中国自信:步履铿锵的文化走出去[N].光明日报,2016-12-29.

续表

年份	出口额（万美元）	进口额（万美元）	总额（万美元）
2013	8115.46	28048.63	36164.09
2014	7830.44	28381.57	36212.01
2015	7942.6	30557.53	38500.13

数据来源：国家统计局官方数据整理而成（http://data.stats.gov.cn）

表13-2 2010—2015年音像制品、电子出版物、数字出版物进出口额

年份	出口额（万美元）	进口额（万美元）	总额（万美元）
2010	47.16	11382.70	11429.86
2011	1502.43	14134.78	15637.21
2012	2191.50	16685.95	18877.45
2013	2346.96	20022.34	22369.30
2014	2214.41	21000.13	23214.54
2015	2542.97	24207.67	26750.64

数据来源：国家统计局官方数据整理而成（http://data.stats.gov.cn）

（二）广播电视业：国产电视剧海外霸屏卷起"中国风"

电视剧领域。20世纪80年代国产电视剧就开始尝试走向海外市场，《西游记》等经典作品在海外华人市场颇受欢迎。近年来，在国家相关政策的大力支持下，中国电视剧市场向产业化、集约化方向有序迈进。国产电视剧的迅猛发展带动了一部分热播剧出口海外，国产电视剧对外传播飞速发展。

2016年，国产电视剧持续发力，电视频道的覆盖范围越来越广，电视剧的对外传播渠道基本畅通。尽管相比于2015年，2016年海外观剧流量有一定的下滑，超过1亿流量的仅有1部国产剧（见表13-3）。但值得关注的是，除海外华语市场，中国电视剧在非华语市场也取得了不俗成绩。2016年11月，现象级剧集《花千骨》登上《纽约时报》人文艺术封面，引起美国主流媒体的关注和报道。在2017北美国际电视节（NATPE）开幕期间，参展的海外发行电视剧作品以及VR影视作品吸引了全美行业各界的极大关注。除此之外，现代都市偶像爱情剧首次超越古装剧，受到海外观众青睐，热播剧《微微一笑很倾城》成为时下越南互联网点击率最高的电视

剧。2016年，以华策、慈文、山影、乐视花儿、华录百纳、南方领航为代表的中国电视剧制作公司通过中美合拍、国际发行等方式探索电视剧海外合作渠道，积极进军海外市场。华策影视剧海外出口量保持全国第一。

表13-3 2016年海外观剧流量Top10

排名	片名	流量（万）
1	《微微一笑很倾城》	10018
2	《欢乐颂》	7226
3	《锦绣未央》	6358
4	《青云志》	3813
5	《好先生》	3222
6	《麻雀》	2532
7	《秀丽江山长歌行》	1841
8	《小别离》	1492
9	《女医明妃传》	1383
10	《如果蜗牛有爱情》	1367

截至2017年1月数据来源：世纪优优独家整理发布

表13-4 2010—2015年电视剧进出口额

年份	出口额（万元）	进口额（万元）	进口量（部）	出口量（部）
2011	14648.95	34563.57	146	298
2012	15019.78	39583.88	117	326
2013	9249.77	24497.67	213	243
2014	20795.49	169807.30	635	296
2015	37704.63	29465.61	126	381

数据来源：国家统计局官方数据整理而成（http://data.stats.gov.cn）

电视节目领域。近年来，随着国内电视综艺大战升级，引进模式价格逐步走高。2016年，国家广电总局发布《关于大力推动广播电视节目自主创新工作的通知》，大力扶持原创节目模式，收紧对境外和"境外版权模式"的电视节目的限制。据中国网络视听节目服务协会综合统计，2015年10月1日—2016年9月30日，爱奇艺、土豆优酷、搜狐等5家主要视频网站上线网站自制、原创节目5162部，内地版权购买节目15941部，境外版权购买节目7847部。从集数上看，5家主要视频网站上线网站自制、原创节目90747集，内地版权购买节目600771集，境外版权购买节目158258集。从时长上看，2015年10月1日—2016年9月30日，5家主要视频网站上线网站自制、原创节目10981小时，内地版权购买节目211148小时，境外版权购买节目64839小时。❶

表13-5 2010—2015年电视节目进出口额

年份	出口额（万元）	进口额（万元）	进口量（时）	出口量（时）
2011	22662.45	54098.62	21790	25657
2012	22824.19	62533.52	13089	37573
2013	18165.57	58658.06	18943	21270
2014	27225.71	209023.51	26089	21670
2015	51331.91	99397.60	31109	25352

数据来源：国家统计局官方数据整理而成（http://data.stats.gov.cn）

表13-6 2010—2015年纪录片进出口总额

年份	出口额（万元）	进口额（万元）	进口量（时）	出口量（时）
2011	1833.89	3682.96	955	111
2012	3226.00	5976.34	1976	2369
2013	2693.45	9273.32	2637	3241
2014	745.71	5274.54	2133	1546
2015	900.62	7488.17	3722	1233

数据来源：国家统计局官方数据整理而成（http://data.stats.gov.cn）

（三）电影业：搭建平台扬帆好莱坞市场

2016年11月，第十二届全国人大常委会第二十四次会议通过《电影产业促进法》，为电影产业带来利好，电影产业发展开始回归理性。2016年，国产电影海外票房收入达38.25亿元，同比增长38.09%。国内影院共上映进口片90部，同比增长66.6%，国内票房收入达190.49亿元，同比增长12.5%（见表13-7、表13-8）。

---

❶ 中国网络视听节目服务协会.2016中国网络视听发展研究报告[N].中国新闻出版广电报，2016-12-09.

表13-7 2010—2016年国产影片在全国和海外的票房收入

年份	2010	2011	2012	2013	2014	2015	2016
国产影片票房收入（亿元）	57.7	70.31	81.92	127.67	161.55	271.36	266.63
国产影片海外票房收入（亿元）	35.17	20.46	10.63	14.14	18.7	27.7	38.25
海外收入占比（%）	60.9%	29.1%	13.0%	11.0%	11.6%	10.2%	14.3%

数据来源：国家统计局官方数据整理而成（http://data.stats.gov.cn）

表13-8 2010—2016年我国电影贸易逆差额　　　　（单位：亿元）

年份	2010	2011	2012	2013	2014	2015	2016
进口影片国内票房收入	44	60.94	88.78	90.02	134.84	169.33	190.49
国产影片海外票房收入	35.17	20.46	10.63	14.14	18.7	27.7	38.25
贸易逆差额	8.83	40.38	78.15	75.88	116.14	141.63	152.24

数据来源：国家统计局官方数据整理而成（http://data.stats.gov.cn）

2016年1月，由国家新闻出版广电总局电影局策划指导，华人文化控股集团、华狮电影发行公司共同搭建的"中国电影普天同映"国产电影全球发行平台在北京正式启动，推动国产影片由华人观众、向全球观众逐步辐射。2016年，《驴得水》《七月与安生》《追凶者也》等国产影片先后在北美、加拿大、英国等地上映，中国电影正以前所未有的态势走向全球放映的大市场。电影合拍受到各国重视。截至2016年底，中国已与加拿大、意大利、澳大利亚、法国、新西兰、新加坡、比利时（法语区）、英国、韩国、印度、西班牙、马耳他、荷兰、爱沙尼亚等14个国家签署了电影合拍协议。与此同时，越来越多的中国企业部署国际化战略，加强国际交流。2016年4月，万达院线宣布联合美国派拉蒙影业公司收购美国传奇影业，进驻国际电影产业上游，从内容制作到出口构成核心竞争力。随着万达院线等公司在海外跨境并购的院线资产进一步整合，华谊兄弟、奥飞娱乐、乐视影业等公司加速推进国产影片的海外发行，主动投资海外影片并参与全球票房分成，海外票房收入、电影衍生品收入等对业绩的助力进一步加大。

据中国网络视听节目服务协会综合统计，2015年10月1日—2016年9月30日期间，爱奇艺、土豆优酷、搜狐等5家主要视频网站上线的电影中，网站自制或投资的网络大电影99部，原创电影时长约192小时。视频网站上线的电影中，内地版权购买的电影数量略多，为5956部，境外版权购买电影的整体时长略长，为

7716小时（见表13-9）。[1]

表13-9　2015年10月—2016年9月上线电影细分规模

地区	数量（部）	节目时长（时）
内地版权购买	5956	6695
境外版权购买	4618	7716

数据来源：中国网络视听节目服务协会发布《2016中国网络视听发展研究报告》

（四）动漫业：进口动画片频出黑马

为推动我国动漫产业健康快速发展，支持产业升级优化，2016年8月，财政部、海关总署、国家税务总局联合发布《关于动漫企业进口动漫开发生产用品税收政策的通知》指出，"十三五"期间动漫企业进口动漫开发生产用品将继续享受税收优惠政策。在2016年上映的61部动漫影片中，国产动画片39部，票房收入23.5亿元，同比增长-4.9%、15.2%；进口动画片22部，票房收入为45.4亿元，同比增长69.2%、91.6%。进口动画片频出黑马。《疯狂动物城》累计票房达到15.3亿元，在2016年电影票房排名第二。此外，进口动画片《功夫熊猫3》《奇幻森林》《你的名字》在年度上映的77部引进片中跻身前十。

据中国网络视听节目服务协会综合统计，2015年10月1日—2016年9月30日期间，5家主要视频网站共上线动漫节目2408部，其中境外版权购买的动漫节目1250部，内地版权购买节目885部，网络站原创动漫节目273部；从集数上看，内地、境外版权购买动漫节目的集数分别为3.7万集、4万集；从时长上看，内地、境外版权购买动漫节目的上线时长分别为7812、13270小时。[2]

表13-10　2010—2015年动画电视进出口总额

年份	出口额（万元）	进口额（万元）	进口量（时）	出口量（时）
2011	3662.39	702.01	279	426
2012	3104.72	1489.01	385	1678
2013	4894.24	4432.38	2879	2507

---

[1] 中国网络视听节目服务协会.2016中国网络视听发展研究报告[N].中国新闻出版广电报,2016-12-09.
[2] 中国网络视听节目服务协会.2016中国网络视听发展研究报告[N].中国新闻出版广电报,2016-12-09.

续表

年份	出口额（万元）	进口额（万元）	进口量（时）	出口量（时）
2014	3190.02	11027.99	4560	2628
2015	10059.23	44472.16	12690	3091

数据来源：国家统计局官方数据整理而成（http://data.stats.gov.cn）

（五）游戏业：海外市场成国内游戏企业"必争之地"

由中国音数协游戏工委、伽马数据、国际数据公司（IDC）共同编写的《2016年中国游戏产业报告》显示，2016年，国家新闻出版广电总局批准出版进口游戏约260款，其中家庭游戏机游戏约占46.0%，移动游戏约占33.0%，客户端游戏约占19.0%，网页游戏约占2.0%。我国自主研发网络游戏海外市场实际销售收入为72.3亿美元，同比增长36.2%（见图13-1）。随着国内游戏市场逐渐走向成熟，越来越多的企业将目光转向海外，立足国内、放眼国际已经成为国内游戏企业的共同选择。在走向海外的过程中，国内许多游戏企业采取了整合全球资源的创新方式，以完美世界为例，不仅在海外开设分公司，还在海外并购当地知名游戏企业，以更加本地化的方式加强了企业在海外的发展。而腾讯则是借助收购Riot Games、Supercell等全球知名游戏公司，超越EA、动视暴雪等美国知名游戏公司，成为了全球游戏行业规模最大的公司。

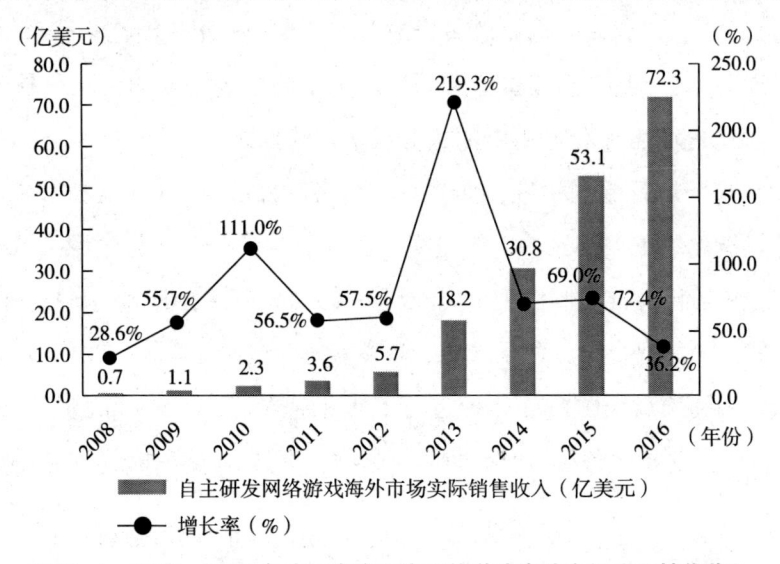

图13-1 2008—2016年中国自主研发网络游戏海外市场实际销售收入

具体到细分领域，移动游戏已经成为支撑自主研发网络游戏海外收入增长的重要因素。受移动互联网快速普及影响，中国移动游戏市场逐步成为全球最大的移动游戏市场，这促使游戏企业更快的发展，中国游戏企业也得以取得先发优势，获取进军国际市场的基础。

二、文化贸易的主要特征

（一）"一带一路"：文化贸易的新热点

随着《推动共建丝绸之路经济带和21世纪海上丝绸之路的愿景与行动》的正式发布，横贯亚洲、非洲、欧洲，沿线涵盖66个国家和地区的"一带一路"战略布局由愿景落实到切实合作，全面影响到我国未来诸多领域的发展。2016年，文化部印发《文化部"一带一路"文化发展行动计划（2016—2020年）》，对挖掘"一带一路"周边国家文化市场需求，打破原有点状、块状的文化贸易区域发展模式，进一步扩大中国在国际文化市场的份额提供了良好的契机，成为2016年文化贸易的新热点。

以浙江省为例，根据浙江省商务厅发布数据显示，2016年，浙江与"一带一路"沿线国家的文化服务贸易升至首位，文化服务出口至"一带一路"沿线国家达4.99亿元，占浙江文化服务出口总额的33.99%，首次升至为浙江全球第一大文化出口市场。❶"一带一路"沿线国家和地区作为中国极具潜力的文化贸易合作伙伴，将成为中国文化商品和服务输出的重要区域。除此之外，一些旨在推动"一带一路"文化贸易的项目顺利推进，如"一带一路影视桥"工程，立足于广播影视资源，引导丝绸之路重点国家的电影电视创作以及合拍制作专题片等。2016年，"一带一路影视桥"已经推动制作一批关于"一带一路"沿线国家的节目，探索出一系列合作模式，如影视合拍、联合采访、频道落地、技术合作等。2016年，我国企业共对"一带一路"沿线的53个国家进行了非金融类直接投资145.3亿美元，占同期总额的8.5%，❷主要流向新加坡、印尼、印度、泰国、马来西亚等国家地区，为文

---

❶ 浙江2016年文化服务出口14.68亿人民币，同比增140.42%［EB/OL］.（2017-01-17）［2017-01-29］. http://www.chinanews.com/cul/2017/01-17/8126861.shtml.

❷ 商务部对外投资和经济合作司.2016年对"一带一路"沿线国家投资合作情况［EB/OL］.（2017-01-19）［2017-01-30］.http://www.mofcom.gov.cn/article/tongjiziliao/dgzz/201701/20170102504429.shtml.

化企业的对外投资奠定了基础。安徽出版集团、浙江出版联合集团等企业与马来西亚等"一带一路"沿线国家和地区签订图书翻译出口大单，扩大海外市场占有率，提升中华文化的竞争力。

（二）"互联网+"：文化贸易的新领域

以移动互联网、大数据、智能制造等为代表的数字科技推动文化产业的加速融合，催生出裂变型的新商业模式，也深刻地改变了全球文化市场和文化贸易的规则。文化贸易的竞争已不再单纯是产品间的竞争，而是产业链间以及创新能力的竞争。与先进科技深度融合的文化企业成为推动文化贸易发展的主要力量。

2016年，中国政府大力倡导科技创新，在"大众创业、万众创新"的背景下，中国在自主创新、引进消化、组合创新等方面获得了长足的进步。由世界知识产权组织、康奈尔大学联合发布的《2016全球创新指数报告》显示，中国是第一个跻身25强的中等收入经济体，成为全球创新领域标志性事件。文化贸易领域，深圳华强等文化科技企业集团，向伊朗等国家出口科技型大型主题公园、超大屏幕电影设备和影片等，实现我国在超大屏幕电影等文化科技装备出口方面和科技型文化主题公园出口等方面的多个"零"突破。2016年6月，国务院总理李克强主持召开国务院常务会议通过《"互联网+"行动指导意见》，部署推进"互联网+"行动，促进形成经济发展新动能，"文化+科技"引领中国文化贸易转型升级。2016年，我国自主研发的网络游戏产品在海外销售收入达到72.35亿元。其中，移动游戏已经成为支撑自主研发网络游戏海外收入增长的重要因素。中国移动游戏市场成为全球最大的移动游戏市场，带动了电讯、出版、设计、影视、文化用品等企业的对外贸易，显示了我国网络化、数字化文化产品出口的良好前景。

（三）政策利好：文化贸易的新动能

2016年，我国政府高度重视对外文化贸易工作，颁布了一系列以扩大文化贸易出口和实现文化贸易进出口平衡为主的文化贸易政策，对推动我国文化贸易增长发挥了重要作用。2016年3月17日，《中华人民共和国国民经济和社会发展第十三个五年规划纲要》发布，文化贸易正式进入了国家战略规划。2016年5月，国务院印发《关于促进外贸回稳向好的若干意见》，发展文化贸易成为优化外贸结构、培育外贸竞争新优势的重要手段。为进一步加快发展对外文化贸易，大力开拓海外文化市场，商务部、中央宣传部、文化部、新闻出版广电总局联合出台《开拓海外文化市场行动计划（2016—2020年）》，推动国家艺术院团海外商演计划稳步开展，民营文化企业纷纷走出国门、布局海外。

与此同时，一些地方也制定了文化贸易相关政策，如北京市发布《关于加快发展对外文化贸易的实施意见》，上海市出台《上海市加快促进服务贸易发展行动计划（2016—2018）》，江苏制定《江苏省开拓海外文化市场行动方案（2016—2020年）》等。"十三五"规划对文化贸易创新的重视及其他相关政策的影响，为文化贸易的提质增效提供新动能。

（四）企业发力：文化贸易的主力军

在世界多极化、经济全球化、科技信息化深入发展的背景下，外向型文化企业和文化跨国公司成为全球文化生产和文化贸易的主体。2016年，中国文化企业持续发力，对外文化投资、并购、贸易等活动层出不穷，成为文化贸易的主力军。在"2016年中国100大跨国公司"榜单中，万达、保利、腾讯等主业涉及文化产业的企业集团名列其中。

以万达为例，2016年1月，万达以不超过35亿美元现金收购美国传奇影业公司，成为中国企业在海外的最大一桩文化并购案。2月，万达集团与法国欧尚集团合作投资巴黎大型文化旅游商业综合项目Europa City，总投资额超过30亿欧元。7月，万达旗下美国院线AMC娱乐控股（AMC Entertainment Holding Inc.）以9.21亿英镑收购欧洲最大院线Odeon & UCI Cinemas Group。12月，万达所有的AMC娱乐控股公司以11亿美元收购Carmike Cinemas Inc.，正式成为美国最大的连锁影院运营商。至此，万达已完成在北美、欧洲、中国世界三大电影市场的布局，形成全球院线布局，在三大电影市场都占据领先地位，成为具有绝对优势的全球最大院线运营商。相比于万达海外并购的市场拓展路径，腾讯主要通过收购和结成联盟关系成为全球最大的游戏发行商；阿里影业则入股美国电影制作和发行公司、斯皮尔伯格的Amblin Partners，双方将在虚拟现实这一新兴领域寻求更多的合作。2016年，中国企业正以前所未有的规模进军好莱坞，成为中资海外收购狂潮的重要组成。

（五）基地创新：文化贸易的新抓手

近年来，上海、北京、深圳等地相继建立了国家对外文化贸易基地。作为国家对外文化贸易的体制机制创新实验区，中国文化贸易的能力培养区，国家对外文化贸易基地依托政策叠加的综合优势和汇集作用，经过一系列的国际交流与贸易活动，与众多海内外文化企业单位达成全方位战略合作，将中国文化推向海外，促进了对外文化贸易。2016年，基地将通过创新贸易方式，提高贸易流程效率，打通文化贸易多种渠道，推动文化贸易的快速发展，成为落实我国文化贸易政策的抓手和着力点。

2016年5月，北京市印发《关于加快发展对外文化贸易的实施意见》，提出加快推进国家对外文化贸易基地（北京）建设成为五大主要任务的首个任务。2016年，北京基地加快对外文化贸易基础设施建设，大力发展国际版权贸易和跨境文化电子商务。国家对外文化贸易基地（上海）通过垫资搭建平台，对接、筹划国际国内文化贸易展会，组织20余项海内外拓展项目，有传统成熟展会项目如美国洛杉矶艺术展、中国香港国际影视展；有"一带一路"概念及重要国际展会项目如美国演艺出品人年会、韩国釜山艺术博览会；有上海重大节庆的合作及沪上重要展会项目如CCG EXPO、上海国际艺术节演出交易会；还有版权贸易重点展会如中国香港国际授权展、美国国际品牌授权博览会。对外文化贸易基地（上海）"引进来，走出去"模式下的展会通过对公共服务和平台功能的体验展示，为文化企业创造更为宽广的发展机遇，搭建更为前沿的合作平台，成为中国文化企业对外贸易的"生力军"。除此之外，借助通关便利、跨区跨国调拨灵活及海外艺术机构资源集聚等系统优势和功能特点，对外文化贸易基地也为中国优秀艺术品输出提供便利和服务。

（六）自贸区建设：文化贸易的新机遇

继2013年中国（上海）自由贸易区建立以后，福建、天津等10个省市紧随其后，相继开展自贸区建设，加速各省市对外贸易的开放程度和速度。在已经出台的新建自贸区方案中，均提到了开放文化市场，加速文化产品和服务对外贸易的要求。一些文化贸易新业态、新模式和新路径开始出现。以上海自贸区为例，依托上海国家对外文化贸易基地、国家版权贸易基地、上海国际艺术品交易中心、自贸试验区文化授权展、国际艺术岛、上海国际高科技文化装备应用示范中心等平台，探索新技术条件下的文化产权、版权的交易品种、交易方式、渠道策略等，推动文化交易国内外市场发展。

国务院2015年12月印发了《关于加快实施自由贸易区战略的若干意见》，构筑起立足周边、辐射"一带一路"、面向全球的自由贸易区网络。2016年9月，国家再次批准包括辽宁、陕西、河南、湖北、浙江、重庆和四川在内的7个自由贸易区。加上2013年认定的上海自贸区和2015年认定的天津、福建、广东自贸区，截至2016年，国家正式确认的自贸区多达11个。不同于以往四个自贸区多数依赖于海港，新批准设立的7个自贸区多为内陆自贸区，依托长江中游城市群、成渝城市群、中原城市群、呼包鄂榆城市群、哈长城市群等重点区域，在法规调整、负面清单、体制机制改革、对接高标准国际经贸规则等统一要求下，根据各省市实际情况，进行差异化的改革试点（见图13-2）。体现的是区域战略布局和区域经济发展

新设自贸区改革方向与内容

- **辽宁**：着力打造提升东北老工业基地发展整体竞争力和对外开放水平的新引擎。
- **河南**：着力建设服务于"一带一路"建设的现代综合交通枢纽。
- **浙江**：推动大宗商品贸易自由化，提升大宗商品全球配置能力。
- **湖北**：发挥其在实施中部崛起战略和推进长江经济带建设中的示范作用。
- **重庆**：带动西部大开发战略深入实施。
- **陕西**：探索内陆与"一带一路"沿线国家经济合作和人文交流新模式。
- **四川**：打造内陆开放型经济高地，实现内陆与沿海沿江沿边协同开放。

图13-2　2016年新增7大自贸区的改革方向与内容

的总体考虑，既有大宗商品贸易自由化、战略性新兴产业等地方特色浓厚的内容，也体现了与"一带一路"、长江经济带等国家战略的对接，在更大的范围内使得我国的开放跨入到全新阶段。自贸区政策向内陆延伸为文化贸易带来更多契机，在金融开放创新、贸易便利化、法制保障和政府服务创新的背景下，使得文创产业能够更有效地利用国际、国内资源，推动文化贸易的提质增速。

（七）平台拓展：文化贸易的新导航

近年来，国家多项政策鼓励文化"走出去"，把中国的优秀文化推广到国际化的文化贸易平台。通过互办文化年、博览会艺术节、电影节、电视周、图书展和旅游推广周、宣传月等系列活动，推介文化精品项目和品牌形象，集中展示中华文化的活力和魅力，对于推动中国文化进入西方主流社会，提升中国文化影响力，促进中外文化贸易具有重要意义。

孔子学院作为中国与亚欧非等国家文化交流的桥梁，在促进中华文化的世界传播及提高国家软实力方面起着至关重要的作用，也是解决文化产品与服务出口增长瓶颈的关键因素。从2004年在韩国建立第一所孔子学院始，国家汉办陆续与瑞典、美国、泰国等国签署建立孔子学院的协议。截至2016年，孔子学院已在世界五大洲的140个国家和地区开设了511所学院和1073个课堂，注册学员数达210万人。[1]

2016年，贝尔格莱德中国文化中心、雅典中国文化中心、金边中国文化中心等正式揭牌，中国在全球共建立了30个中国文化中心，其中在"一带一路"沿线国家设立的文化中心数量达到了11个。"欢乐春节"遍布全球140个国家和地区，近2.5亿人次的海外受众参与了专场演出、庙会、展览等2100多项文化活动。首届"中国—中东欧国家艺术合作论坛"在北京成功举办；对非文化人力资源培训"千人计划"良好开局，178名非洲文化人士来华参训；上海国际艺术节、相约北京等品牌活动为国内民众带来了众多国外艺术精品；[2]第21届美国洛杉矶艺术博览会（LAARTSHOW）"中国国家展"的亮相，推动中国高端艺术品进入西方主流社会。文化交流与贸易平台的搭建和拓展，为提升中国文化影响力、促进中外文化贸易导航。

---

[1] 王玉玲.中国文化"走出去"的历史机遇[EB/OL].(2017-01-24)[2017-01-30].http://www.chinatoday.com.cn/chinese/sz/zggc/201701/t20170124_800086207.html.

[2] 李哲.回望2016文化"走出去"成果丰硕[N].中国贸易报,2017-01-10.

三、文化贸易发展的主要问题

(一) 文化贸易结构失衡,贸易逆差大

2016年,依靠移动互联网的快速发展,我国自主研发网络游戏海外出口成绩突出。国家扶植奖励出版业"走出去"政策的出台,增强了我国新闻出版业的国际传播力、竞争力、影响力,图书版权贸易由过去单一的出版物实物出口贸易、赠送版权等扩大到版权输出、合作出版、海外投资等领域,图书版权贸易严重逆差的状况有明显好转。以AR、3D技术为主打的高科技、高附加值化创意产品和服务畅销美国、欧洲、拉美等地。但总体而言,我国文化产品的贸易结构基本处于以相关文化产品为主、核心文化产品为辅的状况。文化出品和文化服务出口的结构还很不合理,影视媒介、音像制品、出版物及版权、创意设计等资金密集型、知识技术密集型的文化产品和服务所占比重太小,而劳动力密集型的艺术品等产品所占比重太大,创汇能力很弱。

近年来,中国核心文化产品出口门类最大的4项依次为视觉艺术品(绘画、其他视觉艺术品)、视听媒介(摄影、电影和其他媒介)、印刷品(图书和期刊等)、其他(宣纸、毛笔和乐器等)(见表13-11)。相对来说,是劳动力密集型、技术含量较低的领域。但就国际文化贸易市场而言,以新闻出版、广播影视、演艺娱乐、网游动漫等为主的文化贸易结构顺应时代发展趋势,更能发挥其提升国家文化软实力,推动文化传承与创新的功能。而实际上,与发达文化经济强国相比,我国文化贸易结构不均衡,贸易逆差严重。

表13-11 中国文化产品及文化服务进出口统计目录(2015)

	文化产品类别	文化服务类别
核心层	出版物(39)	新闻出版服务
		广播影视服务
		文化艺术服务
		文化信息传输服务

续表

	文化产品类别	文化服务类别
相关层	工艺美术品及收藏品（131）	文化创意和设计服务
	文化用品（54）	其他文化服务
	文化专用设备（44）	

注：文化产品类别共268种海关商品编码，其中核心层39种，相关层229种。文化服务类别则包括6个大类、21个中类、46个小类。

资料来源：商务部服务贸易和商贸服务业司。

（二）海外市场结构单一，集中程度高

我国文化产品的主要贸易伙伴是美国、欧盟和东盟，三者进出口总额合计占我国文化产品贸易总额的50%以上。而我国文化产品进口主要来源于台湾、欧盟、美国和日本，四者进口总额合计占我国文化产品进口总额的60%以上。我国的核心文化产品产业内贸易的进出口市场单一且地域比较集中。

以版权贸易为例，我国对法国、美国和日本的版权贸易以进口为主，版权出口在法国、美国和日本的市场上占比较低，不具有竞争优势。我国与俄罗斯、香港、台湾地区、韩国的版权贸易进出口规模相当，进出口主要集中于韩国、香港等东南亚国家和地区（见表13-12）。而像荷兰、澳大利亚、加拿大、西班牙等国家的文化贸易市场尚未完全打开。地域的过于集中，阻碍我国优秀文化在国际市场上的积极传播和影响，对欧美等发达国家长期的核心文化贸易逆差状态也不利于我国文化贸易的可持续健康发展。

表13-12　2013—2015年我国版权输出和引进情况　　（单位：项）

国家及地区	2013年 输出	2013年 引进	2014年 输出	2014年 引进	2015年 输出	2015年 引进
总数	10471	16695	10293	18167	10401	17589
美国	1185	5251	1216	5451	1266	6210
英国	708	2802	507	2842	731	2698
德国	467	815	408	841	452	763
法国	199	999	371	779	243	787
俄罗斯	135	87	226	98	125	84

续表

国家及地区	2013年 输出	2013年 引进	2014年 输出	2014年 引进	2015年 输出	2015年 引进
加拿大	144	153	129	165	157	114
新加坡	555	242	416	213	532	330
日本	313	1771	388	1783	388	1905
韩国	654	883	642	1216	695	1619
中国香港	499	333	437	229	1051	509
中国澳门	99	1	107	8	143	7
中国台湾	1857	1117	2412	1270	1899	1215
其他地区	3656	2013	3034	1800	2719	1926

数据来源：国家版权局官方数据整理而成（http://www.ncac.gov.cn/chinacopyright/channels/9977.html）

（三）文化市场主体较弱，布局不合理

在我国，经营文化产业的大企业集团较少，增速慢，难以形成规模经济。文化贸易的主力军是私营企业和中小型企业，但由于私营企业和中小型企业存在自身的局限，如资金不足、规模较小等，难以长久持续地发展，不利于我国文化贸易的长远发展。除此之外，创新不足导致的文化产品科技含量较低，使得我国文化贸易企业较多地集中于价值链低端的生产环节，进而导致中国文化产品贸易逆差的进一步恶化。

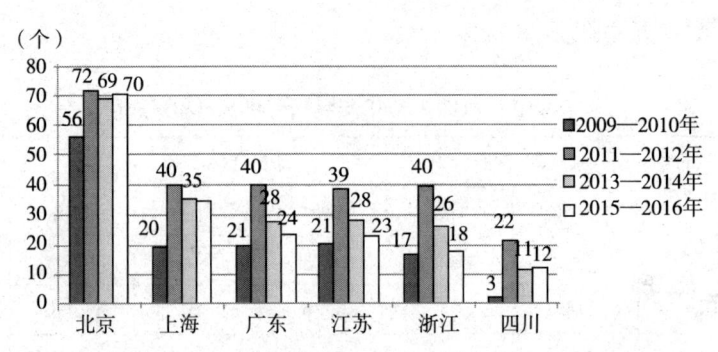

图13-3 2009—2016年国家文化出口重点企业主要城市分布图[1]

---

[1] 根据商务部、中央宣传部、财政部、文化部、新闻出版广电总局发布的《国家文化出口重点企业名录》整理而成。

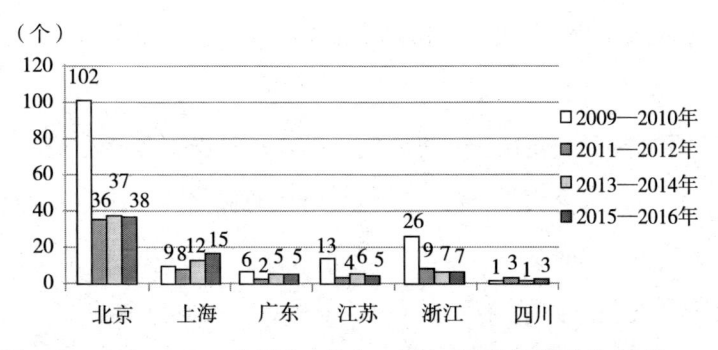

图13-4　2009—2016年国家文化出口重点项目主要城市分布图❶

在地域分布上，我国文化出口企业省域分布东高西低。根据商务部、中央宣传部、财政部、文化部、新闻出版广电总局共同认定的《国家文化出口重点企业名录》，文化出口重点企业集中分布在北上广及东南沿海地区，中部地区主要省会城市文化出口企业相对较少，大量的西部地区尚处于规模较小、布局分散的状态。2015—2016年度，国家文化出口重点企业共有353家，集聚度最高的是北京（70家）、上海（35家）、广东（24家）、江苏（23家）、浙江（18家）5个省市（见图13-3、图13-4）。文化出口重点企业的区域分布与文化出口重点项目的区域布局成正相关，也直接影响所在城市的文化贸易发展情况。2016年，北京市文化贸易进出口总额达46.9亿美元，同比增长9.5%。其中，进口27.5亿美元，同比增长1.9%；出口19.4亿美元，同比增长22.4%。❷2016年浙江全年文化服务进出口总额达40.68亿元人民币，同比增长29.84%。其中，文化服务出口达14.68亿元，同比增长140.42%。❸在"一带一路"战略背景下，国家文化出口重点企业数量、结构、集聚度等，直接影响中国贸易的地缘布局和国际竞争。

（四）文化贸易壁垒加强，文化折扣大

虽然我国是贸易大国和文化大国，但目前我国文化产品和服务出口规模仍然偏小，这与我国在国际上的贸易和文化地位不相匹配。究其原因，除了产业环境和产

---

❶ 根据商务部、中央宣传部、财政部、文化部、新闻出版广电总局发布的和《国家文化出口重点项目名录》整理而成。

❷ 2016年北京市文化贸易进出口总额达46.9亿美元同比增长9.5%[EB/OL].（2017-01-24）[2017-01-30]. http://finance.china.com.cn/roll/20170124/4081448.shtml.

❸ 林波.浙江2016年文化服务出口14.68亿人民币同比增140.42%[EB/OL].（2017-01-17）[2017-01-30]. http://www.chinanews.com/cul/2017/01-17/8126861.shtml.

品质量等内部原因，由于文化折扣和文化例外形成的文化贸易壁垒是其最主要的外部障碍。

　　由于文化差异和文化认知程度不同，受众在接受不熟悉的文化产品时，其兴趣和理解能力等方面都会大打折扣，这就是所谓的文化折扣，它是文化产品区别于其他一般商品的主要特征之一，语言、文化背景和历史传统等都将导致文化折扣的产生。由于"文化折扣"的存在，国外消费者，尤其是非华语文化圈对中国文化理解和认同度低。中国文化产品在国际贸易中出口受阻，除了文化差异所形成的天然壁垒之外，文化产品和服务出口还会面临进口国（地区）以保护文化多样性和保护国家文化安全为由，人为设置的贸易壁垒，即源于文化例外。目前，国际上很少有国家采用关税限制手段，大部分国家会采用非关税手段作为贸易壁垒（见表13-13）。美国、日本等文化产业较为发达的国家和地区限制较少，但欧洲诸国、加拿大等出于对本土文化的保护，将文化与一般商品生产区别开来，有力地阻止了文化的商业化和贸易化。由于文化折扣和文化例外形成的文化贸易壁垒，易引发文化贸易冲突和摩擦，限制了我国文化产品和服务的出口规模，削弱我国文化产品和服务的国际竞争力。

表13-13　世界主要国家（地区）的文化贸易壁垒❶

国家及地区	关税	服务壁垒	数据限制	审查制度	视听税
美国					
加拿大		√	√		
法国		√	√	√	√
德国					√
英国			√		
荷兰					√
挪威		√			√
西班牙		√	√		√
瑞典					√
瑞士			√		

---

❶ 韩丽鹏.文化贸易壁垒对我国影视产品出口的影响及应对策略[J].国际经贸,2016(7).

续表

国家及地区	关税	服务壁垒	数据限制	审查制度	视听税
墨西哥	√	√	√		
阿根廷		√	√		
智利					
巴西	√	√	√		
日本					
韩国			√	√	
中国			√	√	
中国香港					
中国台湾					
印度			√	√	
马来西亚			√		
新加坡			√		
菲律宾			√		
泰国	√				
新西兰					
澳大利亚			√		
沙特阿拉伯			√		

数据来源：美国电影产业网站（www.mpaa.org）。

四、中国文化贸易未来发展的创新路径

（一）内容层面：依靠科技创新，优化贸易结构

一个国家文化贸易的优势是一个国家综合实力的全面表现，体现在规模、结构、创新能力、全球市场占有率、效益、品牌等多个方面。面对全球文化贸易市场的新变化，中国发展文化贸易，要大力优化进出口结构，一方面，发挥我国资源和产业的比较优势，重点发展体现中国竞争优势的产业门类。利用中国制造业经验和

优势，发展文化生产装备、艺术品、印刷品等劳动密集型产业。发展与国际处于同一起跑线的基于数字技术的新行业，如先进文化装备制造、网络游戏、动漫制作、视频技术等服务外包业务。另一方面，重点发展文化与科技融合、科技含量高、创意含量高的新领域、新媒体、新样式，大力发展创意密集型、资金密集型、技术密集型的优势文化产品和文化服务，重点拓展创意设计、数字出版、电子信息、会展服务等文化出口市场，推动"文化+科技""文化+金融""文化+旅游"等的跨界发展路径。在商业模式的层面上，以移动互联网、云计算、大数据、自媒体等为代表的信息技术，催生具有开放式融合效果和闭环式价值链的运作机制，努力推动对外文化交流与文化贸易的大融合与新业态，争夺全球文化交流和文化贸易中最为活跃的成长领域。

发展文化贸易，即在"互联网＋"战略的指导下，积极推动从文化制造向文化创造的供给能力转变，大力促进从文化产品主导向文化服务主导的结构转变，持续加强从传统文化行业向高新特文化行业的升级转型，全面实施以参与全球分工为基础的文化要素合作，加强同全球、特别是同区域贸易协定安排中的相关文化领域的密切合作，提升中国在全球文化分工以及相应价值链中的地位，不断增强其在国际分工网络中的参与度、辐射力和影响力。

（二）市场层面：建立地缘优势，优化区域布局

发展文化贸易要立足于中国国土辽阔、民族众多、文化丰富、邻国众多的大国国情，与中国区域发展战略和国际地缘战略相结合。中国与"一带一路"周边国家和地区既存在共同利益，又存在多样矛盾。中国作为21世纪全球大国的能量和责任，需要形成面向世界的文化贸易大格局。

目前，中国文化贸易主要依托北上广和东部沿海的中心大城市，文化贸易的目标市场相对狭小。因此，要建立对外文化贸易的地域优势。依托"一带一路"战略和"三大经济带"战略，统筹和细分全国对外文化贸易资源，利用地缘优势和区域产业特征，面向不同国际市场的对外文化贸易区域发展布局。以对外文化产品和服务发展现状划分的东中西三级发展阶梯，以长三角、珠三角、环渤海三大城市群为重点，依托中国-东盟自由贸易区、东北亚经济合作圈、海峡西岸经济区、丝绸之路经济带、上海合作组织等多种形式的双边、多边合作组织和合作机制，发挥沿

海、内陆、沿边地区和大城市群及中小城市的不同优势，保持向东开放的传统优势，大力探索向西、向南、向北开放的新市场，重点培育东南亚等华人华侨文化市场，持续进驻欧美等成熟文化市场，深耕细作巴西、印度、俄罗斯、澳大利亚等新兴文化市场，积极探索非洲和拉丁美洲等潜力文化市场，形成不同层面、不同类型、不同对象市场的对外文化贸易功能区域。

同时，深入研究文化贸易市场的风土人情、民族习惯、文化渊源、审美趣味和风俗因素，充分考虑各类文化背景下的文化消费习惯，对不同受众群体的文化传统、价值取向和接受心理进行研究，开发更多适销对路的文化产品和服务。针对不同目标市场，采用设计研发、跨境投资、版权贸易、合资项目等多元化的贸易路径，完善文化贸易格局。

（三）企业层面：实施品牌战略，壮大市场主体

发展文化贸易，提升中国文化产业的国际竞争力，必须培育强大的外向型文化企业和文化跨国公司群体，壮大文化贸易的市场主体。在世界多极化、经济全球化、科技信息化深入发展的背景下，外向型文化企业和文化跨国公司越来越成为全球文化生产和文化贸易的主体。

发展文化贸易，扭转文化产品贸易逆差，必须加强文化企业的科技投入和创新意识，形成品牌效应。注重文化产业知识产权的保护，研发出更具竞争力和创新意识的文化产品，打造一批在国际上获得广泛认可的文化企业，形成中国文化特色鲜明的品牌系列。同时，东中西部城市都要因地制宜地积极培育文化出口重点企业和文化出口重点项目，形成由下而上逐步壮大的培育机制。更主要的是，完善文化企业产权市场的"进入"和"推出"机制，培育国有、民营、混合所有制等大型文化企业，扶持中小微文化企业，积极引导文化企业的对外投资，增强文化企业全球投资、全球战略布局，全球资源整合的能力，提升中国文化产业的国际竞争力。

（四）路径层面：加强平台建设，完善沟通机制

提高文化贸易，要提高对外文化交流水平，要综合运用官方与民间相结合、群体与个人相结合的多种传播方式，搭建和拓展各类文化交流和合作平台和载体，形成发展文化贸易的沟通机制，提高中华文化的理解和认同度，降低文化贸易中的文

化折扣。

  第一，通过互办文化年、博览会艺术节、电影节、电视周、图书展和旅游推广周、宣传月等系列活动，推介文化精品项目和品牌形象，集中展示中华文化的活力和魅力。第二，充分发挥国家大型会展作为文化贸易平台的积极作用。鼓励引导国内文化企业参与国际大型展会，一是积极组织参与北京国际电影节、上海演出交易博览会、深圳文化产业博览会等众多大型国际性文化展会平台，二是积极参与组织非文化类国家地区间的合作机制，如长江三角洲合作机制、中国-亚欧博览会、欧亚经济论坛、东南亚区域论坛等，拓展文化交流和文化贸易的合作内容。通过承办会议、智力支持、争取区域机制分支机构落户，扩大我国文化的影响力和吸引力。第三，借助海外华人华侨在所在国中外文化交流与文化贸易的民间机构、社会组织，建设推动和促进文化产业合作的重要渠道和平台。第四，在有条件的国家增开孔子学院和孔子课堂，让更多的外国学生通过孔子学院、孔子课堂了解中国文化，增强中华传统文化的吸引力和影响力。

第十四章　中国文化产业投融资研究报告

2016年在供给侧改革的推动下,我国文化产业转型升级与文化消费结构升级。我国文化产业投融资经过前三年的高速增长,进入调整期。A股市场是晴雨表,2016年,文化行业跌幅位列A股全部子行业第一,前三年资本流入过快积累的风险伴随股灾集中释放,泡沫的挤出也有利于后续的健康持续发展。

一、文化产业投融资概况

(一) 2016年中国文化产业发展投融资政策分析

2016年3月30日,中国人民银行、银监会印发《关于加大对新消费领域金融支持的指导意见》,鼓励银行业金融机构围绕新消费领域设立专营机构,推进消费金融公司设立,有助于推动文化消费。

2016年4月14日,财政部发布《关于印发文化企业无形资产评估指导意见的通知》,有助于促进我国版权等无形资产融资。

2016年4月开始的国家对互联网金融风险的专项整治,文化领域的互联网金融大幅下降。专项整治有利于金融风险的管控,规范正在形成的互联网文化金融业态。

2016年5月,财政部对文化产业发展专项资金提出了新的改革思路,将逐步引入市场化运作模式,通过参股基金等方式提高资源配置效率,将文化产业的财政政策与文化金融市场连接在一起。

2016年7月，中宣部、中央网信办、财政部等出台《关于深化国有文化企业分类改革的意见》，其中关于"投资运营类企业"的分类表述具有标志性意义，以管资产的方式管文化会成为新模式，一些国有文化企业将从向资本运营者转型，成为文化金融市场重要的参与者。

2016年9月20日，国务院发布《关于促进创业投资持续健康发展的若干意见》，提出要拓宽创业投资市场化退出渠道。充分发挥主板、创业板、全国中小企业股份转让系统以及区域性股权市场功能，畅通创业投资市场化退出渠道。完善全国中小企业股份转让系统交易机制，改善市场流动性。支持机构间私募产品报价与服务系统、证券公司柜台市场开展直接融资业务。鼓励创业投资以并购重组等方式实现市场化退出，规范发展专业化并购基金。有助于促进文化领域的直接融资。

2016年11月，财政部文化司成立，从文化司的职能范围看，强调大文化产业和融合性产业，强调文化成为相关产业发展的动力。

2016年《"十三五"国家战略性新兴产业发展规划》将数字创意产业作为五大战略性新兴产业之一，促进文化科技投资。

此外，地方和基层根据2014年3月文化部、中国人民银行等部门发布《关于深入推进文化金融合作的意见》的具体"实施意见"相继出台，北京、深圳等形成全国性文化金融中心。

（二）2016年中国文化产业投融资规模与构成

2016年总流入文化产业资金规模4542.19亿元（基金募资、银行贷款余额、新三版挂牌企业实际融资数量未统计）。

直接融资方面，2016年，已披露的我国文化产业私募股权投融资案例共计744起，比2015年数量增加19.61%，投资涉及金额3709.17亿元，比2015年增长62.61%，在文化产业资金来源渠道中增速最快。上市事件14起，涉及资金116.21亿；并购事件数135起，资金规模1244.17亿元；上市后融资事件101起，涉及资金1823.96亿元；文化企业新三板挂牌数量698家。反映了在文化产业投融资中直接融资的作用逐步提高。

间接融资方面，2016年1~10月，文化产业相关债券事件数110起（11月、12月数据未统计），比2015年下降19.71%，资金规模823.6亿元，比2015年下降

17.47%。银行贷款方面，2015年文化、体育和娱乐业年末银行贷款余额约2458亿元，2016年末统计数字还未公布，2016年，中国民生银行、北京银行等银行的文化金融业务部门有所调整，预示着银行业对市场化文化项目的冷静审视。信托受整个信托市场的影响，已披露的信托数量仅10期，下降9.09%。传统的间接融资作用下降。

互联网金融创新方面，受互联网金融风险整治影响，股权众筹事件数量88起，比2015年下降40.54%，涉及金额4.9亿元，下降26.68%。但是，更符合文化产业特性的以兴趣为导向，以粉丝为人群，以实物、服务与精神奖励为回报的奖励类众筹依然大幅增长，涉及总金额超过10亿元，增速高达273.44%（见图14-1）。❶

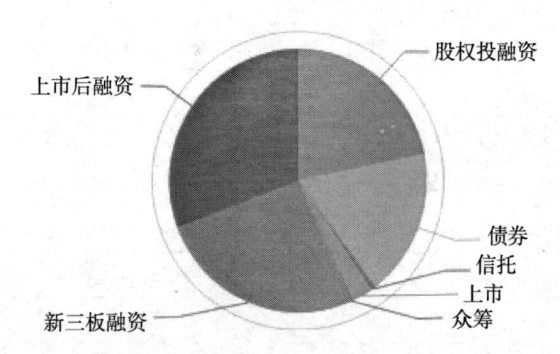

图14-1　2016年流入文化产业资金规模各渠道占比情况（不包含并购、基金资金规模）
图片来源：新元文智文化金融数据库。

二、文化产业投融资主要方式分析

（一）私募股权基金融资

根据清科集团的报告，2016年1月1日—2016年12月15日，已披露的发起设立的广义的文化产业私募股权基金共287家，投向影视、体育、文化、旅游等不同细分领域。此外，还有34家未披露设立时间，但在2016年开始募集资金的私募股权基金（见表14-2）。

---

❶ 中国文化产业投融资数据平台. 2016年数据概览[EB/OL]. (2016-12-01)[2016-12-31]. http://cci-zone.com/succezbi/meta/whcy_new/analyses/portal1?selectedId=63537184.

文化产业私募股权基金的快速增长与2016年国务院发布《关于促进创业投资持续健康发展的若干意见》以及财政部将财政资金以参股基金的方式投资文化产业的方向是一致的。

表14-1　2016年度新成立私募基金一览表

基金简称	管理机构
三声灵狮文化基金	三声灵狮文化基金
京津冀影视基金	冀财产业引导投资
中报砥石文化基金	中报砥石文化基金
森淼影视2号私募基金	森淼丰润资本
影视文化产业私募基金一期	应治资产
新鼎明文化叁号专项资产管理计划私募投资基金	新鼎明影视文化
东玖汇弘创文化产业私募投资基金（壹期）	玖影投资管理（上海）有限公司
展程文化创意产业私募投资基金	上海全通财富企业发展有限公司
景熙文化创意精选私募基金	上海盛川股权投资基金管理有限公司
天华资本君泽16号影视私募投资基金	天华君泽
中融国晟Ⅱ期影视私募投资基金	中融国晟投资基金管理（北京）有限公司
阿里文娱基金	阿里文娱基金
光大昆仑体育PPP基金	光大资本
新鼎明影视陆号专项资产管理计划	新鼎明影视文化
天华资本君泽15号影视私募投资基金	天华君泽
邓亚萍体育基金	邓亚萍体育基金
瑞力文化教育基金	瑞力投资
深圳文交所盛世华韵文化母基金	盛世投资
道格十五号体育基金	道格资本
科地和乐文化产业分级私募投资基金	杭州科地资本
广乐B文化影视私募产业投资基金	广发纳斯特投资
广发纳斯特兴杭文化影视私募产业投资基金	广发纳斯特投资
元鑫普照文化私募投资基金8期	江苏易元鑫资产
苏州市文化创意基金	国发创投
文化创意基金	亚太富邦基金
江津区首期文化旅游基金	江津区首期文化旅游基金
海佑暴风体育私募基金	海佑基金
君骋文化成长一号私募基金	君骋投资

续表

基金简称	管理机构
和平1号影视契约型私募投资基金	上海享寿投资管理有限公司
元鑫普照文化投资私募基金7期	江苏易元鑫资产
江苏省体育基金	江苏沿海资本
京西文化旅游基金	京西文旅管理
天华资本君泽14号影视私募投资基金	天华君泽
中国武术文化基金	惠银东方（北京）
天华资本君泽9号影视私募投资基金	天华君泽
琨山北影文化娱乐基金	琨山资本
云南信产智华广告文化股权投资基金合伙企业（有限合伙）	云南信产智华广告文化股权投资基金管理有限公司
搜乎特时尚文化基金	广东搜乎特投资
尚雅宏远体育专项投资基金	上海尚雅投资
天华资本君泽11号影视私募投资基金	天华君泽
利得尚池2号文化产业私募基金	利得资本
天华资本君泽13号影视私募投资基金	天华君泽
国润文化体育产业投资基金	国润恒基
汇涌金天颖影视文化私募证券投资基金1号	汇涌金资本
创世阿里影业娱乐产业二号私募基金	芜湖歌斐资产
中国青年体育创业基金	中国青年体育创业基金
广奥泛娱乐基金	科金控股
上海四次元文化基金	春阳资产
迪威影视基金	中央新影资本管理有限公司
银河资本理业影视基金2号1期专项资产管理计划	理业股权
鲸韵文化三期影视收益权私募投资基金	巨鲸财富
东莞市正文化基金	佰顺资产
富海大千影视基金	东方富海
中文在线（天津）文化教育产业股权投资基金合伙企业（有限合伙）	中文在线（天津）文化教育产业投资管理有限公司
东西精华文化教育一号私募股权投资基金	东西精华资产管理（深圳）有限责任公司
深圳道格群盛十五号体育投资合伙企业（有限合伙）	道格资本
彭州市文化旅游基金	鸿誉未来
道格十一号体育基金	道格资本
天华资本君泽10号影视私募投资基金	天华君泽

续表

基金简称	管理机构
道格十四号体育基金	道格资本
道格十三号体育基金	道格资本
云南省文化旅游基金	赛伯乐
景润金禾影视专项私募基金二期	景润投资
网红模特影视基金	网红模特影视基金
深圳凯撒文化基金	前海利昌融
银领新奇睿系列泛娱乐产业2号私募基金	银领资产
道格十二号体育基金	道格资本
新鼎明影视伍号专项资产管理计划	新鼎明影视文化
净玺涌聚1号华策娱乐契约型私募基金	上海净玺投资管理合伙企业（有限合伙）
银领新奇睿系列泛娱乐产业1号私募基金	银领资产
财富嘉凯歌5号文化影视私募基金	珠海财富嘉资产管理有限公司
太易一号影视股权投资基金	北京太易投资基金管理有限公司
千石文化私募股权投资基金	中鼎华信基
中隆华夏星韵影视文化私募投资基金	中隆华夏
道格九号体育基金	道格资本
道格十号体育基金	道格资本
道格八号体育基金	道格资本
河北省体育引导基金	冀财产业引导投资
汇金星盟1号体育股权投资基金	汇金国瑞
云毅投资体育产业战略私募投资基金1号	云毅投资
世纪财富文化旅游产业投资基金	世纪财富基金管理（深圳）有限公司
元鑫普照文化私募投资基金6期	江苏易元鑫资产
道格七号体育基金	道格资本
中证国投文化产业一号基金	中证国投基金管理（北京）有限公司
北京文资大业文化投资管理有限公司大业基金	北京文资大业文化投资管理有限公司
山西省新晋国发文化产业投资中心（有限合伙）	山西省文化产业股权投资管理有限公司
淮安文化旅游基金	江苏新华日报资产管理有限公司
世界华人体育产业私募投资基金	世纪华人财富基金管理（深圳）有限公司
武汉瑞恩美林影视文化合伙企业（有限合伙）	美林金控（武汉）投资管理有限公司
中民融诚影视文化私募投资基金	中民融诚
岩利蓝系列文化项目三号投资基金	岩利投资

续表

基金简称	管理机构
中融国晟—聚鑫星耀影视1号资产管理计划	中融国晟投资基金管理（北京）有限公司
长富星汇影视基金5期	长富汇银
巨擎二号文化产业基金	浙江巨擎
文化旅游并购投资基金	—
中国旅游文化基金	中国旅游文化基金
鑫湖刚泰盛世文化产业基金	鑫湖资产
上海多维音乐文化合伙企业（有限合伙）	嘉实科技投资管理有限公司
荆州文化旅游基金	荆州文化旅游基金
天华资本君泽8号影视私募投资基金	天华君泽
辉梦影视私募投资基金	上海钱浩投资控股集团有限公司
精选影视投资私募基金1号	北京海上丝绸之路
光旻影视文化产业契约型私募基金	—
光大浙通暴风体育投资基金	上海浙通资产
华夏影视私募基金1号	华夏五维投资基金管理（北京）有限公司
中昊天元精彩星光2号影视投资基金	天元资产
蓝山文娱私募基金	久泰蓝山
鼎瑞资本融御15号影视投资基金	达孜鼎瑞资本
深圳印纪光大文化基金	前海瑞华鹏城投资
吉林文投文化产业投资基金	吉林文投
金牡丹金凤文化投资系列基金之大圆普洱1号	金牡丹盛达
经证鸿运文化传媒产业股权私募基金	经证投资
元鑫普照文化私募投资基金5期	江苏易元鑫资产
天华资本君泽7号影视私募投资基金	天华君泽
聚沙维稳9文化一号私募证券投资基金	南京聚沙
为方秀聚1号影视基金	上海为方股权投资基金管理有限公司
上海荟域文化传播中心（有限合伙）	荟域资产管理（上海）有限公司
北大青鸟文化产业私募投资基金	青瑞聚信
时尚鸿蒙文化产业私募基金1号	金转源投资
临沂市文化旅游基金	临沂市文化旅游基金
长富星空影视私募基金	长富汇银
道格四号体育基金	道格资本
金利诚文化教育产业股权投资基金一号	金利诚投资

续表

基金简称	管理机构
新尧影视文化基金	新尧投资
道格一号体育基金	道格资本
元鑫普照文化投资基金4期	江苏易元鑫资产
大通驴妈妈文化基金	大通驴妈妈文化基金
道格六号体育基金	道格资本
道格五号体育基金	道格资本
大通派格影视基金	大通派格影视基金
不披露	卡贝基金资本
道格二号体育基金	道格资本
河南平安文化旅游基金	河南平安文化旅游基金
锦泓当阳新文化产业投资基金	深圳市前海锦泓资本管理有限公司
盐城信达国泰文化基金	信达资本
华人文化二期基金	苏州华人文化投资管理有限公司
道格三号体育基金	道格资本
恒信一期契约型影视产业私募股权投资基金	恒信兴邦
武汉乾恩影视咨询管理企业（有限合伙）	深圳乾恩股权投资基金管理有限公司
凯银安吉体育基金	凯银投资
中欧体育基金	中欧体育投资
华强方特招商致远文化基金	招商致远资本
天华资本君泽6号影视私募投资基金	天华君泽
宁波尚晖汉信众文化产业投资合伙企业（有限合伙）	深圳前海汉盈基金管理有限公司
信中利体育基金1号	—
分众方源体育基金	方源资本
星辉德润文化娱乐基金	德润资本
钜洲海外体育并购基金	钜洲资产
广州翠亨影视投资合伙企业（有限合伙）	弘广投资
杭州文化创意创业基金	杭州文化创意创业基金
中美文化基金	中美文化基金
天星资本曙光3号文化传媒产业专项基金	天星四海
皇姑区旅游文化基金	皇姑区旅游文化基金
珠海天行者一期娱乐产业投资合伙企业（有限合伙）	天空之城
景润金禾影视专项私募基金	景润投资

续表

基金简称	管理机构
财富嘉凯歌3号文化影视私募基金	珠海财富嘉资产管理有限公司
庆元县旅游文化基金	庆元县旅游文化基金
好客山东文化旅游基金	赛伯乐
熙颐科地影视文化基金	杭州科地资本
SMG文化创业基金	SMG文化创业基金
盐田中视文化基金	金冠邦投资
内蒙古乾草原文化影视产业基金（有限合伙）	美林华安
西咸新区文化创意基金	西咸新区文化创意基金
元鑫普照文化投资基金3期	江苏易元鑫资产
上海景璨壕麦文化传播中心（有限合伙）	上海景璨股权投资基金管理有限公司
博鸿文化基金	上海航运投资
新鼎明影视肆号专项资产管理计划	新鼎明影视文化
壹元文化传媒股权投资基金	广东壹元
凯恩斯凯歌2号文化影视基金	前海凯恩斯
火线影视1号私募股权投资基金	上海火线资产
永安文化产业一号专项投资基金	永安基金
鲸韵文化二期股权私募投资基金	巨鲸财富
泰发济南文化产业一期项目私募基金一期	泰发基金
原苍资产体育三号专项基金	原苍资本
鑫筹共创影视综艺专项私募基金	上海鑫筹
珠海星蓝华金文化投资基金	上海普罗股权投资
长富星汇影视基金4期	长富汇银
宿州九一影视文化投资基金（有限合伙）	—
大白文化传媒股权投资基金	大白汇财
天虹世纪互联网影视基金	天虹世纪互联网影视基金
瑞旗解放碑时尚文化城基金	瑞旗股权投资
金沙汇金赤尘文化传播股权投资基金	金沙汇金
中韩科技文化基金	启迪华宇
森森影视私募基金	森森丰润资本
腾云资产银河3号文化影视基金	腾云资产
智美体育基金	深圳赛格智美
淳信文化产业投资基金	北京淳信宏图投资管理有限公司

续表

基金简称	管理机构
信证文化传媒投资基金一期7号	中证基金
海南文化体育发展基金	云锋基金
瑞东文化投资基金	瑞东资本
玉尔财富上海宝聚昌亚益影视文化投资专项私募基金壹号	宝聚昌投资
莱茵文化体育产业基金	北京市文化中心基金
天华资本君泽5号影视投资基金	天华君泽
贵阳瑞丰民族文化产业发展基金合伙企业（有限合伙）	贵山基金
嘉善中吴文化产业引导基金	中吴财富投资
洪泰昆尚体育产业投资基金	洪泰昆尚体育产业投资基金
泰然沃星影视基金	泰然天合股权
文化教育并购私募投资基金	基岩资本
元鑫普照文化投资基金2期	江苏易元鑫资产
元邦8号文化产业证券投资基金	中投元邦
中广文影影视壹号私募基金	中广文影
珠影越秀影视投资基金	越秀产业基金
元鑫普照文化投资基金	江苏易元鑫资产
元鑫普照文化投资基金1期	江苏易元鑫资产
利得资本影视投资基金1号	利得资本
联实影视文化基金3号专项资产管理计划	浙江联实资产
中创达煊钰网络影视基金一号	—
天星资本曙光2号文化传媒产业专项基金	天星四海
上海鱼橙影视投资合伙企业（有限合伙）	中传凯旋（北京）影视文化投资基金管理有限公司
深圳前海展麟影视文化投资中心（有限合伙）	前海展麟
谦翌德闓文化教育产业股权投资基金	谦翌德闓股权投资基金（上海）有限公司
陕西文化产业影视传媒基金合伙企业（有限合伙）	文化基金
欣魅影视壹号私募基金	—
国金端盈互联网体育股权投资基金二号	深圳市端盈投资基金管理企业（有限合伙）
珠海横琴阿修罗影视投资合伙企业（有限合伙）	珠海横琴金马股权投资基金管理有限公司
鑫火挚金影视专项投资1号基金	鑫火资本
西证渝富文化一号私募股权投资基金	西证渝富基金

续表

基金简称	管理机构
华设文化影视2号股权投资基金	华设财富
苏宁文化基金	苏宁文化基金
数融文化产业1号投资基金	数融资产
盛世汉阳文化投资基金	盛世汉阳文化投资基金
勤智灵玲人与自然文化基金	深圳前海勤智国际资本
信证文化传媒投资基金一期4号	中证基金
巨星龙娱人3号文化投资基金	深圳市巨星龙创业投资基金管理合伙企业（有限合伙）
紫台资产华强文化新三板定增基金B	上海紫台资产管理有限公司
紫台资产华强文化新三板定增基金A	上海紫台资产管理有限公司
创道京杭文化产业专项投资基金	创道股权投资
创道文化旅游产业投资基金	创道股权投资
前海金桥体育基金贰期	中金前海发展
中证金葵花体育产业投资基金	中证金葵花
宁波文化基金	清控创投
宽华乐视体育专项投资基金	宽客资本
正晖映美影视投资私募基金	正晖资本
展恒淳信影视2期投资基金	展恒理财顾问
国金端盈互联网体育股权投资基金	—
北京金苏汽车文化中心（有限合伙）	斯金苏投资
重庆重报创睿文化创意股权投资基金合伙企业（有限合伙）	重庆文化创意股权投资基金管理有限责任公司
前海金桥体育基金壹期	中金前海发展
鲸诚乐视体育资产管理计划	巨鲸财富
长富星汇影视基金3期	长富汇银
金诚影视金融交易型文化产业基金1号	金仲兴投资
鼎瑞资本融御6号影视投资基金	达孜鼎瑞资本
鹰潭新金鸿和炬文化投资中心（有限合伙）	新金鸿泰达
横琴招证海昌影视文化投资中心（有限合伙）	融沛资本
信证文化传媒投资基金一期2号	中证基金
桐徽健康文化产业基金	上海宝茂投资
新鼎明影视叁号专项资产管理计划	新鼎明影视文化
武汉汉盈鼎尚文化产业发展中心（有限合伙）	深圳前海汉盈基金管理有限公司

续表

基金简称	管理机构
普惠旅游文化发展母基金	高新普惠资本投资服务
恒天微影文化基金	恒天微影文化基金
深圳泰智影视传媒投资合伙企业（有限合伙）	深圳泰智基金管理有限公司
钜致文化影视产业基金2号	钜致投资
宿迁协合利影视传媒合伙企业（有限合伙）	一方投资
宿迁清远影视传媒合伙企业（有限合伙）	一方投资
腾云资产银河2号文化影视基金专项资产管理计划	腾云资产
深圳指点无限盈峰影视投资	盈峰资本
铭泰酒文化产业发展基金二期	郁泰投资
鲸韵文化定向1号投资基金	巨鲸财富
四川文化产业基金	四川发展股权投资
新动金鼎体育基金	金鼎投资
中投魅影4号影视宣发基金	中投创新资产
北京东方华盖文化创业投资有限公司	东方华盖投资
铭泰酒文化产业发展基金一期	郁泰投资
前海天和文化投资中心	富坤创投
龙腾影视新三板投资基金	中投昆泰
鲸韵文化3号投资基金	巨鲸财富
梦元（天津）影视资产管理中心（有限合伙）	凯诺资本
国润科技文化一期投资基金	上海居恒
南安区影视文化基金	南安区影视文化基金
长富星汇影视基金2期	长富汇银
中投魅影3号影视宣发基金	中投创新资产
鹰潭金炬文化投资中心（有限合伙）	潇湘生物
浑金投资-新文化1号新三板基金	深圳浑金
掌纵九鼎文化娱乐并购基金1号	西藏昆吾九鼎
清华大学体育基金	清华大学体育基金
浙江文化产业基金	浙江文化产业基金
广和盛宴影视投资基金	广和投资
云南广电传媒影视壹号股权投资基金合伙企业（有限合伙）	云视投资
枢纽-影视基金	枢纽资产
淘梦影视创投基金	—

续表

基金简称	管理机构
造剧梦工厂影视基金	投融长富金融
杭州红榕亿方博文化投资合伙企业（有限合伙）	—
凯联乐享高尔夫体育基金	凯联投资
功夫动漫影视文化产业2号基金	功夫资本
功夫动漫影视文化产业3号基金	功夫资本
功夫动漫影视文化产业1号基金	功夫资本
银来华夏文化产业基金二期	银来基金

资料来源：清科集团。

以私募股权投资案例发生数量统计，互联网信息服务占比重最大，共248起股权投资案例，占案例总数的45.84%；其次是移动互联网服务68起，占比为12.57%；网络游戏领域50起案例，占比为9.24%；互联网内容制作领域40案例，占比为7.39%。[1]体育产业超过影视产业排在私募股权投资领域的第二位，与2016年体育产业热的大背景相关。影视产业在2016年有所降温（见图14-2）。

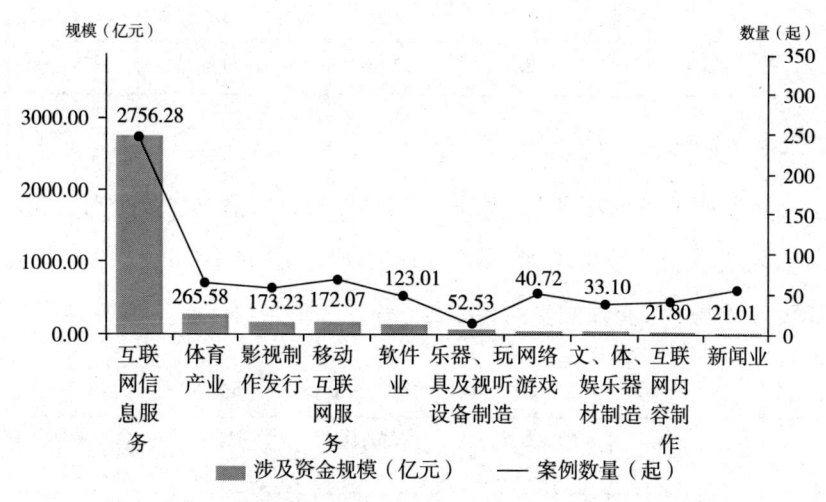

图14-2 2016年私募股权投资的主要文化产业领域及金额

图片来源：新元文智文化金融数据库。

除了新设立的私募股权投资基金，老牌的私募股权投资机构在文化产业领域更加活跃，排在前列的既有阿里资本、腾讯投资等来自"BAT"互联网产业背景的机

---

[1] 中国文化产业投融资数据平台. 2016年数据概览[EB/OL]. (2016-12-01)[2016-12-31]. http://cci-zone.com/succezbi/meta/whcy_new/analyses/portal1?selectedId=63537184.

构,也有贝塔斯曼亚洲投资基金、红杉资本、IDG资本等国际私募股权投资机构,也有东方富海、真格基金、达晨创投等本土民营创投,华人文化产业投资基金、中国文化产业投资基金等有国资背景的本土投资机构。

(二) 公开资本市场融资

1. 2016年文化产业上市公司状况

2016年,我国文化创意产业有14家企业在各个证券交易所上市,在14家IPO上市的企业中,上市融资规模折合人民币116.21亿元人民币,融资规模构成包括103.39亿人民币,10.87亿港元(折合人民币9.42亿元),0.46亿美元(折合人民币3亿元)。融资规模构成如表14-2所示。

表14-2　2016年14家IPO上市企业融资规模构成表

币种	企业数(家)	募资规模(亿元)	折合人民币(亿元)	规模占比(%)	单个企业平均融资规模(亿元)
人民币	11	103.79	103.79	89.31	9.44
港元	2	10.87	9.42	8.11	4.71
美元	1	0.46	3.00	2.58	3.00

资料来源:投中集团。

从上市企业的行业分布来看,互联网信息服务、广播电视及数据、新闻出版发行服务等领域上市企业数量均为1家,各自占均比7.14%;网络游戏、影视制作发行、专业设计领域上市企业数量均为2家,各自占比为14.29%(见表14-3)。

表14-3　2016年上市文化企业行业分布分析

行业	企业数量(家)	数量占比(%)	融资规模(亿元)	金额占比(%)
新闻出版发行服务	1	7.14	10.37	9.01
新闻业	1	7.14	14.37	12.48
出版与发行	1	7.14	7.03	6.11
影视制作发行	2	14.29	46.80	40.65
广播电视及数字电视	1	7.14	2.87	2.49
互联网信息服务	1	7.14	0.46	0.40

续表

行业	企业数量（家）	数量占比（%）	融资规模（亿元）	金额占比（%）
互联网内容制作	1	7.14	1.54	1.34
网络游戏	2	14.29	14.56	12.65
专业设计	2	14.29	11.38	9.89
印刷复制业	1	7.14	1.85	1.61
园林、陈设艺术制造	1	7.14	3.89	3.38

资料来源：投中集团。

2.2016重点文化类上市企业案例

一批国有重点文化企业登录资本市场，提升了国有文化企业的主力军作用。

南方出版传媒股份有限公司是广东省出版集团以主要经营性资产和业务发起设立的股份制公司，以图书、报刊、音像制品、电子出版物、网络读物、框架媒体和其他媒介产品的编辑、出版、代理、批发及零售，书报刊印刷、包装装潢印刷、印刷物资销售、出版物进出口、版权贸易为主要业务。2016年2月15日上市。

新华网股份有限公司是党中央直接部署，国家通讯社新华社主办的中央重点新闻网站之一，成立于1997年，是党和国家的网上舆论阵地，前身是新华通讯社网站，2000年3月改名为新华网。2016年10月28日上市。

中国电影股份有限公司、上海电影股份有限公司在经过多年等待后终于在2016年8月先后上市。中影股份是2010年经中共中央宣传部、国家新闻出版广电总局批准，中影集团联合中国国际电视总公司、央广传媒发展总公司、长影集团有限责任公司、江苏省广播电视集团有限公司、北京歌华有限电视网络股份有限公司、湖南电广传媒股份有限公司、中国联合网络通信集团有限公司等7家单位共同发起设立的。上影股份是2012年7月31日由上海电影（集团）有限公司和上海精文投资有限公司共同发起设立。

此外，江苏幸福蓝海影视文化集团股份有限公司、广西广播电视信息网络股份有限公司等地方影视传媒企业也于2016年成功上市。

由四川新华发行集团主发起成立的新华文轩出版传媒股份有限公司，继2007年

5月在香港联交所主板上市,成为国内出版行业首家H股上市公司后,于2016年8月,新华文轩成功回A,成为国内首家"A+H"出版传媒企业。作为中国文化体制改革的首批成果企业之一,不仅改革和发展走在全国前列,在资本市场上的理念与运作上也走在国有企业的前列。

3.2016年申报等待审核上市的文化类企业

2016年有27家文化企业申报证监会审核。包括上海力盛赛车文化股份有限公司、周大生珠宝股份有限公司、宣亚国际品牌管理(北京)股份有限公司、上海泛微网络科技股份有限公司、重庆广电数字传媒股份有限公司、四川新闻网传媒(集团)股份有限公司、湖南华凯文化创意股份有限公司、和力辰光国际文化传媒(北京)股份有限公司、山东省互联网传媒集团股份有限公司、上海风语筑展示股份有限公司、杭州致瑞传媒股份有限公司、上海基美文化传媒股份有限公司、贵州省广播电视信息网络股份有限公司、横店影视股份有限公司、深圳奥雅设计股份有限公司、掌阅科技股份有限公司、虎扑(上海)文化传播股份有限公司、京巅峰智业旅游文化创意股份有限公司、江苏天目湖旅游股份有限公司、中国南航集团文化传媒股份有限公司等,但考虑到目前A股市场的拥堵状况,上述企业真正实现上市融资还有很长的时间要等待。

4.文化企业新三板挂牌状况

因新三板挂牌标准相对较低,登陆新三板成为很多文化企业的选择。新三板分层,市场的资金与注意力将主要集中在创新层公司上,基础层的融资功能仍然十分有限。

2016年,文化企业新三板挂牌事件698起,共涉及10行业,分别为文化信息传输服务,文化创意和设计服务、文化艺术服务、广播电视电影服务、文化用品的生产等领域。其中,文化信息传输服务行业的文化企业挂牌数量最多,占比为23.36%;其次是文化创意和设计服务行业,占比为24.36%;文化艺术服务行业,占比为8.88%;广播电视电影服务行业,占比为7.45%;文化用品的生产行业,占比为6.73%(见图14-3)。❶

---

❶ 中国文化产业投融资数据平台.2016年数据概览[EB/OL].(2016-12-01)[2016-12-31].http://cci-zone.com/succezbi/meta/whcy_new/analyses/portal1?selectedId=63537184.

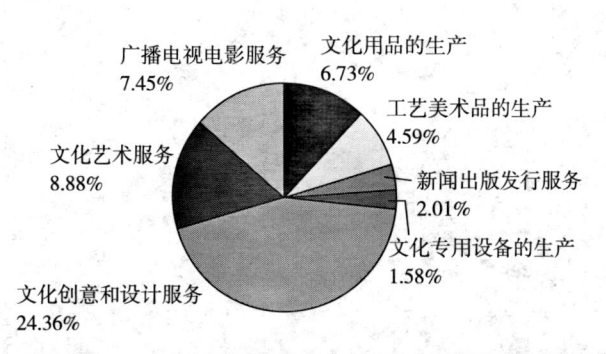

图14-3 2016年1~12月中国文化创意产业新三板挂牌行业分布情况

图片来源：新元文智文化金融数据库。

（三）并购融资

1.2016年文化产业并购总体状况

2016年文化产业的并购活动依然活跃，2015年展开的并购浪潮持续扩展（见图14-4）。境外中概股发起回国借壳上市浪潮，优势文化企业开始以产业链整合为目的的并购活动，国有企业则以政策因素为导向开展并购，险资并购活动受到监管方不断关注，国家对创投领域的并购也进一步放宽政策。

2016年，据不完全统计，共有135起文化创意产业并购事件，其中已披露金额的有98起；并购涉及的金额折合人民币为1244亿1676.46万元，单个事件的平均并购规模为12亿6955.88万元。截至11月，文化产业并购共涉及20个行业，其中作为"互联网+文化"典型代表的网络游戏、互联网信息服务、移动互联网服务表现抢眼，合计占案例数比47.78%，占资金总额比68.3%。从数量上来看，互联网信息服务最多，达到了31起，占总体的20.53%；游戏领域27起，占总体的17.88%，移动互联网服务16起，占总体的10.60%。从并购事件数量上，影视制作发行业发生17起，占总体的11.26%；但是涉及的并购金额最高达到412.87亿元。

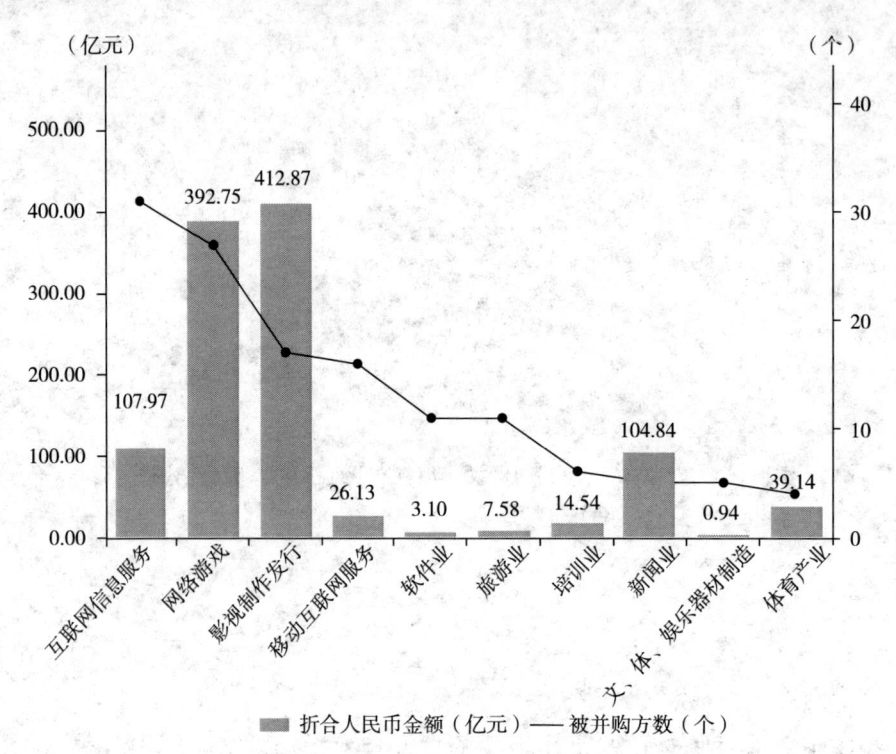

图14-4 2016年文化产业并购案例行业分布情况

图片来源：新元文智文化金融数据库。

相比于2013年、2014年、2015年透露金额的文化产业并购资金规模674.11亿元、1026.89亿元、1760.62亿元，2016年文化产业并购市场规模增速放缓，市场开始向理性回归。文化产业最为发达的北京、上海、广东，几乎主导整个文化产业并购市场，在案例数量上，三省市合计占比全国71.23%；透露的资金规模上，三省市合计占比50.9%。❶

2.2016年文化产业重点并购案例

国际并购案例：2016年1月12日，万达集团宣布以不超过35亿美元现金（约230亿元人民币）收购美国传奇影业公司，这成为当时中国企业在海外的最大一桩文化并购。这一纪录很快被打破，2016年6月21日，腾讯发布公告称，将组建财团以86亿美元收购Supercell 84.3%的股权，当然，并购资金将分为三期进行支付。

国内并购案例：2016年5月6日，乐视网信息技术（北京）股份有限公司拟受

---

❶ 中国文化产业投融资数据平台.2016年数据概览[EB/OL].(2016-12-01)[2016-12-31]. http://cci-zone.com/succezbi/meta/whcy_new/analyses/portal1?selectedId=63537184.

让乐视影业（北京）有限公司100%股权，作价98亿元人民币。2016年7月27日，万达发出公告，宣布以2.8亿美元（约合人民币18.67亿元）全资收购时光网全部运营实体100%股权。

央企改革也在推动并购，2016年7月21日，经报国务院批准，中国国旅集团有限公司整体并入中国港中旅集团公司，成为其全资子公司。中国国旅集团有限公司不再作为国资委监管企业。具体金额未披露。

3.私募股权机构积极推动并购

2016年9月20日，国务院发布的《关于促进创业投资持续健康发展的若干意见》，针对股权投资基金和并购指出：鼓励创业投资以并购重组等方式实现市场化退出，规范发展专业化并购基金。根据CVSource数据库统计，截至2016年第三季度国内新成立并购基金数量达到69只，募集金额达到129亿美元，在一系列并购事件的背后都可以看到私募股权并购基金的身影。

（四）债权融资

1.文化产业相关债券

2016年前10个月，文化产业相关债券事件数110起，资金规模823.6亿元（见表14-4）。

表14-4　2016年我国文化产业债券融资事件

时间	债券事件数（件）	金额（亿元）
2016年1月	15	131
2016年2月	9	32.5
2016年3月	34	290.4
2016年4月	4	27
2016年5月	7	59
2016年6月	7	47
2016年7月	6	55
2016年8月	12	82.5
2016年9月	8	40

续表

时间	债券事件数（件）	金额（亿元）
2016年10月	8	59.2
总计	110	823.6

资料来源：新元文智文化金融数据库。

其中，大部分为超短期、短期融资券。超短期融资券发行数量以及规模均位于各发债类型之首，发行规模400.5亿元，占比49.72%（见图14-5）。

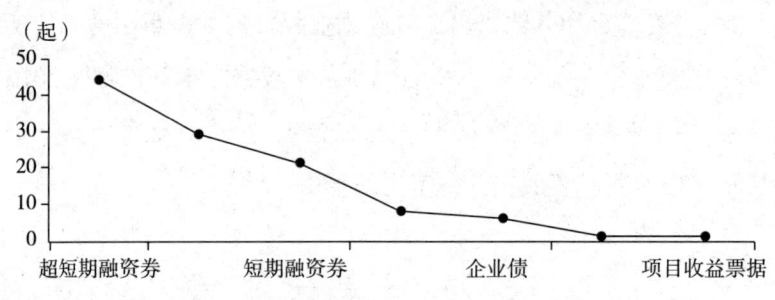

图14-5 2016文化产业各类型债券事件数

图片来源：新元文智文化金融数据库。

从文化产业细分行业的债券融资活跃度看，文化旅游业居首位，共发行计61支文化旅游债券产品，以469.9亿元融资额远超其他领域，占债券市场总数的61.61%；其次，是文、体、娱乐器材制造业以181亿元融资额居第二；排名第三的影视制作发行行业融资规模为80.5亿元。

我国文化企业债券发行主要是依靠政府资源带动，政府组织协调文化企业之间、文化企业和中介机构之间的关系，同时政府还通过税收优惠、贴息等方式减轻文化企业债务负担。此外，参与文化企业债券发行过程的各主体，如承销商、担保机构或增信公司基本由国有企业构成，存在政府隐形担保，其在文化企业债券发行中获得的收益和成本也不对等，缺乏积极性。另外，文化企业债券市场采取严格的额度管理制度，并限定了企业债券的最高利率，这对文化产业投融资双方均缺乏吸引力。文化企业债券市场要发展壮大，需要市场化运作。

2.文化产业信托

2016年文化产业共发行信托计划10只，以信托贷款为主；发行方主要涉及旅游业、影视制作发行等传统行业（见表14-5）。

表14-5　2016年文化产业领域信托情况统计[1]

时间	发行信托事件数（起）	数量占比（%）	事件数同比增长率（%）	拟募集资金规模（万元）	资金规模占比（%）	募集资金规模同比增长（%）
2016年01月	1	10.00	0.00	30,000	10.17	900.00
2016年03月	2	20.00	N/A	30,000	10.17	N/A
2016年04月	1	10.00	0.00	60,000	20.34	2900
2016年07月	1	10.00	0.00	5,000	1.69	-90.00
2016年09月	4	40.00	300.00	150,000	50.85	1400
2016年11月	1	10.00	-66.67	20,000	6.78	-77.78

三、文化产业投融资特点与趋势

（一）以"走出去"为趋势的资本跨国流动

1.中国企业走出去跨境并购持续升温的外部原因

其一，境内并购交易的监管趋严。中国证监会2016年6月通过了《上市公司重大资产重组管理办法征求意见稿》，将借壳的认定标准增加了表决权和管理层控制等要求，同时对于业绩承诺和标的公司质量也进行了标准强化。《上市公司重大资产重组管理办法征求意见稿》出台后，证监会并购重组委对于并购的监管力度加大，否决率从2015年的6.5%提高到目前的10.3%，国内并购监管的严格，推动企业更多地将目光投向海外。

其二，美股文化产业较低的市场估值。美股相对于中国A股同类型资产而言成为价值洼地。中国买家以低于国内的价格购买到同等资产或者股权，给跨境并购带来了利益上的驱动。本土上市公司在跨境并购中也可以获取性价比更高的资产和股权，推动其自身的产业升级和市场份额的扩大。

---

[1] 中国文化产业投融资数据平台.2016年数据概览[EB/OL].(2016-12-01)[2016-12-31]. http://cci-zone.com/succezbi/meta/whcy_new/analyses/portal1?selectedId=63537184.

其三，人民币兑美元贬值加剧。在美联储加息、特朗普上台、国内经济持续承压的背景下，人民币兑美元在2016年的离岸价格已经跌到1：7左右，出于避险与资产保值考虑，部分企业开始通过并购加大关注全球化的资产配置。

其四，在"一带一路""走出去"战略下跨境并购的利好政策。

2.2016年中国跨境并购文化企业的内部原因

其一，文化产业内的优势企业通过跨国并购整合全球价值链，完善全球产业布局。如万达通过旗下的美国AMC院线宣布以9.21亿英镑并购欧洲第一大院线——Odeon & UCI院线，约合该院线息税前收益的9倍的价格，这是万达首次在欧洲院线行业投资，完善万达的全球文化产业布局。该院线是欧洲最大的电影院线，拥有242家影院2236块银幕，绝大多数影城位于欧洲各大城市黄金地段，占据欧洲约20%的市场份额。至此，万达成为横跨中国、美国和欧洲的全球最大院线运营商。

其二，文化产业内的优势企业通过跨国并购实现产业升级、技术升级。如2016年6月，腾讯宣布接手软银在Supercell的全部股权，属于从产业链下游向上游的并购，除了获得Supercell超过1亿的手游用户外，还可获得其顶级的手游研发拼图，结合之前腾讯2013年收购英佩数码和2011年收购Riot，其目的都是为了补全技术短板。

其三，文化产业行业外的企业并购文化企业实现产业转型。近几年的文化产业热，吸引了大量行业外的资本投入国内文化产业，2016年也出现了行业外的企业对国际文化产业的跨境并购。如2016年11月，一家从事铜加工业务的A股上市公司——鑫科材料宣布"跨界"影视产业之后，发布重组预案，拟以23.88亿元现金收购美国好莱坞标的公司Midnight Investments L.P.的80%出资权，后者的核心运营主体为Voltage Pictures，LLC，曾主导制作《拆弹部队》《达拉斯买家俱乐部》等电影作品。鑫科材料的主业铜加工受宏观经济的影响近年来发展乏力，2016年3季度财务报告显示，企业净亏损0.8亿元，账面资金余额5.8亿元。收购美国影视公司，是鑫科材料不得不转型的试水。但之前，鑫科材料收购的西安梦舟影视在2016年上半年亏损，已经很难完成全年的业绩对赌，跨境跨界收购的不确定性更大。

因为游戏、影视等文化产业的估值难以准确判断，容易存在泡沫，一家上市公司跨界并购重组，可能出现炒作，损害中小投资者利益。2016年5月，证监会叫停上市公司对互联网金融、游戏、影视、VR等4个行业的跨界定增。这也使得更多想涉水文化产业的资本把目光投向海外。

（二）文化资本市场与文化消费市场的共振与联动

投资者投资文化企业，不仅从文化市场获得回报，同步从资本市场也获得巨大的收益。

影片票房可以大幅拉升出品方A股影视公司的市值，2016年2月19日19时，电影《美人鱼》票房累计24.42亿元，超过此前《捉妖记》24.39亿元，登顶内地影史票房冠军。当周《美人鱼》的出品方之一的光线传媒的市值增长了27.43亿元。实际上，《美人鱼》的出品方包括光线传媒、新文化、星辉海外有限公司、比高集团、阿里影业、奥飞动漫等众多公司，光线传媒从《美人鱼》中分得的票房以及所带来的利润远远低于股票市值的增长。票房影响股价的同时，上市公司也将股价的上涨作为噱头，通过公关和广告手段，制造更多的话题和关注，进一步促进票房。文化企业股价的波动本来是反映文化企业在消费市场上的表现，但也反作用于文化企业的消费市场。

文化资本市场与文化消费市场的共振与联动，一方面，吸引更多的资本关注文化产业，但，另一方面也驱使了逐利的资本通过票房注水、收视率造假、概念炒作。2016年3月，广电总局电影局查出《叶问3》存在虚假票房，公布《叶问3》的8800万假票房作废。根源于背后的资本利用网络P2P、基金、理财向社会融资，逼票房作弊，做高票房拉动股价上涨，在资本市场端牟利。出现文化资本市场在对文化消费市场的涸泽而渔。

（三）明星资源的资产证券化

影视演艺明星经过2013—2015年的股东化浪潮，纷纷成为文化企业的参股股东，将个人的注意力资源转化资本，在2016年明星进一步资本化，发起设立自己的文化基金、文化企业等投资平台，除已有的任泉、李冰冰、黄晓明、章子怡、黄渤的Star VC，胡海泉的海泉基金，杨颖的创投基金AB Capital外，越来越多的明星成为文化产业领域的资本家，并以其优势的人气、自带流量与资本共同投资文化产业。

2016年12月26日,万家文化公告,万家文化第一大股东和龙薇传媒签署了股权转让协议。万家集团将其持有的1.85亿股流通股份转让给龙薇传媒,占总股本的29.135%,转让价为30.599亿元。本次交易完成后,如上述股份转让最终实施完成,公司的第一大股东将变更为龙薇传媒,赵薇成为上市公司实际控制人。根据披露,收购资金总额约30.6亿元,赵薇出资6000万元,其余30亿元来自赵薇的借款,杠杆率达50倍。

2016年,冯小刚因《我不是潘金莲》在万达院线排片不足与王思聪在网络发生争执,背后的原因固然很多,但有一点也涉及明星资本化的问题。2015年11月19日,华谊兄弟以10.5亿元收购浙江东阳美拉传媒有限公司的股东冯小刚和陆国强合计持有的目标公司70%股权,冯小刚承诺2016年浙江东阳美拉传媒实现净利润不低于1亿元,自2017年度起至2020年12月31日,每年在上一年度承诺的净利润目标基础上增长15%。按照净利润15%的增速计算,《我不是潘金莲》是冯小刚完成业绩对赌的重要作品。

资产证券化就是将资产在未来能够产生的所有收益折现为今天的价值进行交易,明星资源的资本化本质上也是将明星未来能够创造的价值经过折现,一次性地提前预支给明星。华谊兄弟给予冯小刚的仅成立两月且净资产为负数的浙江东阳美拉传媒有限公司15亿元的估值,在经济逻辑上是判断该公司所对应的冯小刚在未来可以创造超过15亿元的价值。但是,当冯小刚完成前几年的业绩对赌承诺后,可以不再为东阳拉美创造价值,势必带来华谊兄弟业绩的下滑。更危险的是按照2016年至2020年五年对赌条款,冯小刚对总业绩承诺也不过5.75亿元,即使,冯小刚没有,最多补齐5.75亿元利润,只是已经套现的10.5亿元的一半。

即使在创造明星制的好莱坞,明星资本化也没有像我国这样发展到如此极致。明星过度资本化对于资本市场的中小投资者,对于文化产品本身而言都存在着隐患。

(四)2017年中国文化产业的趋势

预计2017年中国文化产业的并购热仍将持续,行业资源将更多地向万达、东方明珠、光线、华谊等文化上市企业集聚,阿里、百度、腾讯的"BAT"资本将向文化产业持续渗透,形成一批产业链长、产业布局深,具有寡头特征的文化企业。

国际资本流动仍将活跃，更多的中国文化企业以资本为纽带开展国际合作。

文化产业的私募股权投资基金经过持续多年的火热，将于2017年降温，一大批私募机构将因为投资绩效的问题离开市场，整个行业将进行洗牌。

文化资产证券化的现象将进一步扩散，在明星资产证券化之后，以IP为代表的文化作品、文化项目，以及以编剧为主的产业链上游从业者也走入资产证券化的进程。

第十五章　中国文化产业人才教育研究报告

在新兴传媒技术的加持下,文化产业快速发展,文化产品日益丰富,文化新业态给人们提供了前所未有的感官新体验,极大地提升了文化消费的吸引力。在这其中,人才的作用越来越明显,创意和创新某种在程度上,远远高于资本和资源之于文化产业的重要性。加快培养创新性复合型文化产业人才,成为跨越学界的社会性问题。如何推进产业一线需要与大学专业人才培养的契合度,提升就业人群的"适销对路",大学责无旁贷。

一、文化产业国民经济分类与大学专业的契合度分析

(一)国家《文化及相关产业分类(2012)》的相关概念

为深入贯彻落实党的十七届六中全会关于深化文化体制改革、推动社会主义文化大发展大繁荣的精神,国家于2012年出台了《文化及相关产业分类(2012)》。该分类规定的文化及相关产业是指为社会公众提供文化产品和文化相关产品的生产活动的集合。根据此定义,我国文化及相关产业的范围包括:

(1)以文化为核心内容,为直接满足人们的精神需要而进行的创作、制造、传播、展示等文化产品(包括货物和服务)的生产活动;

(2)为实现文化产品生产所必需的辅助生产活动;

（3）作为文化产品实物载体或制作（使用、传播、展示）工具的文化用品的生产活动（包括制造和销售）；

（4）为实现文化产品生产所需专用设备的生产活动（包括制造和销售）（见表15-1）。

在此范围上，文化及相关产业被分为两部分、10大类，50种类以及120小类。

表15-1 文化及相关产业分类（2012）表

两部分	10大类
文化产品的生产	新闻出版发行服务
	广播电视电影服务
	文化艺术服务
	文化信息传输服务
	文化创意和设计服务
	文化休闲娱乐服务
	工艺美术品的生产
文化相关产品的生产	文化产品生产的辅助生产
	文化用品的生产
	文化专用设备的生产

本报告将以此分类为框架，以中国文化产业年鉴的相关统计为基准，对应211大学高校中文化及相关专业的开设情况，具体分析当前国民经济统计分类与大学文化产业相关专业之间的相互关系问题。

（二）文化产业及相关专业的统计

随着文化产业的蓬勃发展，文化产业类专业也逐渐成为考生们追逐的热点。根据中国文化产业年鉴的统计，截至2013年底，仅全国211大学共开设的文化产业及相关专业（含本硕博各层次）已达数百个。具体统计如表15-2所示。

表15-2 文化及相关产业分类指标与高校文化产业专业设置对应表（211高校）

序号	文化产业门类			相匹配专业数量	相匹配高校数量
一	新闻出版发行服务	新闻服务	新闻业	170	51
		出版服务	图书出版	49	26
			报纸出版	3	3
			期刊出版	3	2
			音像制品出版	1	1
			电子出版物出版	11	6
			其他出版业	3	2
		发行服务	图书批发	1	1
			报刊批发	0	0
			音像制品及电子出版物批发	0	0
			图书、报刊零售	1	1
			音像制品及电子出版物零售	0	0
二	广播电视电影服务	广播		39	19
		电视		52	20
三	电影和影视录音服务	电影和影视节目制作		30	14
		电影和影视节目发行		9	9
		电影放映		0	0
		录音制作		1	1
四	文化艺术服务	文艺创作与表演服务	文艺创作与表演	39	26
			艺术表演场馆	3	2
		图书馆与档案馆服务	图书馆	36	17
			档案馆	18	11
		文化遗产保护服务	文物及非物质文化遗产保护	91	38
			博物馆	89	23
			烈士陵园、纪念馆	0	0
		群众文化服务	群众文化活动	0	0
		文化研究和社团服务	社会人文科学研究	19	12
			专业性团体（的服务）	0	0
				0	0
		文化艺术培训服务	文化艺术培训	2	2
			其他未列明教育	0	0
		其他文化艺术服务	其他文化艺术业	0	0

续表

序号	文化产业门类			相匹配专业数量	相匹配高校数量
五	文化信息传输服务	互联网信息服务	互联网信息服务	21	10
		增值电信服务（文化部分）	其他电信服务	1	1
		广播电视传输服务	有线广播电视传输服务	0	0
			无线广播电视传输服务	0	0
			卫星传输服务	0	0
				0	0
六	文化创意和设计服务	广告服务	广告业	62	28
		文化软件服务	软件开发	2	2
			数字内容服务	25	17
		建筑设计服务	工程勘察设计	75	32
				20	14
				119	37
		专业设计服务	专业化设计服务	292	44
七	文化休闲娱乐服务	景区游览服务	公园管理	0	0
			游览景区管理	0	0
			野生动物保护	0	0
			野生植物保护	0	0
		娱乐休闲服务	歌舞厅娱乐活动	0	0
			电子游艺厅娱乐活动	0	0
			网吧活动	0	0
			其他室内娱乐活动	0	0
			游乐园	0	0
			其他娱乐业	0	0
		摄影扩印服务	摄影扩印服务	0	0
八	工艺美术品的生产	工艺美术品的制造	雕塑工艺品制造	0	0
			金属工艺品制造	0	0
			漆器工艺品制造	0	0
			花画工艺品制造	0	0

续表

序号	文化产业门类		相匹配专业数量	相匹配高校数量
八	工艺美术品的生产	工艺美术品的制造	天然植物纤维编织工艺品制造	0	0
			抽纱刺绣工艺品制造	0	0
			地毯、挂毯制造	0	0
			珠宝首饰及有关物品制造	0	0
			其他工艺美术品制造	0	0
		园林、陈设艺术及其他陶瓷制品的制造	园林、陈设艺术及其他陶瓷制品制造	0	0
		工艺美术品的销售	首饰、工艺品及收藏品批发	0	0
			珠宝首饰零售	0	0
			工艺美术品及收藏品零售	0	0
九	文化产品生产的辅助生产	版权服务	知识产权服务	30	18
		印刷复制服务	书、报刊印刷	0	0
			本册印制	0	0
			包装装潢及其他印刷	0	0
			装订及印刷相关服务	0	0
			记录媒介复制	0	0
		文化经纪代理服务	文化娱乐经纪人	0	0
			其他文化艺术经纪代理	0	0
		文化贸易代理与拍卖服务	贸易代理	0	0
			拍卖	0	0
		文化出租服务	娱乐及体育设备出租	0	0
			图书出租	0	0
			音像制品出租	0	0
		会展服务	会议及展览服务	8	5
		其他文化辅助生产	其他未列明商务服务业	0	0
				0	0
				0	0

续表

序号	文化产业门类			相匹配专业数量	相匹配高校数量
十	文化用品的生产	办公用品的制造	文具制造	0	0
			笔的制造	0	0
			墨水、墨汁制造	0	0
		乐器的制造	中乐器制造	0	0
			西乐器制造	0	0
			电子乐器制造	0	0
			其他乐器及零件制造	0	0
		玩具的制造	玩具制造	0	0
		游艺器材及娱乐用品的制造	露天游乐场所游乐设备制造	0	0
			游艺用品及室内游艺器材制造	0	0
			其他娱乐用品制造	0	0
		视听设备的制造	电视机制造	0	0
			音响设备制造	0	0
			影视录放设备制造	0	0
		焰火、鞭炮产品的制造	焰火、鞭炮产品制造	0	0
		文化用纸的制造	机制纸及纸板制造	0	0
			手工纸制造	0	0
		文化用油墨颜料的制造	油墨及类似产品制造	0	0
			颜料制造	0	0
		文化用化学品的制造	信息化学品制造	0	0
		其他文化用品的制造	照明灯具制造	0	0
			其他电子设备制造	0	0
		文具乐器照相器材的销售	文具用品批发	0	0
			文具用品零售	0	0
			乐器零售	0	0
			照相器材零售	0	0
		文化用家电的销售	家用电器批发	0	0
			家用视听设备零售	0	0
		其他文化用品的销售	其他文化用品批发	0	0
			其他文化用品零售	0	0

续表

序号	文化产业门类		相匹配专业数量	相匹配高校数量
十一	印刷专用设备的制造	印刷专用设备制造	0	0
	广播电视电影专用设备的制造	广播电视节目制作及发射设备制造	0	0
		广播电视接收设备及器材制造	0	0
		应用电视设备及其他广播电视设备制造	0	0
		电影机械制造	0	0
	其他文化专用设备的制造	幻灯及投影设备制造	0	0
		照相机及器材制造	0	0
		复印和胶印设备制造	0	0
	广播电视电影专用设备的批发	通讯及广播电视设备批发	0	0
	舞台照明设备的批发	电气设备批发	0	0

可见，本科层面，文化产业专业设置与统计分类相差度较大。在高职层面，依然存在类似情况。

根据《全国200所国家示范和骨干高职院校及重点建设专业》（内容源自国家教育部发布的《国家示范性高等职业院校建设计划》）数据显示，在高职层面，纳入中央财政重点建设的专业中，大部分都属于理工科专业，文化产业及相关专业也是屈指可数，在近800个重点专业中，文化产业及相关专业占比约为7%（按照绝对数统计，相同专业在不同学校分别纳入统计），其主要集中在设计与制作类专业、广电影视类专业、出版印刷类和旅游类专业。具体如表15-3所示。

表15-3　国家示范与骨干高职院校重点建设专业文化产业类专业统计表

专业大类	文化产业及相关专业名
设计与制作类	模具设计与制造、艺术设计、装潢艺术设计、珠宝首饰工艺与鉴定、旅游工艺品设计与制作、纺织品设计（家用）、服装设计、装饰艺术设计、室内设计技术、家具设计与制造、鞋类设计与制造、陶瓷艺术设计、皮革制品设计与工艺、湘绣设计与工艺、服装设计与加工、装潢艺术设计、环境艺术设计、玩具设计与制造专业、装潢艺术设计专业、产品造型设计、
广电影视类	广告媒体技术、主持与播音、电视节目制作、影视动画、影视表演
出版印刷类	印刷设计、出版与电脑编辑技术、印刷图文信息处理、出版与发行、印刷技术
旅游类	旅游管理、酒店管理、导游、景区开发与管理
其他类	电子商务、会展策划与管理、餐饮管理与服务、园艺技术、现代纺织技术、多媒体设计与制作

其中，设计类设置较多的专业是模具设计与制造专业，但是其中将文化产品类模具的设计与制造人才作为培养方向的暂无数据支撑。

就文化产业类人才培养的高职院校来说，北京电子科技职业学院、上海出版印刷高等专科学校、上海旅游高等专科学校、湖南工艺美术职业学院、湖南大众传媒职业技术学院、重庆工商职业学院、温州职业技术学院和苏州工艺美术职业技术学院是重要的人才输出基地。

(三) 产业分类与大学专业的契合度分析

从数量上来看，文化产业及相关专业已经达到相当规模，文化产业各类毕业生也不少，但是业界依然感到文化产业人才缺乏。一方面是人才培养数量的较快增长，另一方面却是适用人才的持续短缺。造成这种"育人"与"用人"之间偏差的原因很多，而核心的原因在于现有专业培养体制已经远远不能适应文化产业发展对人才的多元要求，其重要表现在于当前文化产业门类与当前高校文化产业专业设置方面契合度还需要进一步提升。

1.文化产业专业的"粗"与产业门类的"细"

从文化及相关产业分类指标与高校文化产业专业设置对应情况来看，目前文化产业专业设置较为"粗放"，和文化产业国民经济分类的细化程度有较大的差距。很多专业设置都比较宽泛，如文化产业管理、图书出版、影视制作、互联网信息服务等，其中被调研高校中设置图书出版的高校就有26所，相匹配专业数量有49个，但设置报纸出版、期刊出版、音像制品出版这些专业的高校就少之又少；设置影视制作专业的高校有14所，相匹配专业数量有30个，但影视节目发行、电影放映、录音制作的相关专业却不超过10个。同时，还有不少专业设置相对来说比较宽泛。根据相关数据显示，我国高校的文化产业管理专业发展迅速，目前全国已有180余所高校招收文化产业管理专业的本科生。但是这些文化产业管理专业基本上都是在各学校原有的历史、文学、新闻传播、哲学等专业的基础上发展起来的，具体到课程设置方面，文化产业管理到底"管什么""怎么管""谁来管"等核心问题都没有明确体现，无论是师资条件还是硬件设施，都很难满足培养文化创意产业人才的培养需要。[1]

---

[1] 范玉吉.文化产业人才培养应"管理"与"创意"并存[EB/OL].(2015-05-09)[2017-02-25]. http://culture.people.com.cn/n/2015/0509/c172318-26973376.html.

在《文化及相关产业分类（2012）》中，大多数生产性的门类并未在高校的专业设置中体现，如雕塑工艺品制造、金属工艺品制造、花画工艺品制造、书、报刊印刷、包装装潢及其他印刷等，经过不完全统计，这些内容涉及的专业大多都设置在艺术院校或职业技术院校，综合性高校中较少体现。近年来国家提倡"工匠精神"。工匠的培养不应该仅仅是对手工艺技术层面人才，更需要在高端的文化艺术技艺方面培养，有文化情怀，有专业技能，有现代文化管理意识和国际视野，这才是现代值得称赞的"工匠"。在此方面，我国教育体制对于手工艺人才的培养还是比较欠缺，尤其是技艺类人才培养主要在高等职业技术学院及专科学校完成。但是，就其文化产业及其相关专业的专业设置来看，依然是数量不足、质量还需进一步提升，在这其中，国家的关注尤需进一步提高。

总体上来看，作为文化生产类专业在高职层面也是数量严重不足。2014年3月中国发展高层论坛中提及，将1999年大学扩招后600多所"专升本"的地方本科院校逐步转型成职业技术学院，做现代职业教育，重点培养工程师、高级技工、高素质劳动者等。这是现代教育体系的战略性调整，重点在于将原本粗放的专业设置细化，注重培养技术技能型人才，致力于解决当前大学生就业的结构性矛盾。因此，围绕"中国制造2025"，文化领域在高职类院校的人才培养工作也是任重道远，其专业设置也应该提升与文化产业统计分类的对应性，在文化生产的关键领域和关键环节的人才培养上需与本科类院校做出分工，突出其实操和技术性特长，做出其特有贡献。

2.文化产业专业的"热"与产业门类的"冷"

目前高校文化产业专业设置大多聚焦在热门领域，如新闻业、图书出版、影视制作、文艺创作与表演、图书馆、博物馆、文物及非物质文化遗产保护、互联网信息服务、知识产权、风景园林工程专项设计服务等，在调查的百余所大学中，设置新闻专业的高校就有51所，相匹配专业数量170个；设置文物及非物质文化遗产保护专业的高校有38所，相匹配专业数量91个。相对于其他文化产业门类来说，高校普遍认为这些专业更具有发展前景，也更受学生的欢迎，能够获得更高的报考率，因此在专业设置时有很大的偏向性。

但是在一些相对冷门的文化产业门类中，如电影放映、烈士陵园、纪念馆、群众文化服务、公园管理、游乐园、摄影扩印服务等，高校相匹配的专业数量却几乎为零。这些行业不受高校重视，缺乏培养机制，所以造成当前公共文化服务管理人才的紧缺。目前在这些行业中的从业者大多是从其他相近专业调配过来的，需要在实践中重新学习相应的知识和技能，在一定程度上也导致了这些文化行业的创新发展。圆珠笔的发展就是其中的典型案例。在"文化产品的生产"大类下"办公用品的生产"中，"笔"和"墨水、墨汁"的生产在调研大学中均无专业设置。看似很不重要的环节，却集中体现了我国文化生产类专业设置和产业脱节的严重性。目前，中国一年要生产将近400亿根笔，但是国内生产圆珠笔的产业现状可以用以下几个简短的中心词概括：缺乏核心技术，产量巨大、价低、利润薄。一个小小的"钢珠"就"绊住"了中国制笔行业，中国的3000多家制笔企业中没有一家掌握高端笔头和高端墨水制作的核心技术。我国每年生产几十亿支圆珠笔，但笔尖珠芯近90%来自进口，墨水80%进口或用进口设备制造。这些高端墨水和高端笔头以及笔头和墨水的关键制造设备都是从瑞士、德国、日本进口的，平均下来，中国制笔企业做一支笔只能赚不到1分钱。作为制造业的大国，国家提出了"中国制造2025"，教育界需要根据国家的战略发展，积极地调整专业设置。就文化产业而言，需要加大对文化生产类专业的扶持，这也是文化自信的重要表现。

3.文化产业专业的"高端融合"与产业门类的"低端分布"

融合发展是文化产业发展的新常态，高校文化产业专业设置应该和文化产业热点和新兴门类紧密结合，使学生能够紧跟文化产业发展新动向，提升学生未来就业的精准度。根据《中国文化产业年鉴》的统计，很多高校已经广泛开设了物联网、数字出版、数字艺术、新媒体等专业，其中开设物联网的高校有6所，相匹配专业数量11个，开设城乡规划的高校有21所，相匹配专业有47个，这些都已成为时下热门的文化产业专业。但这些专业并未被归入文化及相关产业门类中。由此可见，产业门类的分布还较为低端，没有及时契合文化产业融合性发展的新态势。

产业门类的"低端分布"导致高校在专业设置和学生培养上有一定的局限，很多专业由于门类之别很难进行横向融合，不同专业的师资队伍、教学课程、教学设施之间都有明显的界限，学生难以在高校中进行专业以外的拓展性和融合性学习，在未来工作中也因此教育体系有较大局限，而国家一直倡导的培养文化产业复合型人才在此体制下也会难以实现。

二、文化产业人才培养机制存在的问题

宏观上,专业人才培养的方向与产业实践中的需要匹配度需要进一步提升。微观上,中国文化产业人才培养机制上也存在一些不足,主要表现为"有什么设什么""会什么讲什么""专业融合不够"和"理论与实践二度失衡"等问题。因此,为了应对文化产业的快速发展,文化产业人才培养机制也需要"全面深化改革"。

(一)课程设置上"有什么设什么"

在我国,文化产业属于新兴产业,实务发展明显快于理论的构建与完善。早期的研究人员多是从文学、艺术学、经济学等领域跨界而来,而且取得了不俗的研究成绩。这既是我国文化产业研究一种既定态势,同时也是文化产业学科交叉性极强的一种表现。在没有形成自身强有力的核心理论体系之前,学科交叉的多元性将是文化产业学科的常态,即同样是文化产业学科,但是课程的特色、研究的方向都不会相同,甚至是百花齐放,特色各异。在这种态势下的文化产业人才培养,各个单位的人才应该是各有专长。

然而,实际上的培养结果却与预期相差太多。学科的交叉性,使得不少学校理解为只要是文化领域的教师,都可以转行来教文化产业。所以文化产业的人才培养就出现了两种不良态势。第一,但凡有文化产业临近专业的师资,开设文化产业专业就"不缺师资",这或许也是全国文化产业及其相关专业的开办数量在短短几年内得以迅速增长的原因。第二,由于"不缺师资",导致的结果就是有什么老师上什么样的课程。在对部分高校课表及教学内容的调查中发现,文化产业专业隶属哪个学院,所配备的师资、设置的课程往往就会侧重于哪个方面,而且教师的授课内容与传统学科的教学内容类似,对文化产业人才培养的特性规律和文化市场用人要求了解不够,课程设置针对性不强,在很大程度上属于对传统相近专业的小幅调整,典型的"换汤不换药"。

(二)课堂教学上"会什么讲什么"

因为课程设置的不合理,使得教师们在课堂传授上也处于一种比较尴尬的局

面。文化产业的综合性、交叉性对授课教师的学科背景有极高的要求，除了主攻的专业外，还需要老师对一般的经济、艺术、文化、管理等多个领域有所研究；尤其是文化产业高度的实践性，要求老师们必须具备一定的从业实践经验，否则在案例的分析与运营，特别是重大文化产业项目的把握上会严重缺乏掌控力和感染力，使得教学变得理论化、死板化。现实中，虽然很多高校的文化产业专业都设置了看似和产业挂钩的课程，然而授课老师往往是研究文学、艺术等传统专业出身，对产业运营规律的研究并不深入。

师资力量和专业特性之间的矛盾，导致了文化产业及其相关专业的教学一度出现了老师不能深教、学生只能略懂的局面，所产生的后果就是学生既没有学到精专的技术，也不具备宏观的创新性思维。针对这一问题，不少学校也在积极地进行课程改革和专业优化调整。譬如：中国传媒大学文化发展研究院提出了"1+2"的教学模式，即1个学生+2名导师（校内学术导师和业界实践导师）。通过导师之间的互补性，弥补师资的短缺，打通课堂理论教学与实践操作的大动脉，为学生提供多元化的学习路径。

（三）培养模式上缺乏"合纵联合"

文化产业的毕业生虽多，但是适合于市场需要的复合型人才却依然紧缺。由于文化产业还不是独立学科，其专业特性明显地打着隶属学科的印记。譬如新闻传播下的文化产业学生更加倾向于传媒产业；艺术硕士下的文化产业学生更专注于艺术相关领域等等，而对于真正复合的"懂艺术、会管理"的高级复合型却着力不够。文化产业的复合型绝不是低水平、平庸的复合，而应该是具有精专技术基础上的全面高层次复合。

一方面需要打通专业之间的藩篱，实现横向的链接。当前我国的分科教育使得现有专业壁垒森严，不同专业的课程、师资尤其是优势教学力量、设施等都有明确的权限范围，这就为专业与专业之间的融合人为地设置了障碍。一般情况下，在同一所学校，专业负责人或者更高级别的负责人之间达成了资源共享的育人共识的话，这两个专业的融合会比较容易。反之，出于对自留地优势资源的保护，专业之间的互动一般较难实现。因此，需要在专业建制上实现突破，通过相关专业集聚式发展，实现多方面的融合。而这种聚合，是有主有次的聚合，强调主专业，再复合其他专业知识,而不是过多地强调全而散式的教育。

另一方面,需要加强纵向融合。纵向融合的关键就在于学生培养模式的本硕连读甚至是本硕博的全面复合。通过本科+研究生+博士生的多层次联合,实现前专业复合或后专业复合发展。譬如:本科专业为文化相关专业,硕士可以攻读经济管理类;本科专业为科技类,硕士可以攻读文化艺术类等等,通过前后不同学科的连续攻读,实现不同专业的有效融合,同时经过一定的实践,强化对不同学科背景的融合贯通,切实提升动手能力。

(四)实践与理论二度失衡

高等教育不是职业教育,出于就业和人才的综合发展,文化产业教育需要提倡"实践性",但是也同样需要注重理论的构建与学习,实现"理论"与"实践"的平衡统一。

一方面,文化产业是一门实践操作性很强的学科,需要体现学生动手能力。因此,学校需要创新现有的体制来强化学生的实践观念,如设置一定比例的"实践学分"等。同时,学校应该主动积极地为学生搭建前沿性、市场化的学术实践平台。但是另一方面,绝不能因为"重实践性"而忽略了学生对于基础理论的掌握。当前,不少高校在艺术硕士、新闻传播硕士等专业学位领域设置文化产业方向。以往的文化产业教育过分侧重理论,而现有的考核体制中,对"实践性强"的专业硕士的要求又过度突出了"实践"。

总体而言,文化产业的发展极为迅速,学生固然需要掌握文化产业的"术",但是"学"的工具性才能更利于学生的进一步发展成长。因过重强调实践而导致理论基础不牢固恐怕也会"过犹不及"。只有理论与实践并重,文化产业人才培养才能实现可持续发展。

三、对文化产业人才教育的几点建议

文化产业人才的培养,是新时期产业发展对于教育体制提出的新要求和新任务。因此,必须创新理念,根据产业实际的需要适时地改革教育的方法与模式,必须以"全面深入改革"的魄力为这种新型人才的培养提供体制机制上的松绑,用新思路去培养新人才。

（一）围绕国家战略进行文化产业类专业的调整

文化产业是新兴产业，是关系社会主义文化强国建设和2020年"文化小康"实现的重要领域。因此，要根据文化产业发展的现状和我国文化发展的国情，结合"一带一路""中国制造2025""互联网+"等国家战略要求，对现有文化产业类专业进行优化提升。一是多方论证，将文化产业增列为独立的一级学科，同时成立全国文化产业教学指导委员会，集中优势力量，进一步明晰其研究对象、完善其理论框架，丰富其研究方法，使之真正地与传统文化艺术等学科专业区分开，更加关注"产业"的实际效用，真正地为文化产业一线发展提供源源不断的智力支撑和人才储备。二是围绕国民经济文化产业分类，有针对性调整产业设置，对于传统产业进行整合优化，加大对新兴文化业态方面专业设置和人才培养力度，同时要重点关注文化生产类专业的设置，要解放思想，创新观念，摆脱对"文化生产"的偏见，要将其纳入到中国特色制造的高度来审视相关专业的设置与人才培养事宜。三是注重专业类的融合发展。国家教育部门可出台相关指导意见，鼓励高校围绕新兴文化业态，开展各类跨专业人才培养试点，积极探索多专业联合培养的新模式。

（二）围绕产业要求进行人才培养模式的改革

文化产业的融合交叉特性要求其培养手段的多样化、知识积累多元化、动手能力实战化。因此，传统的文化教育模式已经远远不能满足当前文化产业对于用人的要求，必须围绕产业要求进行人才培养模式的改革。

1.注重宽厚学术学识基础的培养

文化产业涉及影视传媒、印刷发行、文化演艺、文化旅游、文博和工艺美术、广告会展、数字内容、动漫和网络游戏等，就每门业类，也需要深厚的人文知识、精深专业技能和综合运用能力。宽厚的人文素养课提供了对人类文化的吸收鉴别和互通的基础。而精深的专业技能才可以使得对文化产业具体类别的学习和成为研究文化产业的具体载体和切入口。而综合运用能力是文化产业在当代社会的必要条件，文化产业人才不仅要求懂得学理知识，而且在能实践中发挥自如，解决实际问题。在综合运用知识方面，还有一个复合型人才的内在要求。懂专业、会管理，善营销，这就是文化产业人才必备的综合素质，而这都来自基础宽厚的学术基础打造。

2.注重创意创新理念的培养

文化产业又称为创意产业、内容产业和版权产业。这说明文化产业是以人的创意和智慧为核心，进行产业设计创新和提升服务水平。这要求我们不能仅仅注重知识的传授，更多地需要重视思维教育和实践训练，激发创新创意的兴趣，使得文化产业具有更为丰富的创意含量和更高的智慧水平。因此，要充分发挥互联网的创新驱动作用，以促进创业创新为重点，推动各类要素资源聚集、开放和共享，大力发展众创空间、开放式创新等，引导和推动全社会形成大众创业、万众创新的浓厚氛围，打造经济发展新引擎。[1]因此，大力培养具有创新意识的文化产业人才，对发展以新技术和新服务结合的第三产业，对转移剩余劳动力和优化产业结构都大有裨益。

3.注重跨界融合思维的培养

目前，文化产业人才结构失衡、分布不均。从人才从业状况看，当前从事传统文化产业生产经营的人数较多，从事新兴产业的较少；从事产业下游服务业的从业人员较多，从事上游创意型的人才较少；从事低端的资源依赖性产业的人员较多，而能够运用高新技术、创造高附加值的创新性人才较少。整体而言，跨学科、跨领域、跨行业的复合型人才严重不足，尤其是横跨创意、外语、计算机技术和管理营销领域的复合型、融合型人才更是较少。[2]当前互联网背景下更多的新兴产业和新兴业态涌现，促进经济社会各领域的融合创新，当然也对文化产业人才提出了急迫的需求。简而言之，就是需要以跨界融合的思维打造复合型人才。

（三）注重"互联网+教育"的新型教学模式

据有关数据显示，中国互联网经济规模占全球互联网经济总规模的5.7%，全球市值前十大互联网企业中占据四席，网民规模高达6.49亿，移动电话用户总数全球第一。[3]中国已具备加快推进"互联网+"发展的坚实基础。互联网将成为未来几

---

[1] 参见国发〔2015〕40号《国务院关于积极推进"互联网+"行动的指导意见》。
[2] 欧阳有权.文化产业人才建设：问题与思路[J].福建论坛·人文社会科学版，2012(2).
[3] "互联网+"开启"创"时代大门[EB/OL].(2015-07-14)[2017-02-25]. http://news.xinhuanet.com/info/2015-07/14/c_134409392.htm.

年中国经济的新引擎之一,其深刻改变中国的社会经济发展格局,为改变经济增长的模式,在生产力、创新和消费等各方面为GDP增长提供新的动力。"有人说,"航海+"成就了英国的全球贸易优势,"铁路+"促进了美国经济腾飞,"互联网+"为中国经济再造奇迹提供了独一无二的历史性机遇。对于文化产业人才培养而言,新型人才需要新型教育手段。"互联网+教育"无疑是选择之一。"互联网+教育"有效地拓展了教学空间,盘活了优质教育资源的流通,拓展了学习的场域,更重要的是创新了师与生,教与学的传统观念,有助于培养文化产业新型复合型人才。

1.注重互联网语境下师生的关系转变

上海市教委副主任贾炜指出:互联网具有开放性、分布式、去中心化和协作式特点,加速了信息传播和共享的可能,以前以课本为中心、教师为中心、考试为中心的基础教育模式将进行重大转变。在这一转变中,教师的"去中心化"不是教师重要性的降低,在互联网技术的承载下,更加强调知识的"互通",强调教师与学生"讲台上下"传统空间关系的打破,从而形成教师与学生之间"知识共享传播"的无障碍交互流通格局。因此,要改变传统的"唯师是从"观念,构建师生之间相互学习、信任、理解的平等、民主、合作交往关系。

传统教育中,学生大多通过"听"来进行课堂上学习,以"翻转课堂"为代表互联网教育改变了传统的"以教师为中心"的教学模式,转向"以学习者为中心"。因此,学习者必须先行预习和准备学习的内容和要点,带着问题进行听课和提问。教师为准备回答问题既需要课前备课,也需要在课后查阅资料进一步答复问题。在这种互动的学习过程中,师生间建立起一种相互认可、相互理解、相互接纳的社会性关系,而不是纯粹的"教"与"学"的对立关系。因此,教师要转变自己的角色意识,从"闻道有先,业有专攻"的"知识传播者"角色转变向学生学习的促进者、引导者与帮助者、反思与研究者方向转变,由传统的"单面手"向"多面手"转变,要把以"教学"为中心的理念转变为以"学生"为中心,向学生提供各种帮助和服务,成为学习的同行者、辅助者。在这一过程中,培养学生的"问"的意识,提升教师"置疑"和"解惑"的能力尤为重要。而这,也是"创客教育"的核心所在,通过"置疑"来激发学生的"创新意识",从而培养"创业精神"。

2.注重互联网教学技术与手段的应用

文化与科技融合是当前文化产业繁荣发展的重要驱动力。文化产业的教师既要关注文化的内涵与价值，也应该充分地将文化科技成果及手段应用到教书育人的过程中去。一方面，文化产业的教师要不断拓宽思路，转变观念，加强学习，学习新的数字化技术手段，学习慕课等有益的教育教学方法，在教学内容的深化与选择上要更加符合市场对于文化产业人才的需求；在内容的呈现上更突出视频、动画等综合的感官效果；在教学方法上恰当把握"老师教"与"学生学"的关系，围绕学生学习的效率和效果，重新优化教学流程，加强教师与学生及学生与学生之间的互动，重视学生的问题并及时反馈，加强师生之间的情感交流，正确引导学生顺利渡过人生的这一重要阶段。二是适时开展在线教育，制作自己的"微课"，甚至进行网络教学直播，实时在线回答学生的问题，这必将与传统的班级授课制形成互补，也有利于教师时刻把握网络时代的文化脉搏，冲在高等教育教学发展的第一线。

3.注重引进知名慕课的优质课程

根据芝加哥大学社会学教授罗纳德·伯特（Ronald S. Burt）提出的结构洞理论，若大学教育把诸如哈佛、麻省理工、斯坦福、剑桥、牛津等知名学府知名教授的课程以MOOC方式引进来，便可以从连接不同人群、文化、语言、思想中找到创新点。学生享有充分的自主、自由学习机会，扩展学习视野，使得思想变得更加开放；磨练发散性思维，快速而灵活地改变头脑领域，将会提升学习内驱力和学习动机，最后其创新能力会完全不一样。同时，新一代的学习者群体属于"数字土著"（Digital Natives）或称"新人类"，他们出生在信息时代，成长在数字化学习环境中，大多喜欢新鲜，不安于现状或墨守成规，愿意变革，善于创新，更容易接受新生事物，这些都为互联网教育的推广提供了良好的条件。MOOC的广播性恰好解决了文化产业知识结构体系的跨界性。文化产业的教师完全可以充分应用"互联网＋教育"的新形态，通过MOOC优质资源的引用，补充自身教学内容的缺失，为学生提供更加多元更加丰富的知识体验。同时，也要善于用于MOOC，激发学生的创新能力。文化产业的核心在于创意，创新能力是文化产业人才培养的核心目标。现行教育体系是以被动学习和应试教育为导向的，僵化的教学模式和评价模式不利于学生创新能力的培养。"为什么我们的学校总是培养不出杰出人才？"的"钱学森之问"困扰着一代又一代的教育工作者。如何培养文化产业管理专业学生的创新能力是我们当前必须思考的问题。MOOC无疑是这样的乐土。MOOC把名校名师的讲座搬到网络上供全世界分享,并通过在线社区等形式供学习者相互交流,这样的学习形式有助于拓展学习者的知识面,磨练发散性思维,从思想的碰撞交流中产生创新的火花。

(四)注重"创客教育"的全面开展

美国新媒体联盟2015地平线报告(高等教育版)指出,"创客教育"是高等教育信息技术中期应用趋势。国家政府报告中也提出"健全创业辅导指导制度,支持举办创业训练营、创业创新大赛等活动,培育创客文化,让创业创新蔚然成风"。所谓"创客教育"是指培养学生创新、创业所需的知识、能力、视野等方面的教育行为。[1]在文化产业未来的人才培养中有效运用互联网手段,发展"创客教育",将会有效解决文化产业人才培养中的短板问题,对互联网时代的文化产业教育来说,这是趋势也是挑战。

1.做好创业课程的设置

"大众创业"时代的来临,为文化产业爱好者和从业者带来了创业的利好条件。然而在传统的文化产业人才培养体系中,创业教育属于薄弱环节。创业课程不够系统、缺乏可行性,理论与实践两张皮等问题,使得文化产业的创业教育远远不能满足学生的学习需求。其原因在于多数学校没有优秀的创业老师,很多学院派的老师缺乏实际创业经验,照本宣科,不能有效指导学生的创业实践,从而使创业课程流于形式。因此,"创客教育"的首要任务就是强化创业课程。譬如,充分利用互联网教育的平台,邀请一批成功有经验的文化产业业界精英如马云、李彦宏、俞敏洪等从实际创业经验中对如何创业进行讲解,推出一批有价值的、高品质的精品网络课程,为众多创业者指点迷津。此外,创业课程应该是一个开放的系统,不断吸收业界前沿、最新动态,,并通过网络视频平台,如爱奇艺、优酷等与国际知名院校如麻省理工学院、哈佛商学院建立联系,学习他们的创业课程,能够最大限度地开阔视野和思维,以国际化的思维方式进行创业,能够提高创业的格局,开拓更

---

[1] 姜强,赵蔚. MOOCs:从缘起演变到实践新常态——兼论"创客"、"互联网+"时代的发展机遇与挑战[J]. 远程教育杂志,2015(5).

为广阔的市场,加快文化走出去的步伐。

2.关注学生的就业问题

近年来文化产业发展势头迅猛,社会对文化产业人才需求有很大的缺口,然而每年文化产业及其相关专业的毕业生却存在找不到工作,或者找到的工作与专业不对口的问题。"专业热、就业冷"这种局面存在的原因很大程度上在于学校人才培养与社会需求不对应,培养出的人才不能满足文化产业实际工作需求。"创客教育"就是要通过互联网等信息技术改变这种局面。一方面,在"创客教育"中,将企业的培训课程和实际工作流程通过视频展示给学生,学生通过学习了解业界真正的工作情况,有意识有针对性地培养自己的实际工作能力,做到毕业就能就业;另一方面,网络平台可以为每个学生建立数据库,记录学生从进入大学到毕业期间的学业、生活、创业、及实习经历,以便企业对学生的素质、能力及性格有个全面动态的了解,找到合适的人才。

古往今来,从孔夫子到亚里士多德,从古代私塾到网络课堂,所有教育的最终目的都是为人的全面发展,为了实现更幸福完美的生活。无论茹毛饮血的远古洪荒时代,还是瞬息万变的现代信息时代,教育的本质不会发生变化,但是教育的形式却随着时代的变迁呈现出不同的形式。对文化产业教育而言,互联网技术加速了文化的自我进化,人人都是文化的生产者,人人又都是文化的消费者,这种新型的文化生态必然会导致高校文化产业教育在教育形式和教育内容的全面更新,甚至为当前文化产业教育存在的问题找到现实的解决路径:互联网使得教育资源得以最大程度地传播,使教育突破时间和空间的限制,为学习者提供了更多的选择机会和更便利的学习条件,从而克服了传统教育中由于教育资源配置不公平及专业化限制所带来的师资短缺问题、专业课程设置不合理的问题,学生可以在全球范围内自主选择教师和学习的课程,不再只是被动接受所在学校的有限师资和千篇一律的课程安排。同时,学习者的身份不再局限于在校学生,无论你在从事文化产业实际工作中遇到任何问题,都可以通过网络随时随地进行学习,有效地提升了知识从理论到实践的转化效果。

后 记

《2017中国文化产业年度报告》旨在更好地梳理总结2016年中国文化产业各行业发展整体情况，梳理文化产业市场主体在经济社会转型升级和推进供给侧结构性改革中的探索和实践，研判2017年文化产业改革创新的趋向，为中国文化产业可持续发展提供有效的智力支持。

在研究体例上，《2017中国文化产业年度报告》对文化产业相关领域不同行业的年度发展概况，面临的形势、机遇和挑战等进行了深入分析；对该行业年度发展呈现出的新特点进行了系统的提炼和总结，并力图以鲜明的观点提炼出该行业发展的典型特征；鉴于文化产业各行业具有较强的差异性，《2017中国文化产业年度报告》还十分注重对文化特色和禀赋展开专题研究，对特色发展的典型模式和重要规律进行了归纳。值得一提的是，《2017中国文化产业年度报告》立足于国家供给侧结构性改革的整体背景和文化床新发展的时代环境，对文化及相关产业创新演进中的重要现象、热点议题，尤其是新兴业态领域呈现出的焦点话题开展了讨论和思考，并立足于文化+和互联网+双轮驱动产业发展的整体环境，对2017年文化及相关产业的发展趋势和演进路径进行了研判。

值得一提的是，在《2017中国文化产业年度报告》报告的组稿过程中，中国传媒大学经管学部组织了文化产业相关专业的中青年教师和部分博士、硕士研究生组成课题组，围绕相关议题展开调查研究、数据采集和共同讨论，而他们在长期的教学科研和实践学习的过程中，也一直对该行业领域进行跟踪观察，因此，在撰写过程中，课题组以数据分析和案例分析结合的方式，呈现出内容丰富的数据图表和思维导图、逻辑框架图，以期清晰地勾勒出文化产业各个行业年度发展的整体框架，为文化产业供给侧改革创新提供学理支撑和路径借鉴。

《2017中国文化产业年度报告》的各章作者及简介如下。在此一并感谢知识产权出版社李石华编辑为本报告付梓出版做出的贡献。

第一章 2016中国文化产业发展概况 范周、王若晞、张天意

范周，中国传媒大学经管学部学部长兼文化发展研究院院长，教授，博导。文化部文化产业专家委员会主任，国家发改委"十三五"规划专家委员会委员，文化部国家文化改革发展研究基地主任，国家艺术基金规划专家委员会专家。《文化部"一带一路"文化发展规划（2016—2020）》编制课题组组长，全国人大《公共文化服务保障法》起草专家组成员。京津冀文化产业协同发展规划起草组组长。专注于文化政策、区域文化经济和公共文化服务的研究，兼任《中国文化产业年鉴》（中文版、英文版）主编。

王若晞，中国传媒大学经管学部硕士研究生。

张天意，中国传媒大学经管学部硕士研究生。

第二章 2017中国文化产业新业态与新趋势 蔡晓璐、卜彦芳

蔡晓璐，中国传媒大学经管学部科研办公室副主任，北京大学博士，中国传媒大学博士后。主要从事文化产业、产融结合、艺术学、音乐美学等相关领域研究。主要著作：《论乐之韵》、《中国城市文化竞争力研究报告（2015）》（合著）等。曾获"中国博士后科学基金二等奖""第二届中国博士后文化发展论坛优秀论文三等奖"等科研奖项。在核心期刊发表十多篇学术文章，并被"中国人民大学书报资料中心"全文转载。

卜彦芳，中国传媒大学经管学部教授、博士生导师，传媒经济研究所所长。主要从事传媒经济、影视产业、媒体融合研究。主要著作：《传媒经济理论》《广播电视经营管理》《文化软实力探析——产业与贸易视角》等。曾获国家广电总局高校优秀科研成果奖。

第三章 新闻出版发行服务研究报告 周洁

周洁，北京师范大学与美国圣路易斯华盛顿大学联合培养文学博士，曾就职于北京语言大学，现为中国传媒大学经管学部博士后，主要从事文化产业政策、区域文化产业规划研究。参与过文化部、中宣部、国家汉办等多项国家及省部级研究课题；曾在《文学评论》《现代传播》《东岳论丛》等核心刊物发表多篇学术论文；

2016年获北京市高校青年教师社会调研优秀项目一等奖。

第四章　广播电影电视服务研究报告　靳斌

靳斌，影视美学博士，中国传媒大学经管学部文化发展研究院副教授、硕士生导师。

主要研究方向为：文化产业、影视传播。主持《阐释学视阈下纪录片叙事策略研究》等多项省部级科研课题，参与"国家艺术基金"等多项国家级科研项目及《文化部"一带一路"文化发展行动计划》等部级科研项目。出版有《重构与融合：电影产业新格局》《真实如何呈现：阐释学视野下的纪录片叙事策略》等专著。长期从事影视行业实践创作，主创的电影、广播剧、电视新闻等作品曾获"中国广播影视创作大奖"等奖项。

第五章　文化艺术服务研究报告　李素艳

李素艳，中国传媒大学经管学部文化产业管理专业讲师，研究方向为文化产业管理、媒体管理。出版著作有《新世纪中国电视栏目创意景观》《影视运营》《中国电视网络影响力报告》，论文多篇。曾参与的文化产业规划有"京津冀文化协同发展规划""安徽省泾县旅游规划""'环首都绿色经济圈'文化产业规划""廊坊市文化产业规划"项目等。参与国家社科基金项目、教育部人文社科研究项目以及国家文物局等各级项目20多项。

第六章　文化信息传输服务业发展报告　刘江红

刘江红，任职于中国传媒大学经管学部、博士、副研究员、硕士研究生导师。中国传媒大学国家文化创新研究中心（与文化部共建）副主任。主要研究领域为文化政策与文化新业态。作为课题组核心成员，完成《文化领域供给侧结构性改革研究》《公共文化服务保障法》立法草案及相关问题研究等多项国家社科基金课题；完成《国家文化产业创新实验区政策研究》《文化科技提升战略》等多项中宣部、文化部及北京市委托课题。出版专著《中国社会结构变迁与文化政策演进》，发表文化产业领域数十篇专业论文，合著出版图书5本。

第七章　文化创意和设计服务研究报告　齐骥

齐骥，中国传媒大学经管学部副教授、硕士生导师，博士。北京市高等学校"青年英才计划"入选者，中国传媒大学"优秀中青年教师培养工程"入选者。负责《我国文化产业供给侧结构性改革研究》《我国文化产业集群调查研究》等多项省部级课题，多篇研究报告获北京市高校青年教师社会调研优秀项目一等奖。著有《中国文化产业规划理论与方法研究》《中国文化产业集群研究》《动画产业》等学术专著10部，在核心及专业期刊发表学术论文100余篇，多篇被《新华文摘》《人大报刊复印资料》转载。

第八章　文化休闲娱乐服务研究报告　朱敏、周慕超

朱敏，中国传媒大学经管学部副教授、硕士生导师，博士，经管学部社服办主任。主要从事音乐、演艺产业的学术研究及教学工作。近年来主编《中国城市文化消费品调查（长沙卷）》《互联网背景下旅游的新玩法》等多部学术著作，撰写并发表了数十篇学术论文，主持或参与《传媒娱乐产业化运营当中的策略研究》《中国音乐产业发展报告》《两岸创意经济研究报告》等各类课题十余项。

周慕超，中国传媒大学广播电视艺术硕士，中国传媒大学经管学部社会服务与发展办公室项目助理。主要研究方向，文化产业项目策划。参与"国家社会科学基金"和《文化领域供给侧问题研究》等多项国家级课题，参与《京津冀文化产业协同发展规划纲要》《国家文化公园建设可行性研究》等课题。

第九章　工艺美术品行业年度报告　田卉

田卉，中国传媒大学经管学部教师，博士，硕士生导师。主要研究方向为文化消费研究、文化市场调查、新媒体理论与实践等。主持并参与"国家艺术基金"课题、"国家文化产业创新实验区'十三五'规划"及文化部"'十三五'时期扶持中小微文化企业发展政策研究"等多项国家级、省部级科研课题；出版专著《社交网络时代：基于SNS网络用户行为的社会资本研究》《重构营销生态》，编著《广告策划》，译著《广告调查》等。在《现代传播》《当代传播》《对外传播》《市场研究》等学术期刊发表论文几十篇。

第十章　文化产业衍生品研究报告　闫玉刚、黄越

闫玉刚，文学博士，应用经济学博士后，中国传媒大学经管学部副教授、硕士生导师。主要研究方向为文化产业、文化贸易。参与国家社科基金决策咨询重大课题《影视创作生产重大问题研究》等多项国家级科研项目，主持、参与《国际文化市场报告》《中国文化产业"走出去"战略研究》《数字化时代的文化发展新业态研究》等中宣部、商务部、文化部研究课题十余项。出版有《大众文化导论》等专著、教材五部。

黄越：中国传媒大学经管学部硕士研究生。

第十一章　文化产业政策研究报告　范周、熊海峰

熊海峰，中国传媒大学区域文化产业研究方向博士，先后在知名咨询公司担任项目经理、策划总监，在区域文化产业策划、公共文化服务社会化、文化旅游等领域具有近十年的研究与实践经验。

第十二章　文化产业园区年度报告　刘京晶、高飞、李雅、汪妍

刘京晶，任职于中国传媒大学经管学部。主要研究方向为公共文化管理、文化政策。主持国家社科基金艺术学青年项目《互联网时代公共文化服务体系建设研究》《文化部"一带一路"文化发展行动计划》、国家文物局《"互联网+中华文明"示范基地及示范项目管理办法研究制定》等部级科研项目。出版有《互联网时代公共文化服务的治理变革》等专著。

高飞，中国传媒大学经管学部硕士研究生。

李雅，中国传媒大学经管学部硕士研究生。

汪妍，中国传媒大学经管学部硕士研究生。

第十三章　文化贸易研究报告　杨矞

杨矞，管理学硕士，毕业于对外经济贸易大学。现任《中国文化产业年鉴（中、英文版）》责任编辑。主要研究方向为文化规划、文化遗产、文化贸易，合著《互联网时代的阅读产业》，在中文核心期刊发表学术论文数十篇，参与多项国家及省部级科研课题。

第十四章　中国文化产业投融资研究报告　彭健

彭健，中国传媒大学经管学部讲师。主要研究方向为创业投资、文化产业、国际合作。多项研究课题被发改委宏观经济研究院、国际司、高技术司、工信部中小企业中心、文化部采纳。出版《文化众筹：从兴趣到信任》《创业投资的逻辑》等4本著作。参与撰写《中国电影产业年度报告》（2013—2017年，共5本）。在《光明日报》《现代传播》《经济师》等刊物发表论文28篇。2015年起兼任大连中以创业投资基金投委会委员。

第十五章　中国文化产业教育研究报告　杨剑飞

杨剑飞，中国传媒大学传媒经济学博士、助理研究员、硕士生导师。主要研究方向为文化产业教育、国际文化政策对比、文化产业园区建设等。近年来主持或参与《欧盟文化政策研究》《国际文化企业案例剖析》《北京CBD文化发展规划》《<公共文化服务保障法>立法研究及草拟》及《上海全球创意经济城发展规划》等多项课题，出版《文化产业生命周期研究—基于中韩园区的对比》和《互联网+教育：新学习革命》两部著作，发表相关学术论文近50篇。兼任海峡两岸文化创意产业高校研究联盟副秘书长。

《2017中国文化产业年度报告》课题组
2017年4月